高等院校财经类核心课程
"十三五"系列规划教材

税 收 学 教 程

SHUI SHOU XUE JIAO CHENG

主 编 铁 卫 李爱鸽

副主编 刘 明 姜东升

西北大学出版社

图书在版编目（CIP）数据

税收学教程/铁卫，李爱鸽主编.—西安：西北大学出版社，2017.2

ISBN 978-7-5604-4005-7

Ⅰ.①税… Ⅱ.①铁… ②李… Ⅲ.①税收理论—高等学校—教材 Ⅳ.①F810.42

中国版本图书馆CIP数据核字 (2017) 第 030480 号

税 收 学 教 程

主　　编：铁 卫　李爱鸽
出版发行：西北大学出版社
地　　址：西安市太白北路229号
邮　　编：710069
电　　话：029-88303404
经　　销：全国新华书店
印　　装：陕西奇彩印务有限责任公司
开　　本：787毫米×1092毫米　1/16
印　　张：21.25
字　　数：465千字
版　　次：2017年2月第1版　2018年6月第2次印刷
书　　号：ISBN 978-7-5604-4005-7
定　　价：45.00元

前　言

　　高等学校财税类课程教材改革与建设应该紧紧围绕经济社会发展的新形势和新政策的变化，紧密结合国家和市场对人才的特殊需求，遵循专业人才培养规格和标准，充分体现人才培养中知识、能力和素质的重要原则。随着我国供给侧结构性改革的不断深入，财税政策被广泛运用，其中必然涉及税收制度改革和税收政策调整。而且，党的十八届三中全会、四中全会、五中全会和2014年7月中共中央政治局审议通过的《深化财税体制改革总体方案》均对我国税制改革的目标、思路和主要内容做了全面的论述。特别是随着营改增的全面推进，现行税制的多个税种都做了相应调整和改革。增值税、消费税、关税、资源税等税种在税目税率、征税范围、优惠政策等各方面都发生了较大变化。2016年12月25日第十二届全国人民代表大会常务委员会第二十五次会议通过的《中华人民共和国环境保护税法》，弥补了我国环境保护税制的空白。及时将这些税收的新政策、新制度编写到教材中来，以便更好地满足教学、科研及实践之用，是税收教材建设的当务之急。基于此，由西安财经学院联合西安交通大学、西安外国语大学、西藏民族大学和陕西省财政厅，组织相关教学研究人员编写了《税收学教程》。

　　《税收学教程》是系统反映税收基本知识和理论、中国现行税制和税收管理等内容的教科书，可作为高等财经类院校经济和管理类专业国家税收、税收学、税收概论、中国税制、税法等课程的教学用书。

　　在《税收学教程》的编写过程中，我们秉承教材编写的基本理论和思想，在理论阐述上以公共经济学和西方税收理论为基础，注意吸收近几年我国税收理论研究成果中的科学成分，密切联系我国国情和经济社会发展状况，以解决税收改革实践的现实问题为出发点，努力澄清有关税收的模糊认识，提供正确的分析和研究税收问题的思想方法。在税收制度和税收管理实务阐述上，力求综合权威、系统清晰、准确实用，以国家最新颁布的具有法律效力的税法、条例、实施细则等规范性文件为依据，解释现行各个税种的具体制度和政策规定，并及时反映近年来我国税收制度改革的最新成果。

　　高校税收类课程有两个特点：一是课程内容广泛，知识点多且较琐碎，涉及的法律规范多；二是课程涉及的内容更新快，且内容与相关职业资格考试范围有联系。针对这种情况，《税收学教程》在编写过程中，更加突出以下特点：

（1）内容全面。本教材的内容涵盖系统的税收理论知识、现行税制各个税种的实务操作、基本的税收征管制度，通过本书学习，可以掌握税收基本理论知识和我国现行税制体系及其基本的实务操作技能。

（2）重点突出。本教材在编写过程中，对重点和难点知识进行深入和透彻的分析，并通过例题将理论与实际相结合，强化理解。

（3）层次分明。本教材在知识点的逻辑结构上，按照层次化、"基本知识＋理论拓展＋技能提升"的教学理念，将知识由浅入深、由易到难、由理论到实务，循序渐进，以适合教学过程中的逻辑顺序，全面介绍税收知识。

（4）理论与实践相结合。本教材强调知识与能力结合，理论与实践并重，各章都有复习思考题。在现行税制部分，配有精致例题和课后练习题，力图使学生和读者在深化知识的理解中增强实践能力。

本教材由铁卫、李爱鸽担任主编，刘明、姜东升担任副主编。各章的编写分工如下：第一章，西安财经学院铁卫；第二章，西安财经学院李爱鸽；第三章，西安财经学院刘育红；第四章，西安财经学院刘明；第五章，西安财经学院春岁勤；第六章，西安财经学院娄爱花、王静；第七章，西安外国语大学王建喜、西安财经学院刘明；第八章，西安财经学院毕晓惠；第九章，西安财经学院姜东升；第十章，西安财经学院王静、西藏民族大学刘爱菊；第十一章，西安财经学院李伟；第十二章，西安财经学院周宇；第十三章，西安财经学院姜东升；第十四章，西安财经学院兰永生；第十五章，西安交通大学宋丽颖、刘源；第十六章，西安财经学院潘华勇；第十七章，陕西省财政厅赵彩虹；最后由铁卫、李爱鸽教授总纂、修改定稿。

在本教材编写过程中，我们参考了大量税收学教材和相关文献，汲取了许多有价值的观点和写作方法；本教材为西安财经学院教材建设规划资助项目。在此，对上述文献的作者和资助单位一并表示感谢。由于我们水平有限，缺点和错误在所难免，恳请各位专家、学者和广大读者批评指正。

编　者

2016 年 12 月

目 录

第一章
税收基本概念

　　税收，历史上又称"赋税""租税"，也简称税，英文 taxation，含有负担、重负之感。税收是一个古老的财政范畴，它是生产力发展到一定阶段，随着国家的产生而产生的。税收既是一种延续了几千年的财政收入形式，又是现代世界各国共有的社会经济现象。数千年前的古希腊、古罗马和古埃及就已存在税收。我国从夏代开始便建立了"任土作贡"的制度，即按土地好坏分等征税。在汉语中"税"字最早见于春秋时期鲁宣公十五年（前594）"初税亩"的记载。

第一节　税收的概念

一、对税收概念的不同理解

　　千百年来，古今中外的政治家、经济学家围绕着税收概念问题争论不休，他们代表着本阶级的利益，从各自的角度对税收进行定义和表述，较具代表性的定义有如下几种：

　　18世纪，古典经济学派的代表人物亚当·斯密就曾指出，税收是"人们拿出自己一部分私人的收入，给君主或国家，作为一笔公共收入"[①]。

　　英国的财政税收学者道尔顿认为，税收乃公共团体所课之强制捐输，不论是否对纳税人予以报偿，都无关紧要，但它不是因违法所征收的罚金。

　　德国财政学家海因里希·劳认为，税收并不是市民对政府的回报，而是政府根据一般市民的义务，按照一定的标准，向市民的课征。

　　日本财政税收学者小川乡太郎认为，税收是国家为支付一般经费需要，依据其财政权力而向人民强制征收的财物或货币。

　　美国财政学者塞里格曼认为，税收是政府对人民的一种强制征收，以供支付谋取公共利益所需要的费用。但此项征收究竟能否给予被强制者以特殊利益，则并无关系。

　　英国的《新大英百科全书》给税收作了如下定义："在现代经济中，税收是国家财政收入最重要的来源。税收是强制的和固定的征收；它通常被认为是对政府财政收入

---

　　① 亚当·斯密：《国民财富的性质和原因的研究》（下册），商务印书馆，1974年版，第383页。

的捐献，用以满足政府开支的需要，而并不表明是为了某一特定的目的。税收是无偿的，它不是通过交换来取得。这一点与政府的其他收入大不相同，如出售公共财产或发行公债，等等。税收总是为了全体纳税人的福利而征收，每一个纳税人在不受任何利益支配的情况下承担了纳税义务。"[1]

美国《现代经济学词典》给税收下的定义是："税收的作用在于应付政府开支的需要而筹集稳定的财政资金。税收具有强制性，它可以直接向居民或公司征收。""税收是居民个人、公共机构和团体向政府强制转让的货币（偶尔也采取实物或劳务的形式）。它征收的对象是财产、收入或资本收益，也可以来自附加价格或大宗的畅销货。"[2]

日本的《现代经济学辞典》认为："税收是国家或地方公共团体为筹集满足社会共同需要的资金，而按照法律的规定，以货币形式对私人的一种强制性课征。因此，税收同其他财政收入形式相比，具有以下几个特征：税收是依据课税权进行的，它具有强制的、权力课征的性质；税收是一种不存在直接返还性的特殊课征；税收以财政收入为主要目的，调节经济为次要目的；税收的负担应与国民的承受能力相适应；税收一般以货币形式课征。"[3]

我国经济学界对税收概念的表述也不完全相同。我国学者一般立足于税收区别于其他分配范畴的基本特征给税收下定义。具有代表性的观点是：

第一，"税收是国家为了实现其职能，凭借政治权力，按照法定标准和程序，强制地、无偿地取得的财政收入。"[4] 这种说法的核心是把税收看成是"财富""货币和实物""财政收入"，即把税收看成是一种物。这种观点与其说是给税收下定义，不如说是给税收收入下定义。这种看法只说明税收是财政收入的一种形式，但没有反映税收作为取得财政收入的工具，也没有反映出税收作为对市场经济进行宏观调控主要手段的特性。

第二，"税收是国家为了实现其职能，凭借政治权力，按预定标准，无偿地征收实物或货币所形成的特定分配关系"[5]。这一定义的核心是把税收看作国家参与国民收入分配所形成的一种分配关系。所谓分配关系实际上是在国民收入分配过程中形成的社会各阶层、国家与社会成员个人、政府各级部门间的社会关系。它是一定社会中生产关系的主要部分。由于上述定义只体现了不同社会制度下税收所体现的生产关系，未能回答不同社会制度下税收的共性问题，即税收概念内涵的质的规定性，因此是不恰当的。

第三，"税收是国家为了实现其职能，制定并依据法律规定的标准，强制地、无偿

① 邓子基：《比较财政学》，中国财政经济出版社，1987 年版，第 177 页。
② The American Dictionary of Economics, Facts on File Ine. 1983. P311。
③ 邓子基：《比较财政学》，中国财政经济出版社，1987 年版，第 177 页。
④ 王亘坚：《财会知识手册》，天津科技出版社，1983 年版，第 53 页。
⑤ 王诚尧：《国家税收》（第二次修订本），中国财政经济出版社，1988 年版，第 9 页。

地取得财政收入的一种手段"①。这个定义的核心是作为征税主体的国家制定并依据税法行使征税权，从而使税收成为具有强制性、无偿性、固定性特征的法律手段。

第四，"税收是国家按法律规定，向经济单位和个人无偿征收实物或货币"。② 这种观点认为：既不能把税收理解为抽象的分配关系，也不宜只从静态考察，把税收看作是国家取得的收入或取得收入的形式，而应从动态上把税收看作是国家依法无偿收税的客观过程。它包括税收法规的制定、实施及其执行结果等税收活动的全过程。这种观点并没有抽象出税收这一经济范畴的内涵，而实际上是描述了税务工作的含义。

第五，"税收是政府为了满足社会公共需要，凭借政治权力，按法定标准向社会成员强制无偿地征收而取得的一种公共收入"③。这是《公共财政学》教材的编著者的一般说法。

二、税收概念的表述与理解

尽管中外税收学界对税收概念众说纷纭，各有特色，但仔细分析，税收概念的基本内容却大同小异，有许多相同之处。理论界和实务工作者对税收概念的认识正从以往的"国家分配论"税收观向"公共需要论"税收观转变，其转变以我国经济模式转变为背景。我们认为，对税收可以作如下定义：税收是国家或政府为了满足社会成员的公共需要，凭借政治权力，或称公共权力，按照法律规定的标准，强制、无偿地取得财政收入的一种形式。税收概念的这种表述，可以明确以下几点：

1. 税收的主要目的是满足社会公共需要

所谓社会公共需要是同个人消费需要相对应的概念，它是指不能或不能完全通过市场提供用于满足全体社会成员共同的需要。

社会公共需要分为三个层次：一是国家保证执行其职能的需要，包括国家执行某些社会职能的需要，诸如国防、外交、司法、行政管理，以及普及教育、卫生保健、基础科学研究和生态环境等。这类需要是典型的社会公共需要。二是介于社会公共需要和个人需要之间在性质上难以严格划分的一些需要。三是大型公共设施，甚至包括基础产业和自然垄断产业。由于社会公共需要具有消费的非排他性、效用的不可分割性和受益的不可阻止性，它们不能由市场来提供，只能由国家及其各级政府来提供。而税收正是满足公共需要的一种手段。

2. 税收是由国家或政府来征收的

税收是由国家或者说是由政府来征收的，而不是税务机关或其他别的什么机构和组织。税收的主体只能是代表社会全体成员行使公共权力的政府，而其他任何社会组织或个人无权征税。征税权作为国家主权的一个组成部分，它只属于国家。税务机关、

---

① 董庆铮等：《税收理论研究》，中国财政经济出版社，1991 年版，第 5 页。
② 许涤新：《政治经济学词典》，人民出版社，1981 年版，第 131 页。
③ 谢秋朝等：《公共财政学》，中国国际广播出版社，2003 年版，第 306 页。

海关等对日常税收负责征管，只说明它们代表国家，行使国家赋予的征税权力。

3. 国家征税凭借的是政治权力或称公共权力

国家征税，实质上是国家对一部分社会产品的无偿分配，这种强制地将一部分社会产品从社会成员手中转变为国家所有，必然会改变社会成员各自占有社会产品的份额，必须依据一定的权力来进行。马克思指出："在我们面前有两种权力：一种是财产权力，也就是所有者的权力；另一种是政治权力，即国家的权力。"① 税收对社会产品的分配，不同于地租、利息、利润等以财产所有权为依据进行的分配，它是以国家的政治权力为依据的。在财产私有制存在的条件下，只有依据政治或公共权力才能把分别属于不同所有者的一部分社会产品变为国家所有。这种公共权力是全体社会成员集体让渡或赋予政府的，凭借这种公共权力，政府可以征税。而与此相对应的是政府应履行对公共产品的提供和管理义务。

4. 税收是强制、无偿征收的

公民依法向国家纳税是应尽的义务。在私有制条件下，征税是国家对私有财产的侵犯。税收对社会产品的分配，如不实行强制，国家就不可能在国民收入已分解为工资、利润、利息、地租的情况下实行再分配，就不可能把属于不同所有者的一部分社会产品转变为国家所有，供国家集中性分配。这种强制征收的具体表现，就是国家以法律形式颁布的各项税收制度和法令。向国家依法纳税，不以纳税人的个人意志为转移，不管纳税人是否愿意，都必须照章纳税，否则就要受到法律制裁。国家征税之后，税款即为国家所有，也不需要直接向纳税人付出任何代价。税收的征收完全是无偿的，不存在任何等价交换或等价报偿的直接偿还关系。

5. 税收具有与非税收入形式不同的特征

税收的特征是税收这个经济范畴固有的内在本性。在此问题上尽管有不同的看法，但我们认为传统的税收"三性"，即税收具有强制性、无偿性、固定性的提法还是可取的。这种特征，基本能解释税收作为一个经济范畴与非税收入形式如利润上缴、国债收入、罚没收入等的区别。

6. 税收是政府掌握用以调控经济的重要手段

税收在满足国家经费开支需要的同时，还是积极影响社会经济生活的经常性因素。政府在对纳税人征税，将其收入的一部分转变为国家所有的同时，也会通过引起他们收入份额的相应变化而对居民、企业，乃至各地区间的实际收入及其资源配置产生重大影响。由于政府征税的涉及面非常之广，作用的范围非常之大，几乎遍及国民经济各个领域和社会生活的各个方面，可以说，税收在干预、调控经济生活方面的广度和深度都是相当大的，也是其他许多经济手段不能比拟的。另外，由于人们取得收入的能力不同以及占有财产的具体情况不同，因此在市场体系中所形成的收入分配会造成

---

① 《马克思恩格斯选集》第 1 卷，人民出版社，1972 年版，第 170 页。

较大的差距。对国民收入分配上的这种悬殊状况如不通过税收和其他手段加以适当调节，势必要影响社会各阶级、各阶层、不同劳动者之间的矛盾，阻碍社会经济健康稳定发展。所以，税收也是调节国民收入分配的重要手段。

第二节　政府征税的依据

一、西方学者的不同观点

政府凭什么征税、百姓为什么要纳税的问题，自 17 世纪以来一直是讨论的重点。主要有以下几种观点：

1. 公需说

公需说产生于君主专制时代的 17 世纪，亦称"公共福利说"。这种学说的代表人物主要有资本主义初期的重商学派和德国重商主义的官方学派的学者，如法国的 J. 波丹（Bodin）、德国的 K. 克洛克（Klock）等。这种学说认为，国家的职能是满足公共需要和增进公共福利，这一职能的实现需要税收来提供物质资源，故此，税收存在的客观依据就在于公共需要或公共福利的存在。克洛克曾指出："租税如不是出于公共福利的公共需要，即不得征收，如果征收，则不得称为正当的征税，所以，必须以公共福利的公共需要为理由。"①

2. 义务说

义务说产生于欧洲国家主义盛行时期的 19 世纪。这种学说在黑格尔（Hegel）的国家主义思潮影响下，认为国家是人类组织的最高形式，个人依存于国家。国家为实现其职能就应有征税权，人民纳税是应尽的义务，任何人不得例外。义务说反对交换说、保险说的观点，强调的是国家的权力与人民的义务。

3. 牺牲说

牺牲说产生于 19 世纪，主要代表人物有资产阶级庸俗经济学家萨伊（法国）、穆勒（英国）以及英国著名财政学家巴斯泰布尔等。这种学说认为，税收对于国家是一种强制征收，对于人民是一种牺牲，只有社会福利最大化的税收才是全体纳税人牺牲最少的税收。

4. 掠夺说

掠夺说产生于 19 世纪，主要代表人物是空想社会主义者圣西门以及资产阶级历史学派学者。这种学说认为，税收是国家为实现其职能的公共需要，是国家中占统治地位的阶级凭借国家的政治权力，对其他阶级的一种强制掠夺。

5. 交换说

交换说产生于 17 世纪，亦称"利益说""买卖说""代价说"，主要代表人物有重

---

① 转引自小川乡太郎（小川乡太郎，1934 年版，第 57 页）。

商主义者霍布斯（Hobbes）、古典学派经济学家亚当·斯密以及蒲鲁东等。这种学说认为，税收是政府为人民提供利益而获得的报偿；人民纳税是因为从政府的服务中得到利益而支付的代价。政府征税是为了保护人民的利益，人民应向政府纳税以相互交换。亚当·斯密曾指出，政府的职能范围越小越好，税收越轻越好，而且国家应以每个人所得利益的数量确定纳税标准。

6. 保险说

保险说产生于 18 世纪，主要代表人物是法国的梯埃尔（Thiers）。这种学说认为，国家保护了人民生命财产的安全，人民应向国家支付报酬，国家尤如保险公司，人民纳税如同投保人向保险公司交纳保险费一样。

7. 社会政策说

社会政策说产生于 19 世纪末，主要代表人物有德国社会政策学派的财政学家瓦格纳和美国著名财政学家塞里格曼。这种学说认为，税收应是矫正社会财富与所得分配不公的手段，是实现社会政策目标的有力工具。瓦格纳在给税收下定义时曾指出："从社会政策的意义上来看，赋税是在满足财政需要的同时，或者说不论财政上有无必要，以纠正国民所得的分配和国民财产的分配，调整个人所得和以财产的消费为目的而征收的赋课物。"① 因此，赋税不能理解为单纯的从国民经济产物中的扣除，还包括有纠正分配不公的积极的目的。

8. 经济调节说

经济调节说产生于 20 世纪 30 年代，主要代表人物是凯恩斯学派的经济学家。这种学说认为，国家征税除了为筹集公共需要的财政资金外，更重要的是全面地运用税收政策，调节经济运行，即调整资源配置，实现资源的有效利用；再分配国民收入与财富，提高社会福利水平；调节有效需求，稳定经济发展。

以上所述的经济学者的课税依据学说，从历史进程来看，有明显区别。19 世纪以前的课税依据学说，主要是从征纳双方的关系角度提出来的。而 20 世纪以后的课税依据学说，主要是从经济运行的需要角度提出来的，尤其是 60 年代以来发展起来的"公共部门经济学"更是侧重于从"市场失灵"角度来阐明税收存在的客观性与必要性。

二、国内学者的种种观点

1. 国家需要说

国家需要说是从 20 世纪 50 年代起在我国较为流行的一种学说。该学说认为，税收是国家为实现其职能，凭借政治权力所形成的强制、无偿的分配关系。这就是说，政府课税的根据是满足国家实现其职能的需要，包括政治职能和经济职能的需要。

---

① 转引自坂入长太郎（坂入长太郎，1987 年版，第 305 页）。

2. 社会扣除说

社会扣除说认为，国家在分配社会产品时，扣除"一般的不属于生产的管理费用""作为满足共同需要的费用"和"为丧失劳动力者设立的基金等"。[①] 税收是个人向社会领取收入时所做出的扣除，这种扣除是建立在共同利益之上的，因而是自愿的。

3. 国家社会职能说

国家社会职能说认为：税收属于再生产中的产品分配；在社会主义范围内，参与分配的根据只能是参与生产；国家是以执行社会职能，为再生产提供必要的外部条件的形式参与生产的。因此，税收的根据只能是国家的社会职能或公共事务职能。[②]

4. 公共需要说

公共需要说基于公共财政理论，认为税收是为了满足公共需要而采取的分配形式。国家征税的依据是政府给居民提供了满足公共需要的公共服务。税收是国家凭借公共权力而不是政治权力、按法定的程序和标准、有偿地取得公共产品的价格。作为公共产品的价格，选民通过用手或"用脚"投票或是其他形式以达到市场均衡。该学说不仅有助于抑制政府滥用公共权力征税，而且有助于社会成员理解税收，增强他们的纳税意识，从而推动了税收的民主化和科学化，对建设和谐的社会主义税收制度有特殊的意义。

三、税收是政府提供公共产品或劳务的价值补偿

目前，国内外税收理论界流行着一种观点，即从市场失灵和公共物品的需求两个方面论证政府征税的必要性。其看法是，市场机制虽然有效地调节供给与需求，使社会资源得到合理配置，从而有效地提供商品和劳务。但同样存在市场失灵问题，一个突出的表现就是公共物品不能通过市场机制来提供。因此，在市场经济条件下，政府的职能就是提供不能由私营部门通过市场提供的公共物品。这也是政府的财政支出，其资金来源是以税收为主要内容的政府收入。

在市场经济条件下，市场在资源配置中起着基础性作用。但是市场并不是万能的，市场本身也存在缺陷。我们一般可把社会经济分为私人部门和公共部门。私人部门提供的产品为私人产品，公共部门提供的产品称为公共产品。按照萨缪尔森给出的定义，纯公共产品就是这样的产品：每个个人消费这种产品不会导致他人对该产品消费的减少。公共产品与私人产品相比，具有效用的不可分割性、消费的非排他性和受益的不可阻挡性三个特征。这样，人们完全有可能不付任何代价，而同样享受由他人出资提供的公共产品。在这种示范效应的激励下，人们争相"免费搭车"，由此产生公共产品供给量的严重不足。可见，市场机制不可能使公共产品得以生产或提供，市场就成为无效方式。因此，公共产品需政府以非市场途径提供。而政府生产和提供公共产品都

---

① 《马克思恩格斯选集》第 3 卷，人民出版社，1972 年版，第 9 – 10 页。
② 马国强：《税收学原理》，中国财政经济出版社，1991 年版，第 26 – 27 页。

需要从市场上购买商品和劳务，这种对商品和劳务的购买，即构成公共产品的提供成本，有一部分公共产品的提供可以采取收费的办法以弥补成本，但相当多的公共产品不可能采取收费的办法，而采取征税的办法是政府弥补公共产品成本的最佳选择。也就是说，税收是政府为补偿公共产品成本向公共产品消费者收取的一种特殊形式的价格，这种价格不是由消费者自愿支付的，而是由政府强制征收的。政府一方面以税收征收的方式取得财政资金，一方面又将征税取得的资金从全社会的角度重新安排，用于公共产品的提供。

四、税收是政府筹集资金的最佳形式

我们说政府提供公共物品或服务的资金主要是通过税收的形式取得的。那么，为什么政府主要通过税收而不是其他别的什么方式来筹集资金呢？

政府拥有货币发行权，它可以根据资金需要而印发相应数量的货币。但是，凭空发行货币，市场上的货币增多了，而市场上的商品还是原来那么多，并没有增加，钱多东西少，其结果会使货币贬值物价上涨，造成严重的通货膨胀，这极不利于经济的稳定发展。在物价因此而飞涨的情况下，还可能诱发社会动乱。所以，除非在万不得已的情况下政府是不能靠印发货币来筹集资金的。

政府也可以以债务人的身份，依据有借有还的信用原则，向国内外举债来筹集资金。但是举债取得的收入终究是要偿还的，除偿还本金之外，还要加付利息。政府要提供大量的公共物品或服务，如果都采取举债的办法筹集资金，只能使政府债台高筑，最后还得向居民征收货币或实物用来清偿债务。

相比之下，政府通过课征税收的形式筹集资金，实质是人们将自己所实现的一部分收入转移给政府支配。一来不会凭空扩大社会购买力，钱还是那么多，只不过花钱的人变了，因此，不会引起通货膨胀；二来政府不需要把税收再直接偿还给纳税人，不会给政府带来还债的压力和负担；三来税收是强制征收，政府可以制定法律向其管辖范围内的任何人或任何行为征收税款，因而可以为政府提供充足的资金来源。

在各种可供政府选择的筹资形式中，税收是最佳形式。政府提供公共物品或服务只能主要靠税收。从当今世界各国的情况看，除少数国家外，绝大多数国家的财政收入都来源于税收，税收收入占财政收入的比重一般在80%至90%以上。在我国，税收占财政收入的比重已达到90%以上。可见，税收是政府运转的基本保障，是实现政府职能的前提。离开了税收，政府职能的履行也就成了无源之水、无本之木。人们须明白这样一个道理：税收是政府为社会提供公共物品或服务的物质基础，没有税收，便没有公共物品或服务的供给，大家要想得到更多、更好的公共物品或服务，就必须依法纳税，保证政府的税收收入。

五、纳税是每个公民应尽的社会责任

较长一段时间以来，学术界不少人认为纳税是公民必须履行的义务，但也有人提出不同意见，如李炜光用安·兰德的哲学观分析，"义务"不外乎舍弃个人的目标和利益，无条件服从于权威。责任就是担当，就是付出，就是在得到社会给予的服务后作为回报做好分内之事。于是他认为对于税收来说，责任足矣，何需义务？这里，可以借鉴他的观点把纳税理解为人们的责任而不再是义务。需要说明的是，文后即使出现"义务"一词也仍然是这里责任的本意。

政府提供的公安司法服务，维护着公共秩序，时刻保卫着每一个人生命和财产的安全，捍卫着每个公民的权利。试想，如果没有了公安、司法，在一个盗匪横行、社会秩序混乱的环境中，人们的生命、财产毫无保障，有再多的食品、衣物也是枉然。政府提供的九年制义务教育，使每一个人都具备基本的文化知识和文化素质，从而能够更好地掌握生产和生活的技能。政府提供的环境保护、卫生保障，使人们免受环境污染和疾病带来的侵害，人们的生活质量更高。政府兴建的能源、交通等大型基础设施，为企业和个人从事生产经营活动提供了良好的外部生产条件。可以想象如果没有充足的电力供应，没有四通八达的交通网，任何生产经营活动都难以顺利进行。如果没有政府提供的公共物品或服务为人们的生产、生活提供外在条件和基本保障，任何人都难以真正富裕起来。由此看来，在现代社会每一个人的每一天都离不开政府提供的公共物品或服务，每一个人都是公共物品或服务的受益者。

然而，人们要享受政府所提供的服务，要消费公共物品，就必须用钱来购买，就必须照章纳税。由于我们每一个人都是政府提供的公共物品或服务的受益者，事实上，我们每一天也确实都在消费着公共物品或服务，所以，我们每一个人都必须照章纳税。纳税就成为我们每一个公民应尽的责任。

政府提供公共物品或服务的资金主要来源于我们每一个人缴纳的税款，大家纳税，政府才有钱建设国家，支持国防，保障公民的福利生活，才能为老百姓提供更多、更好的公共物品或公共服务。纳税使我们获得了政府提供的公共物品或服务带来的好处。那么，当你享受这些好处时，你是否问过自己，有没有照章纳税？是否缴足应缴纳的税款？自觉纳税如同买东西自觉交钱、乘车自觉买票一样，是市场经济条件下公民最基本的行为准则。

第三节　税收的产生和发展

一、税收的产生

税收并不是从有人类社会以来就有的，而是人类社会发展到一定历史阶段的产物。税收属于一个历史范畴。税收作为一种重要的分配或收入形式，同其他经济范畴一样，经历了一个由不完全形态到完全形态的发展演变过程。

（一）税收的雏形阶段

在原始社会，由于生产力水平极其低下，人们为了生存，只能共同劳动，平均分享劳动成果，没有私有财产，没有国家，自然也没有税收。原始社会末期，随着生产力的发展，社会产品逐渐出现剩余，出现了私有财产，进而出现了阶级，产生了第一个奴隶制国家——夏朝。夏朝统治者为了维持公共权力的存在和日常活动的需要，除了凭借对土地和奴隶的占有，直接占有奴隶的劳动成果外，还凭借其政治权力进行强制性的课征。"贡"就是这种强制课征的最早形式。

夏代的"贡"，是王室对其所属部落以及平民的一种强制课征。贡分为两种：一种称"土贡"，即王室对其所属部落以及被征服部落的强制课征。贡品一般为当地的土特产品。土贡具有明显的强制性，但无严格的固定性。土贡在商、周两代有了很大发展，周代土贡分为九类，俗称"九贡"。在以后的封建社会的各个朝代土贡始终存在；另一种贡，是平民耕地向国王的贡纳。其贡品是农产品，它有一定比率，即所谓"贡者，较数岁之中以为常"，也就是根据土地若干年的收获量，定出一个平均数，从中抽取一定的比例。

到了商代，贡逐渐演变为助法。助法即借助平民耕种公田，公田的收获全部归王室所有，即所谓井田制。"方里而井，井九百亩，其中为公田，八家皆私百亩，同养公田。公事毕，然后敢治私事。"助法是一种力役形式的课征。

到了周代，除贡、助之外，又实行了彻法。"民耕百亩者，彻取十亩以为赋"，意即每户平民耕种土地，要以一定的产量交纳王室。彻法按土地数量进行课征，属于对土地的课征，比贡法、助法有了很大的进步。

总的看来，夏、商、周三代的贡、助、彻，都是较为原始的课征形式，既有地租的因素，也有一定赋税的因素，是税收的雏形。

（二）商业、手工业税收的出现

我国对商业、手工业征税始于周代。周代以前，商业、手工业已经出现，商代的商业已有了很大的发展，但因官营较多，没有课征赋税。周代开始出现了对进出关卡的货物和集市上的商人课征的"关市之赋"，对伐木、采矿、狩猎、捕鱼、煮盐等课征的"山泽之赋"，这是我国最早的工商税收。

（三）春秋时期鲁国的"初税亩"

春秋时期是我国奴隶社会向封建社会的转变时期，我国的农业赋税制度也随之发生了重大的变化。由于生产力的发展，特别是铁器农具的广泛使用，私田日益增多，由于私田不向王室交纳贡赋，私田的扩大，严重影响了王室的收入，极大冲击了奴隶制的经济基础。为了开辟税源，春秋时期的主要诸侯国鲁国，于鲁宣公十五年（前594）开始对井田以外的私田课征税赋，宣布不论公田和私田一律按亩征税，称为"初税亩"。初税亩的实行，首次以法律形式承认了土地的私有权和地主经济的合法地位，顺应了土地私有制这一必然发展趋势，是历史上一项重要的经济改革。同时也是我国农业赋税制度从雏形阶段进入成熟时期的标志。

二、税收的发展

随着社会生产力的发展和各个社会政治经济情况的发展变化，税收经历了一个发展演变过程。奴隶社会的税收尚处于雏形阶段，封建社会的税收逐渐进入成熟时期。在自然经济占统治地位的封建社会，税收主要是对土地和人丁课征。封建社会末期，由于商品经济的发展，对工业品和商人课征的各种税收及其他杂税日益增多。到了资本主义社会，税收得到了充分的发展。资本主义社会税种繁多，税收已成为国家财政收入的主要来源和国家干预经济的重要工具。

税收的发展演变过程，对于不同国家，由于历史及社会经济、政治发展过程的差异而各有不同。就其内容看，其发展演变过程可以归纳为税收名称、制度、征收形式及法制程度等几个方面的发展变化。

（一）税收名称的演变

在不同历史时期，税收有不同的名称。在我国历史上，税收曾先后被称为贡、助、彻、赋、租、税、捐、课、调、役、银、钱等，其中使用范围较广的主要是贡、赋、租、税、捐等。由于这些名称有时在同一时期同时存在，有时互为混用或连用，所以形成了贡赋、赋税、租税、捐税等几个主要名称。这些名称反映了不同时期税收的经济内容，从一个侧面反映了税收的发展史。

税收名称最初是同征税目的和用途相联系的。例如早期的贡与赋，其征收目的和用途是不同的。臣属或藩属向王室进献的物品称贡；为满足军事需要征发的兵车、武器、衣甲等军事用品称为赋，又称军赋。周代以后，贡和赋同时存在，所以统称为贡赋。周代以后，贡逐渐退居次要地位，税和赋成为主要名称。赋与税的征税目的和用途是不同的。税的名称最早出现于"初税亩"，其本义是指对耕种土地征收的土地生产物。所谓"有税有赋，税以足食，赋以足兵"，就是说明税与赋有其各自的用途。"初税亩"以后，各诸侯国将军役、军赋逐渐改为按田亩征收，赋与税的名称逐渐混用，统称赋税。

租和税的含义，在现代社会是有严格区分的。租是土地所有者向租用者收取的，税则是国家向土地所有者的强制征收。但在古代很长的一段时期内，二者是混用的。这是因为在我国奴隶社会时期，存在着土地王室所有制，国家以土地所有者身份收取的地租和以政权为依据收取的赋税是混在一起的。所以，名称也是混用的。我国从秦汉起直至隋唐，凡对土地的课征，均称为田租，租税不分，统称租税。唐代后期，开始将田租称为地租，将官田的课征称租，私田的课征称税，租与税的名称逐渐分开。宋代起又进一步将土地的赋税分为"官田之赋"与"民田之赋"，以后逐渐把对土地课征的赋税统称为田赋。

捐与税本来也是不同的。捐亦称捐纳、捐输，始于战国时代。捐纳最初是国家授爵的一种方式，是自愿的、临时性的财政收入。以后各代政府除利用捐纳授爵外，还经常为特定用途征集财源，如筹措军响，赈济灾民，举办工程等，从而使捐纳带有强制性。明代以后，捐纳盛行，逐渐成为政府的经常性收入，捐与税难分，统称捐税。

（二）税收制度的发展和演变

税收产生以来，随着社会经济的不断发展，为适应各个社会的政治经济条件及统治阶级的政策需要，历代社会的税收制度是多种多样的。但就其类型划分，大体可分为三种类型：

1. 以古老的直接税为主的税收制度

在奴隶社会和封建社会，由于商品货币经济不够发达，统治者只能以对土地和人丁课征的直接税为主体税。我国奴隶社会和封建社会的税收主要是对耕地征收的土地税、田赋，对人丁征收的名目繁多的人头税等。虽然也对城市商业、手工业和进出口贸易开征了商税，对物产征收关税，但税额很少，在税收总额中不占主要地位。

2. 以间接税为主的税收制度

对商品课征的间接税，在封建社会已经出现，到资本主义社会得到了广泛发展。这是因为，间接税适应资本主义商品生产的经济条件，同时可以减轻资产阶级的税收负担，有利于资本主义工商业的发展。间接税是对商品课征，税款包含在商品销售价格之中，并不是由经营工商业的资本家负担，而是由购买商品的消费者负担。因而间接税的征收，在封建社会末期及资本主义社会初期，对削弱封建势力，促进资本主义经济的发展起着主要作用。

随着资本主义经济的发展，间接税被广泛采用，形成了种类繁多的间接税体系，其中的主要税种有：对消费品课征的消费税，对商品、劳务的经营课征的销售税或营业税，对进出口商品课征的关税，对盐的生产、运销课征的盐税等。当然，资本主义国家并不限于只征收间接税，除间接税外，也征收土地税、财产税和各种杂税，但这些税收并不占主要地位，只是一些辅助性税收。

3. 以现代的直接税——所得税为主的税收制度

在资本主义生产关系与封建生产关系斗争的过程中，间接税曾发挥了很大作用。随着资本主义经济的发展，资本主义国家长期广泛实行间接税，也给资本主义经济的进一步发展和资产阶级的经济利益带来一些不利影响。资产阶级国家为了维护本阶级的利益，增加财政收入，曾陆续实行了一些改革税制的措施，如提高土地税、地租税的税率，开征土地增值税，取消教会的免税特权，等等。这些措施虽能增加土地所有者和教会的税收负担，但并不能消除间接税的弊病。18 世纪末，英国首先出现了所得税。所得税征税的普遍性，触及了资产阶级的利益，遭到资产阶级反对。最初资本主义国家只把它作为一种临时税，时征时停，历经几十年才成为永久性税收。随着资本主义社会的发展，到 20 世纪初，所得税已经成为现代资本主义社会的主体税收。目前，资本主义国家所得税的种类繁多，主要有：对个人所得征收的个人所得税；对公司企业所得课征的公司或法人所得税，按公司企业工资支付额课征的社会保险税等。

（三）税收征收形式的演变

一定历史时期的社会经济条件制约并决定着税收征收形式。从历史上看，税收的基本征收形式有三种，即实物形式、力役形式和货币形式。

奴隶社会和封建社会初期，由于自然经济占统治地位，商品经济不够发达，税收的征收形式必然也只能以实物和力役为主。当然，这一时期也存在着货币征收形式，如对商业、手工业课征的商税和物产税，对财产或经营行为课征的各种杂税，一般都是征收货币，只是货币征收形式在当时不占主要地位。

封建社会中期，由于商品经济日益居于统治地位，税收的征收形式也逐步过渡到以货币形式为主。我国封建社会末期，除了商税、物产税和各种杂税仍继续征收货币以外，从明代起，田赋也开始实行折银征收，逐渐增加货币征收形式。在资本主义社会，各种税收基本上是征收货币，货币征收形式成为占统治地位的形式，但实物形式和力役形式并未完全消失。目前在许多国家，一些税种仍然采用实物征收形式。

（四）税收法制程度的演变

从税收的发展进程看，税收法制程度是由低到高，渐趋完善的。归纳起来，大体经历了四个时期。

1. 自由贡献时期

奴隶社会和封建社会初期，税收虽已初步成为独立的分配形式，但尚不完善，王室或君主的开支费用和国家支出没有明确划分，其收入主要来源于王室土地收入及特权收入。国家行使课税权，是同纳贡者的自由贡献相结合的。

2. 支持援助时期

随着封建国家的发展，君权的扩张，国家活动范围的扩大，财政开支与君王费用开支不断增加，原有收入难以维持，特别是遇到特殊需要，如对外战争、新王登基等，需要开征新税种。但此时的君王权力有限，每增加新税都需要取得贵族等统治阶级和社会的支持。

3. 专制课征时期

封建国家建立中央集权制度后，君权至高无上。税收的课征，全凭君主的专断。在这种政权制度下，国家为增加财政收入，一般都凭借其封建专制政权的力量，实行专制课征。国家一方面给统治阶级减免税特权，以维护阶级利益，减少征税的阻力，同时不再取得社会的支持，不受约束地增加税收。君主的这种无限制的横征暴敛，往往成为革命的导火线。

4. 立宪课征时期

资本主义制度确立以后，废除了封建专制制度、等级制度和封建特权，实行资本主义民主制度。国家征收任何税收，均需要立法程序，完成立法手续，君主或元首无权擅自决定征税。可以说，到资本主义社会以后，税收法制程度已趋于完善。

第四节　税收的形式特征

税收的形式特征，体现的是税收范畴与其他非税收入形式之间的区别，它是判断一种收入是否是税收的主要标志。只有同时具备以下"三性"的收入才是税收，否则即使形式上叫作税但实质上不属于税收范畴。

一、税收的形式特征

(一) 税收的强制性

传统的国家分配论认为,税收的强制性是指,国家依据政治权力参与社会产品分配,通过法令、行政手段或其他强制手段进行征收。在税收分配关系中,国家始终占据主导地位。各项税收法规、政策的制定、执行、修改都是由国家主导进行的。而现代公共财政理论认为,税收的强制性,是指政府凭借公共权力,以法律形式来确定政府作为征税者和社会成员作为纳税人之间的权利和义务关系。这种权利和义务关系表现在:首先,政府作为征税者具有向社会成员征税的权利,并同时承担向社会成员有效提供公共品和公共服务的义务;而社会成员作为纳税人具有分享政府所提供的公共品和公共服务利益的权利,并同时承担向政府纳税的义务。其次,政府征税是凭借政治权力将征纳双方关系以法律形式预先确定下来。在这里,国家的政治权力是一种公共权力,是全体社会成员按照契约的方式将自身权利向政府机构的一种让渡,这种公共权力在税收分配中表现为:政府代表全体公民委托特定的执政机构(财税机关),对社会资源在满足公共需要与满足私人需要的不同用途之间进行分割。为避免"免费搭车",保证满足公共需要的资源供给,这种权力需要体现为一种强制性的权力。这种"契约"方式就意味着征纳双方不存在无权利的义务,也不存在无义务的权利。因此,税收强制性要求政府在以法律形式确定征纳双方关系时,不能只一味强调纳税人的义务,例如纳税人违反税法后将受到何种处罚,还应强调纳税人还拥有一些权利,如征税同意权、用税决定权、基本生活维持权、程序抵抗权、知情权和诉讼权等;也不能只一味强调政府有征税权,还应强调政府有按纳税人意志为其提供符合要求的公共产品的义务,如果没有很好地履行义务或侵犯了纳税人的权利,应受到什么处罚。唯有如此,才能较好地体现征纳双方的对等关系,一方面,有助于提高纳税人的纳税意识,降低纳税遵从成本;另一方面,可以避免公共产品提供的结构性失衡和对纳税人所纳税收的随意浪费,有助于建立一个公正廉洁高效的服务型政府。因此,税收的强制性是税收范畴最为明显的形式特征。

(二) 税收的无偿性

税收的无偿性,是就政府同具体纳税人而言的,权利和义务关系是不对等的。政府向纳税人征税,不是以具体提供公共品和公共服务为依据;而纳税人向政府纳税,也不是以具体分享公共品和公共服务利益为前提。因此,就政府和纳税人之间具体关系而言,纳税人从消费公共品和公共服务中分享利益是无偿的,而政府向纳税人征税也是无偿的。税收的无偿性也是由税收作为补偿公共品和公共服务价值的这一性质所决定的。政府所征税收同政府提供公共品和公共服务在价值上必须是对等的,否则公共品和公共服务就无法提供。但消费者对公共品并不表示偏好,提供公共品的政府对消费者的公共品受益也无法测度,因而不能采取直接的价格形式,只能采取间接的税收形式,从而决定了税收的无偿性特征。

目前，国内也有学者认为，税收具有有偿性。这里的有偿性，是指国家征税以满足公共需要的形式返回给纳税人。由于政府给纳税人提供公共产品，纳税人所交纳的税收即是公共产品的价格（税价），因此税收是有偿的。现实中，纳税人在没有交税之前就已经享受了政府提供的公共服务，例如公共安全、公共秩序、公共卫生等。虽然纳税人不能像消费者在市场上购买商品那样，以一手交钱一手交货的形式进行交易，但从总体来说，纳税人所交的税款是有偿的。这种有偿性表现为就纳税人全体来说，纳税人所交纳的税款应当等于同一时期政府提供的公共产品价格。对税收的有偿性的理解有助于规范政府征税行为，同时也能增强纳税人自觉纳税的意识，并真正理解税收是"取之于民，用之于民"的真谛。

实际上税收的无偿性与有偿性并不矛盾，前者侧重于分析政府和具体纳税人的利益关系，后者侧重于分析政府和全体纳税人的利益关系，只是分析问题的侧重点和视角有所不同罢了，反映的仍是一个问题的两个方面。税收整体上的有偿性是税收深层次的本质问题，而不是税收的形式特征，但两者也存在一定的关联，这是因为整体利益的层次越高、范围越广，整体利益与个人利益之间的相关性就越低，税收在形式上就越表现为无偿。

（三）税收的规范性

税收的规范性或称固定性，指政府通过法律形式，按事先确定的标准实施征税。在这一点上，传统的税收规范性与税收的法定性具有共同之处。税收规范性首先表现在对什么征税、征多少税、由谁缴税必须是事先明确的，而不是任意确定的；其次，税收的标准必须是统一的；最后，税收征纳关系以法律为依据，是相对稳定的。而税收法定性也认为，无法不得征税，任何不具有法律效力的征税行为，如行政命令、各种通知都不能成为征税的依据，即使有时颁布的税法存在一些漏洞，在没有修改之前，税务机关不得凭自己的解释或部门通知，在征税中实施与税法不一致的行为。税收规范性特征既是税收补偿公共品价值的内在要求，为政府提供公共品创造了条件，同时也维护了纳税人的纳税权利。

二、税收与非税收入的区别

政府非税收入，是指除税收以外，由各级政府、国家机关、事业单位、代行政府职能的社会团体及其他组织依法利用政府权力、政府信誉、国家资源、国有资产或提供公共服务、准公共服务收取的财政资金。政府非税收入的项目包括：行政事业性收费、政府性基金、国有资本经营收益、罚没收入、专项收入、国有资源有偿使用收入、国有资产有偿使用收入、彩票公益金、以政府名义接受的捐赠收入、主管部门集中收入、政府财政资金产生的利息收入、政府债券收入及其他政府非税收入。

（一）税收与行政事业性收费的区别

行政事业性收费是指国家机关、事业单位、法律法规授权的组织在实施社会公共事务管理，以及在向公民、法人和其他组织提供特定公共服务过程中，依法向特定对象收取的费用。

税收与行政事业性收费都是以国家的公共事务为征收依据，并按预先规定的标准征收。二者的区别在于：（1）代表国家的各级税务机关、海关收取的一般是税；由经济部门和一些事业单位收取的一般是费。（2）税收具有无偿性；行征事业性收费是国家向受益者收取的一种代价，是等价有偿的。（3）税收收入由国家统一支配，通过预算支出，用于全社会各个方面的需要，一般不采用专款专用的原则；而行政事业性收费多用于满足单位的本身业务支出需要，一般都是自收自支，具有专款专用特点。

（二）税收与政府性基金的区别

政府性基金是指各级政府及其所属部门根据法律、法规和政府有关文件规定，为支持某项公共事业发展，向公民、法人和其他组织无偿征收的具有专项用途的财政资金。如农网建设还贷资金、港口建设费、中央对外贸易发展基金、水利建设基金等。

政府性基金具有以下特征：（1）政府性基金属于非补偿性的，是政府凭借行政权力强制地、无偿地征收，与具有特定目的的税收性质相同，是比较典型的"准税收"。（2）政府性基金一般不与被征收主体发生直接管理或服务关系。（3）政府性基金的征收渠道和形式较多，既有以税收、价格为载体征收，也有按销售（营业）收入、固定资产原值、工资或政府非税收入的一定比例收取。（4）政府性基金征收数额一般都比较大，具有专门用途，严格实行专款专用，不得挪作他用。

（三）税收与国有资本经营收益的区别

国有资本经营收益是国家作为生产资料所有者从占有支配使用生产资料的国有企业取得收入的分配形式，包括国有资本分享的税后利润，国有股股利、红利、股息，企业国有产权（股权）出售、拍卖、转让收益和依法由国有资本享有的其他收益。税收和国有资本经营收益都是社会主义国家参与企业纯收入分配的基本形式，虽然它们都是以国家为征收主体，但国家的身份却不相同，作为税收主体的国家是公共事务执行者，而作为国有资本经营收益主体的国家是生产资料所有者。税收与国有资本经营收益（主要是利润、股利、红利、股息）的区别主要在于：

1. 适用范围和依据不同

税收分配是凭借国家的政治权力，是以国家的法律为依据的。所以，税收对各种不同类型的所有制企业普遍适用。国家不仅可以向国有企业征税，也可以对不同所有者的单位和个人征税。而国有资本经营收益是国家以生产资料所有者的身份参与国有企业纯收入分配的，它只适用于国有企业，不包括集体企业、私营企业和外商投资企业，更不包括个人。

2. 强制程度不同

税收分配具有法律强制的特点，任何一个纳税人，只要产生了应税收入，发生了应税行为，就要依法纳税。如不按期、足额缴税，则要加收滞纳金或罚款。国有资本经营收益尽管也存在不同程度的法律强制因素，但其约束力远不如税收那么强。

3. 分配顺序不同

税收分配的社会产品对部分企业只是剩余产品，对整个社会则是必要产品。国有资本经营收益所代表的社会产品，无论对于生产资料占有者，还是对于生产资料所有者，均属于剩余产品。因此，税收分配应先于国有资本经营收益分配。

4. 收入的规范性不同

税收是按照预先规定的标准进行征收的，收入方面具有明显的规范性特征。如对流转额的征税，就能稳妥可靠地取得收入。而利润上缴，是以企业实现的利润为上缴依据，实现多的多缴，少的少缴，无利和亏损的不缴，国家有时还根据需要进行上缴数额的调整。因此，上缴收入要固定下来是很难做到的。

（四）税收与罚没的区别

罚没是单位或个人因违反国家和部门的法律或规章制度而受到的一次性的经济制裁。罚款和没收同样可以取得一定的财政收入，也是国家取得财政收入的一种形式。罚款和没收虽也具有强制性、无偿性特征，但内容和性质上与税收有一定的差别。国家征税的目的主要在于筹集必要的资金，而不是对纳税人的惩罚。罚款、没收则主要是为了制止某种违法行为的发生而做出的经济处理。国家对违法行为不能采用征税办法来解决，否则就等于从税法上承认了违法行为，使违法行为合法化。同时，罚没不具有税收固定性特征。由于罚没是对被处罚人的一次性处分，不存在固定连续取得收入的特性，在取得财政收入上缺乏稳妥和可靠的保证。所以，罚没不能作为取得财政收入的经常性手段或主要手段。但是，罚没的作用是不能低估的，它在规范人们的行为方面，具有税收不具备的独特作用。

（五）税收与政府信用的区别

政府信用是政府借债的一种信用形式。主要形式有政府发行公债和向国外借款。马克思说："借债使政府在开销额外支出时，无须立即使纳税人感到负担，但结果总是由加税来弥补。"[1] 所以，公债曾被马克思称作"税收的预征"。

税收与政府信用有以下区别：（1）税收是以国家执行公共事务为依据，是一种分配形式。而政府信用是以国家作为债务人所形成的契约关系为依据，是一种信用形式。（2）税收是一种强制征收，依法办事、依率计征，不以纳税人的意愿为转移。而政府信用是一种信用关系，其发行和认购双方，在法律上是完全平等的，强行推销公债是违反信用原则的。（3）税收分配所形成的收入不存在偿还问题，为国家永久占有，但公债等政府信用形式所形成的收入必须按期归还，并支付相应的利息。

关键术语

税收　税收形式特征　公共需要　初税亩　利润上缴　国家信用　规费　罚没　现代直接税　国家需要说　税收三性　公共需要说

---

[1]　马克思：《资本论》第1卷，人民出版社，1958年版，第955页。

思考题

1. 政府为什么要征税？老百姓为什么要纳税？
2. 为什么说税收是政府筹集资金的最佳方式？
3. 结合公共财政理论和中国现实谈谈你对税收三性的理解。
4. 如何区别政府的税收收入与非税收入？

第二章
税收职能与效应

税收职能与效应是重要的税收理论知识，学习和掌握这一部分内容，可以为理解税收制度与政策、研究税制改革奠定理论基础。税收职能是税收作用与效应的基础，是客观的、内在的、长期不变的，属于税收共性问题。税收作用是税收职能的具体运用效果，税收作用会因人们的主观意志不同、客观环境不同而不同。不同国家或同一国家的不同时期，税收作用内容不尽相同。税收效应旨在分析纳税人因政府课税而做出的反应及可能采取的对策，也可以说是税收作用在微观经济方面的体现。税收效应与税收作用一样，是政府运用税收职能的效果与反应，二者的区别在于：税收作用旨在分析与考察政府课税对财政收入、宏观经济、社会发展乃至国际贸易的影响与作用，属于宏观经济与管理范畴；而税收效应旨在揭示政府课税后，纳税人在生产、消费、投资与储蓄方面的反应与对策，属于微观经济范畴。

第一节 税收职能与效应概述

一、税收职能的定义与特征

税收职能是由税收本质决定的、内在于税收分配过程中的职责与功能。税收的形式特征是税收本质的外在体现，税收职能则是税收本质的内在要求。任何社会形态、任何国家的税收都有这种本质要求。税收职能可以从两个方面考察，首先，税收作为政府提供公共品满足社会公共需要的价值补偿所具有的功能；其次，税收作为政府履行职责的政策工具所具有的功能。我们把税收的这两种功能概括为税收的财政职能和经济职能。

税收职能作为由税收本质所决定的、内在于税收分配过程中的功能，具有如下三个特点：

第一，税收职能的内在性。税收职能是税收本质所固有的内在属性。税收本质是国家为向社会提供公共品，对社会产品进行的强制、无偿和规范的分配。税收的这种本质属性，必然要体现在税收职能之中。税收职能与税收共生共存，不可分割。

第二，税收职能的客观性。税收职能是客观存在的，它不以人的意志为转移。税收职能的客观性是由税收职能的内在性所决定的。这种客观性，一方面表现在不论人们是自觉认识还是尚未充分认识它，是正确运用还是错误运用了它，税收的职能都依然存在，所不同的只是因此所产生的社会影响有大有小、有好有坏而已；另一方面，税收职能的客观性，还表现在它要受到客观条件的制约。随着客观条件的变化，税收的职能还会在不同广度和不同深度上得到不同的反映。例如，在自然经济和商品经济条件下，税收职能所反映的程度就具有明显的差异。

第三，税收职能的稳定性。税收职能作为税收本质的一种固有属性，无论在内涵和外延方面都是稳定的。尽管人们对税收职能的认识有一个不断深入、运用能力有一个不断提高的过程，但它不会因为国家需要的变化而发生根本的改变。

二、税收作用

税收作用是指税收职能在一定社会经济条件下具体运用所反映出来的效果，是税收内在功能的外在表现。税收作用具有客观与主观相统一、自发与自觉相统一的双重性特征。

第一，客观性和主观性的统一。税收作用的客观性是指税收的效应或效果是客观存在的，并且要受社会经济条件的制约。在不同的社会经济条件下，税收的效应或效果不完全相同。税收作用的主观性，则是指税收的效应或效果要受到课税权主体决策的影响和制约。这是因为税收作用要通过税收政策、法令和征管制度的实施去实现，而税收政策、法令的制定，税收征管制度的实施，又是人们主观行为的结果。税收作用的这种客观性和主观性相统一的双重性，反映了税收作用是人们主观行为作用于客观实践的结果。

第二，自发性和自觉性的统一。税收作用的自发性是指税收不以人们主观意志为转移，自发地在起作用，从而具有一定的盲目性。税收作用的这种自发性，是由于人们没有主动去运用，或者由于人们认识和能力的局限不能有效去把握它。税收作用的自觉性则是指税收在人们主观意志支配下，按照人们预期的目标和意图去有效地发挥其作用。税收作用的这种自发性和自觉性相统一的双重性，可以使税收产生正面的效应，也可以使税收产生反面的效应，即积极作用和消极作用。

由于税收内在功能必须在一定条件下通过外在作用来体现，因此，税收职能和作用密切联系，不可分割，有时候也就把税收职能和作用简称为税收职能。

三、税收效应

税收效应，是指纳税人因政府课税而在其经济行为或经济选择方面做出的反应。征税可以影响市场供求和商品、劳务价格，改变纳税人或负税人在生产和经营、储蓄和投资、工作和闲暇等方面的选择，进而影响资源配置。因此，政府征税对社会经济活动有着巨大的影响作用，这种影响是通过税收的收入效应和替代效应实现的。

与税收效应相对的一个概念是税收中性。长期以来，理论界一直有这样一种说法：税收应保持中性，即税收不干扰市场对资源配置的基础性作用，或者不对消费者的选择和生产者的决策产生干扰作用。这种说法被称为"税收中性原则"。事实上，税收中性只是一种理想的状态，在现实生活中是根本不可能存在的。由于国家征税是一部分经济资源从私人经济部门向政府部门的转移，因而，总会对纳税人的经济行为或经济选择产生这样或那样的影响。换句话说，税收是"非中性"的（当然，税收非中性并不是说政府可以任意对经济运行进行调节，而应是注重市场机制前提下的政府调节）。对税收"非中性"的分析实际上就是对税收效应进行分析。

第二节 税收职能

一、税收的财政职能

税收的财政职能，是税收所具有的从社会成员那里强制性地取得一部分收入，为政府提供公共品，满足公共需要所需物质的职能。税收的这一职能是税收这个经济范畴的基本属性和基本职能，古今中外的税收均毫无例外地首先表现为这一职能。从历史上看，税收本来就是为了取得财政收入，满足社会公共需要而产生的。税收在其发展演变过程中，一直以其及时、稳定、可靠地保证国家财政的优越性而倍受各国政府青睐。从 19 世纪末至今，在主要西方国家如英、美、法等国，税收收入一直占到财政收入的 90% 以上。多年来，我国税收收入占财政收入的比重也一直在 90% 以上，可见，税收是现代国家财政收入的主要支柱。

（一）税收财政职能的特点

税收之所以是财政收入的主要形式，在财政收入中占有主导地位，是与税收收入的特点相联系的。与其他财政收入相比，税收具有以下特点：

1. 来源的广泛性

国家征税是以政府提供公共品的需要为依据的。政府提供公共品使社会成员分享利益，从而有权对分享公共品的所有社会成员征税，使税收具有广泛收入来源。相对而言，其他形式的财政收入在行使权力方面有很大的局限性。例如，利润上缴由于是以财产权为依据，要受到国有企业所有权制约，超越国有资产所有权，政府就无法以此方式取得收入。

2. 形成的稳定性

税收稳定性是由多种因素决定的。首先，税收来源广泛，使不确定因素对税收影响较小。其次，税收按法定标准征收，只要有稳定的税基，就有稳定的税收。最后，税收受法律制度保护，强制征收，从而保证税收收入的实现。相对而言，其他财政收入因财源狭窄、无较固定的标准以及缺乏强制性等原因而难以形成稳定收入。

3. 获得的持续性

税收由社会成员直接缴纳，但最终来源于国民收入。只要社会再生产连续不断地进行，国民经济正常运行，国民收入被源源不断地创造出来，就能持续地获得税收。

同时，也由于政府取得税收收入后归政府所有，由政府支配，无需直接归还给纳税人，能为政府长期占有，统一支配使用。相对而言，其他财政收入形式因有偿归还或其他原因而难以持续。

（二）税收财政职能的规模

政府的税收收入规模应该有多大，并不是政府主观意愿的结果，而是由政府提供公共品的需要和政府取得收入的可能两方面因素共同决定的。

1. 提供公共品的需要

税收是因为政府提供公共品的需要而存在的，因此，税收收入规模首先取决于政府提供公共品的财力需要。但是，由于公共品分为纯公共品和准公共品两类，而两类公共品在提供方式上又有不同的特点，因此，需要把两类公共品的提供加以区别分析。

（1）提供纯公共品的需要。纯公共品是指社会成员普遍需要，但由于非排他性和非竞争性特点而无法由市场提供，只能由政府提供，并且必须通过税收进行价值补偿的产品和劳务。因此，税收规模首先取决于政府提供纯公共品所需要的收入规模。由政府支出提供的纯公共品的项目主要有国防支出、行政管理支出（包括行政、警察、司法、消防、国际关系）等。提供纯公共品需要是政府税收收入规模的最低需要。

（2）提供准公共品的需要。准公共品是指社会成员普遍需要，但由于不完全具有非排他性和非竞争性，因而具有纯公共品和私人品两者兼有的特点。准公共品可以由市场提供，也可以由政府提供，选择哪一种提供方式主要取决于效率、公平等多种因素考虑。如果准公共品由政府提供比市场提供效率更高，或更有利于公平，那么，税收收入规模就要考虑政府提供准公共品的需要。由政府支出提供的准公共品的项目主要有社会福利（包括老年、失业、伤残、医疗、保健、住宅）、教育、交通等。由于政府对准公共品在提供方式和提供范围上有很大的弹性，因此，政府在因提供准公共品而需增加税收收入方面也有较大弹性。政府提供准公共品需要是政府税收收入规模的第二层次需要。

2. 取得收入的可能

税收收入规模不但取决于提供公共品的需要，也取决于取得收入的可能，而收入的可能主要由收入的来源和征税能力两方面因素共同决定。

（1）收入来源。税收收入来源于国民收入，因此，从取得收入的可能考虑，税收收入规模首先取决于国民收入规模。在一般情况下，经济比较发达的国家，国民收入水平较高，税收来源比较充裕，为扩大税收收入规模提供了可能。反之，在经济比较落后的国家，国民收入水平比较低，增加税收的余地也就比较小。由此可以推论，随着一个国家的经济发展，税收收入规模会有一个长期增长的趋势，这种增长不仅反映为税收规模绝对值的增加，也反映为税收规模相对值的增加。

（2）征税能力。国民经济的发展，国民收入水平的提高，为税收收入规模扩大提供了可能。但是，要使国民收入转化为税收收入，使税收收入的可能转化为税收收入的现实，还取决于政府的征收能力。一般而言，在国民经济和国民收入水平相近的情况下，税收制度比较合理，税收征管比较严密，政府征税能力比较强，税收收入规模就会相对大一些。反之，税收收入规模就会相对小一些。

（三）税收财政职能的要求

税收既要为政府提供公共品筹集足额稳定的收入来源，又应适度合理征收，以有利于社会经济的发展。

1. 税收的足额稳定

（1）税收收入足额。这是指税收要为政府筹集足额资金，以满足社会公共需要。税收足额是一个相对量的概念，是相对政府支出而言的。同样额度的税收相对于支出较小的政府是足额的，而相对于支出比较大的政府却是不足额的，因此，政府支出也要受财政收入的制约。政府既可以通过增加税收使财政收入由不足额变为足额，也可以通过减少支出使税收收入由不足额变为足额。量出为入与量入为出相结合，是税收收入足额的辩证内涵。

（2）税收收入稳定。这是指税收收入要相对稳定在与国民生产总值，或国民收入的一定比例相适应的水平上，非属特殊情况，不宜经常或急剧变动，以避免税收对经济正常秩序造成的不良冲击。税收收入的稳定又是相对于政府的合理支出需要而言的，在发生较大的经济变动或政府职能变动时，必然要求打破旧的稳定，建立新的稳定的税收收入水平。在正常情况下，税收应保持持续稳定增长。

2. 税收的适度合理

税收收入的足额稳定，是从短期来考虑保证财政的需要；而税收收入的适度合理，则是从长期来考虑保证财政的需要。或者说，税收收入的足额稳定，主要是从财政本身来考虑税收收入问题；而税收收入的适度合理，则主要是从财政和经济的关系来考虑税收收入问题。

（1）税收收入的适度。指税收收入取之有度，税收征收率不能过高，要尽可能避免过度征收而伤害企业和个人的积极性，影响经济的持续、稳定发展，最终又影响税收收入的增长。它要求征税时应注意培养税源，不伤及税本。我国古书上说的"生财有大道，生之者众，食之者寡，为之者疾，用之者舒，则财恒足矣"，就是讲处理聚财与生财的关系在于税收要取之有度。

（2）税收收入的合理。指在税收收入总量适度的前提下，取之于不同经济主体的税收，要相对合理。要照顾到地区差异、行业差异、资源条件差异等因素，做到多得多征、少得少征、无得不征，使税收收入在个量上也要做到适度而符合常理，即纳税人的负担合理。

二、税收的经济职能

税收的经济职能，又称为调节经济的职能，是指税收作为一种分配杠杆具有通过利益分配去影响纳税人的经济活动，并进而对国民经济的运行产生一定影响的功能。从历史角度看，税收的经济调节职能是派生职能。政府在运用税收参与国民收入分配、筹集资金的过程中，不同的征税选择形成不同的税收政策，必然会改变国民收入在政府和社会经济组织与个人之间，以及在社会的各阶级、阶层、单位和个人之间的分配状况，改变资源在不同行业、地区、企业之间的配置状况，从而引导和调节纳税主体的经济行为。在现代社会，税收的经济调节职能不论是在理论、实践方面，还是在广度、深度上都得到了巨大的发展。从17世纪重商主义的保护政策到19世纪下半叶的德国社会政策学派理论，直至20世纪的凯恩斯主义税收政策，都主张政府积极运用税收政策，体现政府决策意图，促进经济发展。目前，税收政策已经成为各国宏观经济政策的重要组成部分，它对社会经济发展的影响越来越大。现代税收主要有以下三大经济职能：

1. 税收促进资源有效配置

资源配置指土地、资金、劳动力、技术等经济资源和生产要素的分配与使用。在市场经济中，市场机制对资源配置起基础作用。在市场经济运行失调或存在某种缺陷时，政府课税能矫正失调或弥补缺陷，有利于改善资源配置状况，产生增进社会福利的正效应。

2. 税收调节收入分配

收入分配及其公平与否，既是一个社会价值观问题，更是一个经济问题。从经济角度看，一国谋求经济发展，不仅指经济产出总量的增长，还包括经济、社会结构变化、分配状况改善等较为复杂的内容。如果一国经济获得了较大的增长，但收入分配状况恶化了，就会出现有增长、无发展的情况。因此，运用税收手段调节收入分配既是税收的一个重要经济职能，又是各国经济社会政策的一个重要组成部分。

3. 税收促进经济稳定增长

自由放任的市场经济主要是通过市场价格机制来调节社会的供给与需求。然而，价格调节往往具有盲目性、滞后性和自发性。而且，市场的自发性并不能经常保证总供求在充分利用社会资源的水平上实现均衡，因而通货膨胀、失业、贸易失衡、增长波动等顽症会周期性地困扰社会发展。税收作为政府直接掌握的经济工具，在平抑经济波动，体现政府政策方面具有十分重要的作用。税收对宏观经济稳定的调节主要有两种方式：

一是税收自动稳定机制。所谓税收的自动稳定机制，也称"内在稳定器"，是指政府税收规模随着经济景气状况而自动进行增减调整，从而"熨平"经济周期波动的一种税收宏观调节机制。这种机制主要是通过累进的个人所得税和公司所得税表现出来的。

二是相机抉择的税收政策。所谓相机抉择的税收政策，是指政府根据经济景气状况，有选择地交替采取减税和增税措施，以"熨平"经济周期波动的调控政策。具体包括：

（1）扩张性税收政策。在经济萎缩、衰退时，政府实行减税政策，增加个人可支配收入，刺激私人消费和投资需求，促进国民收入恢复到充分就业水平。

（2）紧缩性税收政策。当经济过热、出现通货膨胀时，政府实行增税政策，减少个人可支配收入，抑制私人消费和投资需求，遏制社会总需求和物价上涨势头。

第三节 税 收 效 应

一、税收的收入效应和替代效应

（一）税收的收入效应

税收的收入效应是指因为政府征税改变纳税人的总体收入水平，并对纳税人或负税人的经济行为选择所产生的影响。一般说来，政府开征一种税或提高税率，必然会拿走纳税人的一部分收入，使其境况变差，并因此使纳税人表现出与纳税前不同的行为。例如，对消费品征税推动物价水平上涨，消费者必然或多或少地减少对这种消费品的购买量。又如，提高个人所得的税收负担，会促使部分人为弥补税后收入下降，而减少闲暇或推迟退休。收入效应的大小，取决于纳税人应缴纳的税金占总收入的比例，即由平均税率水平决定。

（二）税收的替代效应

税收的替代效应指政府实行选择性征税而对人们的经济行为所产生的影响。也就是说，税收替代效应产生的条件与收入效应不同，它不是所有的经济活动均被征税或按统一比例征税，而是在政府实行差别税收待遇，在对有些项目征税，有些项目不征税，有的项目征高税，有的征低税的情况下，纳税人用非应税活动代替征税活动，用低税活动代替高税活动的一种行为选择。例如，在过高的所得税边际税率的情况下，部分人宁愿多闲暇而不愿多工作。

收入效应和替代效应之和构成了税收对微观经济主体的总效应。收入效应与替代效应的作用方向可以相同，也可以相反。比如，商品税收入效应促使人们减少消费，替代效应也是如此，它们的效应是一致的；个人所得税的收入效应激励人们更多地工作，而替代效应则削弱这种激励，它们的效应方向正好相反。

二、税收对私人储蓄的影响

增加储蓄和投资是加速资本积累和促进经济增长的前提。为了鼓励储蓄，刺激投资，当今西方国家普遍实行储蓄免税、投资税收优惠以及加速折旧等措施，以推动经济发展。

私人储蓄是制约私人投资及经济发展的重要因素。税收对私人储蓄的效应是通过税收对个人可支配的收入和税后利息的影响来实现的，实际上也是通过税收对储蓄的收入效应和替代效应来实现的。税收对纳税人储蓄的收入效应表现为政府课税后减少了纳税人的可支配收入，为维持原有的储蓄水平必须减少现期消费，从而相对提高储蓄在个人收入中的比重。也就是说，政府课税反而相对提高了私人的储蓄。税收对纳税人私人储蓄的替代效应，是指政府课税影响了纳税人近期消费与未来消费的相对成本，从而改变其选择。如政府对纳税人的储蓄收益（利息）征税，就会减少纳税人的储蓄，以现期的消费替代未来消费。

三、税收对劳动力供给的影响

劳动供给的增加，将会导致整个社会经济效益的提高；反之，则会导致经济效益的下降。一个社会的劳动供给取决于人口规模和个人的平均工作量。税收对劳动供给的影响主要表现在个人所得税上。因此，谈税收与劳动供给的效应主要是分析个人所得税对劳动投入的影响。现代福利经济学认为，个人福利水平的提高不仅在于个人收入水平绝对提高产生的物质享受的增加，而且在于通过闲暇的增加，获得个人更多的精神享受和身心全面、健康的发展。由于个人所得税是对个人劳动所得的征税，它必然减少个人提供劳动所获得的纯收益，因此，可以预期个人所得税的征税行为必然影响个人劳动供给的决策。个人所得税对劳动供给的收入效应，是指政府征税后减少了个人可支配的收入，从而促使其为维持既定的生活水平而增加工作时间。对劳动供给的替代效应，是指征税改变了劳动和闲暇的相对价格，引起个人用闲暇替代工作。由于不同的个人其收入水平不同，对收入的需求弹性不同，因此，个人所得税的效应对不同的个人具有不同的表现。一般在收入水平较低时，纳税人的需求弹性小，收入的边际效应较大，税收产生的收入效应较大，即征税结果会促使劳动的更多投入。在收入水平较高时，收入的需求弹性大，收入的边际效用较小，税收产生的替代效应就较大。尤其是高边际税率的个人所得税会产生更大的替代效应。

四、税收对私人投资的影响

在西方经济学中，投资来源于储蓄，但投资不等于储蓄，因为进行储蓄和进行投资分别属于两类不同的主体，一定的储蓄不一定会全部转化为投资。而且影响储蓄和影响投资的税种也不尽相同，前者主要是利息所得税，包括对利息征收的个人所得税；后者主要是公司所得税。

公司所得税影响投资，主要是通过边际税率和折旧率影响税后投资收益和投资成本来发生作用的。对资本需求来说，提高税率将增加投资成本，使资本的需求减少；对资本供给来说，提高税率将降低资本收益，使资本的供给减少。投资收益和投资成本的反向变化，必然使纳税人的投资行为产生替代效应，即由于投资收益率下降，降低了投资对纳税人的吸引力，造成纳税人减少投资以增加消费。

五、税收对消费的影响

由于消费同收入、商品价格密切相关，因此，税收对消费的影响，是通过商品税和所得税对商品价格和可支配收入的影响实现的。

（一）商品税与消费

商品税是对商品销售行为的课税，它既可以选择对厂商课税，也可以选择对消费者课税。当然，不管在什么环节或对什么对象征税，都会引起商品价格上涨，从而减少消费者的购买能力。从经济原理分析，消费行为既是收入函数，也是价格函数，二者都会对消费产生影响。而对于不同的两个和两个以上的商品而言，是否征税以及税率的高低，在税收上会表现为替代效应。对消费者来说，在同样的条件下，肯定偏向于选择税率低的消费品，因为这样消费者支付的费用要低，这是税收通过价格因素对消费行为影响的第一个方面。

再进一步分析，税收对于不同类型的消费品，其影响程度也不同，突出表现在：一是对于生活必需品，由于需求弹性小，替代性弱，税收影响因素就小；二是对于非生活必需品，由于需求弹性大，税收影响因素就大一些。因此，各国政府大多对一般商品征低税，对奢侈品征高税，后者通常属于特殊消费税的范畴，以此区别于普通意义上的消费税。

（二）所得税与消费

所得税对消费的直接影响，表现在征税行为减少消费者的实际可支配收入，导致纳税人消费能力的降低，从而降低了消费者的消费水平。

设定 C 为消费，Y 为个人收入，a 为常数，b 为边际消费倾向，t 为税率。那么，税前消费 $C = a + bY$，税后消费 $C = a + b(1-t)Y$，显然，征收个人所得税会降低消费水平。而且税率越高，影响程度越大。

关 键 术 语

税收职能 税收作用 税收效应 收入效应 替代效应 税收中性 内在稳定器 相机抉择

思 考 题

1. 如何理解税收的职能？
2. 税收如何促进收入分配公平？
3. 试述税收政策与社会经济稳定发展。
4. 税收如何促进资源的有效利用？

第三章
税收原则与税收负担

税收是政府为满足公众公共需求，凭借政治权力强制、无偿地取得财政收入的一种主要形式，会给纳税人形成一定的经济负担，必须坚持一定的原则。税收原则是一个国家制定税收政策、建立税收制度、指导税收活动的指导思想和基本准则。税收负担则是纳税人因履行纳税义务而承受的一种经济负担。税收负担不仅涉及社会利益的分配格局，体现着国家的税收政策，也是税收的核心和灵魂，它反映一定时期内社会产品在国家与纳税人之间进行分配的数量关系，因而也是建立税收制度要考虑的首要问题。

第一节　税收原则概述

一、税收原则概述

虽然政府可以强制、无偿地取得税收收入，但是总需要通过一定的方式，依据一定的原则来征收，即政府征税应遵循一定的税收原则。

税收原则又称税收政策原则或税制原则。它是评价税收政策好坏、鉴别税制优劣的准绳。税收原则既包含制定税收政策、设计税收制度及运用税收政策所依据的总原则，也包含制定税收政策、设计税收制度及运用税收政策需要依据的一些技术性原则。税收原则通常以简洁明了的税收术语来高度地概括税收政策和制度制定者的思想意志，以全面系统的原则体系综合反映经济社会对税收政策、制度的客观要求。税收原则一旦确立，即成为一定时期一国据以制定、修改和贯彻执行税收法令制度的准则。

税收原则是在具体的经济社会条件下，从税收实践中总结概括出来的。某个时期提出的税收原则，往往可以延续比较长的时期。不同时期的税收原则，也会具有某种相同的内容。随着经济社会的发展、政府职能的拓展和人们认识的提高，税收原则也必然经历着一个不断完善和发展的过程。

二、税收原则的产生和发展

税收原则产生于一定经济条件之下，也随着经济社会的发展而不断发展变化，从早期税收原则思想的产生到现代税收原则的成熟，经历了不同时期和不同流派的发展过程。

（一）我国税收原则的产生和发展

1. 我国古代税收原则的产生

我国税收原则和思想的产生早于西方国家。税收原则的思想萌芽可以追溯到很早以前。据史籍记载，夏王朝是我国古代最早出现的国家，它用贡赋形式向臣民进行征收。征收的原则："禹别九州，量远近，制五服，任土作贡，分田定税，十一而赋。"就是说，禹根据各地离京畿的远近，土质的肥瘠、高下，评定土地等级，征收收获量十分之一的税。这就是讲要按土地等级或地理条件的不同，区别征税，量能负担。

据《史记·夏本纪》记载，早期的贡赋包括两个方面的内容：一是对农产品的征收，"相地宜所有以贡"；二是各地方臣属向中央贡献的土特产品，如兖州（今河南荥阳和山东西部）贡漆丝，青州（今山东东部等）。夏代的贡赋是我国古代最早的赋税形态，其征收虽然没有像亚当·斯密那样明确系统提出"税收原则"这样的表述，但其税收的原则思想已经产生，也反映了我国早期公平税负的治税思想原则。

2. 我国古代的税收原则与思想

在我国历史上漫长的经济发展和税收实践中，曾产生过丰富的治税思想。很多思想家，特别是儒家和墨家都一贯主张轻徭薄赋、舒养民力、发展经济、扩大财源，反对巧取豪夺、竭泽而渔。

孔子政治思想的中心内容是"仁"，主张征收赋税须"度于礼"，"义然后取，人不厌取"，"有君子之道，其使民也义"，强调"义"、仁政、轻徭薄赋，"财聚则民散，财散则民聚"，轻征赋税有利于争取民心，使统治者长治久安；孔子的"百姓足，君孰与足"，要求国家赋税建立在百姓富足的基础上。

战国时期的政治家、思想家管仲（约前730—前645）明确提出按照土地肥沃程度确定赋税轻重的"相地而衰征"的税收原则；"凡治国之道，必先富民，民富则易治也，民穷则难治也"；"取之民有度，用之有止，国虽小必安；取之民无度，用之不止，国虽大必危"，强调公平税负、适度征收的治税思想。

商鞅主张用赋税手段限制农民弃农经商，指出"重关市之赋，则农恶商，商有疑惰之心"，并在新法中规定对弃农经商者予以重罚。同时，商鞅主张赋税应征收粮食，不收货币和其他物品，保证国家税收制度的统一和公平，没有赋税歧视，就能取信于民，官吏也不便营私舞弊了。商鞅也主张通过"官少税简"减轻农民的税负，"官属少，征不烦，民不劳，则农日多"。商鞅的赋税思想在历史上占有重要地位。

司马迁主张自由放任的经济政策，认为社会经济生活中的农、工、商"各劝其业，乐其事，若水之趋下，日夜无休时"，是自然分工，根本无需政府横加干预。

明代思想家丘浚曾提出："理财之道，以生财之道为本"，税收"不能不取之于民，也不可过度取之于民。不取于民，则难乎其为国；过取于民，则难乎其为民"，"上取于下，固不可太多，亦不可不及"，主张通过发展生产来增加财政收入，税收征收要适度，既要考虑国家需要，也要考虑人民负担能力。

3. 我国社会主义税收原则

建国初期，《中国人民政治协商会议共同纲领》就规定："国家税收政策应以保障革命战争供给，照顾生产的恢复和发展及国家建设的需要为原则，简化税制、合理负担。"它可以被概括为保障供给、发展经济、简化税制、合理负担的原则。

生产资料社会主义改造时期，曾提出"区别对待、合理负担"的税收原则，即对不同经济成份在税收上区别对待；对相同经济成份，根据其不同收入状况做到合理负担。

生产资料社会主义改造完成后，在高度集中的计划经济体制下，比较强调保证收入、简化税制的原则。在这种原则指导下，曾经进行了多次以简并税制为中心的改革。

在有计划商品经济时期，根据改革开放形势要求，中共中央在关于第七个五年计划的建议中提出："改革和完善财政税收体制，正确发挥财政政策作用，保证国家有稳定而充足的财政收入，同时做到公平税负、鼓励竞争，以促进效益的提高和经济稳定发展。"它可以被概括为公平税负、鼓励竞争、促进效益、稳定经济发展的税收原则。

根据市场经济的要求，党的十四届三中全会（1993 年 11 月）通过的《中共中央关于建立社会主义市场经济若干问题的决定》对税收原则明确提出"统一税法、公平税负、简化税制、合理分权"的要求。1994 年我国税制的全面改革，就是根据这个指导原则进行的，并且这一税收原则的基本要求在随后我国的社会主义税收实践中，通过与西方市场经济国家比较成熟的税收原则相结合，形成了我国新时期税收原则，可概括为财政原则、公平原则、效率原则和法定原则。

（二）西方税收原则的产生和发展

1. 西方税收原则的产生

在西方，税收原则的最早提出者是英国古典政治经济学创始人威廉·配第（Willian Petty，1623—1687），他初步构建出了"公平、便利、节省"的税收原则体系。威廉·配第最著名的代表作是《赋税论》和《政治算术》。在这两本著作中，他比较深入地研究了税收问题，第一次提出了税收原则（他当时称之为"税收标准"）理论。

配第的税收原则是围绕公平税负这一基本观点来论述的，他认为当时的英国税制存在严重的弊端：税制紊乱、复杂，税收负担过重且极不公平。当时的英国处在早期资本主义阶段，封建的经济结构体制仍根深蒂固。表现在税收上，就是它"并不是依据一种公平而无所偏袒的标准来征课的，而是听凭某些政党或是派系的掌权者来决定的。不仅如此，赋税的征税手续既不简便，费用也不节省"。由此，他提出税收应贯彻"公平""简便""节省"三条标准。在他看来，所谓"公平"，就是税收要对任何人、任何东西"无所偏袒"，税负不能过重；所谓"简便"，就是征税手续不能过于烦琐，方法要简明，应尽量给纳税人以便利；所谓"节省"，就是征税费用不能过多，应尽量注意节约。

2. 西方税收原则的发展

古典政治经济学派创始人亚当·斯密（Adam Smith，1723—1790）第一次将税收原则提到理论的高度，明确、系统地创立与阐述了税收原则。亚当·斯密处于资本主义上升时期的自由竞争阶段，在《国民财富的性质和原因的研究》（简称《国富论》）一书中，主张自由放任和自由竞争，认为政府应减少干预或不干预经济。从这种经济自由主义的立场出发，亚当·斯密在《国富论》中提出了税收"平等、确实、便利、最少征收费用"四个原则。

平等原则是指国民应依其所得收入多少向国家缴纳租税。税收应保持"中性"，不能因征税改变财富分配的原有比例，应该量能纳税，合理负担。确实原则指国民所纳税目与条例应当确实，纳税的时间、地点、数额、手续等都应明确规定。便利原则指政府规定的纳税时间、地点、方法等都应尽量方便纳税人。最少征收费用原则也叫征收经济原则，是指在税收的征收过程中，税务部门所耗用的费用应减到最低的程度。

19 世纪下半叶，德国新历史学派代表人物阿道夫·瓦格纳（Adoif Wagner，1835—1917）集前人税收原则理论的大成，进一步发展了税收原则理论。瓦格纳主张国家运用包括税收在内的一切政治权力，调节社会生活。认为税收不能理解为单纯的从国民经济年产物中的扣除部分。除此之外，它还包括有纠正分配不公平的积极目的。在这种思想指导下，他提出了财政、经济、公正、行政四项税收原则。

财政原则是指税收收入应充足而灵活地保证政府财政的需要，同时税收收入要有弹性，能随经济增长而自动增加。经济原则是指国家征税不能阻碍国民经济的发展，而应该有助于资本形成，促进国民经济的增长。公正原则是指税收应该体现普遍负担和平等负担的精神，税收应毫无遗漏地遍及社会上每一个人，同时又应按其能力的大小实行累进税率。行政原则是指税法的制定和实施都应当便于纳税人履行其纳税义务。与亚当·斯密的税收原则相比，瓦格纳的税收原则有了较大的完善，它要求税收收入既要充分又要灵活，同时明确提出培植税源的思想。瓦格纳的税收原则为以后税收理论的发展奠定了基础，如财政原则奠定了弹性税制的理论基础；公平原则为建立累进税率制度奠定了理论基础。

凯恩斯主义强调税收的宏观效率原则，认为经济危机和失业的根本原因是有效需求不足，而解决之道是国家干预。在凯恩斯主义和福利经济学说的影响下，理查·A.马斯格雷夫（Richard A. Mashgraph，1910—1980）提出了公平和效率两大税收原则。

公平原则。指税收负担的公平分摊，税收公平的标准可以通过两项原则来表达：（1）受益原则。纳税人交纳的税收应当和享受政府活动产生的受益相一致，多受益者多纳税，少受益者少纳税。（2）支付能力原则。税收应按照支付能力体现横向和纵向公平，如果具有同等支付能力，则应当承担同等税负，如果支付能力不同，则应按能力强弱承担不同的税负。

效率原则。税收效率包含经济效率和行政效率两个方面：（1）经济效率指税收应有利于资源配置达到最优，从而实现经济的有效运行。（2）行政效率指应当尽量提高征收的效率，减少征收费用。

3. 现代西方税收原则

现代西方税收原则，主要渊源于凯恩斯主义以及福利经济学的思想，且基本围绕税收在现代经济条件下的职能作用来立论。现代税收原则理论除了吸收、继承传统税收原则理论，重视强调税收的经济原则以外，现代税收原则中的经济原则也不同于瓦格纳的国民经济原则。瓦格纳的国民经济原则强调税收要有限度，要选择税源不损害经济；而现代税收的经济原则除了强调微观经济上的资源配置效率外，更重视宏观上的经济稳定，强调发挥税收经济杠杆作用，引导经济稳定发展，积极干预经济。现代税收原则理论是在现代国家资本主义时期形成的。现代资本主义经济特点是经济危机、失业和通货膨胀等经济问题日益严重，而这些日益严重的经济问题已经不能仅仅依靠市场力量自发调节解决，需要由国家干预经济，运用财政、货币等政策措施，来扩大需求，刺激供给，缓解经济危机、失业和通货膨胀等矛盾，促进经济稳定。现代税收原则理论是这种国家积极干预经济的经济思潮和政策主张的反映。

第二节 税收原则内容

本节从税收财政原则、税收公平原则、税收效率原则及税收法定原则四个方面来分析税收原则的内容。

一、税收财政原则

（一）税收财政原则的含义

集中财政收入是税收作为满足公共需要分配手段的最基本职能。税收分配过程就是国家集中收入的过程。税收分配的结果，也就表现为国家的财政收入。没有财政收入，不仅政府的财政支出没有保障，也谈不上税收在其他方面的作用。因此，从税收的基本职能和作用来看，建立税收制度的首要原则就是保证财政收入的原则。

财政原则，又称财政政策原则、财政收入原则，是指税收所提供的财政收入要满足国家实现其职能的需要。因为现代国家具有满足公共需要和稳定发展经济两大职能，所以税收的财政原则也相应具有两方面内容。

1. 收入充分原则

任何国家，税收收入都是国家财政的主要收入，政府在选择税种和设计税收制度时，首先要考虑如何保证国家有充裕的财政收入，使政府在预算年度内，能以主要的经常收入满足经常支出的需要。因此，税收必须力求收入充裕，税法的制定必须注意选择税源充沛而且收入可靠的税种为主体税种。

2. 收入有弹性原则

当经济出现波动时，政府要相应地运用财政收入和财政支出手段给予调节，这就要求税收能随着政府财政的需要而相应伸缩。特别是能随着国家职能的扩大和财政支出的增加，而使税收相应地增长。由于所得课税在弹性机能方面优于商品课税，可随着国民经济的发展和国民收入的增加而使税收自动增长，且可通过增减税率来适应政府财政需要；而商品课税的增加，通常会伴随着消费需求的下降，其结果反而可能造成税收的减少，所以，所得税目前已成为发达国家的主要税种，在许多发展中国家也成为受到重视并快速发展的税种。

（二）如何遵循税收财政原则

虽然财政原则本身的含义比较简单，但要建立符合财政原则的税收体制却不容易。尽管任何一个税种都可以取得收入，但通过税收所得的财政收入能否满足政府需要还要认真考虑。因此，税收的财政原则是建立税收体制的首要指导思想，也是检验税制成功与否的主要标准。

遵循财政原则贯穿于税制设计、执行的每一个环节，其关键内容表现在税种选择、税率选择和加强税收征管三个方面。

1. 税种选择

由于不同税种的收入有高有低，其对财政收入效应的大小也不同，因此，如果从财政收入原则出发，应选择那些财政效应较大的税种。

（1）流转税的财政效应

流转税的课税对象，决定了流转税税源广泛，具有征收的普遍性。有商品交换必然产生商品流转额。商品流转额是在社会再生产过程中，通过生产、分配、交换和消费各环节不断周转和循环形成的，对流转额课税使国家税收与社会再生产过程的各个环节紧密联系，使国家财政收入的增长与社会商品交易量的增长同步，这样就使财政建立在国民经济基础之上，取得了广泛的财源。

流转税以流转额为课税对象，使财政收入具有及时性与稳定性。在商品交易过程中，纳税人只要发生了应税的流转额就要向国家承担纳税义务，就要按实际发生的流转额和国家规定的税率向税务机关纳税，而不受企业经营管理水平高低及成本费用高低的影响。所以只要国民经济发展基本稳定，商品交换活跃，市场基本稳定，那么，以流转额为课税对象的流转税所取得的财政收入也基本稳定。

（2）所得税的财政效应

在保证财政收入稳定方面，所得税是对纯收入课税，从理论上讲是对新创造的价值课税。在商品经济社会中，任何经济主体的生产、经营行为都应获得盈利，没有盈利的生产经营行为是无效的。企业盈利的增减反映了国民收入的增减变化。随着国民收入的稳定提高，所得税的数额也将稳步提高。所得税的征收范围广泛，只要有所得就应缴纳所得税，有利于财政收入的稳定性。

从适应经济变化的弹性机能来看，设计有累进税率的所得税被认为具有"自动稳定器"的功能。在经济萧条时，要求财政减少收入，以增加需求，刺激消费和投资；在经济繁荣或过热时，投资增加，国民收入增加，为防止通货膨胀，应增加税收。但实际上，这时的个人收入和公司利润都已增加了，征税额自动增加，这也正好符合政府意图。所以累进所得税具有适应经济变化的伸缩力量。

（3）其他税种的财政效应

行为课税、资源课税和财产课税三类税收中，只有财产课税在设立之初带有增加财政收入的目的，而行为课税、资源课税在创立之初都是为了执行某一特定的调节作用，财政收入只是次要目的。从这三类税的征收范围来看，由于其税基小，故不能保证国家财政收入稳定增长；从这三类税的作用方式来看，由于其缺乏弹性机制，无法根据经济形势自动调节财政收入的伸缩。

因此，单从财政原则选择税种的情况分析，流转税和所得税都是最佳选择，但相比较而言，所得税的弹性机能较流转税要强些，更适用于市场机制健全的国家政府的财政需要。

2. 税率选择

税种的选择只是为财政收入提供了可能，一个国家财政收入的多寡还取决于税率，因此，贯彻税收财政收入原则，除了要注意选择税种以外，还要注意选择税率。关于税率对财政收入的效应，我们可以通过美国供给学派经济学家阿瑟·拉弗（Arthur B Laffer）提出的著名的"拉弗曲线"予以说明。

拉弗曲线的基本含义是：税率水平应有一定限度，在一定限度内，提高税率，会增加税收收入，因为税率提高不会等比例地减少税基，但提高税率，会减慢税收收入的增长速度，这是因为增税会影响生产。如图 3-1 所示，税率由 r_1 提高到 r_2 税收收入即由 OT_1 增加到 OT_2。当税率提高超过一定限度，就会影响人们的工作、储蓄和投资的积极性，从而导致税基减少的幅度大于税率提高的幅度，税收收入反而减少。如图 3-1，税率由 r_3 提高到 r_4，税收收入却从 OT_2 减少到 OT_1。从图上看，点 m 是税率的临界点，在这个税率水平上税收收入最大即 OT_0。在税率小于 r_0 的区间是政府税收活动的活动区域，这时提高税率会提高税收收入；在税率大于 r_0 的区间是政府税收活动的禁区，在此区间政府提高税率不仅不会增加收入，反而会减少收入。

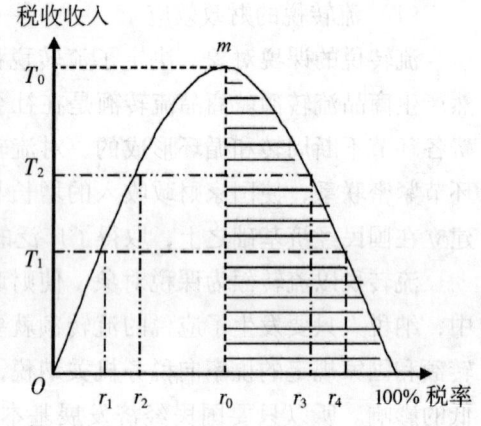

图 3-1 拉弗曲线改进图

拉弗曲线反映了税率与税收收入的关系，但并未指出税收临界点 m 处的 r_0。可以肯定的是，即使难以测定税收临界点处的税率，但是确实存在着一个征税限定，会置税率与税收收入于尴尬的境地。

在税率选择方面，为了遵循财政原则，除了一个国家整体税负水平难以确定之外，税收学界还面临着比例税率和累进税率的选择问题。比例税率的纳税人的负担水平明显，国家的财政收入容易确定，但比例税率对经济波动的伸缩性不如累进税率有效；累进税率的弹性大，因为在税率不变的情况下，随着经济增长，税收就会增加，而且随着经济增长、个人收入的增加还能适用更高的税率。然而税率是由相差一定幅度的一系列税率组成的，它们的总体负担水平如何，为国家取得财政收入的能力如何，以及累进幅度应是多少都是比较复杂的问题。对于税率形式的选择要具体问题具体分析，在公平与效率原则的情况下，对所得税和财产课税应是累进的，对商品课税应当是比例的。也即，对属于人们基本生活需要范围内的收入部分采用比例税率，可保证国家的最基本的政府支出需要，而对超过基本生活需要以外的收入采用累进税率，可使税收收入适应经济变动。

　　3. 加强税收征管

　　保证财政收入稳定、及时、可靠的取得，就要加强税收的征管工作。税收征收管理，是指执行税法，依法办事，依率计征，把应收的税额及时、足额地纳入国库，并对纳税人进行经常、必要的监督，使纳税人遵守税法，正确履行纳税义务。通过加强税收的征收管理，可以减少税款的错漏滞欠，避免偷税和逃税。因此，可以说，税收的征收管理工作作为税收制度的执行阶段是保证国家财政收入需要的重要手段。

二、税收公平原则

（一）税收公平原则的含义

　　为了清楚税收公平原则，首先，需要了解税收与公平的关系。

　　1. 税收与社会分配公平的关系

　　税收具有在一定范围内纠正社会分配不公的作用，这一说法已被人们普遍认同。但是这种纠正社会分配不公的作用，却很难在税收实践中发挥。这是因为：

　　（1）税收具有强制性。以国家法律的形式颁布，属法律范畴；而社会分配公与不公，是以社会上人们普遍接受的道德标准来衡量的，属于道德范畴；社会分配不公一般都是合法不合理的现象，用法律范畴的税收来纠正道德范畴的社会分配不公，已超出了税收的职能范围，一味用税收纠正这种不合理现象会失去税收法律的严肃性。

　　（2）税收作用对象是课税对象。由于被税收认定为课税对象，因此它是合法的，否则，这一部分财产或所得或行为就会被视为非法，对其应采取罚没办法而非征税办法，这样就要求税收对被视为课税对象的所有财产或所得或行为一视同仁，不去追究其是否合理，如此才能实现公平。

　　（3）税收制度不能区分每一项具体纳税行为的合法性。坚持税负公平原则不是去实现其自身分配之外的公平。

　　2. 税收与自身分配公平的关系

　　税收本身的公平，就是指在不同的纳税人之间税收负担程度的比较，如果纳税人条件相同纳同样的税、条件不同纳不同的税，那么就可以认为税收是公平的。因此，公平是相对于纳税人的课税条件来说的，不单是税收本身的绝对负担问题。或者说，税收公平问题不能孤立地看税负本身，而要联系纳税人的经济能力或纳税能力。要实现税收本身的公平，必须使税收具备上述两个条件，即横向公平和纵向公平。做到横向公平，相对比较容易，只要明确规定纳税人的条件，并对每一条件规定相应的税率就可以了。而纵向公平就要求条件不同的纳税人适用不同的税率，累进税率虽然符合这种要求，但是累进幅度与条件差距的相应性是设计累进税率的难点。累进幅度的大小直接关系不同条件纳税人的利益，影响的是一批人的纳税积极性。因此，税收本身的公平主要是指税收纵向公平。实现了纵向公平，也就可以说实现了税收的本身公平。

综上分析表明，税收公平是指税收本身的公平合理，而不应让税收干预其他社会分配，否则，就是承认和默许税收分配前的不公平，只治标未治本，税收会因发挥这种额外的纠正作用最终影响本身的公平合理。国家征税要使各个纳税人承受的负担与其经济状况相适应，并使各个纳税人之间的负担保持均衡。

（二）税收的横向、纵向公平

横向公平指经济能力或纳税能力相同的人应当缴纳数额相同的税收，并且税收负担与其经济状况相适应。纵向公平是指经济能力或纳税能力不同的人应当缴纳不同的税收，各级纳税人之间的税收负担差别要同纳税人的经济能力或纳税能力的差别相适应。横向公平是纵向公平的前提条件，只有同等条件的纳税人之间实现公平，不同条件的纳税人之间才会实现公平。为了实现横向公平，一般对同等条件的纳税人适用相同的比例税率；为了实现纵向公平，对不同条件的纳税人采用累进税率。但是通过累进税率实现纵向公平是相对的。累进税率不能普遍应用于所有纳税人，它最适用于处理个人收入的税负，而不能用来处理公司企业收入的税负。

（三）衡量税收公平的标准

目前，税收理论界对税负公平标准主要有三种解释，即受益原则、机会原则和负担能力原则。

1. 受益原则

受益原则是指税收负担应按纳税人从税收的使用中所得到的利益大小来分摊。表面上这一原则有一定的合理性：既然人们在日常生活中要偿付从私人经济中所得到的商品和劳务，那么，人们也应对具有公益性的政府支出，按照其享受利益的多少做出相应分摊。例如，对汽车驾驶执照征税；对汽油消费征税；对汽车、轮胎征税等，都是根据纳税人对政府提供的公路建设支出享受利益的多少来征收的。如果税收不是按照纳税人享受政府支出利益的多少来课征的，政府提供的公共服务就成为对使用者的一种补助金，因为有些人享受这种服务是在其他人蒙受损失的情况下进行的。

实际上，根据纳税人受益多少来征税作为衡量税收公平的标准具有很大的局限性。因为它只能用来解释上述特定的征税范围，而不能推广到所有场合。比如它不能说明政府的国防、教育、社会福利支出的受益情况和纳税情况。每个人从国防和教育支出中享受的利益难以说清，也就不可能根据每个人的受益多少确定其应纳税额。至于社会福利支出政策，主要是穷人和残疾人享受的，按照这种观点，这些人比一般人享受的政府利益要多些，那么他们应该多纳税，而实际上他们的纳税能力很小或没有纳税能力，这又如何根据受益原则向他们多征税呢？

因此，就个别税种来说，按受益原则征税是可能的，也是必要的，但就税收总体来说，按受益原则来征税是做不到的。显然，这条原则只能解决税收公平的一部分问题，而不能解决有关税收公平的所有问题。

2. 机会原则

机会原则是指税收负担按纳税人取得收入的机会大小来分摊，即按纳税人支配的生产要素的量来分摊。如果纳税人支配的生产要素相等，在平均资金利润率决定价格的条件下，就是获得盈利的机会相等，对他们应征收相同的税赋；否则，纳税人的税负应有所差别。

以纳税人所掌握的盈利机会作为标准分摊税收，有利于商品经济条件下生产者之间的竞争，优胜劣汰，从而促进经济效益的提高，促进生产力的发展。这种主张作为理论虽然可以成立，但从实践上看也缺乏可行性。主要是生产要素的拥有量和经营者盈利多少并不是完全一致的。除此之外，还有许多客观因素是无法测度的，如气候的好坏对生产经营的影响就是无法量化的。而且就连生产要素本身也无法测度它的盈利机会，如劳动者的素质，生产设备的先进程度，地理位置的优劣，等等。如果生产要素盈利机会的等级划分不合理，就会导致税负的不公平。

另外，税收是在价值创造出来之后征收的。如果按生产条件分摊税负，等于税负是在价值创造之前来分摊，必然存在税负与价值创造的脱节。从我国现阶段来看，在投资决策者和生产经营者还不是完全统一的情况下，如果因投资决策失误招致无效益，而让经营者按生产要素负担税收也是极不合理的。

虽然，对所有生产要素的使用都征税是不可行的，以机会原则衡量税负的公平有一定的局限，但是，对某些自然资源进行征税，并实行差别税率的做法，就是以机会原则为思想的公平税负的体现。例如，为了促进生产者之间的公平竞争，设立的资源税、土地使用税等税种就是以机会原则为指导思想的。

3. 负担能力原则

衡量税负公平的负担能力原则是指税收负担按纳税人实际负担能力的大小来分摊。目前，主要存在着客观说与主观说两种争议。

客观说。主张以纳税人拥有财富的多少作为测算其纳税能力的标准，坚持以收入、财产和支出作为衡量纳税人纳税能力的三个尺度。由于收入最能决定一个人在特定时期内的消费或增添其财富的能力，最能说明和最终说明纳税人负担能力的就是企业和个人所得，因此，收入被认为是测试纳税人能力的最好尺度，成为诸多国家选择所得税作为主体税的主要原因之一。不过，收入尺度存在一定的局限性，比如以货币计算的所得税难以处理货币收入与实物收入税负公平问题；对于勤劳所得和不劳而获的意外所得或其他收入，统统被视作一般收入来征税而无法对其公平区分；以收入为标准对纳税人征税无法反映出其经济地位等问题，不可能实现税负公平。消费支出充分反映了纳税人的支付能力，可作为测度其纳税能力的又一尺度。但以支出作为衡量纳税人支付能力的标准来判断税负是否公平，存在着现实可行性和局限性并存的矛盾。纳税人多储蓄、少消费可以少纳税，不储蓄或借债消费就要多纳税，这样通过税收调节可限制消费，鼓励储蓄，用投资发展生产。而偏好储蓄的人和借债消费的人，在获取相同收入的情况下，虽然负担能力相同，但实际税负存在差别，按消费支出纳税会延误国家税收及时入库。财产代表着纳税人一种独立的支付能力，被认为是衡量纳税人纳税能力的一项合适尺度。但是也存在着一些缺陷：比如，数额相等的财产并非会给纳税人带来相等的收益；有财产的纳税人中，负债者与无债者情况各异，财产中的动产与不动产情况不同；财产形态多样、情况复杂、估价困难；财产对个人的负担能力的表现有限等也会产生税负不公平现象。

由于客观说所主张的三种衡量纳税人纳税能力的尺度均有局限性。因此，现实可行的做法是以一种尺度为主，兼顾其他两种尺度。

主观说。主张以纳税人因纳税而感受的牺牲程度大小作为测算其纳税能力的标准，坚持以均等牺牲、比例牺牲和最小牺牲作为衡量纳税人纳税能力的三个尺度。均等牺牲要求每个纳税人因纳税而牺牲的效用相等。根据边际效用递减规律，人们的收入与其边际效用呈反方向变化，也就是低收入者的货币边际效用大，高收入者的货币边际效用小。为了使每个纳税人牺牲的总效用相等，就须对边际效用小的收入部分征高税，对边际效用大的部分征低税，这样才能实现税收公平。比例牺牲要求每个纳税人因纳税而牺牲的效用与其收入成相同比例。总效用大者应担负多一点税，总效用小者应纳较少的税，从而使征税后各纳税人所牺牲的效用与其收入成相同比例，以实现税收公平的目的。最小牺牲要求全社会所有成员因纳税而蒙受的总效用牺牲最小。要做到这一点，就纳税人个人的牺牲来讲，如果一个纳税人的最后一个单位货币的效用，比另一个人的最后一个单位的纳税货币的效用小，那么就应该将后一个纳税人所纳的税收加到前一个人身上，使得二者因纳税而牺牲的最后一个单位货币的边际效用相等。如果让每一个纳税人完税后因最后一单位税收而损失的收入边际效用彼此相等，这时的社会总牺牲效用是最小的。

总之，目前税收理论界关于税收负担能力原则研究较多，在衡量税收公平的标准方面意见各异。

三、税收效率原则

（一）税收效率原则的含义

效率，是指投入与产出的对比关系。税收效率原则要求征税的结果，要使社会总效益提高，促进社会生产力发展。具体地讲，包括的含义为：

从资源配置视角看，税收要有利于资源的有效配置，使社会从可利用的资源中获得最大利益。

从经济机制视角看，税收要有利于经济机制的有效运行，不仅可使微观经济效益提高，宏观经济效益也会稳定增长。

从税务行政视角看，税务行政要讲求效率，税制要简便，征纳费用要节省。

税收的效率原则就是要求国家征税要有利于资源的有效配置和经济机制的有效运行，提高税务管理效率。它可分为税收的经济效率和税收本身的效率原则两个方面。

（二）税收的经济效率原则

1. 税收经济效率原则的内容

经济效率从单个企业或个人的角度来看是比较清楚的，在生产经营中获得最大的效益就说明其经济活动是有效率的。但从全社会的角度来看，效率问题就显得复杂得多，主要表现为全社会的资源配置方式和经济运行机制。如何配置资源、调节经济运行是国民经济宏观管理的极为重要的问题。税收的经济效率原则是指在考察税收对经济资源配置和经济机制运行的影响状况，归根到底是生产力发展问题。国家税收既然是宏观调控的经济杠杆，那么，坚持税收的效率原则，对生产力标准更应全面理解，其关键是处理好宏观与微观的关系。

税收的经济效率原则应强调宏观标准。加强宏观调控，正确处理宏观与微观的关系，是社会主义市场经济条件下发展生产力的客观要求。在商品经济中，宏微观之间的矛盾是永恒存在的。微观经济搞不好、搞不活，宏观经济目标也不可能实现；而宏观经济控制不好，微观经济也不可能搞好，影响会更大，时间更长，调整宏观经济各种比例关系所付的代价更大。解决问题的办法只能是在充分发挥市场调节作用的同时，加强宏观调控，搞活微观经济，税收的性质决定了税收具有宏观调控的职能。因此，贯彻税收效率原则，除了注意微观效率以外，更应该强调宏观效率。

2. 税收经济效率与税收中性的关系

西方国家讲税收经济效率原则通常是从微观方面着眼，把课税以后对生产者或消费者的影响作用笼统地看成是税收的额外影响（包括额外收益和额外损失两个内容）。从这种观点出发，要使税收的影响作用减少到最小程度，就是税收中性化。

应该承认，即使是纯粹靠市场自发调节经济的西方国家也不存在绝对的中性税收。如果通过税收的宏观调节产生的额外收益大于微观的额外损失，就这一点而论，税收非中性也可以是有效率的。在我国社会主义市场经济条件下，从市场对资源配置应起基础性作用来看，要求税收对有效市场不起逆向调节作用。如果把税收中性的含义限定在这个意义上，那么要求税收在基本方面保持相对的中性是合理的。但是，如果要求税收对纳税人不产生任何影响则是不可能的，也是不应该的。因为社会主义国家还需要利用税收对国民经济进行多方面调节，从这个意义上讲，就不应该要求税收是完全中性的。为了实现经济效率，税收应该包括部分非中性。上面所说的税收效率要强调宏观标准，其意义也即如此。

3. 税收经济效率的衡量标准

理论上，可以用西方经济学中的"帕累托效率"来解释衡量经济效率的标准。"帕累托效率"的原意是：如果资源配置已达到这样一种状态，即任何重新调整都不可能在不使其他人境况变坏的情况下而使任何一个人的情况变好，那么这种资源配置的效率就是最佳的。如果达不到这种状态，就说明资源配置的效率不是最佳的，还可以重新调整。由于现实生活中，大多数的经济活动都可能是以使其他人情况变坏为条件而使某些人的情况变好，所以，经济效率的衡量标准可以解释为：经济活动措施应当使"得者的所得多于失者的所失"，或者从全社会来看，宏观上的所得大于微观上的所失。如果做到这一点，经济活动就可说是有效率的。

把"帕累托效率"的概念应用于衡量税收的经济效率，西方税收学界认为，税收的征收活动同样存在"得者的所得和失者的所失"的比较问题。他们认为，税收在将社会资源从纳税人手中转移到政府部门的过程中，势必会产生影响。若这种影响只限于征税数额本身，此乃为税收的正常影响；若在社会正常影响之外，经济活动因此受到干扰和阻碍，社会利益因此而受到削弱，便产生了税收的额外损失；若在这种正常影响之外，经济活动还因此而得到促进，社会利益因此而得到增加，便产生了税收的额外收益。税收的效率原则就是要使税收的额外损失减少到最低限度，额外收益尽可能增加，或使额外收益大于额外损失。

税收的额外损失可分为两类：一是资源配置方面的额外损失。国家因征税增加政府部门支出的同时又减少私人部门支出。若因此而导致的私人经济利益损失大于增加的社会经济利益，即发生税收在资源配置方面的额外损失。二是经济运行机制方面的额外损失。税收作为一种强制和无偿的国家占有，总会对纳税人的经济行为发生影响，若因征税对市场经济的运行发生了不良影响，干扰了私人消费和生产的正常决策，同时相对价格和个人行为随之变更，即发生税收在经济机制运行方面的额外损失。这两种额外损失都说明经济处于无效率或低效率状态，都会给社会带来消极影响。

因此，政府征税必须使社会承受的额外损失为最小，这样才能换取最大的经济效率。

税收的额外收益是指征税结果由于影响纳税人的决策行为而增加的社会总收益。政府征税满足财政支出需要的同时，还可将政府的意图体现在税收制度和政策中，达到稳定经济、增加社会总收益、实现宏观调控的目的。但是，税收调节产生额外收益的前提条件是"市场机制失灵"，即单纯依靠市场机制那只"看不见的手"不能保证经济稳定增长的时候，才会产生税收的额外收益。例如，一种商品的生产会污染环境，给社会带来危害，这是该商品生产的外部成本，会减少社会总收益，而市场这只"看不见的手"却不能阻止该商品的生产，这时税收就可以发挥其特有的调节作用，限制有外部成本的商品生产，进而达到减少外部成本、增加社会总收益的目的。

从税收的额外收益的产生过程来看，税收的经济杠杆作用是增加税收额外收益的主要途径，这就要求税收区别不同情况，适时采用灵活、有效的调节措施，使资源得以充分利用，促进经济稳定运行。

（三）税收本身的效率原则

1. 税收本身效率原则的内容

税收本身的效率原则，是指税收成本与税收收入的对比情况。检验税收本身效率的标准，是税收成本与税收收入的对比关系，即税收成本与税收收入的差额最大化，税收成本占税收收入的比重最小化。

税收成本，是指在执行税收计划过程中，征纳双方因为征税和纳税而支出的一定的费用，按其实际支出部门不同，可分为征管费用和缴纳费用。

（1）税收征管费用。是指政府部门在实施税收计划、征管各个税种中所支出的费用，包括税务机关的人员工资、薪金和奖金的支出；税务机关的办公用品、办公设备的支出；税务机关在征管中采取的各种办法、措施所支出的费用；税务机关为改变税种、设立新税种所付出的代价；税务机关为有关部门提供免费服务而支付的费用等，其中，前两项费用是直接费用，比较容易计算和管理，后三项费用为间接费用，一般难以计算和管理。

（2）税收缴纳费用。是指纳税人在按照税法规定纳税过程中所支付的费用。如纳税人因填写纳税申报表而雇用会计师和税务顾问等代理人员所花费的费用；公司企业为个人代缴税款所花费的费用；纳税人花在申报税收和缴纳税款方面的时间和交通费用；纳税人为逃税、避税所花费的时间、精力、金钱以及因逃避税款未成功而受的惩罚，等等。在税收的缴纳费用中，除了第一项较容易计算外，其他费用较税收的征管费用更要难以计算，正是因为缴纳费用没有管理费用那么明显，因此也有人称这笔费用为"税收的隐蔽费用"。

上述构成税收成本的各项费用中，有的由政府负担可能会节约支出；有的由纳税人负担也可能会节约支出，因此，在政府和纳税人之间分配税收成本时，要以效率为准则，一方面要求政府在征管支出上力求最小，以保证国家取得更多的收入；另一方面征税也必须使纳税人的缴纳费用最小，纳税人的缴纳费用增多，实际上也给社会带来了负担。即，把每项费用在政府和纳税人之间权衡，分配给最少支出者，以达到税收成本最小的目的。

降低税收成本，提高税收本身的效率有三条途径：一是要运用先进的科学方法管理税务，防止税务人员贪污舞弊，以节约征收费用；二是要简化税制，使纳税人易于理解掌握，并尽量给纳税人以方便，以压低缴纳费用，同时也可减少纳税人逃税的企图和机会；三是尽可能将纳税人所花费的缴纳费用转化为税务部门所支出的征收费用，以减少纳税人负担或费用分布的不公，增加税务支出的透明度，进而实现压缩税收成本的目的。

2. 检验税收本身效率的标准

由于税收的缴纳费用难以准确、清晰地计算，因此，可以用税收的征管费用占税收收入比重这一指标来作为衡量税收本身效率的标准。各国政府对其税收本身效率的考察，基本上也是以税收征管费用与税收收入的对比关系为主要依据的。比重越小，说明税收成本越少，即以较少的税收成本换取了较多的财政收入。比重越高，说明税收成本越大，即已取得的税收收入是以相当多的税收成本为代价的。

税收征管费用占税收收入的比重，除了可作为考察税收本身是否具有效率之外，还可用于分析有关的理论和实际问题。如通过计算每一税种所需花费的征收费用占该税种全部收入的百分比，可有利于比较分析哪个税种的效率最佳。通过计算不同时期税收的征收费用占税收收入的比重，可反映税收效率的发展变化情况。在做理论研究和实际工作分析时对这一指标可以举一反三，广泛加以利用，以达到对税收本身的效率问题的透彻理解。

四、税收法定原则

（一）税收法定原则的含义

税收法定原则是税法中一项十分重要的基本原则，肇始于 1215 年英国大宪章（*Magna Carta*）之"一切盾金或援助金，如不基于朕王国的一般评议会的决定，则在朕之王国内不允许课征"。主要被用于限制税收中行政权的独断专行，保障纳税人的基本权利。尔后，在资产阶级争取权利的斗争中逐渐形成了"无论何种负担，均需得到被课征者的同意"的近代意义上的税收法定原则。到目前为止，除朝鲜等极少数国家外，税收法定原则在绝大多数国家的宪法或税法中均有体现。

各国宪法在确立税收法定原则时，将税收法定原则自始至终都是以限制国家权力、保障公民财产权利为核心内容。大多是从征税主体的征税权力、纳税主体的纳税义务两个方面进行规定，特别强调必须在法律规定的范围内行使征税权，必须以法律规定的税法构成要素为依据来确定征纳双方的权利义务。

总的来看，税收法定原则是指政府征税，包括税制的建立和税收政策的运用，应以法律为依据，依法治税。即要遵循"有税必先有法，无法不得征税；无承诺，不纳税，无代表，不纳税"的思想。

（二）税收法定原则的内容

税收法定原则是税法中最基础、最核心的原则，其内容主要包括税种法定原则、税收要素法定原则、税收要素确定原则、税收程序法定原则和税权划分法定原则五个方面。

1. 税种法定原则

税种法定原则是指税种必须由法律予以规定；非经税种法律规定，征税主体没有征税权力，纳税主体不负缴纳义务。这是发生税收关系的法律前提，是税收法定原则的首要内容。

2. 税收要素法定原则

税收要素是指所有税种之税收法律关系得以展开所需要的全部构成要素的统称。税收要素必须由法律加以规定，在税收立法方面，立法机关应遵循"法律保留原则"，即立法机关根据宪法授权而保留自己专属的立法权力。

3. 税收要素确定原则

税收要素确定原则是指税收要素必须由法律明确规定。所谓税收要素，具体包括征税主体、纳税主体、征税对象、税率、纳税环节、纳税期限和地点、减免税、税务争议以及税收法律责任等内容，有关创设税收权利义务关系的规范在宗旨、内容、范围等方面必须规定明确，从而使纳税义务人能够预测其税收负担。

4. 税收程序法定原则

税收程序法定原则是指税收关系中的实体权利义务得以实现所依据的程序要素必须经法律规定，并且征纳主体各方均须依法定程序行事。

5. 税权划分法定原则

税权划分法定原则是指通过宪法明确税收立法权在中央和地方之间的划分，或者至少存在一个最高立法机构通过的法律依据。

第三节　税收负担与税负转嫁

一、税收负担

（一）税收负担及其衡量指标

1. 税收负担的意义

税收负担简称"税负"，它是纳税人因履行纳税义务而承受的一种经济负担。税收是政府通过强制的手段取得的收入，它必然使得各个经济实体（企业、家庭、个人）的收入相应减少，由于税收不具有直接返还性，各个经济实体所缴纳的税款与其无偿地从政府得到的产品或服务没有对等的联系。所以，从各经济实体的角度来看，纳税就是一种福利损失或经济利益的牺牲，这种损失或牺牲被称为税收负担。税收负担不仅涉及社会利益的分配格局，体现着国家的税收政策，也是税收的核心和灵魂，它反映一定时期内社会产品在国家与纳税人之间税收分配的数量关系，因而也是建立税收制度要解决的首要问题。

2. 衡量税收负担的指标

（1）宏观税收负担。宏观税收负担简称"宏观税负"，是指一个国家所有的纳税人税收负担的总和，也称为总体税收负担。它反映一个国家税收负担的总体状况。宏观税负的高低，表明政府在国民经济总量分配中集中程度的大小，也表明政府社会经济职能和财政功能的强弱。反映宏观税收负担的指标主要有国民生产总值税负率、国内生产总值税负率和国民收入税负率。

国民生产总值税负率（T/GNP）指一定时期（通常为 1 年）内，一国税收收入总额与同期国民生产总值的比率。它反映一个国家在一定时期内所有部门提供的全部产品和服务所承受的税收负担状况。

国内生产总值税负率（T/GDP）指一定时期（通常为 1 年）内，一国税收收入总额与同期国内生产总值的比率。它反映一个国家在一定时期内所有部门的最终产品和劳务价值加上国内常住居民投资在国外的资本或服务收入，剔除了外国投资在本国的资本和服务收入所承受的税收负担状况。

国民收入税负率（T/NI）指一定时期（通常为 1 年）内，一国税收收入总额与同期国民收入的比率。它反映在一定时期内新创造价值的税收负担状况。

在以上三项指标中，国内生产总值税负率在国际上运用较为普遍。另外，由于我国政府收入形式的不规范，单纯用税收收入占 GDP 的比重并不完全能反映我国的宏观税负，这样在我国又存在三个口径的宏观税负，即小口径宏观税负（税收占 GDP 比重）、中口径宏观税负（财政收入占 GDP 比重）、大口径宏观税负（政府收入占 GDP 比重）。

（2）微观税收负担。微观税收负担简称"微观税负"，是指单个纳税人的税收负担及相互关系。它反映税收负担的结构分布和各种纳税人的税收负担状况。衡量微观税收负担的指标有企业所得税税负率和个人所得税税负率。

企业所得税税负率指在一定时间内，企业所缴纳的所得税总额与同期企业实现的利润总额的比率。

个人所得税税负率指在一定时间内，个人所缴纳的所得税与个人收入总额的比率。

宏观税负指标能比较真实地反映一个国家的总体税收负担的轻重程度，但对于微观税负来说，税负转嫁的存在使微观税负指标并不完全反映纳税人的实际负担状况。

（二）影响税收负担的因素

1. 影响宏观税负的因素

一般说来，一定时期的宏观税负水平高低的决定因素主要有经济增长水平、政府职能范围和政府非税收入规模。

经济增长水平因素。一个国家一定时期宏观税负水平的高低与经济增长水平正相关。经济增长水平愈高，社会产品愈丰富，人均 GDP 的水平就愈高，这样税基就比较宽广，整个社会对税收的承受能力就强。因此，经济增长水平较高的经济发达国家，其宏观税负水平要高于发展中国家。从理论上讲，宏观税负水平增长应与生产力发展水平协调同步。据有关专家测定，西方国家税收收入增长对 GDP 增长的弹性系数通常大于 1，而这一弹性系数在我国保持在 0.8 左右是比较合适的。

政府职能范围因素。一定时期宏观税负水平的高低取决于政府职能范围的大小。政府职能范围宽、事权多，需要政府提供的公共产品和公共服务数量就多，宏观税负水平就应高一些，反之则低。现代社会中政府的规模和作用范围日益扩大，政府职能范围拓展，必将使政府支出的规模不断膨胀，要求有较大规模的税收来支持，这样必然要求宏观税负水平不断提高。

非税收入规模因素。税收并不是政府筹集财政资金的唯一方式和渠道。在衡量宏观税负水平时，需要考察政府通过非税方式取得收入规模的大小。因为一定时期内整个社会创造的可供分配使用的 GDP 是一个定量，政府的各种收入都来源于当期社会所创造的 GDP，在满足政府一定支出需要的情况下，通过非税形式取得的收入规模大，通过税收取得的收入规模必然减少。在我国传统的计划经济体制下，国有企业以上缴利润代替税收，从而导致税制结构简单，税收数量减少，财政收入中企业利润的份额大，而税收的份额则相应少，宏观税负水平也随之较低。但是合理的税负，则要求税收收入与非税收入相结合，统筹安排。从各国财政收入构成看，都有或多或少的非税收入。如日本、美国、法国、荷兰、加拿大、英国、澳大利亚等国中央政府的非税收入占税收收入的比重都在 10% 左右。发展中国家非税收入占财政收入的比重约为 15% ~25%。所以，税收负担并不是纳税人的全部负担，政府取得财政收入也不仅仅只有税收一种形式。要保证宏观税负水平合理化，首先应保证政府收入形式规范化。

宏观税收负担水平的国际经验。早在 1983 年，原世界银行工业部有关专家采用实证分析方法选择了 21 个国家比较研究了宏观税负水平与经济增长的关系，结论认为，低税国家的人均 GDP 增长率、公共消费与私人消费的增长幅度、投资增长率和出口增长率、社会就业与劳动生产率的增长幅度均大于高税国家。税收与经济增长之间的变量关系是：税收占 GDP 的比值每增加一个百分点，经济增长率就下降 0.36%。高税收负担是以牺牲经济增长为代价的，这几乎成为一个普遍的规律，而对低收入国家来说，提高宏观税负水平对经济增长的影响尤为明显。税收与经济增长之间的关系是各国在确定宏观税负水平时非常重视的一个重要因素。通过对各种类型国家宏观税负水平的比较分析可以看到，西方发达国家的宏观税负水平是逐步上升的，目前的平均水平为 30% 以上；发展中国家税负平均水平一般在 16% ~20% 之间。

2. 影响微观税负的因素

宏观税收负担因素对微观税收负担也会产生直接或间接的影响，除此之外，还有以下因素：

税率和税基。税率和税基对微观税收负担产生最直接的影响。在税率既定的情况下，税基越宽税负越重，税基越窄则税负越轻。在税基既定的情况下，税率越高则税负越重，税率越低则税负越轻。

企业经营水平和效率。企业所得税主要来源于企业的经营利润。若采取按比例税率或超额累进税率征收企业所得税，那么企业盈利越多，其所缴纳的税款也越多，由于企业所得税难以转嫁意味着企业税负也就越重。

个人收入分配制度。收入分配制度会直接影响个人收入的多少，从而作用于个人所得税的税收负担。例如，在计划经济体制下我国一直实行低工资政策，个人基本上无需缴纳所得税，但在西方发达国家，所采用的是高收入、高税负的政策，二者的差异就在于个人收入分配制度的不同。

税收征管效率。税收收入的实现需要税收征管的保证，适度的税收负担要通过严格的税收征管来实现。如果税收征管执法不严、征管效率不高，那么欠税、偷逃税现象就会大量存在，导致该收的税收不上来，纳税人税负就会减轻。

另外，税收优惠措施、通货膨胀、折旧、成本费用的列支标准、企业生产产品的供需弹性等因素也都会在一定程度上影响微观税收负担水平。

（三）宏观税负水平的确定

1. 确定宏观税负水平的意义

宏观税收负担水平的确定问题实质上是一个财政职能的实现问题，既关系到资源配置效率，又关系到社会公平和经济稳定与发展。宏观税收负担率如果过低，从而政府可供支配的收入过少，就不能满足社会公共需要；如果宏观税收负担率过高，不仅民间部门可供支配的收入过少，不能有效满足私人需要，而且往往通过影响民间部门资本和劳动的投入，使以后的产出减少，进而最终减少税收收入。

税收收入占 GDP 的比重（％）是国际上衡量宏观税负水平的通用标准。按国际通例：人均 GDP 为 260 美元时的低收入国家，最佳税负水平为 13% 左右，人均 GDP 为 750 美元时，最佳税负水平为 20% 左右，人均 GDP 为 10000 美元时的高收入国家，最佳税负水平为 30% 左右。按上述标准衡量，我国人均 GDP 在 2015 年已达 8016 美元左右，税负水平理应在 20% 以上为最佳。

统计资料表明，我国宏观税负水平呈现一种先降后升的趋势。先从 1985 年的 20.48% 降至 1997 年的最低点 10.2%，继而逐渐上升至 2005 年的 17.7%，2010 年的 18.2%，2011 年的 19.03% 和 2012 年的 19.3%。

2. 拉弗曲线

由美国供给学派代表人物阿瑟·拉弗设计的"拉弗曲线"，比较充分地阐明了税率、税收收入和国民产出之间的关系。当税率为零时，政府税收为零；当税率为 100% 时，由于人们将停止生产，政府税收也为零。"拉弗曲线"是富有启发性的，它使我们更全面、深刻地认识了税收与经济的内在联系，并告诉我们最佳税率应是既能使政府获得实现其职能的预期收入，又能使经济实现预期产出（常用国内生产总值表示）的税率。由于各国所处的发展阶段不同，政治体制、经济体制和文化传统存在差别，因而不可能有一个各国通用的最佳税率，同样，一个国家不同时期的最佳税率也可能是不同的。归根到底，最佳税率的确定只能建立在本国国情的基础上。

值得注意的是，我们这里所说的税收应能基本代表政府收入，由于我国目前的情况是政府收入中有较多的非税收入（收费、基金、摊派），因此我国最佳税率的确定必须考虑这种特殊情况。

二、税负转嫁

（一）税负转嫁的意义

对于现代财政学来说，一个很有意义的结论就是实际的纳税人并不一定是法定纳税义务人。这也就是我们所说的税负归宿和税负转嫁问题。所谓税负归宿，是指税收的最终承担者，纳税人所缴的税款，通过转嫁过程，最终归于负税人负担的结果。而所谓的税负转嫁，是指税收负担从纳税人那里转移到他人身上的现象，换句话说，就是纳税人把自己缴纳的税收转移给别人负担的过程。可以看出，税收的转嫁与归宿，仅属于从不同角度探讨同样事实，若以所缴纳的税收如何转移为探讨对象，就是税负转嫁的问题，若以税收负担的终点在何处为探讨对象，就是税负归宿的问题。

（二）税负转嫁的方式

纳税人将税负转嫁给他人负担的途径和方法很多，一般有前转、后转、混转、消转与税收资本化五种形式。

1. 前转（顺转）

是指商品生产者和销售者，在进行经济交易时，将其所纳税款通过提高商品或生产要素价格的方法，向前转嫁给商品和劳务的购买者或者最终消费者承担的一种方式。由于前转是税收由卖方向买方转移，与商品和劳务的流向方向一致，故被称为"前转"或"顺转"。

一般认为，前转是最为典型、最具普遍意义的税负转嫁形式，多发生在商品与劳务课税上。前转可以一次完成，也可以多次完成或通过多次才能完成，若需两次以上方可完成，就称之为辗转前转。如，对甲课税，甲转嫁给乙，乙又转嫁给丙，丙又转嫁给丁，丁为税负的归宿者，转嫁过程经历三个环节，这就是辗转前转。

前转一般发生于商品供给小于需求或供需基本均衡时，税款可以通过提高价格的方式向前转移给购买方或消费者，若供给大于需求，则前转将难以实现。

2. 后转（逆转）

是指纳税人将其已纳税款，通过压低商品或劳务价格的方式，向后逆转给商品或劳务的提供者负担的一种方式。税收后转是将税收由买方向卖方转移，其转移的方向与商品和劳务的流向方向相反，因此又被称为"逆转"。

后转一般发生在供给大于需求时，由于商品供给大于需求，销售者所纳的税款无法通过提高价格的方式转嫁给消费者，便转而要求生产者降低价格，将税负向后转嫁给生产者。比如，批发商纳税后，因为商品价格下降，已纳税款难于加在价格之上转移给零售商，批发商不得不要求厂家退货或要求厂家承担全部或部分的已纳税款。此时，厂家宁愿承担部分或全部货款而不愿接受退货，这样就将税款向后转嫁了。另一种情况，如批发商所纳之税，原已转嫁给零售商，后因课税商品价格昂贵而需求减少，零售商不能顺转给消费者，而只能后转给批发商或厂家。可见，税负后转是指商品由于课税造成涨价，市场需求减少，商品销售量减少，迫使销售者和生产者同意减价出售，税款不由购买者或消费者承担，而是由生产者或经营者承担。

3. 混转（散转）

是指纳税人将其所纳的税款，一部分向前转移给买方，一部分向后转移给卖方，分散给许多纳税人负担的一种方式，因此又被称为"散转"。

当销售方无法通过提高价格的方式将其所纳税款全部前转时，会要求商品的提供方降低价格，向后转移一部分税款，从而使其所纳税款分散给消费者和生产者负担。例如，生产者将一部分税收向前转嫁给批发业者，批发业者转嫁给零售业者，零售业者再转嫁给消费者；并且，生产者把一部分税收向后转嫁给原材料的供应者，而原材料供给者再转嫁给对其提供原材料的供给者。

4. 消转

是指纳税人将其所纳税款，既不向前转移，也不向后转移，而是通过提高经营管理、改进生产技术、提高劳动生产率、扩大生产规模等方式，补偿其纳税损失，使税收负担在生产发展和收入增长中自行消失的一种形式。纳税人的利润没有因为纳税而减少，因此被称为"消转"。

实际上，税收消转没有发生向前、向后转移，结果只是一种直接的税收归宿，所以又被称为税收资本化，是税负转嫁的特殊形式。

5. 税负资本化

税负资本化又被称为"资本还原"或"税收偿本"。是指纳税人将其所购资本品可预计的未来应纳税款，通过从购入价格中预先扣除的方法，转移给资本品的出售者的一种方式。

税收资本化主要发生在某些资本品（如土地、有价证券等）的交易中。买方将购入资本品在以后年度必须支付的税款，在购入时就考虑到在购入价格中一次性扣除，从而降低资本品的成交价格，使税收转化为资本商品的价值或价格（以未来应交的税款代替一部分价值或价格）。税收资本化亦称"赋税折入资本""赋税资本化""税负资本化"。比如，企业甲向企业乙购买一幢房屋，该房屋价值 80 万元，使用期限预计10 年，根据国家税法规定每年应纳房产税 1 万元。甲在购买时将该房屋今后 10 年应纳的房产税 10 万元从房屋购价中作一次扣除，实际支付买价 70 万元。对于甲而言，房屋价值 80 万元，而实际支付 70 万元，其中的 10 万元是甲购买乙的房屋从而购买了乙的义务，由乙付给甲以后代乙缴纳的税款。实际上，甲在第一年只需缴纳 1 万元的房产税，其余的 9 万元就成为甲的创业资本。这就是税收资本化。它一般表现为课税资本品价格的下降。赋税折入资本必须具备一定的条件：课税对象必须是资财，每年均有相同的税负；另有不予课税或轻税的资财可购；课税品必须具有资本价值。

从形式上看，税收资本化是税负后转的一种特殊形式，其共同之处是均为买方通过压低购进价格的方式将其所纳税款转移给卖方承担。它们的不同之处有两点：

第一，转嫁的对象不同。税负后转的对象一般是消费品，而税收资本化的对象是耐用资本品，主要包括土地、有价证券等。

第二，转嫁方式不同。税负后转是对商品交易时发生的一次性税款的一次性转嫁；而税收资本化是对商品交易后发生的预期历次累计税款的一次性转嫁。

（三）税负转嫁的条件

税负转嫁受价格和供求关系等因素的制约，另外也受课税对象的性质、成本变动、课税方法和税率高低等因素的影响。

从征税对象的性质来看，流转税容易转嫁，所得税和财产税不容易转嫁。流转税与商品价格有必然的联系，通过提高和压低价格就能实现税负转嫁。而所得税和财产税是对纳税人的直接征收，一般不易通过价格形式实现转嫁。

从市场结构来看，不完全竞争市场比较容易实现转嫁，而完全竞争市场不易实现转嫁。在不完全竞争市场中垄断者可以通过提高价格和降低工人工资等方式将应纳税款进行转嫁。在不完全市场中，通过价格方式进行转嫁要受到供求等关系的制约。

从供求关系来看，一般来讲，对商品课征的税收往往向弹性小的方向转嫁。需求弹性系数越大，税负越趋向生产者负担；需求弹性越小，税负越趋向消费者负担。供给弹性越大，税负越趋向由消费者负担；供给弹性越小，税负越趋向由生产者负担。在需求弹性大于供给弹性时，税负更多趋向由生产者负担；在需求弹性小于供给弹性时，税负更多趋向由消费者负担；供给弹性与需求弹性相等时，税负趋向由生产者与消费者双方均担。

从课税范围来看，课税范围越宽，商品或劳务的替代可能性就越小，税负转嫁也就越容易；反之，课税范围越窄，转嫁的可能性越小。

从计税方法来看，从量计税，税额不受价格变动影响，负税者容易感到，税负转嫁较困难；从价计税，税额随价格的升降而增减，课税加价，负税者不易感觉，税负容易转嫁。

三、税负归宿

税负归宿是指税负经过转嫁的最终落脚点。由于经济交易往往经过多个环节，税负转嫁也完全有可能在这些环节多次发生，但无论税负转嫁的方式、过程和次数如何，它都必定要有一个不能再转移的最终负担者，即税负归宿。

税负归宿可以分为法定归宿和经济归宿。法定归宿是指根据税法应该负有纳税义务的承担者。经济归宿是指税收负担的最后承担者。税收法定归宿和经济归宿实际就是纳税人和负税人，两者之间的差异说明的就是税负转嫁的程度。

税负归宿也可分成直接归宿和间接归宿。直接归宿就是纳税人所缴税款不能转嫁给他人，而由自己承受税收负担，纳税人即为此项税收的归宿；间接归宿就是纳税人能够将税负转嫁出去，那么经过多次转移的最后负税人，即为此项税负的归宿。这里要注意的是同一税款有一部分可以转嫁，一部分不可以转嫁时，可以转嫁的就是间接归宿，不可以转嫁的就是直接归宿。

关键术语

税收财政原则　税收公平原则　税收效率原则　税收法定原则　税收负担　税负转嫁　税负归宿

思考题

1. 简述税收四大原则的概念和内容。
2. 结合我国税收负担的实际，分析税收负担与经济增长之间的关系。
3. 分析税负转嫁的方式及其条件。
4. 基于税负转嫁理论，谈一谈优化我国税制结构的设想。

第四章
税收制度

税收制度简称税制，是国家以法律形式规定的税种设置及每种税征税办法的总和。一个国家为了取得财政收入或调节社会经济活动，必须设置一定数量的税种。同时还要规定每种税的征税办法，包括对什么征税、向谁征税、征多少税以及何时纳税、何地纳税、按什么手续纳税、不纳税如何处理等，这些就构成了税制的内容。税制结构是指实行复合税制的国家，在按一定标准进行税收分类的基础上所形成的税收分布格局及其相互关系。在现代经济社会，由于税收履行着组织财政收入和调节经济等多种职能，自然就会形成多种税同时并存，各税种既相对独立又协调配合、互为补充的复合税制体系。

第一节 税制要素

税收制度的法律形式是税法，而税法是由若干基本要素构成的。通常所说的税制构成要素，也可以称为税法构成要素。一般地说，税法由以下基本要素构成，即纳税人、征税对象、税率、纳税环节、纳税期限、税收优惠和违章处理等。

一、纳税人

纳税义务人简称纳税人，是指税法上规定的直接负有纳税义务的人。在税收法律关系上称为"纳税主体"。无论什么税，都要明确规定其纳税人，如果纳税人不依照法律履行纳税义务，则要承担法律责任。纳税人是税制构成要素中的一个最基本的要素。作为纳税主体的纳税人可以是自然人，也可以是法人。所谓"法人"，是指依法成立并能以自己的名义行使法定权利和承担法律义务的社会组织，如社会团体、各企业单位等。而作为纳税人的自然人是相对于或区别于法人的，它是指一般的公民个人、居民个人或非居民个人。

各项税收，一般是由纳税人直接缴纳或由税务机关直接征收，但有的税种或其某一部分则由有关机关或单位代收（扣）代缴、委托代征。所以，有些税种除规定纳税人外，还规定代收（扣）代缴人或代征人。代收（扣）代缴义务人是指税法规定的向纳税人支付款项或向纳税人收取款项时代收（扣）代缴应纳税款的单位或个人。代收（扣）代缴义务人必须依法履行义务，否则也应负法律责任。对不按规定扣缴的扣缴义务人，除限期缴纳税款外，还要加收滞纳金或酌情处以罚款。国家一般在收入分散、纳税人分散时，采用源泉控制的征收办法，在税法上明确规定扣缴义务人，以保证国家财政收入，简化纳税手续。代征人是指按照税法规定，受税务机关指派、委托，代税务机关收交税款的单位和个人。代征人一般要由税务机关发给代征税款委托证书。

除上述外，作为税款的实际负担者，即负税人，也与纳税人紧密相关。如果说纳税人是法律上的纳税主体，负税人则是经济上的纳税主体。通常情况下，负税人与纳税人是一致的，负税人就是税法规定的纳税人。但在实际中，纳税人并不一定就是税负的承担者，存在着不一致的情形。如在税负转嫁的条件下，纳税人就可以把自己应承担的税款通过提高商品价格等办法转嫁给消费者，消费者则成了实际负税人。税法中并没有负税人的规定，国家在制定税法时，只规定由谁负责缴纳税款，并未规定税款最终由谁负担，但我们在考虑税收政策和设计税收制度时，必须研究税收负担问题。

二、征税对象

（一）征税对象的概念

征税对象亦称"课税对象"，是课税的客体，指一个税种对什么征税，即征税的标的物。

征税对象是税制构成要素中的核心要素。首先，它体现着不同税种征税的基本界限。作为征税对象的可以是某种收入、所得、财产、资源、流转额或行为，凡是列入某税征税对象的，就属于该税的课征范围；凡是未列入某税征税对象的，则不属于该税的课征范围。其次，它是区别不同税种的主要标志，往往也是一个税种名称的由来。如所得税是以所得额为征税对象，增值税的征税对象是增值额，财产税的征税对象为某些动产或不动产，等等。

（二）与征税对象密切相关的概念

1. 税目

税目是对征税对象和范围进行分类的具体项目，是征税对象在内容上的具体化，反映了一个税种的征收广度。征税对象通过税目来说明，用税目来概括，经过划分，以便确定征与不征的界限，科学设计税率，更好地发挥税收的经济杠杆作用。规定税目，一方面是课税技术上的需要，另一方面，也是贯彻国家一定税收政策的需要，但税目不能作为税制构成的一个独立要素，仅是与征税对象有关的一个重要概念。

设置税目有两种方法：其一是"列举法"，即按照每种商品或经营项目、所得项目等分别设置税目，有时还可以在具体的税目之下划分若干细目或子目。列举法又分为正列举法和反列举法。正列举法指列举的项目征税，没有列举的不征税；反列举法指列举的不征税，没有列举的都征税。列举法的优点是界限清楚，便于掌握；缺点是税目过多，不便查找。其二是"概括法"，即按照商品大类或行业或其他性质相近的项目归类设置税目。这种方法的优点是税目较少，查找方便；缺点是税目设置过粗，不便于贯彻国家的经济政策。由于两种方法各有其优缺点，所以要根据实际情况单独运用或结合起来，灵活运用，使税目设计既有利于征管，又便于贯彻国家的政策。

2. 计税依据

计税依据是税制中规定的据以计算各种应征税款的依据或标准，也是征税对象在数量方面的具体化。如果征税对象数量不确定，税额也就无法计算。计税依据与征税对象的数量既有联系，又有区别。有些税种，其课税对象的量同其计税依据是一致的，如消费税、增值税、土地使用税等；有些税种，两者则不一致，其计税依据只是课税对象的一部分，如个人所得税，课税对象是纳税人的全部应税所得额，而计税依据则是从中做了一定扣除后的余额。有些税种计税依据与课税对象的名称是一样的，如增值税，其征税对象和计税依据的名称都是增值额；有些税种计税依据与课税对象的名称是不一样的，如已停征的农业税的计税依据是单位土地上粮食的常年产量，而课税对象则是农业收入。由此可见，课税对象是从质的方面对征税目的物所做的规定，而计税依据则是从量的方面对征税目的物所做的规定，是课税对象量的表现。

三、税率

税率是税额与计税依据之间的比例或数量关系，是计算应纳税额的尺度，代表了国家征税的深度。每一种税均要明确规定税率。税率的高低，既关系到国家的财政收入，并体现国家的经济政策，又关系到纳税人的负担程度，所以，税率是正确处理国家、单位和个人经济利益的核心问题，是制定税法、执行税法不可忽视的因素。税率的形式包括比例税率、累进税率和定额税率。

(一) 比例税率

比例税率是指对同一征税对象，不论其数额多少，都规定一个统一比率的税率制度。比例税率是一种等比负担，一般采用百分比形式，也有千分比、万分比形式。

比例税率的几种形式：①单一比例税率，即一个税种只规定一个比例的税率，如企业所得税采用的25%的比例税率。②差别比例税率，即一个税种按照适用范围，分别规定高低不同的比例税率，如地区差别比例税率，产品差别比例税率，行业差别比例税率，分级、分档、分类比例税率等。③幅度比例税率，即在税法中规定一个最高限和最低限的比例幅度，由各地在此幅度内因地制宜地确定适用税率。

比例税率计算简便，并且不论征税对象数额有多大，只规定一个比率的税率，不妨碍流转额的扩大，适合于对商品流转额的征收。但是，用比例税率调节收入的效果不大理想。

(二) 累进税率

累进税率是按照征税对象或计税依据数额的大小，实行逐级递增的税率制度。征税对象或计税依据数额越大，适用税率越高。有人认为累进税率是比例税率的一种形式，也不无道理。累进税率一般适用于对所得和财产的征税。

累进税率的形式：以征税对象的绝对量为依据，分为全额累进税率和超额累进税率；以征税对象的相对量为依据，分为全率累进税率和超率累进税率。我国现行的土地增值税中的超率累进税率只是超额累进税率的特殊形式。这里主要介绍全额累进税率和超额累进税率。

全额累进税率，是随征税对象或计税依据数额的增加，税率逐步提高，全部征税对象或计税依据数额都适用相应的最高等级的税率征税。其优点与超额累进税率相比，主要是计算简便，但由于累进程度比较急剧，在两个级距的临界部分可能会出现税负增加超过征税对象数额增加的不合理现象。

超额累进税率，是把征税对象或计税依据按数额大小划分成若干等级，对每个等级部分分别规定相应的税率，分别计算税额，然后再相加即为应征税额。即是说，一定数量的征税对象或计税依据可以同时适用几个等级部分的税率。超额累进税率计算比较复杂，但累进程度缓和，可以避免全额累进税率计税的缺点，特别是它能体现税收的公平原则。虽然计税较复杂，但这只是技术性问题，可以利用"速算扣除数"的办法解决。因此，多数国家采用的累进税率，主要是超额累进税率。

（三）定额税率

定额税率或称"固定税额"，是按照征税对象的一定数量，直接规定一定的税额。这是用绝对量表示税率的一种特殊形式，一般适用于从量定额征税的税种。

定额税率有以下几种形式：①地区差别定额税率；②产品差别定额税率；③幅度定额税率；④分类分级定额税率等。有些情况下，分类分级定额税率具有累进税率的特点，如消费税中啤酒所适用的税率。定额税率的优点是：计算简便，税负稳定，不受物价波动影响，税额不因征税对象价值量的增加而增加。因此，在一定条件下，有利于提高产品质量，改进包装，以及促进和提高资源的利用效率。但是，由于定额税率的应纳税额与征税对象价值量的增减脱钩，所以不能使国家财政收入随国民收入的增加而同步增加，因而只适用于特殊的税种。

四、纳税环节

纳税环节是指在经济生活中应当缴纳税款的环节。因为作为征税对象的事物在现实中是不断运动的，如一般商品可有其产制、批发和零售过程；所得额有其支付和收受的过程；财产有其买卖、租赁、使用或转让的过程。那么，税款具体确定在哪一个或哪几个环节缴纳，这是税法必须明确的内容。

纳税环节一般是讲流转税的纳税环节，其实任何一种税均有纳税环节问题，只不过除流转税外，其他各税通常都属于单环节征税，纳税环节的确定比较简单，但应该肯定，纳税环节的确定要以有利于生产发展，有利于商品流通，保证财政收入的及时和可靠，以及方便纳税人为原则。

五、纳税期限

纳税期限是指纳税人根据税法规定应当缴纳税款的间隔期限。从原则上讲，纳税义务的发生时间和税款的缴纳时间是一致的。但实际上，除个别情况外，纳税人发生纳税义务后，一般要间隔一定时间后才能完税。所以，就存在着纳税期限问题。

由于一些纳税人的应税行为存在重复性、连续性，因此为便利纳税人缴纳税款，对不同的纳税人、不同的税种，国家规定了不同的纳税期限。我国现行税制中规定的纳税期限，大致有以下几种形式：①按天缴纳，即以 1 天、3 天、5 天、10 天、15 天等为纳税期限；②按月缴纳，即以 1 个月为纳税期限；③按年缴纳，即以一个年度为纳税期限；④按次缴纳，即不规定具体纳税的时间，纳税人每发生一次纳税义务，则纳税一次。规定纳税期限，是税收固定性的重要表现。

六、税收优惠

税收优惠是对某些纳税人和征税对象给予减轻或免除税负的一种优惠规定。因各种原因，许多国家的经济发展都存在着不平衡问题，有很多特殊情况，而我国的情况更加复杂多样，这就要求国家必须运用税收等经济杠杆进行特殊调节。因此，税制中除了根据一般情况做出较规范的规定以外，往往还需要制定一些税收优惠条款。

税收优惠的具体形式主要有：①税基式减免，即通过缩小计税依据来实现减免税，具体包括起征点、免征额、项目扣除和跨期结转等规定；②税率式减免，即通过降低税率来实现减免税，具体包括重新确定新税率、归入低税率和规定零税率等规定；③税额式减免，包括减税和免税。减税是对某些纳税人或征税对象减轻一部分税负；免税则是对某些纳税人或征税对象免除全部税负。减免税体现了国家一定时期的经济政策，有较强的政策目的性和针对性。

七、违章处理

违章处理是对纳税人违反税法的行为所规定的惩罚措施。纳税人违反税法的行为主要有偷税、抗税和骗税等。偷税是指纳税人采用欺骗、隐瞒等手段，减轻自己税负的违法行为；抗税是指纳税人以暴力、威胁的方法，拒不缴纳税款的违法行为；骗税是近年来在我国才出现的一种违法行为，是指纳税人对其生产或经营的商品假报出口，骗取国家出口退税的违法行为。此外，纳税人不按规定办理税务登记、未按规定办理纳税申报、违反发票管理规定，以及伪造税务机关票证、印章、文件，冒充税务人员进行犯罪活动等，都属于违反税法的行为。国家对纳税人发生违法行为规定的处罚措施主要有：强制执行、征收滞纳金、罚款、判处有期徒刑或拘役等。

第二节 税制分类

一、税收分类的意义

所谓税收分类，就是按一定标准（标志），把性质相同或相近的税种加以归类。因为，近代各国普遍实行复税制，开设税种较多，而且名称各异，每一税种均有各自的特性，税种之间存在着一定的联系与区别，所以，各国一般都要对税收进行分类比较。通过分类，可以从不同角度对各个税种进行对比研究，分析税收的发展演变过程，研究税源的分布和税收负担，以及划分中央和地方各级财政的税收管理权限和财政收入。通过分类，还可以研究各国税制结构、特点和对经济的影响，以便进行中外税制比较，借鉴和吸收国外税制建设的先进经验，研究制定出科学合理的具有中国特色的税收制度。

二、税收分类的一般方法

（一）以课税对象为标准的分类

这是最常见的一种分类，也是最能反映现代税制结构的分类方法，在税收问题研究中被广泛采用。以课税对象为标准，可以将税收分为五类，即商品税、所得税、资源税、行为税和财产税。商品税是以纳税人的商品交易额为课税对象的税种。这里的商品包括货物与劳务。对货物的课征，是对有形商品的征税；对劳务的课征，是对无形商品的征税。这里所说的商品税也可称流转税。主要的商品税有增值税、消费税、关税等。所得税是以纳税人的应税所得为课税对象的税种，如个人所得税、公司所得税、社会保险税等。资源税是以资源的绝对收益或级差收益为征税对象的税种，如我国现行税制中的资源税。行为税是以某些特定行为为征税对象的税种，如车辆购置税、印花税等。财产税是以纳税人的财产的数量或价值为课税对象的税种，如房产税、土地税、遗产税、赠与税等。

（二）以税收负担能否转嫁为标准的分类

这种分类方法经常被用于研究税收负担问题，是西方国家较为普遍使用的一种分类。以税收负担能否转嫁为标准，可以将税收划分为直接税和间接税两个大类。直接税是指不可以转嫁税收负担的税收，其纳税人同时也是负税人。由于这类税收在政府与负税人之间没有第三者介入，实际上是政府直接对负税人的课征，故称为直接税。间接税是指可以转嫁税收负担的税收，其纳税人可能不是负税人。这类税收在政府与负税人之间介入了纳税人，实际上政府是间接对负税人课税，所以称为间接税。一般来说，所得税和财产税属于直接税类，商品税属于间接税类。

（三）以课征主体为标准的分类

以税收的课征主体为标准，可以将税收划分为中央税、地方税和中央与地方共享税。中央税是指税收管理权限归中央政府，收入纳入中央财政预算的税收。其特点是由中央权力机构立法，由中央税务机关组织征收。地方税是指税收管理权限归地方政府，收入纳入地方财政预算的税收。严格意义上的地方税，是由地方权力机构立法，由地方税务机关负责征收。但是，在集权制的国家，几乎所有的税收都是由中央权力机构立法的。地方税有时是指由地方政府组织征收，收入归地方财政支配的各种税。中央与地方共享税是指收入由中央财政与地方财政按一定的比例分配的税收。由于没有任何一种税是由中央权力机构和地方权力机构共同立法，也没有任何一种税由中央税务机关和地方税务机关共同组织征收，所以中央与地方共享税的立法权限通常归中央，并由中央税务机关负责征收。至于哪些税种归中央，哪些税种归地方，各国有较大的差别。

（四）以征税对象的形态为依据的分类

根据这一标准，可以将税收划分为从价税和从量税。凡是以课税对象的价值形态（价格）为依据，按一定比例征收的各种税，属于从价税。目前，各国的大部分税种都是从价税。其主要特点是税额随商品价格水平的变化而变化，具有较大的弹性。从量税是以课税对象的实物量，如重量、数量、容量、长度、面积等为依据课征的税收，其特点是税额不随商品价格的变化而变化，比较稳定。从量税通常采用定额税率，即按照单位课税对象直接规定固定的税额，由于从量税便于计算，易于为征纳双方掌握，所以迄今仍为许多国家采用。

（五）以价税关系为标准的分类

依据税收与价格的关系，可以将税收划分为价内税和价外税。价外税是以不含税价格为计税价格的税收，其特点是税额独立于价格之外，不是商品价格的组成部分，如我国现行的增值税。在实行价外税的情况下，商品交易价格一般为不含税价格。如果商品价格为含税价格，要将含税价格换算成不含税价格。

$$不含税价格 = 含税价格 / （1 + 商品税税率）$$

价内税是以含税价格为计税价格的税收。其特点是税额是商品价格的组成部分，而不是价外附加，税额的大小制约着商品价格。我国目前的消费税属于价内税。在实行价内税的情况下，一般来说商品的交易价格就是含税价格。如果商品价格不是含税价格，要将不含税价格换算成含税价格。

$$含税价格 = 不含税价格 / （1 - 商品税税率）$$
$$或 \quad = （成本 + 利润） / （1 - 商品税税率）$$

（六）以税收的征收方式为标准的分类

根据税收征收的方式，可以将税收划分为对物税和对人税。对物税是指对市场交易的商品或劳务征收的税收，如增值税、关税、营业税、消费税等。对物税的特点是注重物，不注重人，只要发生了商品或劳务交易，就必须依法交税，而不论交易者是自然人还是法人，也不管纳税人的具体情况。因此，对物税不能根据纳税人的纳税能力区别对待，分配税负。

对人税是指对法人和自然人征收的税收，如个人所得税、企业所得税等。对人税的特点是注重人的身份，以及每个人的具体情况，如是否为本国居民，已婚或未婚，家庭中赡养的人口多少，等等。因此，可以按照每个人的纳税能力，对纳税负担加以调整和区别对待，税负分配比较公平。对人税也涉及一些物，如所得、财产等，但只是借以衡量纳税人的纳税能力。

（七）联合国、OECD 和 IMF 的税收分类

联合国国民核算系统把收入分成直接税、间接税、财产收益、手续费及相关类别。

直接税，就是公共机构对私人及团体的财产收入、营业收入或其他任何收入征收的税种，它由私人或团体直接支付。间接税是对生产者征收的在生产、销售或物品及劳务使用方面的税收。

OECD（经合组织）的年度财政统计手册把成员国征收的税收划分为以下 6 类：

第 1 类：所得税，包括对所得、利润和资本利得的课税；

第 2 类：社会保险税，包括对雇员、雇主以及自营人员的课税；

第 3 类：薪金及人员税；

第 4 类：财产税，包括对不动产、财产值、遗产和赠予的课税；

第 5 类：商品与劳务税，包括产品税、销售税、增值税、消费税等，也包括对进出口课征的关税；

第 6 类：其他税。

IMF（国际货币基金组织）的税种分类是：

第 1 类：所得税，包括对所得、利润和资本利得的课税；

第 2 类：社会保险税，包括对雇员、雇主以及自营人员的课税（按非税收入统计）；

第 3 类：薪金及人员税；

第 4 类：财产税，包括对不动产、财富、遗产和赠予的课税；

第 5 类：商品与劳务税，包括产品税、销售税、增值税、消费税等；

第 6 类：进出口关税；

第 7 类：其他税收。

OECD 和 IMF 的税收分类标准基本一致。不同之处在于：一是 OECD 把社会保险税视为税收收入，而 IMF 则将其认定为非税收入；二是 IMF 把商品与劳务税一分为二，国内部分划分为第 5 类，进出口贸易部分划分为第 6 类。OECD 和 IMF 的税收分类方法，为国与国之间的税制比较提供了可能。

第三节　税制结构

一国税收制度的特点是由各个税种的分布状况及相互之间的比重关系决定的。以税种多少为标准，税收制度可分为单一税制和复合税制。复合税制是两个以上的税种同时存在，且各个税种主次分明、相互配合的税收制度。复合税制由于税种多，可以普遍征收，能较高程度地保证筹集到足额的财政收入，又符合按能负税的原则。

尽管各国普遍实行了复合税制体系，但是，由于各国经济条件、历史传统和政策目标不同，在税种设置、税收分布格局上也不完全相同，甚至存在着比较大的差异，因此也形成了各具特点的税制结构类型或税制结构模式。

一、税制结构模式

税制结构模式是指由主体税特征所决定的税制结构类型。在一个国家的税制体系中，各类税收在税制体系中的地位有主次之分；而在一个国家的大类税收中，各个税种在大类税收中的地位也有主次之别。因此，在组织财政收入和调节经济方面处于主要地位，发挥主要作用的主体税种成为区别不同税制结构类型的主要标志。由主体税特征所决定的税制结构大体可归纳为以下三种类型：

（一）以流转税为主体的税制结构模式

以流转税为主体的税制结构模式，是指在整个税制体系中，以流转税作为主体税，占税收收入的最大比重，并起到主导作用。根据资料统计，绝大多数发展中国家、少数经济发达国家实行这种税制结构模式。

（二）以所得税为主体的税制结构模式

以所得税为主体的税制结构模式，是指在整个税制体系中，以所得税作为主体税，占收入的最大比重，并起主导作用。根据资料统计，绝大多数经济发达国家、少数发展中国家实行这种税制结构模式。

（三）流转税和所得税双主体的税制结构模式

双主体税制结构模式，是指在整个税制体系中，流转税和所得税占有相近的比重，在财政收入和调节经济方面共同起着主导作用。一般来说，在由流转税为主体向所得税为主体的转换过程中，或者在由所得税为主体向发展增值税、扩大流转税的转化过程中，都会形成双主体的税制结构模式。双主体的税制结构模式虽然是一种现实的税制结构模式，但从发展角度分析，只是一种转换时期的过渡模式，将被流转税为主体的税制结构模式或所得税为主体的税制结构模式替代。

上述三种类型是由主体税特征所决定的税制结构。究竟选择商品税为主体税种，还是选择所得税为主体税种，或是实行双主体的税制，主要取决于一国的经济发展水平、政府对税收职能的侧重、现实的经济资源条件以及税收的征收管理水平等。

二、最优税制结构

优化税制结构的理论根据是最优税收理论，最优税收理论研究的就是如何构建兼顾公平和效率原则的税收制度。在多数条件下，公平与效率可能存在冲突，即要想实现公平，就必然以降低效率为代价，因此存在一定的效率成本；反之，要想提高效率，就得牺牲一定程度的公平。现实中，一个国家可能开征多种税，不同的税种在公平和效率方面的作用不尽一致，只有较好地兼顾了公平与效率原则的税制结构才是最优的税制结构。从理论分析上看，商品课税相对容易实现效率目标，但却无法实现公平的收入分配目标，而所得课税相对容易实现公平收入分配目标，却有损于经济效率。因此，商品课税与所得课税并存的复合税制是实现公平原则与效率原则协调与兼顾的税收制度。

所得税是一种良税，而差别商品税在资源配置效率方面也是所得税所不能取代的，说明商品税与所得税两者之间相互补充。由于所得税不能对闲暇课税，所以政府应利用商品税对闲暇商品课征高税，以抑制人们对闲暇的消费。此外，经济活动存在着外部不经济性，所以政府也应通过征收差别商品税使各项经济活动的私人成本等于社会成本，以使社会资源得到更合理的配置。但要注意，如果税率过高，所得税也会产生额外负担，影响劳动力供给并抑制私人储蓄和投资活动。这说明最优税收理论认为无论是商品税还是所得税都有其存在的必然性。

在所得税和商品税并存的复合税制下，应该以所得税还是以商品税作为主体税种也是最优税制的主要问题。经济发展水平、政府在特定时期的税收政策目标以及社会政治等因素对主体税种的确定影响最大。因为所得税在实现分配公平目标方面具有优势，而商品税比较适合于实现经济效率目标，因此，政府在确定主体税种时可根据主要的政策意图来确定。如果政府的政策目标以收入分配公平为主，就应选择以所得税为主体税种的税制结构；如果政府的政策目标以经济效率为主，则应选择以商品税为主体税种的税制结构。另外，在经济发展的初期阶段，社会的主要任务是发展经济，政府一般出于效率原因以商品税为主体税种，而在经济比较发达的阶段，经济的发展不再是压倒一切的目标时，所得税就可能成为主要财源。一个国家的税收制度最终采用何种税制结构，要取决于政府和社会公众对公平与效率目标间的权衡。

三、我国现行税制结构模式

我国现行税制是在 1994 年工商税制改革的基础上形成的。1994 年，我国建立了以增值税为主体，消费税、营业税为两翼的流转税体系；颁布并实施了统一的内资企业所得和个人所得税。目前，我国的税制结构与多数低收入国家的税制结构相似，均表现出以流转税为主体的税制结构特征。这种税制结构格局是与我国生产力发展状况以及征收管理水平基本适应的。但须指出的是，1994 年的税制改革过于强化以流转税为主体的税制结构，在税种设计上过于突出增值税作用，使得该税所占比重过大，而对经济具有内在稳定功能的所得税则比重较低，尤其是个人所得税的比重过低。新税制运行以来，所得税比重虽然上升，但流转税跛足独行的局面并未得到根本扭转。这使得我国的税制结构缺乏弹性，在经济产生波动时，税收收入不仅难以满足政府的支出需要，而且限制了税收杠杆调节经济作用的发挥。

四、我国税制结构的优化方向

税制结构目标模式要求根据经济社会发展变化趋势，对主体税种、税种组合和配置方式做出选择。从我国社会主义市场经济改革和发展趋势分析，今后或更长一段时期内，我国税制结构的优化方向是应选择流转税和所得税并重，税种之间组合和配置合理，整体功能优化的目标模式。

（一）主体税选择

主体税是指在整个税制体系中处于主导地位，占有主要比重的税种。主体税标志着税制结构模式的类型特征，因此，主体税的选择也就成为确定税制结构目标模式的关键。我国税制结构应选择流转税和所得税并重的目标模式。

1. 流转税和所得税并重的目标模式符合我国经济改革和发展的客观实际

从三种可供选择的主体税模式看，以流转税为主体的税制结构模式强调流转税在财政收入和调节产品供求结构方面的作用，而淡化所得税在收入分配和调节供应总量方面的作用。虽然，流转税为主体的税制结构模式具有征收面广泛、税源稳定、收入及时可靠、计算简便易行、能够弥补市场对资源配置的缺陷等优点，但流转税收入缺乏弹性，难以发挥税收在促使公平收入分配、促进经济稳定方面的作用，而后者也是社会主义市场经济发展中所需要补充和加强的。以所得税为主体的税制结构模式，则强调所得税在宏观经济调节和收入分配方面的作用，淡化流转税在财政收入和调节产品供求结构方面的作用。以所得税为主体的税制模式，其收入具有弹性，有利于公平收入分配和促进经济稳定。但是，在我国可预见的经济发展水平条件下，也存在征收面狭窄、收入稳定性差、征收管理复杂、难以制约等缺点，这就不能不考虑所得税为主体税模式的可行性。而选择双主体税制结构模式，可以发挥两类主体税的综合优势，互补各自的缺陷。在财政收入上充分利用流转税的刚性收入特点和所得税的弹性收入特点实现互补；在调节经济方面，能够同时发挥流转税对弥补市场资源配置以及所得税在促进经济稳定方面的调节作用；在公平收入分配方面，能够同时运用所得税累进税率的基础调节以及流转税差别比例税率的补充调节作用，从而适应社会主义市场经济改革和发展对税制结构模式的要求。

2. 流转税和所得税并重的目标模式是我国税制结构模式发展的必然进程

从我国税制发展的历史变化进程来看，曾经历了一个由自然经济下的古老直接税为主体，向商品经济下的间接税为主体的发展阶段。在现代市场经济下，一些发达国家已经或正在朝着以直接税即所得税为主体的目标模式转换。但是，从我国作为一个发展中国家的经济条件以及现行以流转税为主体、所得税比重较低的现实经济状况出发，选择以流转税和所得税双主体目标模式过渡是比较稳妥可行的。

（二）税种合理配置

在主体税确定的前提下，作为大类税收的主体税内部也还存在一个税种之间的组合和配置，即主体税内部结构的问题。

1. 流转税内部结构的目标模式

应选择以具有一般流转税中性特征的增值税为主体，起到保证财政收入的作用，并辅之以选择性流转税非中性消费税（或货物税），起到个别调节作用的内部结构模式，以适应市场经济对资源基础配置和流转税对市场资源配置必要的弥补调节作用。

2. 所得税内部结构的目标模式

所得税内部也有一个企业所得税和个人所得税的主辅关系问题。根据我国国民经济发展水平、财产制度和收入分配方式，应选择以企业所得税为主，逐步扩大并提高个人所得税的所得税内部结构模式。

3. 辅助税制的设计

在主体税确定，主体税内部税种组合配置合理的条件下，为使总体税制结构功能优化，还需要在流转税和所得税无法征收和调节的范围内，充分运用辅助税种对经济所具有的特殊调节功能。辅助税包括资源税、财产税和特定行为目的税等税类。应本着简化税种、优化功能的原则，形成税种相对较少、征收比较简单、功能比较合理的辅助税结构模式。

第四节　新中国成立以来的税制建设

从新中国成立之日起，随着国家政治经济形势的发展变化，我国税收制度也经历了从建立、发展到逐步完善的过程，基本上顺应了从计划经济向有计划的商品经济最终向社会主义市场经济体制过渡的要求。

一、计划经济下的税制

20 世纪 50 年代至 70 年代，我国基本上实行的是传统的计划经济管理体制，以及与其相适应的税收制度。在此期间，随着社会经济的发展，税收制度在不断进行着调整。

（一）1950 年统一全国税政，建立新税制

新中国成立初期，党的中心工作从乡村转到城市，给税收工作提出了新的要求。当时全国实行的税收制度很不统一，有些地区执行革命根据地时期建立的税收制度，有些地区继续沿用旧中国国民党政府时期的一部分税收制度，税收制度和税收政策很不一致，不能适应政治统一、经济恢复和发展的客观需要。因此，统一全国税政，建立社会主义新税制，成为当时最为迫切的一项任务。

1950 年 1 月，中央人民政府政务院颁布了《关于统一全国税政的决定》的通令，并同时颁布了《全国税政实施要则》。在《全国税政实施要则》中规定，除农业税外，全国共征收 14 个税种，即货物税、工商业税、盐税、关税、薪给报酬所得税、存款利息所得税、印花税、遗产税、交易税、房产税、屠宰税、地产税、特种消费行为税和车船使用牌照税。后来，又决定薪给报酬所得税和遗产税暂不开征，房产税和地产税合并为城市房地产税，还开征了契税。以上各税在全国施行以后，一个统一的、多税种的、多环节征收的复合税制，在全国范围内建立起来了。这是新中国税制建立的标志。

（二）1953 年的税制修正

1953 年，我国进入大规模的经济建设时期。为了使税收制度能够适应新的经济形势并满足国家财政需要，按照"保证财政收入，简化税制"的原则精神，对原来的工

商税制进行了若干修正。其主要内容：一是试行商品流通税，把 22 种商品原来在生产环节征收的货物税、营业税、印花税，以及在商业批发和零售环节征收的营业税、印花税，合并为一种税，实行从产到销一次征收制；二是简化货物税，凡缴纳货物税的纳税人，其应缴纳的工商营业税及其附加和印花税，并入货物税征收；三是修订工商营业税；四是取消特种消费行为税；五是整顿交易税。

（三）1958 年的税制改革

在 1956 年我国基本上实现了对农业、手工业和资本主义工商业的社会主义改造以后，国民经济的构成发生了根本性的变化，单一公有制和计划经济为基本特征的新的经济格局已基本形成，税收征纳关系也由以资本主义工商业为重点变为以社会主义全民所有制和集体所有制经济为重点。在这种情况下，1958 年按照在"基本保持原税负的基础上简化税制"的方针，对工商税制进行了一次较大的改革。

这次改革的主要内容是：将工商企业原来缴纳的商品流通税、货物税、营业税、印花税合并为工商统一税。工商统一税是对工商企业和个人按其经营业务的流转额和提供劳务的收入额征收，实行从生产到流通两次课征制。其次，是将原工商业税中的所得税改为一个独立税种，称为工商所得税。另外，还根据 1956 年农业合作化以后农业经济发展的情况变化，同年 6 月公布了《中华人民共和国农业税条例》，废除了旧的农业税制度。这是建国以后对农业税制进行的重大改革。

（四）1973 年的简并税制

在"文革"这一特定的历史时期，由于受"左"的错误路线的影响，把社会主义税收当作资本主义的东西来批，认为社会主义税收要不要无所谓，是"烦琐哲学"，因此大力简化税制。根据"合并税种，简化征税办法"的指导思想，于 1973 年对工商税制进行了一次较大的改革。其主要内容是：将原工商企业缴纳的工商统一税及其附加、城市房地产税、车船牌照税、盐税、屠宰税合并为工商税；简化调整了税目和税率；改革了征收制度等。

1973 年税制改革后，对国营企业只征收一种税，即工商税，对集体企业只征收工商税和工商所得税两种。这是一种相当简化的税收制度，近乎单一税制，极大地限制了税收经济杠杆作用的发挥。

二、有计划商品经济体制下的税制

为了能够适应经济发展需要和体制改革的要求，在 1979—1993 年期间，对税制进行了一次全面的改革，初步建立起适应有计划商品经济的税收体系。

（一）建立了涉外税制

为适应对外开放的新形势，1980 年 9 月，颁布了《中华人民共和国中外合资经营企业所得税法》和《中华人民共和国个人所得税法》；1981 年 12 月，又颁布了《中华人民共和国外国企业所得税法》；同时还明确了对涉外企业征收工商统一税、城市房地产税、车船使用牌照税，这样便初步形成我国的涉外税制体系。1991 年 4 月，颁布了

《中华人民共和国外商投资企业和外国企业所得税法》，自同年 7 月 1 日起施行，同时废止了原来的两个涉外企业所得税法，使我国企业所得税的统一迈出了第一步。

（二）建立健全企业所得税制

为了使企业成为相对独立的商品生产者和经营者，1983 年对有盈利的国营企业开始征收所得税，这是利改税的第一步。这次改革的主要内容是对国营企业普遍征收所得税，但对国营大中型企业征收所得税后的利润，采取多种形式上交，实行税利并存。从 1984 年 10 月 1 日起，又开始进行利改税的第二步改革，改革的基本内容是将国营企业应当上交国家的财政收入按八个税种向国家缴税，也就是由"税利并存"逐渐过渡到完全的"以税代利"，税后利润归企业自己安排使用。除对国营企业征收所得税外，国务院于 1985 年 4 月发布了《中华人民共和国集体企业所得税暂行条例》，1988 年 6 月《中华人民共和国私营企业所得税暂行条例》出台。至此，国家对各种经济性质的企业都建立了相应的所得税制度。

（三）建立新的流转税制和对工商税制全面改革

1984 年 9 月，国务院发布了产品税、增值税、营业税和盐税等四个条例（草案），将原工商税一分为四，发挥不同税种在不同领域的特定调节作用。为了对因自然条件和开发条件的差异而形成的级差收入进行合理调节，国务院还发布了资源税条例。城市维护建设税、房产税、车船使用税等三个暂行条例，也分别于 1985 年 2 月和 1986 年 9 月由国务院正式发布实施。从此，我国的税制面貌从根本上得到了改变，流转税体系基本建立。

为了运用税收手段加强对宏观经济的调控，还陆续开征了一些税种。如 1982 年 4 月经国务院批准征收燃油特别税，促进企业以煤代油，合理使用能源；1983 年 9 月开征了建筑税，后来又对建筑税进行了改革和完善，于 1991 年 4 月发布了固定资产投资方向调节税，以替代原建筑税；为了从宏观上控制消费基金过度增长，国务院于 1984 年和 1985 年相继发布了《国营企业奖金税暂行规定》《集体企业奖金税暂行规定》《事业单位奖金税暂行规定》和《国营企业工资调节税暂行规定》；为了引导个体工商业户的健康发展，1986 年 1 月开征了城乡个体工商业户所得税；从 1987 年起，个人收入调节税也开始征收；1988 年，国务院还发布了城镇土地使用税、筵席税、印花税等条例。

经过十多年的一系列改革，我国建立起了一个以流转税为主体，其他税相互配合的复合税制。尽管这个税制在某些方面存在一些不足，但它基本上适应了我国经济发展的客观需要，保证了财政收入稳定增长，促进了整个经济体制的改革和国民经济向前发展。

三、社会主义市场经济体制下的税制

进入 20 世纪 80 年代以后，我国税制为适应经济体制改革的总体进程进行了一系列改革，但这十多年改革形成的税制是经济体制转轨过程中的产物，带有浓厚的过渡性色彩，日渐凸显出难以适应社会主义市场经济发展要求的矛盾。因此 1994 年我国对原税制进行了重大改革，主要内容包括推行普遍征收的中性化的增值税，实行统一的企业所得税，建立个人所得税制，扩大地方税比重，达到公平税负、统一税法、简化税制、合理分权、规范分配方式、理顺分配关系的目的。

（一）流转税的改革

改革后的流转税由增值税、消费税和营业税组成，统一适用于内外资企业，取消对外商投资企业和外国企业征收的工商统一税。对商品的交易和进口普遍征收增值税，并选择部分消费品交叉征收消费税，进行特别调节，对不实行增值税的劳务交易和第三产业征收营业税。同时，将原来征收产品税的农林牧水产品，改为征收农业特产税。另外，城市维护建设税也进行了改革，收入规模扩大，使该税种成为地方税体系的骨干。

（二）所得税的改革

1. 企业所得税改革

这次改革，旨在统一内资企业所得税，取消按不同所有制分别设立的国营企业所得税、集体企业所得税和私营企业所得税，为规范国家与企业的分配关系，促进企业转换经营机制，实行平等竞争，同时为下一步与外资企业所得税合并创造条件。1994年将国有企业、集体企业、私营企业、联营企业和股份制企业以及其他有经营收入的组织等都纳入企业所得税的征税范围，计税依据采用国际上通行的确定方法，取消国营企业调节税和"两金"，同时，用税法规范企业所得税前的列支标准，并取消"税前还贷"等以往过多的税收优惠规定，充分体现了税法的严肃性。

2. 个人所得税改革

个人所得税的立法原则是调节个人收入差距，缓解社会分配不公矛盾。改革的主要内容是把原来的个人所得税、个人收入调节税和城乡个体工商业户所得税合并，建立统一的个人所得税。

（三）研究开征一些新税种

开征土地增值税。规范土地、房地产市场交易秩序，合理调节土地增值收益，维护国家权益。

研究开征证券交易税。即把对股市交易征收的印花税改为征收证券交易税，有利于维护合法的证券交易行为，保证金融秩序健康稳定发展。

（四）其他税种的简并、调整和改革

我国的税收制度，经过上述重大改革后，其基本格局发生了较大变化。一是税种大大简化，税收宏观调控能力进一步加强，税收的综合效能相应提高；二是流转税在整个税收收入结构中仍占主导地位，将流转税作为主体税种，这是我国国情和生产力水平的客观选择；三是对内对外实行的所得税基本实现统一，这不仅可以简化税制，而且也可以解决政策执行中的许多矛盾；最后，地方税的规模将大为扩大，为处理好中央与地方分配关系创造了必要条件。

四、2003 年至今的税制改革

2003 年以来，我国按照"简税制、宽税基、低税率、严征管"的新一轮税制改革基本原则，借鉴国际经验，进一步对税收制度进行了完善。

第一，2008 年 1 月 1 日起，统一了内外资企业的所得税制度。内、外资企业适用统一的企业所得税法，实行法人税制；统一并适当降低企业所得税税率，将法定税率由 33% 降至 25%；统一和规范税前扣除办法及标准；统一税收优惠政策，建立"产业优惠为主，区域优惠为辅"的新的税收优惠体系等。

第二，完善了增值税制度。2009 年 1 月 1 日起，我国实行了生产型增值税到消费型增值税的转型。2012 年 1 月 1 日起，我国在部分服务行业和部分地区进行营改增的试点。2016 年 5 月 1 日起，开始全面实行营改增，营业税至此彻底地退出了历史舞台。

第三，调整了消费税政策。一是对消费税的税目进行有增有减的调整：新增加了高尔夫球及球具、高档手表、游艇、木制一次性筷子、实木地板、成品油税目，并将原来的汽油、柴油两个税目和新增加的石脑油、溶剂油、润滑油、燃料油、航空煤油等油品作为成品油的子目，同时，取消了"护肤护发品"税目，并将原属于护肤护发品征税范围的高档护肤类化妆品列入化妆品税目，后又将化妆品税目调整为高档化妆品税目；取消了汽车轮胎税目、酒精子目，增加了电池和涂料税目。二是对原有税目的税率进行有高有低的调整：现行的 15 个税目中，涉及税率调整的有白酒、卷烟、小汽车、摩托车、化妆品、贵重首饰和珠宝玉石、成品油等税目。经过调整后，消费税的税目由原来的 11 个增至 15 个。此外，为加强对消费税的征管，进一步完善了葡萄酒、啤酒以及新牌号、新规格卷烟等消费税征收管理措施。

第四，多次修订了个人所得税法。1994 年以来我国个人所得税经历了多次调整，但主要集中在对工资薪金项目费用扣除标准的调整和税率的调整，这主要表现在：2006 年 1 月 1 日起我国将个人所得税工资、薪金项目的费用扣除标准提高至 1600 元；2008 年 3 月 1 日起，又将该项费用扣除标准调整为 2000 元；2011 年 9 月 1 日起将费用扣除标准提高至 3500 元，同时对工资薪金所得、个体工商户的生产、经营所得和对企事业单位的承包经营、承租经营所得税率结构进行了调整。

第五，废止《中华人民共和国农业税条例》，在全国范围内取消农业税；完善耕地占用税和城镇土地使用税制度，加强对土地利用的税收调节；调整城镇土地使用税税额幅度，将城镇土地使用税的征收范围扩大到外资企业；统一和规范了车船税政策，缩小减免税范围，调整现行税目，适当提高税率标准并统一适用于内、外资企业；颁布并实施烟叶税条例，实现了对烟叶农业特产税的替代；通过现有的试点不断推进资源税制度的完善；试点并着手于房产税的改革与调整等。

税收分类　税制结构　流转税　所得税　最优税制结构

1. 超额累进税率与全额累进税率各有什么优缺点?

2. 现代世界各国税制结构的确定有哪几种模式? 各自有哪些优缺点?

3. 你是如何理解现阶段我国税制结构的优化方向的?

第五章
国际税收

国际税收是指两个或两个以上国家（政府），在对跨国纳税人行使各自的征税权力而形成的征纳关系中，所发生的国家之间的税收分配关系。国际税收是国际经济领域的重要方面，它是经济国际化的产物，是国际经济关系发展到一定阶段后出现的一个新的税收范畴。国际税收与国家税收属于并列关系，是税收学的一个分支。

第一节　国际税收与国际双重征税

一、国际税收概述

（一）国际税收的产生及发展

税收是以国家为主体的特定的分配关系，从其产生的那一天起，就是以国家税收的形式出现。在人类社会从奴隶社会到封建社会再到资本主义社会初期这一漫长的历史时期，由于涉及税收分配关系的两个重要因素，纳税人和征税对象相对固定在一国的领土范围，不可能引发与另一国的税收分配方面的矛盾，也就不可能产生国际税收分配关系。从19世纪末到20世纪初，情况发生了根本的变化。首先资本输出取代了以前的商品输出，跨国公司在世界各国纷纷建立，个人在国家间的流动也变得更为普遍，这使得不论是跨国公司还是跨国自然人均有来源于或存在于境外的所得、收益和一般财产价值，国际税收产生的一个重要条件跨国纳税人产生了；其次，在这一时期，各国的税制结构了发生了根本性的变化。19世纪末20世纪初所得税在发达的资本主义国家得到普遍实施，税制结构也由原来的流转税制演变为以所得税为主体的税制结构，这是国际税收产生的又一重要前提。因为只有在征收所得税或一般财产税的条件下，才会涉及对跨国纳税人的跨国所得或一般财产价值的征税权在国家之间的划分问题，才会引起国家间的税收分配关系。所以，正是由于以上两个条件的共同作用，才促成了国际税收的产生。

在国家间税收分配矛盾产生的初期，有些国家从一国国内法的角度，单方面对国家间双重征税做出暂时的权宜处理；或是通过有关国家当局之间签订双边税收协定，就共同关心的问题，做出适应这些国家需要的各不相同的处理决定。随着国际经济交往的不断发展与纳税人所得和一般财产价值国际化的广泛出现，这种单方面权宜处理和非规范性的双边税收协定，已经不能适应形势发展的需要。为了用一种规范的、能够为大多数国家共同接受的、比较完整和系统的国际税收协定示范文本来代替以往的不够规范的做法，在前国际联盟研究成果的基础上，1963 年经济合作与发展组织（OECD）草拟并制定了一个《关于对所得和资本避免双重征税的协定范本》，以规范发达国家之间的税收分配关系。考虑到发展中国家的的利益，在《经合发组织范本》颁布以后，由联合国经济及社会理事会通过一项决议，成立一个由 8 个发达国家和 10 个发展中国家代表组成的专家小组，并于 1979 年拟订通过了《发达国家与发展中国家双重征税的协定范本》，这个范本的内容，同样并不只限于双重征税问题，而是将国际税收关系的若干主要方面都包括进去了。不过，在某些具体问题的处理上，它与《经合发组织范本》并不完全一致。原因在于《联合国范本》的指导原则不仅要考虑到发达国家的情况，而且还要尊重发展中国家的利益诉求。《经合发组织范本》和《联合国范本》这两个国际性的税收协定范本，尽管并不对任何一个国家具有法律上的约束力，但是，它们仍然可以在协调有关国家处理国际税收关系方面起到重要的示范作用。

（二）国际税收的概念

国际税收就是指两个或两个以上国家政府，在对跨国纳税人行使各自的征税权力而形成的征纳关系中，所发生的国家之间的税收分配关系。

以上是狭义国际税收的概念。目前，国内有些学者提出了广义国际税收的概念，将国际税收的研究范围扩展到流转税的国际协调尤其是关税的协调，鉴于这种概念的扩展并未对国际税收研究的主体内容产生实质性影响，所以本章仍然坚持狭义国际税收的概念。

国际税收与涉外税收不同。关于涉外税收，中国约定俗成的说法是国家税收中涉及外国纳税人的那部分税收政策。它体现了一国政府与其管辖范围内的外国纳税人之间的税收征纳关系，属于国家税收的范畴，但涉外税收又与国际税收有着密切的联系。两者的课税对象相同，均为跨国所得和跨国一般财产价值。两者均体现本国政府与外国纳税人和本国政府与具有国际收入的本国纳税人之间的税收分配关系。各国涉外税收制度的理论与实务是形成国际税收这门学科的基础。

国际税收与涉外税收虽有密切联系，但不能因此就认为本国的涉外税收就是国际税收，两者毕竟有所区别。其主要区别在于：

1. 立足点不同。一国的涉外税收立足于国内，处理的是本国政府对外征税的问题，体现的是本国的对外经济关系。而国际税收主要立足于国家与国家之间，所处理的问题是国家与国家之间的税收分配关系。

2. 两者所反映的分配关系不同。涉外税收所反映的是一国政府与其管辖范围内的纳税人之间的税收征纳关系，是国家税收的组成部分。从税法角度来看，它属于国内法的范畴。而国际税收则是由两个或两个以上国家对跨国纳税人的征税所引起的国家间的税收分配关系，这种分配关系需要通过国家与国家间的相互协调来解决。

（三）国际税收的研究范围及发展趋势

1. 国际税收学的研究范围

（1）税收管辖权的协调与国际双重征税的避免；

（2）国际避税和逃税的方法及防范措施；

（3）国际税收协定。

2. 国际税收的发展趋势

随着国际经济交往的不断加强，新技术的广泛应用，国际税收也呈现出一些新的发展趋势。主要包括以下三个方面：

（1）在所得课税领域，国与国之间的税收竞争日趋激烈，为了防止"财政降格"，国际社会有必要对所得税的课税制度进行协调。

（2）各国应加强税收征管方面的合作，共同应对跨国纳税人的国际避税和偷税行为。

（3）电子商务的蓬勃发展对传统的国际税收原则形成冲击，引发新的国际税收问题。

（四）国际税收涉及的主体与客体

1. 国际税收涉及的主体

国际税收涉及的主体有两个：一是课税权主体；二是纳税主体。

（1）课税权主体是指国家法律所规定的各级征税当局。当不同国家的各级征税当局依法进行征税，从而引起它们相互之间的财权利益分配矛盾时，这些课税权主体就成为国际税收涉及的课税权主体。

（2）国际税收涉及的纳税主体是指跨国纳税人，包括跨国自然人和跨国法人。

一个跨国自然人或法人纳税人，只有在两个或两个以上国家承担双重交叉的纳税义务时，才成为国际税收涉及的纳税人。

2. 国际税收涉及的课税客体

国际税收涉及的课税客体只与对人税的征税对象有关，即所得税和一般财产税的征税对象有关，即跨国所得和跨国一般财产价值。

二、税收管辖权与国际双重征税

（一）税收管辖权的概念和种类

1. 税收管辖权的概念

税收管辖权是指一国政府在征税方面所拥有的权力，是一个国家行政权力在征税方面的体现。一个主权国家行政权力所能行使的范围决定了税收管辖权的范围。一个国家行政权力的行使范围一般要遵从属地原则和属人原则。属地原则，是指一国政府以地域概念作为其行使征税权力所遵循的指导思想原则。属人原则，是指一国政府以人员概念作为其行使征税权力所遵循的指思想原则。既然征税权力是国家行政权力的体现，那么相应地也就有按这两个原则确立的两种税收管辖权，即地域管辖权和居民（公民）管辖权。

2. 税收管辖权的种类

（1）地域管辖权，凡是按属地原则确立的税收管辖权称之为地域管辖权，在一个实行地域管辖权的国家，只对纳税人来源于本国领土范围内的所得和一般财产价值征税，不论这个纳税人是本国居民（公民）还是外国居民（公民）。

（2）居民（公民）管辖权，凡是按照属人原则所确立起来的税收管辖权，就是居民（公民）管辖权。在一个实行居民（公民）管辖权的国家，它只对居住在本国的居民，或者属于本国的公民的一切应税收益征税。

3. 各国税收管辖权选择的现状

目前，世界上只有少数国家或地区选择实行单一的地域管辖权，如，拉丁美洲的阿根廷、委内瑞拉，中国的特别行政区香港等。绝大多数国家为了维护自身税收利益，避免税源流失，都同时选择了地域管辖权和居民管辖权。美国兼行公民、居民和地域三种税收管辖权。

（二）国际双重征税的概念及种类

双重征税是指同一课税权主体或不同课税权主体对同一纳税人或不同纳税人的同一征税对象或税源进行的重复征税。

双重征税按其不同性质，可以划分为：税制性双重征税、法律性双重征税和经济性双重征税三种类型。

税制性双重征税，是指由复税制所引起的重复征税。从各国的税收实践来看，实行单一税制的国家基本上没有，税制性双重征税也就成为世界各国税制中普遍存在的一种现象。单纯的税制性双重征税，一般只能是发生在一国范围以内，而不致扩展到国际的范围。

法律性双重征税，是指由于法律上对同一纳税人采取不同征税权力原则所造成的重复征税，具体地讲就是由于不同税收管辖权的重叠所引起的双重征税。由此发生的双重征税，必然进入国际的范围，成为国际重复征税的一种类型。

经济性双重征税是对不同纳税人的同一税源征税所引起的。典型的例子是对股份公司和股东个人的征税。股份公司作为法人和股东个人作为自然人，是分属不同经济实体的纳税人。对股份公司实现的利润征收公司所得税，当股份公司将其税后利润以股息的形式分配给股东个人时，股东个人还需缴纳一道个人所得税，这就是典型的对同一税源（公司所得）的不同纳税人（股份公司和股东个人）经济性双重征税，这种双重征税，不同纳税人可能共处在同一国家，也可能是分处在两个或两个以上不同的国家。如果是前者，那么，由此发生的双重征税，将局限于一个国家的范围内；如果是后者，那么，由此发生的双重征税，就势必超出一国而进入国际的范围，成为国际重复征税的又一种类型。

综上所述，我们可以对国际双重征税的概念做如下定义：

所谓国际双重征税，是指两个或两个以上国家的不同课税权主体，对同一或不同跨国纳税人的同一征税对象或税源所进行的重复征税，一般包括法律性国际双重征税和经济性国际双重征税这两种类型。

（三）约束税收管辖权的国际规范

由于经济发展水平的差异，大多数国家在同时选择地域管辖权和居民（公民）管辖权的情况下，各国在具体行使征税权时各有侧重。发达国家强调居民（公民）管辖权，而发展中国家正好相反，在强调地域管辖权的同时，兼行居民管辖权。这样，在国际税收领域，必然引发这样一种结果：同一所得，可能同时被两个国家认定为所得来源国，都要行使地域管辖权优先征税，从而导致同一种地域管辖权的重叠，引发国际双重征税。同样，由于各国居民（公民）认定标准的不同，会使同一纳税人可能同时成为两个或两个以上国家税法认定的居民（公民）纳税人，从而导致同一种居民（公民）管辖权的重叠，引起国际双重征税。

对这种由于同一种税收管辖权的重叠导致的国际双重征税，在国际社会不可能统一各国的国内法的条件下，只能通过制定一些国际规范以约束各国的税收管辖权，防止这两类国际双重征税的发生。

1. 约束居民（公民）管辖权的国际规范

各国政府一般依据国籍、住所和居住时间判定自然人的居民（公民）身份；依据注册登记地、管理机构所在地、总机构所在地等标准判定法人的居民（公民）身份；这些不同标准的采用往往导致双重居民身份，从而出现同一种居民管辖权的重叠。

为了解决自然人双重居民身份问题，国际税收范本规定有如下顺序选择的规范性条款。①永久性住所；②重要的利益中心；③习惯性住所；④国籍；⑤协商解决。

如果一个跨国法人纳税人同时成为两个国家的居民纳税人，国际规范约束应认定它的实际有效管理机构所在国为居住国，并由这个居住国向它行使居民（公司）管辖权征税。如果此标准不能明确判定该法人的居民身份，应通过相互协商去解决。

2. 约束地域管辖权的国际规范

为了约束地域管辖权，国际规范针对各种不同所得的具体情况，分别就来源地和存在地的内涵，做出不同限制性的规范。

对跨国营业所得，国际规范约束应由常设机构所在国行使征税权；对跨国劳务所得中的独立个人劳务所得，约束应按固定基地标准、停留时间标准、所得支付地标准判定行使征税权；对跨国投资所得，国际规范主张对股息、利息、特许权使用费这三类收益的征税权由居住国与支付国共享；对跨国财产所得，若转让的项目是不动产，由不动产所在国行使征税权，若为动产，国际规范明确可以由该常设机构或固定基地所在的非居住国行使地域管辖权征税。

通过以上对跨国纳税人取得的各种所得来源地判定依据的规范，可以防止同一种地域管辖权的重叠引发的国际双重征税的发生。

第二节　国际重复征税的免除

国际重复征税不仅加重了纳税人的税收负担，违背了公平税负的原则，而且妨碍了生产要素如资本、技术、人才在国际间的自由流动，不利于世界经济的快速发展。因此，从它产生的那天起，各国政府和一些国际组织就致力于探索和寻求免除国际重复征税的方法。

一、法律性国际重复征税的免除

（一）法律性国际重复征税免除的概念

通过以上分析我们知道，在大多数国家普遍选择两种或两种以上不同税收管辖权的条件下，由于不同税收管辖权的重叠导致的国际重复征税必然会发生。出于免除国际重复征税的需要，各国政府最终形成这样的共识，在两种税收管辖权中，认定地域管辖权处于优先行使的地位，这样选择不仅合理，也是必须的。否则，国际重复征税的免除便无从谈起。

当然，优先并不等于独占，地域管辖权的优先地位，并不排斥纳税人的居住国行使居民（公民）管辖权。也就是在对本国居民（公民）的境外所得征税时，优先承认其向收入来源国缴纳的税收，即承认地域管辖权处于优先地位，并采用一定方法将这笔已向国外缴纳的税款予以免除，然后再对本国居民（公民）征税。因此，关于法律性国际重复征税免除的概念，可以表述如下：居住国（国籍国）政府通过承认非居住国（非国籍国）政府优先或独占行使地域管辖权，借以免除对本国居民（公民）来源或存在于非居住国（非国籍国）的跨国收益、所得或一般财产价值的重复征税。

国际重复征税的免除，不仅有利于使跨国纳税人的税收负担公平合理，妥善解决有关国家政府之间的财权利益关系，而且将推动世界范围内经济、贸易和技术合作的顺利开展。

（二）法律性国际重复征税免除的方法

主要有三种方法：免税法，扣除法和抵免法。

1. 免税法

免税法又称豁免法，是指行使居民（公民）税收管辖权的国家，对本国居民（公民）来源或存在于非居住国（非国籍国）的跨国收益、所得或一般财产价值，在一定条件，放弃行使居民（公民）管辖权，免予征税。它是以承认非居住国（非国籍国）地域管辖权的独占为前提。显然，在免税法条件下，跨国纳税人的跨国所得只在所得来源国承担纳税义务，这就从根本上消除了因双重或多重税收管辖权的重叠而导致的国际重复征税。

在居住国对所得征税实行累进税率的情况下，由于税率选择的差异，免税法可分为全额免税法和累进免税法两种。（此内容更多的属于理论探讨的范畴，毕竟目前公司

税累进征收的国家少之又少）

（1）全额免税法是指居住国（国籍国）放弃居民（公民）税收管辖权，在对本国居民（公民）来源于国内的所得或财产课税时，完全不考虑其在国外的所得，仅依照国内所得额所确定的适用税率征税的方法。全额免税法的计算公式如下：

居住国应征所得税额 = 居民的国内所得按累进税率计算的税额

（2）累进免税法是指居住国（国籍国）政府对居民（公民）纳税人来源于国外的所得或财产虽然免予征税，但在确定应在本国纳税的所得或财产适用的税率时，仍需将免予征税的国外所得或财产考虑在内，即以国内、外总所得确定适用税率的方法。

累进免税法的计算公式如下：

居住国应征所得税额 = 居民的国内外总所得按累进税率计算的税额 $\times \dfrac{国内所得}{总所得}$

【例5-1】假定，甲国A公司在某一纳税年度内，国内、外总所得120万元，其中来自国内的所得70万元，来自国外分公司的所得50万元。居住国甲国实行超额累进税率。年所得50万元（含）以下，税率为30%，50—100万元，税率为35%。100万元以上部分，税率为40%。国外分公司所在国实行30%比例税率。要求用全额免税法和累进免税法分别计其应纳居住国政府的所得税。

全额免税法　A公司应纳甲国所得税 = 50×30% + 20×35% = 22万元

累进免税法　A公司应纳甲国所得税 = （50×30% + 50×35% + 20×40%）×70/120 = 23.625万元

从以上计算可以看出，运用免税法免除国际双重征税时，采用累进免税法使跨国纳税人负担的居住国的税额要多于全额免税法。这是由于居住国甲国的税收负担率高于非居住国，在累进免税法条件下，尽管仍只对境内所得征税，但由于依照境内外总所得确定的税率显然要高于依照境内所得所确定的税率，从而导致两种计算结果的差异。而在居住国的税收负担率与非居住国相等或低于后者的条件下，则居住国将不会发生多征或少征税款的问题。

2. 扣除法

扣除法就是居住国政府在行使居民管辖权征税时，允许本国居民用已缴非居住国政府的所得税或一般财产税税额，作为向本国政府汇总申报应税所得的一个扣除项目，就扣除后的余额计算征收所得税或一般财产税。

在扣除法下，居住国应征所得税或一般财产税的计算公式为：

应纳居住国所得税或一般财产税 = （境内所得 + 境外所得 - 已纳外国所得税额）
× 本国税率

从以上公式可以看出，扣除法只能降低国际双重征税的程度，它永远不可能完全免除跨国纳税人的国际重复征税。因为总有（境外所得 - 已纳外国所得税额）的部分要按本国税率再缴一道所得税。

正因为扣除法在免除国际双重征税不彻底，目前使用的国家很少。

3. 抵免法

所谓抵免法，就是居住国政府，允许本国居民在本国税法规定的限度内，用已缴非居住国政府的所得税和一般财产税税额，来抵免应汇总缴纳本国政府相应税额的一部分。

公式中允许抵免的税额是通过抵免限额与已纳外国所得税额的比较来确定的。由于抵免限额是居住国政府允许跨国纳税人抵免的已纳外国政府所得税额的最高限额，因此，在抵免方法下，居住国政府应征所得税或一般财产税税额的基本计算公式为：

应纳居住国所得税 =（境内所得 + 境外所得）×本国税率 − 允许抵免的税额

确定允许抵免的税额时，采用"两者相权取其小"的原则。

【例 5 - 2】假设居住国甲国 A 公司在一个纳税年度来源于境内的所得为 100 万元，来源于乙国分公司的所得额为 50 万元，已纳乙国的所得税额分别为①17.5 万元；②15 万元；③12.5 万元；甲国公司所得税税率为 30%，用抵免方法分别计算 A 公司应纳甲国的所得税额。

（1）抵免限额 = 50 × 30% = 15 万元

已纳乙国税额为 17.5 万元 > 15 万元

允许抵免的税额为 15 万元

A 公司应纳甲国的所得税额 =（100 + 50）× 30% − 15 = 30 万元

（2）允许抵免的税额为 15 万元

A 公司应纳甲国的所得税额 =（100 + 50）× 30% − 15 = 30 万元

（3）允许抵免的税额为 12.5 万元

A 公司应纳甲国的所得税额 =（100 + 50）× 30% − 12.5 = 32.5 万元

由以上简单的计算可以看出，抵免法在免除国际双重征税时，是以承认地域管辖权的优先为前提，并未放弃居民（公民）管辖权，但是抵免法只有在居住国税收负担率高于非居住时，才有实际的意义，即才能补征到税款；在（1）和（2）两种情况下，其居民管辖权的行使只有名义上的权利。

（三）直接抵免法和间接抵免法

抵免法按其使用范围的不同，可分为直接抵免法和间接抵免法，直接抵免法是法律性国际双重征税免除的一项重要方法，间接抵免法是经济性国际双重征税免除的重要方法。

1. 直接抵免方法的概念和适用范围

直接抵免法是指适用于同一经济实体的跨国纳税人的抵免方法。包括同一跨国自然人和同一跨国法人的总分支机构在内。一个跨国自然人基于地域管辖权向非居住国（非国籍国）政府所缴纳的所得税或一般财产税税额，当然可以直接用来抵免这个同一跨国自然人基于居民（公民）管辖权所应该汇总缴纳其居住国（国籍国）政府相应税额的一部分。道理很简单，他属于同一经济实体。就跨国法人来说，其分支机构已经向非居住国缴纳的所得税或一般财产税，是否可以直接抵免总机构应汇总缴纳居住国政府相应税额的一部分，答案同样是肯定的。因为总机构直接参与了分支机构的管理、控制和资本，表明它们是属于同一经济实体。

2. 与直接抵免法的计算有关的几个问题

（1）抵免限额中非居住收益、所得或一般财产价值的计算依据问题

抵免限额是指居住国政府在承认地域管辖权优先地位的前提下，行使其居民管辖权的象征。因此，为了维护居住国的税收利益，抵免限额中境外所得收益及一般财产价值的计算应以本国的税法规定为准。这是因为各国所得税制中在成本、费用、损失的扣除方面存在较大差异，导致其计算的应税所得额也必然不同。

（2）直接抵免法中的综合限额、分国限额和分项限额

如果一个跨国纳税人同时有来源于两个或两个以上非居住国的所得，其来源于某一非居住国的所得有超限额（已纳非居住国税额大于抵免限额的部分），而另一非居住国的所得有不足限额（抵免限额大于已纳非居住国税额的部分），那么，是否可以允许这个跨国纳税人用它的一国的不足限额，来冲抵另一国的超限额呢？关于这个问题，就要看居住国政府对直接抵免方法中抵免限额的计算是采取综合限额还是分国限额而定。可见，综合限额和分国限额都是在多国直接抵免下所提出来的问题。我国企业所得税法明确规定，该抵免限额应当分国（地区）不分项计算。

①综合限额法

综合限额法是指居住国政府对本国居民（公司）不同非居住国的所得汇总相加，按居住国税率计算出一个统一的抵免限额进行抵免的方法。计算公式如下：

$$综合抵免限额 = \frac{抵免前按全部所得计算的应纳居住国总税额} \times \frac{来自境外的应税所得总额}{全部应税所得}$$

此公式在居住国政府对所得征税采用比例税率时，可以简化为：

综合抵免限额 = 全部非居住国的所得总额 × 本国税率

②分国限额法

分国限额法是指居住国政府对本国居民（公司）来自每一个居住国的所得，分别计算各自的抵免限额方法。计算公式如下：

$$分国抵免限额 = \frac{抵免前按全部所得计算的应纳居住国总税额} \times \frac{来自某一非居住国的应税所得}{全部应税所得}$$

同样，在居住国对所得征税采用比例税率时，此公式可简化为：

分国抵免限额 = 某一非居住国的所得 × 本国税率

（3）直接抵免法的超限额年度结转

超限额的年度结转是指居住国政府对跨国纳税人发生在某一纳税年度的、由于超过抵免限额而未予抵免的已缴外国政府税额，允许在一定年限内与其他纳税年度的不足限额相互结转抵冲的做法。

目前，许多国家对超限额都允许跨期结转计算，只不过在结转方式、年限上存在差异。比如，我国和日本规定后转5年，而美国对跨国纳税人发生的超限额允许结转

的年限前转 2 年，后转 5 年。由于前转会涉及已补征税额的退库问题，只有在国家财力特别充裕的情况下才会采用，所以大多数国家都采用了后转。有一点需要说明，尽管我国企业所得税法也规定超限额可以后转 5 年，但在分国抵免法下，对纳税人而言，要实现超限额的弥补，无异于画饼充饥。

3. 税收饶让抵免

目前世界上许多国家，尤其是发展中国家，为了吸引外国资金和技术以发展本国经济，对跨国纳税人来源于本国境内的所得给予定期减免税的优惠，但是按照前述的普通抵免方法，各国准予其居民（公民）纳税人抵免的税额，必须是在有关外国已实际缴纳的税额，且不得超过抵免限额。这种做法，固然能使跨国纳税人的国际双重征税得到免除，但是，由于跨国纳税人从非居住国政府应该得到的税收减免优惠，在居住国政府给予抵免时，要补征到相当于居住国税法规定的税负水平，从而使得非居住国政府所给予的税收优惠措施，完全失去其实际意义。因此，非居住国政府要使自己的税收优惠措施能够真正加惠于纳税人，以起到引进资金和技术的激励作用，就必须要求居住国政府对这部分优惠减免的税收，视同已经缴纳给外国政府的税额而给予抵免。概括地说，所谓税收饶让抵免，就是居住国政府对跨国纳税人从非居住国得到减免的那部分税收，视同已经缴纳，给予抵免。税收饶让抵免是因抵免法所引发一个问题，由居住国政府以税收协定的形式承诺实施，以配合非居住国的税收优惠政策。饶让抵免的税额，在非居住国未实际缴纳，而且居住国也不予补征，因此有些人将税收饶让抵免称为"影子税收抵免"。

从因果关系上分析，非居住国政府主动放弃的这部分税额是专门给予跨国纳税人的，有了前面的放弃，才带来抵免方法下居住国政府随后补征的可能，所以，饶让抵免并不存在损害居住国居民管辖权的税收利益问题，也正因为如此，大多数国家都对非居住国提出的饶让抵免给予积极配合。比如，我国与英国、日本、德国、法国等国家签订的税收协定中，都达成了税收饶让抵免的协议。但也有一些发达国家对此持反对态度，例如美国。美国是反对实行税收饶让抵免的主要国家之一。美国反对实行税收饶让抵免的理由主要是：美国税制在一定程度上强调税收中性原则，对本国投资者在国内和国外的投资应给予相同的税收待遇。采用税收饶让就会背离税收中性原则，使境外投资的税负轻于国内投资的税负，结果会导致不适当的资本外流。

伴随着中国经济的高速发展，中国已经从单纯的税收饶让诉求国转变成既有诉求（对发达国家），又有施予（对发展中国家）的国家。

二、经济性国际重复征税的免除

（一）间接抵免法的概念

间接抵免方法是指适用于被同一经济渊源所联系起来的不同经济实体的跨国纳税人之间的抵免方法。

以最常见的跨国股东分红为例，它所涉及的股东，或为股东个人，或为股东公司。

如属后者，那么，在控股的条件下，这个股东公司就是母公司；这个被股东公司所投资的公司就是子公司。这种跨国的母子公司（包括子孙公司等）之间的关系，完全不同于我们在直接抵免方法中所讲的跨国的总机构与分支机构之间的关系。母公司与其控股的下层公司属不同经济实体，是各自独立的法人。下层公司将实现的所得在所在国纳税后，将税后利润按上层公司持股的比例以股息的形式分配给上层公司。当上层公司所在国将该公司从境外子公司取得的股息还原为税前所得，一并征收所得税时，必然引发经济性的国际双重征税。

需要特别指出的是，子公司实现的所得，不能认为全部属于母公司所有，那么子公司已纳所在国的所得税，当然也不能全部由母公司承担，母公司从下层公司获取的所得以及应承担的下层公司已纳税额必须以持有的下层公司股份的比例来间接推算，所以把适用于不同经济实体之间的税收抵免称为间接抵免。

我国 2008 年实施的新《企业所得税法》第 23 和 24 条明确规定，企业取得的下列所得，适用税额抵免的规定：

1. 居民企业来源于中国境外的应税所得。

2. 非居民企业在中国设立机构、场所，取得发生在中国境外但与该机构、场所有实际联系的应税所得。

3. 居民企业从其直接或间接控制的外国企业分得的来源于中国境外的股息、红利等权益性收益，外国企业在境外实际缴纳的所得税额中属于该项所得负担的部分，可以作为该居民企业的可抵免境外所得税额，在税法规定的抵免限额内抵免。

这里的直接控制是指居民企业直接持有外国企业 20% 以上的股份，间接控制是指居民企业以间接持股方式持有外国企业 20% 以上的股份，即股权的连乘积在 20% 以上。

以上内容是我国新企业所得税法对间接抵免的法律规定，表明自 2008 年开始，我国给予跨国纳税人间接抵免待遇，与国际惯例接轨。但从一层间接抵免和多层间接抵免在抵免时均应满足持股比例 20% 的要求来看，这个持股比例远高于西方发达国家。例如：美国税法规定，允许给予间接抵免的母、子公司，必须拥有其下属公司有表决权的股份不少于 10%；若属多层间接抵免，其股权的连乘积不少于 5%。

（二）间接抵免方法的计算

1. 一层间接抵免的计算

一层间接抵免，是指适用于母子公司中，领导层公司的第一层下层公司的税收抵免。

【例 5 - 3】甲国母公司 A 拥有设在乙国子公司 B 50% 的股份。母公司 A 在某纳税年度取得所得 40 万元，子公司 B 在乙国取得所得 20 万元，按 20% 的税率向乙国缴纳公司所得税 4 万元后，按股权比例向母公司支付股息 8 万元，甲国所得税税率是 40%，计算甲国政府应对母公司征收的所得税税额。按步骤计算如下：

（1）公司已缴所得税税额 $= 4 \times 50\% = 2$ 万元或 $4 \times \dfrac{8}{20 - 4} = 2$ 万元

（2）就并入领导层公司的下层公司所得额 = 10 万元 × $\dfrac{8}{1-20\%}$ 或 8 + 2 = 10 万元

（3）抵免限额 = 10 × 40% = 4 万元 > 2 万元

（4）允许间接抵免的子公司已缴税额 = 2 万元

（5）计算甲国应向母公司征收的所得税税额为：（40 + 10）× 40% – 2 = 18 万元

由于经济性国际双重征税的发生，往往伴随着法律性国际双重征税而同时产生，如上例中子公司 B 支付给母公司的股息 8 万元，乙国政府一般要以母公司为纳税人再征收一道预提所得税，母公司将收到的股息还原为税前所得征税时，必然同时发生了经济性国际双重征税和法律性国际双重征税。在这种情况下，计算母公司应纳居住国所得税时，允许抵免的税额如何确定？为了保证居住国的税收利益不受损失，应按如下方法计算：

接上例母公司从子公司获取的股息 8 万元，乙国对其征收预提税 0.8 万元。

抵免限额 4 万元 >（应由母公司承担的子公司已纳税额 2 万元 + 母公司已纳预提税 0.8 万元）

允许间接抵免和直接抵免的总税额为 2.8 万元。

母公司应纳甲国所得税 =（40 + 10）× 40% – 2.8 = 17.2 万元

2. 多层间接抵免的概念

在跨国公司中，除了母子两层关系的公司，还大量存在着多层控股关系的公司，如甲公司通过控股关系使乙公司成为其子公司，它又通过子公司控制丙公司的股票，而使丙公司成为乙公司的子公司。从而形成了多层的控股公司。对于这种多层的控股公司，由于相互间存在着控股关系，上一层公司从下一层公司中获得股息，同双层的母、子公司一样，存着重复征税，也应给予抵免。这种适用于多层公司的间接抵免，称为多层间接抵免。

不论是一层还是多层间接抵免，都是居住国政府尊重跨国纳税人利益的体现，是对税收公平的坚持。但是为了防止间接间抵免的任意扩大，许多国家除了前面所述持股比例的限定条件外，还有其他限定条件，如纳税人的范围限定为公司而非个人、税种的范围限定为所得税类等。

多层间接抵免的计算方法与一层间接抵免相似，在此不再举例。

第三节　国际避税与反避税

目前，国际避税和反避税已经成为国际税收领域最重要的研究课题，也是各国税收征管工作中的一个重要内容，它不仅关系到税收公平原则的有效贯彻、平衡市场对资源的合理配置、维护国际间正常的经贸往来，而且关系到各国政府的税收利益。通过对跨国纳税人国际避税方法的分析研究，以制定相应的反避税对策，已经成为国际社会和各国政府财税工作的重要议题。

一、国际避税

什么是国际避税？国际避税是如何发生的？这是国际避税研究首先涉及的基本问题。

（一）国际避税的概念

国际避税是指跨国纳税人利用各国税法规定的差别，采取变更其经营地点和经营方式等公开、合法手段，以谋求最大限度地减轻其国际纳税义务的行为。国际避税不同于国际逃税，虽然两者都是以减轻跨国纳税人税收负担为目的，都将导致有关国家财政收入的减少，但法律性质不同。国际避税是合乎税法的，而国际逃税则被认为是非法的。因此，对于国际避税，主要通过有关国家对国内税法和税收协定做出相应补充规定，以堵塞税法漏洞，一般不进行行政处罚；而对国际逃税，则可依据有关国家税法及相关规定，做出行政性处罚。

（二）国际避税产生的原因

国际避税作为跨国纳税人的避税行为，其产生有内在原因和外在原因。

1. 国际避税的内在原因

国际避税的内在原因即跨国纳税人的主观动机，那就是多数跨国纳税人都有通过避税以达到减轻税负、以增加利润的主观愿望。

2. 国际避税的外在原因

国际避税的外在原因，也可称为客观原因，主要是各国税收制度、征管水平的差异，以及国家之间进行协作所存在的困难，从而为跨国纳税人国际避税创造了条件。跨国纳税人国际避税的客观原因主要可归纳为以下几方面：①税收管辖权选择差异；②税收制度差异；③税收管理和税法实施上的差异；④各国采用的免除双重征税方法的差异；⑤各国对避税的态度和采用的反避税方法的差异。

（三）国际避税的主要手段

跨国纳税人的避税方式不外乎以下几种：通过人的移动、物的移动或者两者结合使用以达到避税的目的。具体讲有以下几种手段或方法：

1. 利用关联企业之间的转让定价实现转移利润，以规避或减轻其纳税义务。

2. 滥用国际税收协定获取不当利益。

3. 利用信托方式转移财产以逃避居住国的所得税和财产税。

4. 通过资本弱化手法以扩大税前扣除逃避所得税。

5. 通过选择有利的公司组织形式，即在子公司和分支机构之间做出恰当的选择，以回避或减轻其纳税义务。

6. 通过移居避免成为高税国的居民，以摆脱高税国居民管辖权的约束。

7. 利用国际避税地避税。跨国纳税人可以依据自身经营的特点及避税的目标，通过在避税地设立中介控股公司、中介贸易公司、中介金融公司、中介权利许可公司等以回避或减轻其纳税义务。

二、国际反避税

国际避税虽是合法的，但对国际资源配置、公平税负带来不利影响，并影响有关国家的税收收入。因此，各国政府都从维护税收权益出发，采取了强化单边反避税立法、加强税务行政管理、双边和多边税收协作等措施来防止国际避税。

（一）反避税立法

制定反避税法主要是将有关避税行为和反避税措施列入税法，通过法律规范来防止国际避税行为的发生，并为反避税提供法律依据。它的主要内容可概括为：

1. 制定反避税条款

将避税行为和反避税措施以法律条款形式表现出来。例如针对跨国纳税人普遍采用的转让定价转移利润，许多国家都都出台了相应的对转让定价进行调整的法规。

2. 规定纳税人负有报告举证义务

为了便于税务机关能及时了解掌握纳税人的有关情况，并对有关税收问题做出合理的判断，各国在税法条款中规定跨国纳税人负有向居住国（国籍国）税务机关事前提供有关税收情况的义务，事后向税务机关提供事实证据的义务，以有利于税务机关依法合理征税，并对税务案例做出公证、合理的判断。

3. 规定税务机关有调整纳税义务的权力

为了维护国家权益，在跨国纳税人发生不符合国家法律规定的避税行为时，税务机关有权强制性调整跨国税人的纳税义务，补征税款。

（二）税务行政管理

反避税立法为反避税提供了法律依据，而反避税立法的实施还必须通过税务行政管理。税务行政管理包括跨国税人的税务申报制度、税款征收制度、帐务票证管理制度等正常的税收征管制度，并通过税务调查、税务审计来查处和纠正不符合法律规定的避税行为。在税务行政管理中，要注意争取税务公证部门、公证人员的协作配合以及银行部门的协作配合。

（三）双边或多边税收协作

由于国际避税至少要涉及两个国家，仅靠一个国家单边的反避税立法和税务行政管理是不够的。因此，需要在有关国家之间签订反避税的税收协定，并加强在税务管理上的国际协作。

1. 签订反避税的国际税收协定

通过在有关国家之间签订双边或多边反避税的国际税收协定，主要是为了减少和消除国际避税行为的发生，并为国家实施反避税措施以争取国际协调和合作。例如，有关国家同实行避税地政策的国家或地区通过签订反避税税收协定，可以对利用在避税地组建从事中间业务的公司来享受税收优惠的避税行为制定相应的对策措施；也可以出于对关联企业转让定价的调整，同有关国家取得协调。因为对一个关联企业转让定价的税收调整涉及对另一国政府对关联企业相应的税收调整，而这种税收调整如果没有取得有关国家的协作，往往难以实施。

2. 交换税收情报

有关国家之间，在双边或多边税收协定中明确规定缔约双方或各方有相互提供税收情报的义务，缔约各方之间交换税收情报，有利于各个国家及时了解、掌握跨国纳税人的纳税和避税情况，并为相关国家之间及时采取反避税行动提供信息保证。

关键术语

国际税收 国际双重征税 税收管辖权 属人原则 属地原则 法律性双重征税 经济性双重征税 免税法 抵免法 国际避税与反避税 转让定价 避税港 关联企业

思考题

1. 何为国际税收？简述它与国家税收的关系。

2. 对目前理论界广义国际税收和狭义国际税收两种不同的观点，你如何理解？

3. 国际双重征税产生的原因是什么？如何免除？

4. 目前世界各国采取的反避税措施主要有哪些？

第六章
增 值 税

增值税是流转税的主要税种，也是我国现行税制的第一大税种。1994 年我国税制改革时，参照国际通行的做法，建立了一个以规范化增值税为核心，与消费税、营业税、关税互相协调配套的流转税制。2009 年 1 月 1 日起，我国实行了生产型增值税到消费型增值税的转型。2012 年 1 月 1 日起，我国在部分服务行业和部分地区进行营改增的试点。2016 年 5 月 1 日，我国开始全面实施营改增，营业税退出历史舞台，增值税制度更加规范。本章主要知识点包括：增值税和增值额的概念与特征；增值税的产生和发展；增值税的类型；我国现行增值税纳税人、征税对象、税率等制度规定；增值税应纳税额、出口退税额的计算等。本章重点是增值税销项税额和进项税额的确定，难点是进项税额的确认和出口退税额的计算。

第一节　增值税概述

一、增值税的概念及计税原理

（一）增值税的概念
增值税是以单位和个人在生产经营过程中取得的增值额为课税对象征收的一种税。
（二）增值额的概念
增值额是指企业或个人在生产经营过程中新创造的价值或商品的附加值，相当于 $V + M$ 部分。
对增值额有以下理解：
1. 就某一个生产单位而言，增值额是这个单位的商品销售额或经营收入额扣除规定的非增值项目后的余额。
增值额 = 商品销售额 − 非增值项目（购进额）
2. 就一项商品生产的全过程而言，增值额是指该商品从生产到流通各个环节的增值额之和，也相当于该商品最终销售时的销售额。
增值额 = 各环节增值额之和 = 最终商品销售额
假定一个商品的生产全过程如表 6 − 1 所示：

表 6 – 1　商品生产全过程　　　　　　　　　　　　单位：元

生产经营环节	采购额	销售额	增值额	备　注
原材料采购	0	30	30	假定：1. 原材料采购环节为零。
半成品生产	30	70	40	2. 上环节产品全部被下环
成品生产	70	100	30	节买进。
合　计			100	

通过表 6 – 1 可以得出结论：

增值税是对本环节新创造的未税价值（增值额）征税。上述一个商品的增值额等于各环节增值额之和（100 元），也等于最终商品销售额（100 元）。

（三）增值税计税原理

增值税的计算方法有两种，一种是直接计算法，即先计算出生产经营过程中的增值额，然后用增值额乘以适用税率得出应纳增值税额。其计算公式为：增值税 = 增值额 × 税率。另一种是间接计算法，又称扣税法，即用当期的销售额乘以增值税税率计算出当期销项税额，然后扣除外购项目已纳税款，即进项税额，得出当期应纳增值税额。其计算公式为：增值税 = 销项税额 – 进项税额。在各国税收实践中，因增值额计算过程较为复杂，所以普遍采用间接计算法。

二、增值税的产生与发展

（一）增值税的产生

增值税是以生产经营过程中新创造的价值额为依据而计算征收的一种流转税。按增值额计税的设想，最初是由美国耶鲁大学教授亚当斯和德国商人西门子博士于第一次世界大战结束后提出的，但他们的建议最初并未得到官方的认可和支持，直到 1954 年，法国才开始试行增值税。1968 年，法国将增值税的范围从原来的工业和商业批发环节进一步扩大到商业零售环节及大部分服务行业，甚至农民自产自销的初级农产品也可以根据自愿原则申报缴纳增值税，这标志着增值税走向成熟阶段。

（二）增值税的发展

自法国实行增值税制以后，其他国家纷纷仿效，形成了世界范围的增值税热潮，经过 50 多年的逐步完善和发展，增值税制度本身在相当广阔的范围内获得了统一和规范。为了协调欧洲经济共同体国家间因税制不同所造成的经济矛盾，消除各国之间在国际贸易上的不平等地位，真正实现共同商品的自由流通和经济的一体化，欧共体国家理事会从 1967 年到 1985 年，一共颁发了 20 号指令，向全体成员国提出实现增值税的建议以及协调和统一共同体内各式各样增值税的办法。随后欧洲其他一些国家以及非洲和拉丁美洲的一些国家为改善自己在国际贸易中的竞争条件也实行了增值税，亚洲国家自 20 世纪 70 年代后期开始推行增值税。到 2015 年，世界上已有 170 多个国家和地区实行了增值税。增值税的统一和规范，不仅顺应了国际区域内经济一体化的需要，也符合增值税本身内在要求和发展的必然趋势。可以说，增值税的实行范围由产制和进口环节扩大到批发、零售直至大部分服务环节，税款扣除范围由购入的原材料扩大到购置的固定资产等投资性支出项目，税率由多档次向单一档次过渡，这都是为了解决增值税在实行过程中所遇到的矛盾，从而反映了增值税制进一步完善的方向和趋势。

（三）我国增值税的建立和发展

我国现行的增值税是在借鉴国外成功经验的基础上，经过几十年的不断探索而逐步形成的。早在1979年，国家税务总局决定在湖北襄樊市实行增值税的试点，而后试点地区扩大到上海、广西的柳州、湖南的长沙和株洲、山东的青岛、辽宁的沈阳和陕西的西安等市。1984年，在总结试点城市经验的基础上，国务院正式颁布了《中华人民共和国增值税暂行条例》，将机器机械、钢材钢坯、自行车、缝纫机、电风扇及其零配件等12类商品纳入增值税的范围，对其他商品则征收产品税。当时对增值税实行扣额法和扣税法两种计税方法，税率为6%至16%共5个档次。以后又对增值税进行了多次改革。1994年的税制改革对增值税制进行了较为彻底的重新构造，具体表现为以下四方面：第一，将增值税的范围扩大到所有货物的销售和进口环节，以及加工、修理修配劳务；第二，实行价外计税的办法，以不含增值税的价格为计税依据，使成本、价格和利润均不含增值税因素，从而能够较真实地反映企业的经营业绩；第三，实行凭增值税专用发票注明的税款进行抵扣的制度，在计算本环节销售货物和提供劳务的应纳税款时，允许将购进货物和应税劳务的已纳税款予以扣除，即实行所谓发票扣税法，从而较好地解决重复征税的矛盾；第四，减少税率档次简化计税办法，由改革前8%至45%共12个档次减为17%的基本税率和13%的优惠税率两档，同时对不符合条件的纳税人（即小规模纳税人）按固定比例的征收率，实行简易计税办法。

2009年1月1日起，我国实行增值税转型，主要内容有：第一，由生产型转为消费型；第二，小规模纳税人的征收率统一调整为3%；第三，补充农产品和运费的扣除率，取消三来以补进口设备的免税规定；第四，延长纳税期限和缴款期限，由10日延长至15日；第五，与企业生产无关的自用消费品（小汽车、游艇）所含进项税额，不得予以抵扣。

为进一步完善税收制度，支持现代服务业发展，2011年10月26日国务院常务会议决定开展深化增值税制度改革试点。2011年，经国务院批准，财政部、国家税务总局联合下发营业税改增值税试点方案。从2012年1月1日起，在上海交通运输业和部分现代服务业开展营业税改征增值税试点。2012年8月1日至2012年12月31日，国务院扩大营改增试点至10省市，由上海市分批扩大至北京、天津、江苏、浙江、安徽、福建、湖北、广东和厦门、深圳10个省（直辖市、计划单列市）；内容上新增了广播影视作品的制作、发行、播放试点行业。2013年8月1日开始面向全国，随即，营业税改正增值税政策进入一个实质性阶段。2014年1月1日，国务院将铁路运输和邮政服务业纳入营业税改征增值税试点，至此交通运输业已全部纳入营改增范围。2014年6月1日，国务院将电信业纳入营业税改征增值税试点范围。2016年5月1日，国务院决定将试点范围扩大到建筑业、房地产业、金融业、生活服务业，并将所有企业新增不动产所含增值税纳入抵扣范围，确保所有行业税负只减不增，全面实施营改增，营业税退出历史舞台，增值税制度更加规范。这是自1994年分税制改革以来，财税体制的又一次深刻变革。

三、增值税的特点及优点

（一）增值税的特点

增值税是商品税的一种形式，除具有商品税的一般共性外（对象的普遍性、依据的灵活性、从价比例税率、征管简便、转嫁容易、累退和隐蔽），又具有其自身的特殊性。从大多数已实行增值税国家的制度分析，现实中的增值税一般具有以下三个特点：

1. 以增值额为课税对象

从征税对象看，无论各国的法定增值额有多大的差别，增值税都是以增值额而不是以销售全额为课税对象。以增值额为课税对象是增值税的最基本的特点，否则，就不属于增值税。

2. 实行普遍征税

从征税范围看，增值税依据普遍征税原则，对从事商品生产经营和劳务提供的所有单位和个人征税。虽然各国的征税范围有宽有窄，但增值税的这一基本特点使它至少不是只局限于对少数商品或劳务征税。

3. 实行多环节征税

从纳税环节看，增值税实行多环节征税，即在生产、批发、零售、劳务提供和进口等各个经营环节分别课税，而不是只在某一环节征税。

（二）增值税的优点

增值税同以收入全额为课税对象，在生产、批发、零售、进口多环节征收的周转税比较具有以下优点：

1. 消除重叠征税

周转税按全额实行多环节征税，因而形成重复征税或重叠征税，而且商品周转环节越多重叠征税的矛盾也就越突出。而增值税是按增值额征税，从而消除了重复征税，并且不会因商品周转环节变化而影响税负的变化，因此，税收负担比较合理。

2. 促进专业化协作

周转税由于存在重复征税、重叠征税，并且因商品周转环节的变化而影响商品税负的变化，使周转环节多的专业化协作企业生产的产品的税负重于周转环节少的非专业化协作企业生产的产品，从而限制了生产的专业化协作发展。而增值税不存在重复征税、重叠征税，也不因商品周转环节的变化而影响商品税负变化，使专业化协作企业和非专业化协作企业同等纳税，从而为生产的专业化协作发展消除了税收上的障碍。

3. 稳定财政收入

周转税由于商品周转环节的变化而影响商品税负的变化，为企业通过改变协作生产、减少周转环节进行合法避税提供了可能，从而使财政收入失去了稳定性和可靠性。而增值税既不会因经济结构的变化而影响财政收入的变化，也不会因生产组织方式的变化而影响财政收入的变化，使财政收入比较稳定。

4. 激励国际贸易

周转税按全额征税，并因商品周转环节的变化而影响商品税负的变化，在商品出口时因难以核算该商品已纳税额而无法按实际已纳税额退税，因此，一般只退该商品最后一道环节税。而增值税是按增值额征税，各环节已纳增值税等同于按最终销售额计算的总体税负，因而，可以在商品出口时把各环节已纳税款全部退还给企业使出口商品实行彻底退税，从而促进对外贸易的发展。

5. 减少税收扭曲

周转税由于按全额、多环节、差别税率征收，使税收直接渗透于生产、流转过程。从积极意义上看，在市场缺陷或计划价格下，周转税能发挥配合价格、调节产销供求的积极作用。从消极意义上看，在市场经济有效运行的情况下，则干预市场经济的正常运行。增值税由于按增值额、多环节、相对单一税率征收，使税收保持"中性"，减少了税收对经济的干预，在市场有效运行情况下，减少税收对经济扭曲；但在市场缺陷情况下，也较难起到促进资源配置的调节作用。

6. 强化税收制约

周转税只按销售额征税，各企业纳税是独立的，没有相互间的税收制约关系。而增值税是按增值额征税，采用税收抵扣的方法，即每一道生产流转环节征税取决于本生产流转环节的销售税额，以及前道生产流转环节的销售税额，在实行凭发票抵扣税款的情况下，就形成了各道生产流转环节企业之间的税收制约，健全了税款核算制度。

增值税是一种新型的商品税，同传统的周转税比较，具有许多优点，但也有它的局限性。主要是征收管理比较复杂，征收成本费用比较高，需要严格完整的会计和核算制度，因而增加了推行增值税制的难度。

四、增值税的类型、实施范围

（一）增值税的类型

目前实施增值税的各国对企业外购原材料、燃料、动力、低值易耗品等已纳税金，在计算增值税时，允许一次扣除，但对固定资产已纳税金是否给予扣除，各国做法不一。这就产生了增值税的三种类型，即消费型、收入型和生产型。

1. 消费型增值税

（1）定义：计算增值税时除允许扣除外购原材料、燃料、动力、低值易耗品提等已纳税金外，还允许扣除固定资产已纳税金。

（2）优缺点：优点是有利于投资的尽快收回，有利于鼓励投资，有利于提高资本的有机构成；缺点是不利于保证财政收入，消费型增值税适用于发达国家，因为其财力雄厚。

2. 收入型增值税

（1）定义：计算增值税时除允许扣除外购原材料、燃料、动力、低值易耗品等已纳税金外，还允许扣除固定资产折旧，最后相当于对 V + M 征税。

（2）优缺点：收入型增值税既能鼓励投资（比生产型），又能保证财政收入（比消费型）。收入型增值税适用于发达国家，因为其财力雄厚。

3. 生产型增值税

（1）定义：在计算增值税时只允许扣除外购原材料、燃料、动力、低值易耗品等已纳税金。即相当于对国民生产总值征税。

（2）优缺点：优点是有利于保证财政收入，有利于劳动密集型企业；缺点是不利于鼓励投资，不利于投资回收，不利于技术密集型企业。生产型增值税适用于发展中国家。

（二）增值税的实施范围

增值税的实施范围，从世界各国情况来看，可以归纳为局部实行和全面实行两种类型。

1. 局部实行

（1）在工业制造环节实行。法国 20 世纪 50 年代实行增值税，是以工业环节为起点的。欧共体国家相继实行，也是始于工业环节。一些发展中国家，如菲律宾、巴西和一些非洲国家的增值税，只限于在工业环节征收。主要原因是工业生产协作环节较多，重复征税的矛盾突出，需要先解决工业生产中重复征税所产生的税负不平的问题，以利于生产向专业化协作方向发展。实行增值税的初期，以工业环节为起点，便于摸索经验，逐步推广。

（2）在工业制造环节和商业批发环节实行。有些国家实行增值税，从工业制造环节，向前延伸到商业批发环节，如非洲国家马达加斯加等。这主要是考虑，除工业生产环节存在重复征税外，商业批发经营环节也比较多，税收负担随商品流转环节多少变化，以致产生税负不平。所以增值税延伸到商业批发环节，可以避免因税负不平而影响商品合理流转的问题。

（3）在工业生产、商业批发和零售环节以及服务业实行。有些国家的增值税，除在工业生产环节和商业批发环节实行外，还继续向前延伸到商业零售环节；智利、秘鲁、墨西哥等国的增值税，则进一步向前延伸到服务业。

2. 全面实行

欧共体国家实行的增值税，其实行范围不仅包括工业环节，而且向前延伸到商业批发、零售环节和服务业，还向后延伸至农业环节。这主要是因为这些国家农业生产的商品化和社会化程度高，资本有机构成也比较高，实行阶梯式流转税，重复征税的因素比较重。

我国增值税的范围属于局部实行中的第三种。

第二节 增值税的征税范围

一、增值税的征税对象

增值税征税对象是中华人民共和国境内销售货物或者提供加工、修理修配劳务，销售服务、无形资产或者不动产，以及进口货物的增值额。增值税的征税范围覆盖第一产业、第二产业和第三产业。

（一）销售货物

"货物"是指有形动产，包括电力、热力和气体在内。销售货物是指有偿转让货物的所有权。"有偿"不仅指从购买方取得货币，还包括取得货物或其他经济利益。

（二）提供加工和修理修配劳务

"加工"是指接收来料承做货物，加工后的货物所有权仍属于委托者的业务，即通常所说的委托加工业务。"委托加工业务"是指由委托方提供原料及主要材料，受托方按照委托方的要求制造货物并收取加工费的业务。"修理修配"是指受托对损伤和丧失功能的货物进行修复，使其恢复原状和功能的业务。这里的"提供加工和修理修配劳务"都是指有偿提供加工和修理修配劳务。但单位或个体工商户聘用的员工为本单位或雇主提供加工、修理修配劳务则不包括在内。

（三）销售服务

销售服务，是指提供交通运输服务、邮政服务、电信服务、建筑服务、金融服务、现代服务、生活服务。

1. 交通运输服务

交通运输服务，是指使用运输工具将货物或者旅客送达目的地，使其空间位置得到转移的业务活动。包括陆路运输服务、水路运输服务、航空运输服务和管道运输服务。

2. 邮政服务

邮政服务，是指中国邮政集团公司及其所属邮政企业提供邮件寄递、邮政汇兑和机要通信等邮政基本服务的业务活动。包括邮政普遍服务、邮政特殊服务和其他邮政服务。

3. 电信服务

电信服务，是指利用有线、无线的电磁系统或者光电系统等各种通信网络资源，提供语音通话服务，传送、发射、接收或者应用图像、短信等电子数据和信息的业务活动。包括基础电信服务和增值电信服务。

4. 建筑服务

建筑服务，是指各类建筑物、构筑物及其附属设施的建造、修缮、装饰，线路、管道、设备、设施等的安装以及其他工程作业的业务活动。包括工程服务、安装服务、修缮服务、装饰服务和其他建筑服务。

5. 金融服务

金融服务，是指经营金融保险的业务活动。包括贷款服务、直接收费金融服务、保险服务和金融商品转让。

6. 现代服务

现代服务，是指围绕制造业、文化产业、现代物流产业等提供技术性、知识性服务的业务活动。包括研发和技术服务、信息技术服务、文化创意服务、物流辅助服务、租赁服务、鉴证咨询服务、广播影视服务、商务辅助服务和其他现代服务。

7. 生活服务

生活服务，是指为满足城乡居民日常生活需求提供的各类服务活动。包括文化体育服务、教育医疗服务、旅游娱乐服务、餐饮住宿服务、居民日常服务和其他生活服务。

（四）销售无形资产

销售无形资产，是指有偿转让无形资产，是转让无形资产所有权或者使用权的业务活动。

无形资产，是指不具实物形态，但能带来经济利益的资产，包括技术、商标、著作权、商誉、自然资源使用权和其他权益性无形资产。

技术，包括专利技术和非专利技术。

自然资源使用权，包括土地使用权、海域使用权、探矿权、采矿权、取水权和其他自然资源使用权。

其他权益性无形资产，包括基础设施资产经营权、公共事业特许权、配额、经营权（包括特许经营权、连锁经营权、其他经营权）、经销权、分销权、代理权、会员权、席位权、网络游戏虚拟道具、域名、名称权、肖像权、冠名权、转会费等。

（五）销售不动产

销售不动产，是指有偿转让不动产，是转让不动产所有权的业务活动。

不动产，是指不能移动或者移动后会引起性质、形状改变的财产，包括建筑物、构筑物等。建筑物，包括住宅、商业营业用房、办公楼等可供居住、工作或者进行其他活动的建造物。构筑物，包括道路、桥梁、隧道、水坝等建造物。

转让建筑物有限产权或者永久使用权的，转让在建的建筑物或者构筑物所有权的，以及在转让建筑物或者构筑物时一并转让其所占土地的使用权的，按照销售不动产缴纳增值税。

（六）进口货物

进口货物是指申报进入我国海关境内的货物。确定一项货物是否属于进口货物，必须看其是否办理了报关进口手续。通常，境外产品要输入境内，必须向我国海关申报进口，并办理有关报关手续。只要是报关进口的应税货物，均属于增值税征税范围，在进口环节缴纳增值税（享受免税政策的货物除外）。

（七）相关政策

1. 非营业活动的界定

销售服务、无形资产或者不动产，是指有偿提供服务、有偿转让无形资产或者不动产，但属于下列非经营活动的情形除外：

（1）行政单位收取的同时满足以下条件的政府性基金或者行政事业性收费：

由国务院或者财政部批准设立的政府性基金，由国务院或者省级人民政府及其财政、价格主管部门批准设立的行政事业性收费；

收取时开具省级以上（含省级）财政部门监（印）制的财政票据；

所收款项全额上缴财政。

（2）单位或者个体工商户聘用的员工为本单位或者雇主提供取得工资的服务。

（3）单位或者个体工商户为员工提供应税服务。

（4）财政部和国家税务总局规定的其他情形。

2. 境内销售服务或无形资产的界定

在境内销售服务或无形资产，是指销售服务或无形资产的提供方或者接受方在境内。下列情形不属于在境内提供销售服务或无形资产：

（1）境外单位或者个人向境内单位或者个人销售完全在境外发生的服务。

（2）境外单位或者个人向境内单位或者个人销售完全在境外使用的无形资产。

（3）境外单位或者个人向境内单位或者个人出租完全在境外使用的有形动产。

（4）财政部和国家税务总局规定的其他情形。

二、对视同销售的征税规定

单位或个体工商户的下列行为，视同销售货物或服务，征收增值税：

（一）将货物交付其他单位或者个人代销。

（二）销售代销货物。

（三）设有两个以上机构并实行统一核算的纳税人，将货物从一个机构移送其他机构用于销售，但相关机构设在同一县（市）的除外。

用于销售，是指售货机构发生以下情形之一的经营行为：

向购货方开具发票；

向购货方收取货款。

售货机构的货物移送行为有上述两项情形之一的，应当向所在地税务机关缴纳增值税；未发生上述两项情形的，则应由总机构统一缴纳增值税。

如果售货机构只就部分货物向购买方开具发票或收取货款，则应当区别不同情况计算并分别向总机构所在地或分支机构所在地税务机关缴纳税款。

（四）将自产或委托加工的货物用于在建工程。

（五）将自产或委托加工的货物用于集体福利或个人消费。

（六）将自产、委托加工或购进的货物作为投资，提供给其他单位或个体工商户。

（七）将自产、委托加工或购进的货物分配给股东或投资者。

（八）将自产、委托加工或购进的货物无偿赠送给其他单位或者个人。

（九）向其他单位或者个人无偿提供服务，但用于公益事业或者以社会公众为对象的除外。

（十）向其他单位或者个人无偿转让无形资产或者不动产，但用于公益事业或者以社会公众为对象的除外。

财政部和国家税务总局规定的其他情形。

三、对混合销售行为和兼营的征税规定

（一）混合销售行为与兼营行为的异同

混合销售是指一项销售行为既涉及货物又涉及服务。兼营是指纳税人的经营范围既包括销售货物和加工修理修配劳务，又包括销售服务、无形资产或者不动产，但是，销售货物、提供加工修理修配劳务和销售服务、无形资产或者不动产不同时发生在同一项销售行为中。

混合销售与兼营，两者有相同的方面，又有明显的区别。相同点是：两种行为的经营范围都有销售货物和提供劳务这两类经营项目。区别是混合销售强调的是在同一项销售行为中存在着两类经营项目的混合，销售货款及劳务价款是同时从一个购买方取得的；兼营强调的是在同一纳税人的经营活动中存在着两类经营项目，但这两类经营项目不是在同一项销售行为中发生。

（二）税务处理

1. 混合销售行为

混合销售的纳税主要原则是按"经营主业"划分，分别按照"销售货物"或"销售服务"征收增值税。具体规定：从事货物的生产、批发或者零售的单位和个体工商户的混合销售行为，按照销售货物缴纳增值税；其他单位和个体工商户的混合销售行为，按照销售服务缴纳增值税。从事货物的生产、批发或者零售的单位和个体工商户，包括以从事货物的生产、批发或者零售为主，并兼营销售服务的单位和个体工商户在内。

2. 兼营行为

兼营的纳税原则是分别核算、分别按照适用税率征收增值税；对兼营行为不分别核算的，从高适用税率征收增值税。具体规定：纳税人销售货物、加工修理修配劳务、服务、无形资产或者不动产适用不同税率或者征收率的，应当分别核算适用不同税率或者征收率的销售额，未分别核算销售额的，从高适用税率。

第三节　增值税的纳税人和税率

一、增值税纳税人与扣缴义务人的基本规定

（一）纳税人

凡在中华人民共和国境内销售货物或者提供加工、修理修配劳务、销售服务、无形资产或者不动产，以及进口货物的单位和个人，为增值税的纳税人。

单位是指一切从事销售或进口货物、提供应税劳务，销售应税服务、无形资产或不动产的单位，包括企业、行政单位、事业单位、军事单位、社会团体及其他单位。

个人是指从事销售或进口货物、提供应税劳务，销售应税服务、无形资产或不动产的个人，包括个体工商户和其他个人。

单位租赁或承包给其他单位或者个人经营的，以承租人或承包人为纳税人。

对报关进口的货物，以进口货物的收货人或办理报关手续的单位和个人为进口货物的纳税人。对代理进口货物，以海关开具的完税凭证上的纳税人为增值税纳税人。即对报关进口货物，凡是海关的完税凭证开具给委托方的，对代理方不征增值税；凡是海关的完税凭证开具给代理方的，对代理方应按规定征收增值税。

（二）扣缴义务人

中华人民共和国境外（以下简称境外）单位或者个人在境内销售服务、无形资产或者不动产，在境内未设有经营机构的，其应纳税款以境内代理人为扣缴义务人；在境内没有代理人的，以购买方为增值税扣缴义务人。财政部和国家税务总局另有规定的除外。

在中华人民共和国境内（以下简称境内）销售货物或提供加工、修理修配劳务是指销售货物的起运地或所在地在境内；提供的应税劳务发生地在境内。

在境内销售服务、无形资产或者不动产，是指：

1. 服务（租赁不动产除外）或者无形资产（自然资源使用权除外）的销售方或者购买方在境内；

2. 所销售或者租赁的不动产在境内；

3. 所销售自然资源使用权的自然资源在境内；

4. 财政部和国家税务总局规定的其他情形。

二、增值税纳税人的分类

现行增值税制度是以纳税人年应税销售额的大小，会计核算健全是指能够按照国家统一的会计制度规定设置账簿，根据合法、有效凭证核算。

（一）规模标准

以生产经营规模为标准，将增值税的纳税人分为：一般纳税人和小规模纳税人。

凡是以货物生产或提供应税劳务为主的，年应税销售额在 50 万元以下的纳税人，或者以货物批发或零售为主的，年应税销售额在 80 万元以下的纳税人，或者以销售服务、无形资产或不动产为主的，年应税销售额在 500 万元以下的纳税人，均为小规模纳税人，反之则为一般纳税人。

（二）核算标准

如果企业规模达不到一般纳税人标准，但只要会计核算健全，即能够按照会计制度和税务机关的要求准确核算销项税额、进项税额和应纳税额，并能提供准确的税务资料的，经主管税务机关批准，可以被认定为一般纳税人；个体经营者符合上述条件的，经国家税务总局直属分局批准，也可以被认定为一般纳税人。纳税人一经认定为一般纳税人后，不得转为小规模纳税人。

（三）其他标准

如果规模达到一般纳税人标准，但个人、非企业性单位和不经常发生应税行为的企业，应视同小规模纳税人纳税。纳税人总分支机构实行统一核算，其总机构年应税销售额超过规定标准，但分支机构年应税销售额未超过规定标准的，其分支机构可以申请办理一般纳税人手续。新开业的小规模企业，如果当年应税销售额超过规定标准的，可在次年申请认定为一般纳税人；新开业的符合一般纳税人条件的企业，如果预计其年应税销售额超过规定标准的，应在办理税务登记的同时暂时认定为一般纳税人，其开业后的实际年应税销售额未超过规定标准的，应重新申请办理认定手续。

三、增值税的税率

（一）税率的设计原则

我国增值税税率的设计原则，是根据经济发展情况，借鉴世界上大多数国家的经验而确定的，具体为：

1. 持续原则

增值税基本税率的设计，是以原产品税 14% 的平均税率为基础，变更为价外税后经过换算为 17%，体现了税制改革的延续性和平稳性，同时也使大多数纳数人都有能力负担，减少新税制实施的阻力，有利于经济的稳定发展。

2. 中性与简化原则

按照税制改革的总体构架，增值税是进行普遍调节的税种，因此，增值税的税率设计不宜过高，以起中性调节作用。同时，为进行普遍调节，税率的档次不宜过多，应对原来的多档次税率进行简化。

3. 差距适度原则

考虑到各个行业货物、劳务的性质及盈利水平，增值税设计了适度的差别税率。同时较低档次税率与基本税率的差距保持适度，不宜过大，以免出现增值税实施过程中的"高征低扣"和"低征高扣"现象。

4. 按货物品种确定税率原则

基本税率和低税率的适用范围按货物品种或服务行业确定，不按流转环节划定。低档次税率在生产流通各环节均适用。

（二）基本税率

纳税人销售或者进口货物，除列举的外，税率均为17%；提供加工、修理修配劳务和应税服务，除适用低档次税率范围外，税率也为17%。

（三）低档次税率

纳税人销售或者进口列举货物适用税率为13%，包括：农业产品、食用植物油、自来水、暖气、热水、冷气、煤气、石油液化气、天然气、沼气、居民用煤炭制品、图书、报纸、杂志、饲料、化肥、农药、农膜、农机、食用盐、音像制品、电子出版物、二甲醚等。

提供交通运输业服务、邮政、基础电信、建筑、不动产租赁服务，销售不动产，转让土地使用权，税率为11%。

提供现代服务业服务（有形动产和不动产租赁除外）、增值电信服务、金融服务、生活服务、销售无形资产（转让土地使用权除外），税率为6%。

（四）零税率

出口货物、劳务或者境内单位和个人发生的跨境应税行为，税率为零。

表6-2为现行增值税税目税率表。

表6-2　增值税税目税率表

税	目	具体税率
销售或进口货物	货物（列举货物除外）	17%
	列举货物：农业产品、食用植物油、自来水、暖气、热水、冷气、煤气、石油液化气、天然气、沼气、居民用煤炭制品、图书、报纸、杂志、饲料、化肥、农药、农膜、农机、食用盐、音像制品、电子出版物、二甲醚等	13%
加工、修理修配劳务		17%
交通运输服务		11%
邮政服务		11%
电信服务	基础电信服务	11%
	增值电信服务	6%
建筑服务		11%
金融服务		6%

税　　目		具体税率
现代服务		6%
	有形动产融资租赁、经营租赁服务	17%
	不动产融资租赁、经营租赁服务	11%
生活服务		6%
销售无形资产		6%
	转让土地使用权	11%
销售不动产		11%
出口货物、劳务或者境内单位和个人发生的跨境应税行为		0%

四、征收率

小规模纳税人增值税征收率为 3%。一般纳税人按简易办法征收的项目，征收率为 3%。部分不动产销售和租赁行为、劳务派遣适用简易计税差额的征收率为 5%。征收率的调整，由国务院决定。

小规模纳税人（除其他个人外，下同）销售自己使用过的固定资产，减按 2% 的征收率征收增值税，并且只能开具普通发票，不得由税务机关代开增值税专用发票。

小规模纳税人销售自己使用过的除固定资产以外的物品，应按 3% 的征收率征收增值税。

纳税人销售旧货，按照简易办法依照 3% 征收率减按 2% 征收增值税。

第四节　增值税的税收优惠

一、免税项目

（一）法定免税项目

1. 农业生产单位和个人销售的自产初级农业产品。

2. 避孕药品和用具。

3. 向社会收购的古旧图书。

4. 直接用于科学研究、科学试验和教学的进口仪器、设备。

5. 外国政府、国际组织无偿援助的进口物资和设备。

6. 由残疾人组织直接进口供残疾人专用的物品。

7. 个人（不包括个体经营者）销售自己使用过的某些物品，但不包括游艇、摩托车和应征消费税的汽车等。

8. 企业生产的黄金。

9. 国有粮食购销企业销售的粮食，其他粮食企业经营的军队粮食、救济救灾粮、水库移民粮等，政府销售的储备食用植物油。

10. 农膜及批发和零售的种子、种苗、化肥、农药、农机免征增值税；化肥、农药生产企业生产的国家规定的若干种化肥、农药免征增值税。

11. 军队、公安和司法部门所属企业和一般企业生产的规定的军警用品。

12. 个体残疾劳动者提供的加工和修理、修配劳务。

13. 符合国家规定的利用废渣生产的建材产品。

14. 对高校后勤实体为高校师生食堂提供的粮食、食用植物油、蔬菜、肉、禽、蛋、调味品和食堂餐具。

15. 国家批准的电影制片厂销售的电影拷贝收入。

16. 对非营利性医疗机构自产自用的制剂，免征增值税；对盈利性医疗机构自产自用的制剂，自取得执业登记日起 3 年内，免征增值税。

17. 校办企业生产的，用于本校教学、科研方面的应税货物。

18. 对血站供应给医疗机构的临床用血。

19. 托儿所、幼儿园提供的保育和教育服务。

20. 养老机构提供的养老服务。

21. 残疾人福利机构提供的育养服务。

22. 婚姻介绍服务。

23. 殡葬服务。

24. 残疾人员本人为社会提供的服务。

25. 医疗机构提供的医疗服务。

26. 从事学历教育的学校提供的教育服务。

27. 学生勤工俭学提供的服务。

28. 农业机耕、排灌、病虫害防治、植物保护、农牧保险以及相关技术培训业务，家禽、牲畜、水生动物的配种和疾病防治。

29. 纪念馆、博物馆、文化馆、文物保护单位管理机构、美术馆、展览馆、书画院、图书馆自己的场所提供文化体育服务取得的第一道门票收入。

30. 寺院、宫观、清真寺和教堂举办文化、宗教活动的门票收入。

31. 个人转让著作权。

32. 个人销售自建自用住房。

33. 2018 年 12 月 31 日前，公共租赁住房经营管理单位出租公共租赁住房。

34. 纳税人提供的直接或者间接国际货物运输代理服务。

35. 下列利息收入。

（1）2016 年 12 月 31 日前，金融机构农户小额贷款。

（2）国家助学贷款。

（3）国债、地方政府债。

（4）人民银行对金融机构的贷款。

（5）住房公积金管理中心用住房公积金在指定的委托银行发放的个人住房贷款。

（6）外汇管理部门在从事国家外汇储备经营过程中，委托金融机构发放的外汇贷款。

36. 保险公司开办的一年期以上人身保险产品取得的保费收入。

37. 个人从事金融商品转让业务。

38. 金融同业往来利息收入。

39. 纳税人提供技术转让、技术开发和与之相关的技术咨询、技术服务。

40. 政府举办的从事学历教育的高等、中等和初等学校（不含下属单位），举办进修班、培训班取得的全部归该学校所有的收入。

41. 政府举办的职业学校设立的主要为在校学生提供实习场所，并由学校出资自办、由学校负责经营管理、经营收入归学校所有的企业，从事《销售服务、无形资产或者不动产注释》中"现代服务"（不含融资租赁服务、广告服务和其他现代服务）、"生活服务"（不含文化体育服务、其他生活服务和桑拿、氧吧）业务活动取得的收入。

42. 家政服务企业由员工制家政服务员提供家政服务取得的收入。

43. 福利彩票、体育彩票的发行收入。

44. 军队空余房产租赁收入。

45. 为了配合国家住房制度改革，企业、行政事业单位按房改成本价、标准价出售住房取得的收入。

46. 将土地使用权转让给农业生产者用于农业生产。

47. 涉及家庭财产分割的个人无偿转让不动产、土地使用权。

家庭财产分割，包括下列情形：离婚财产分割；无偿赠与配偶、父母、子女、祖父母、外祖父母、孙子女、外孙子女、兄弟姐妹；无偿赠与对其承担直接抚养或者赡养义务的抚养人或者赡养人；房屋产权所有人死亡，法定继承人、遗嘱继承人或者受遗赠人依法取得房屋产权。

48. 土地所有者出让土地使用权和土地使用者将土地使用权归还给土地所有者。

49. 县级以上地方人民政府或自然资源行政主管部门出让、转让或收回自然资源使用权（不含土地使用权）。

（二）其他相关政策

1. 金融企业发放贷款后，自结息日起90天内发生的应收未收利息按现行规定缴纳增值税，自结息日起90天后发生的应收未收利息暂不缴纳增值税，待实际收到利息时按规定缴纳增值税。

金融企业，是指银行（包括国有、集体、股份制、合资、外资银行以及其他所有制形式的银行）、城市信用社、农村信用社、信托投资公司、财务公司。

2. 个人将购买不足2年的住房对外销售的，按照5%的征收率全额缴纳增值税；个人将购买2年以上（含2年）的住房对外销售的，免征增值税。上述政策适用于北京市、上海市、广州市和深圳市之外的地区。

个人将购买不足 2 年的住房对外销售的，按照 5% 的征收率全额缴纳增值税；个人将购买 2 年以上（含 2 年）的非普通住房对外销售的，以销售收入减去购买住房价款后的差额按照 5% 的征收率缴纳增值税；个人将购买 2 年以上（含 2 年）的普通住房对外销售的，免征增值税。上述政策仅适用于北京市、上海市、广州市和深圳市。

3. 自 2016 年 5 月 1 日起，对增值税小规模纳税人中月销售额未达到 2 万元的企业或非企业性单位，免征增值税。2017 年 12 月 31 日前，对月销售额 2 万元（含本数）至 3 万元的增值税小规模纳税人，免征增值税。

4. 纳税人兼营免税、减税项目的，应当分别核算免税、减税项目的销售额；未分别核算的，不得免税、减税。

二、增值税的其他优惠政策

（一）先征后退、即征即退、先征后返的优惠政策

1. 对下列出版物，实行增值税先征后退办法：中国共产党和各民主党派的机关报和机关刊物；各级人民政府的机关报和机关刊物；各级人大、政协、工会、共青团、妇联组织的机关报和机关刊物；新华通讯社的机关报和机关刊物；军事部门的机关报和机关刊物；大中小学的学生课本和专为少年儿童出版发行的报纸和刊物。

2. 对一般纳税人销售其自行开发生产的软件产品，按 17% 税率征收增值税后，对其增值税实际税负超过 3% 的部分实行即征即退的政策。

3. 企业以三剩物和次小薪材为原料生产加工的综合利用产品，实行增值税即征即退 80% 的政策。

4. 一般纳税人提供管道运输服务，对其增值税实际税负超过 3% 的部分实行增值税即征即退政策。

5. 经人民银行、银监会或者商务部批准从事融资租赁业务的试点纳税人中的一般纳税人，提供有形动产融资租赁服务和有形动产融资性售后回租服务，对其增值税实际税负超过 3% 的部分实行增值税即征即退政策。商务部授权的省级商务主管部门和国家经济技术开发区批准的从事融资租赁业务和融资性售后回租业务的试点纳税人中的一般纳税人，2016 年 5 月 1 日后实收资本达到 1.7 亿元的，从达到标准的当月起按照上述规定执行；2016 年 5 月 1 日后实收资本未达到 1.7 亿元但注册资本达到 1.7 亿元的，在 2016 年 7 月 31 日前仍可按照上述规定执行，2016 年 8 月 1 日后开展的有形动产融资租赁业务和有形动产融资性售后回租业务不得按照上述规定执行。

增值税实际税负，是指纳税人当期销售货物和应税服务实际缴纳的增值税额占纳税人当期销售货物和应税服务取得的全部价款和价外费用的比例。

（二）增值税的起征点规定

对个人销售额未达到规定起征点的，免征增值税。增值税起征点的适用范围限于个人，不包括认定为一般纳税人的个体工商户。

增值税起征点的幅度规定如下：

1. 销售货物的，为月销售额 5000—20000 元。

2. 销售应税劳务的，为月营业额 5000—20000 元。

3. 按次纳税的，为每次（日）销售额 300—500 元。

起征点的调整由财政部和国家税务总局规定。省、自治区、直辖市财政厅（局）和国家税务局应当在规定的幅度内，根据实际情况确定本地区适用的起征点，并报财政部和国家税务总局备案。

第五节 增值税的计算

我国增值税的计算有四种情况：一般纳税人应纳税额的计算、小规模纳税人应纳税额的计算、进口商品应纳税额的计算和出口退税额的计算。

增值税的计税方法，包括一般计税方法、简易计税方法和扣缴计税方法。

一、增值税一般纳税人应纳税额的计算

增值税一般纳税人销售货物、提供劳务，销售应税服务、无形资产或者不动产，采用一般计税方法计税缴纳增值税，即采用国际上通行的购进扣税法。当期应纳增值税额的大小取决于当期销项税额和当期进项税额，其应纳税额等于当期销项税额抵扣当期进项税额后的余额。应纳税额计算公式：

当期应纳增值税额 = 当期销项税额 − 当期进项税额

当期销项税额小于当期进项税额不足抵扣时，其不足部分可以结转下期继续抵扣。

（一）销项税额

纳税人销售货物、提供应税劳务，销售服务、无形资产或者不动产，按照销售额和税法规定的税率计算并向购买方收取的增值税额，为销项税额。其计算公式如下：

销项税额 = 销售额 × 税率

1. 销售额的一般规定

在增值税税率一定的情况下，计算销项税额的关键在于正确、合理地确定销售额。

销售额是纳税人销售货物、提供劳务，销售应税服务、无形资产或者不动产而向购买方收取的全部价款和价外费用，但是不包括收取的销项税额。具体来说，应税销售额包括以下内容：

（1）向购买方收取的全部价款。

（2）向购买方收取的各种价外费用。具体包括手续费、补贴、基金、集资费、返还利润、奖励费、违约金、延期付款利息、滞纳金、赔偿金、包装费、包装物租金、储备费、优质费、运输装卸费、代收款项、代垫款项及其他各种性质的价外收费。上述价外费用无论其会计制度如何核算，都应并入销售额计税。但上述价外费用不包括以下费用：

①受托加工应征消费税的货物，而由受托方向委托方代收代缴的消费税。这是因为代收代缴消费税只是受托方履行法定义务的一种行为，此项税金虽然构成委托加工货物售价的一部分，但它同受托方的加工业务及其收取的应税加工费没有内在关联。

②同时符合以下两个条件的代垫运费：承运部门的运费发票开具给购买方，并且由纳税人将该项发票转交给购买方的。在这种情况下，纳税人仅仅是为购货人代办运输业务，而未从中收取额外费用。

③同时符合以下条件代为收取的政府性基金或者行政事业性收费：由国务院或者财政部批准设立的政府性基金，由国务院或者省级人民政府及其财政、价格主管部门批准设立的行政事业性收费；收取时开具省级以上（含省级）财政部门监（印）制的财政票据；所收款项全额上缴财政。

④销售货物的同时代办保险等而向购买方收取的保险费，以及向购买方收取的代购买方缴纳的车辆购置税、车辆牌照费。

纳税人销售货物和提供应税劳务时向购买方收取的各种价外费用均要并入计税销售额计算征税。纳税人向购买方收取的价外费用和包装物押金，应视为含税收入，在并入销售额征税时，应将其换算为不含税收入再并入销售额征税。

2. 特殊销售方式的销售额

（1）以折扣方式销售货物

纳税人采取折扣方式销售货物，如果销售额和折扣额在同一张发票上分别注明，可以按折扣后的销售额征收增值税；如果将折扣额另开发票，不论其在财务上如何处理，均不得从销售额中减除折扣额。

（2）以旧换新方式销售货物

以旧换新销售，是纳税人在销售过程中，折价收回同类旧货物，并以折价款部分冲减货物价款的一种销售方式。纳税人采取以旧换新方式销售货物的（金银首饰除外），应按新货物的同期销售价格确定销售额。

（3）还本销售方式销售货物

还本销售，指销货方将货物出售之后，按约定的时间，一次或分次将购货款部分或全部退还给购货方，退还的货款即为还本支出。纳税人采取还本销售货物的，不得从销售额中减除还本支出。

（4）采取以物易物方式销售

以物易物是一种较为特殊的购销活动，是指购销双方不是以货币结算，而是以同等价款的货物相互结算，实现货物购销的一种方式。以物易物双方都应作购销处理，以各自发出的货物核算销售额并计算销项税额，以各自收到的货物核算购货额并计算进项税额。需要强调的是，在以物易物活动中，双方应各自开具合法的票据，必须计算销项税额，但如果收到货物不能取得相应的增值税专用发票或者其他增值税扣税凭证，不得抵扣进项税额。

（5）直销企业增值税销售额确定

　　直销企业的经营模式主要有两种：一是直销员按照批发价向直销企业购买货物，再按照零售价向消费者销售货物。二是直销员仅起到中介介绍作用，直销企业按照零售价向直销员介绍的消费者销售货物，并另外向直销员支付报酬。根据直销企业的经营模式，直销企业增值税的销售额的确定分以下两种：

　　①直销企业先将货物销售给直销员，直销员再将货物销售给消费者的，直销企业的销售额为其向直销员收取的全部价款和价外费用。直销员将货物销售给消费者时，应按照现行规定缴纳增值税。

　　②直销企业通过直销员向消费者销售货物，直接向消费者收取货款，直销企业的销售额为其向消费者收取的全部价款和价外费用。

　　（6）包装物押金计税问题

　　纳税人为销售货物而出租出借包装物收取的押金，单独记账的、时间在1年内、又未过期的，不并入销售额征税；但对逾期未收回不再退还的包装物押金，应按所包装货物的适用税率计算纳税。

　　对销售除啤酒、黄酒以外的其他酒类产品收取的包装物押金，无论是否返还以及会计上如何核算，均应并入当期销售额征税。

　　（7）其他认定

　　①贷款服务，以提供贷款服务取得的全部利息及利息性质的收入为销售额。

　　②直接收费金融服务，以提供直接收费金融服务收取的手续费、佣金、酬金、管理费、服务费、经手费、开户费、过户费、结算费、转托管费等各类费用为销售额。

　　③金融商品转让，按照卖出价扣除买入价后的余额为销售额。

　　转让金融商品出现的正负差，按盈亏相抵后的余额为销售额。若相抵后出现负差，可结转下一纳税期与下期转让金融商品销售额相抵，但年末时仍出现负差的，不得转入下一个会计年度。

　　金融商品的买入价，可以选择按照加权平均法或者移动加权平均法进行核算，选择后36个月内不得变更。

　　金融商品转让，不得开具增值税专用发票。

　　④经纪代理服务，以取得的全部价款和价外费用，扣除向委托方收取并代为支付的政府性基金或者行政事业性收费后的余额为销售额。向委托方收取的政府性基金或者行政事业性收费，不得开具增值税专用发票。

　　⑤融资租赁和融资性售后回租业务。

　　经人民银行、银监会或者商务部批准从事融资租赁业务的试点纳税人，提供融资租赁服务，以取得的全部价款和价外费用，扣除支付的借款利息（包括外汇借款和人民币借款利息）、发行债券利息和车辆购置税后的余额为销售额。

　　经人民银行、银监会或者商务部批准从事融资租赁业务的试点纳税人，提供融资性售后回租服务，以取得的全部价款和价外费用（不含本金），扣除对外支付的借款利息（包括外汇借款和人民币借款利息）、发行债券利息后的余额作为销售额。

⑥航空运输企业的销售额，不包括代收的机场建设费和代售其他航空运输企业客票而代收转付的价款。

⑦房地产开发企业中的一般纳税人销售其开发的房地产项目（选择简易计税方法的房地产老项目除外），以取得的全部价款和价外费用，扣除受让土地时向政府部门支付的土地价款后的余额为销售额。

房地产老项目，是指《建筑工程施工许可证》注明的合同开工日期在 2016 年 4 月 30 日前的房地产项目。

⑧一般纳税人跨县（市）提供建筑服务，适用一般计税方法计税的，应以取得的全部价款和价外费用为销售额计算应纳税额。纳税人应以取得的全部价款和价外费用扣除支付的分包款后的余额，按照 2%的预征率在建筑服务发生地预缴税款。

⑨一般纳税人销售其 2016 年 5 月 1 日后取得（不含自建）的不动产，应适用一般计税方法，以取得的全部价款和价外费用为销售额计算应纳税额。纳税人应以取得的全部价款和价外费用减去该项不动产购置原价或者取得不动产时的作价后的余额，按照 5%的预征率在不动产所在地预缴税款。

⑩一般纳税人销售其 2016 年 5 月 1 日后自建的不动产，应适用一般计税方法，以取得的全部价款和价外费用为销售额计算应纳税额。纳税人应以取得的全部价款和价外费用，按照 5%的预征率在不动产所在地预缴税款。

⑪一般纳税人出租其 2016 年 5 月 1 日后取得的、与机构所在地不在同一县（市）的不动产，应按照 3%的预征率在不动产所在地预缴税款。

⑫一般纳税人销售其 2016 年 4 月 30 日前取得的不动产（不含自建），适用一般计税方法计税的，以取得的全部价款和价外费用为销售额计算应纳税额。上述纳税人应以取得的全部价款和价外费用减去该项不动产购置原价或者取得不动产时的作价后的余额，按照 5%的预征率在不动产所在地预缴税款。

⑬房地产开发企业中的一般纳税人销售房地产老项目，以及一般纳税人出租其 2016 年 4 月 30 日前取得的不动产，适用一般计税方法计税的，应以取得的全部价款和价外费用，按照 3%的预征率在不动产所在地预缴税款。

⑭一般纳税人销售其 2016 年 4 月 30 日前自建的不动产，适用一般计税方法计税的，应以取得的全部价款和价外费用为销售额计算应纳税额。纳税人应以取得的全部价款和价外费用，按照 5%的预征率在不动产所在地预缴税款。

3. 视同销售行为销售额的确定

由于视同销售行为一般不以资金形式反映出来，因而会出现视同销售而无销售额的情况。另外，有时纳税人销售价格明显偏低且无正当理由。在上述情况下，主管税务机关有权按照下列顺序核定其计税销售额：

（1）按纳税人最近时期同类货物、服务、无形资产或者不动产的平均销售价格确定。

（2）按其他纳税人最近时期同类货物、服务、无形资产或者不动产的平均销售价格确定。

（3）用以上两种方法均不能确定其销售额的情况下，可按组成计税价格确定销售额。公式为：

组成计税价格 = 成本 + 利润

= 成本 × （1 + 成本利润率）

属于应征消费税的货物，其组成计税价格应加计消费税税额。计算公式为：

组成计税价格 = 成本 + 利润 + 消费税税额

或：组成计税价格 = （成本 + 利润）/ （1 - 消费税税率）

= 成本 × （1 + 成本利润率）/ （1 - 消费税税率）

式中，"成本"分为两种情况：属于销售自产货物的为实际生产成本；属于销售外购货物的为实际采购成本。

"成本利润率"为10%。但属于应从价定率征收消费税的货物，其组成计税价格公式中的成本利润率，为《消费税若干具体问题的规定》中规定的成本利润率。

4. 含税销售额的换算

现行增值税实行价外税，即纳税人向购买方销售货物、应税劳务、服务、无形资产或者不动产所收取的价款中不应包含增值税税款，价款和税款在增值税专用发票上分别注明。若为含税销售额应换算成不含税销售额，作为增值税的税基。其换算公式如下：

不含税销售额 = 含税销售额/ （1 + 税率）

（二）进项税额

进项税额，是指纳税人购进货物、劳务、服务、无形资产或者不动产，随同买价一起支付或者负担的增值税额。纳税人发生的进项税额可分为准予抵扣和不准抵扣两种情况。

1. 准予从销项税额中抵扣的进项税额

（1）从销售方或提供方取得的增值税专用发票上注明的增值税额（含税控机动车销售统一发票，下同）。

（2）从海关取得的海关进口增值税专用缴款书上注明的增值税额。

（3）购进免税农产品，按照农产品收购发票或者销售发票上注明的农产品买价和13%的扣除率计算的进项税额。纳税人向小规模纳税人购买的农产品，也可视为免税农产品。计算公式为：

进项税额 = 买价 × 扣除率

买价包括纳税人购进农产品在农产品收购发票或者销售发票上注明的价款和按规定缴纳的烟叶税。烟叶收购单位收购烟叶时按照国家有关规定以现金形式直接补贴烟农的生产投入补贴（以下简称价外补贴），属于农产品买价，为"价款"的一部分。烟叶收购单位，应将价外补贴与烟叶收购价格在同一张农产品收购发票或者销售发票上分别注明，否则，价外补贴不得计算增值税进项税额进行抵扣。

（4）不动产进项税额的抵扣。

①适用一般计税方法的试点纳税人，2016年5月1日后取得并在会计制度上按固定资产核算的不动产或者2016年5月1日后取得的不动产在建工程，其进项税额应自取得之日起分2年从销项税额中抵扣，第一年抵扣比例为60%，第二年抵扣比例为40%。

取得不动产，包括以直接购买、接受捐赠、接受投资入股、自建以及抵债等各种形式取得不动产，不包括房地产开发企业自行开发的房地产项目。

融资租入的不动产以及在施工现场修建的临时建筑物、构筑物，其进项税额不适用上述分2年抵扣的规定。

②不得抵扣且未抵扣进项税额的固定资产、无形资产、不动产，发生用途改变，用于允许抵扣进项税额的应税项目，可在用途改变的次月按照下列公式计算可以抵扣的进项税额：

可以抵扣的进项税额＝固定资产、无形资产、不动产净值／（1＋适用税率）
　　　　　　　　　×适用税率

上述可以抵扣的进项税额应取得合法有效的增值税扣税凭证。

③纳税人接受贷款服务向贷款方支付的与该笔贷款直接相关的投融资顾问费、手续费、咨询费等费用，其进项税额不得从销项税额中抵扣。

（5）从境外单位或者个人购进服务、无形资产或者不动产，自税务机关或者扣缴义务人取得的解缴税款的完税凭证上注明的增值税额。

增值税扣税凭证，是指增值税专用发票、海关进口增值税专用缴款书、农产品收购发票、农产品销售发票和完税凭证。

2. 不得从销项税额中抵扣的进项税额

（1）用于简易计税方法计税项目、免征增值税项目、集体福利或者个人消费的购进货物、加工修理修配劳务、服务、无形资产和不动产。其中涉及的固定资产、无形资产、不动产，仅指专用于上述项目的固定资产、无形资产（不包括其他权益性无形资产）、不动产。

纳税人的交际应酬消费属于个人消费。

（2）非正常损失的购进货物，以及相关的加工修理修配劳务和交通运输服务。

（3）非正常损失的在产品、产成品所耗用的购进货物（不包括固定资产）、加工修理修配劳务和交通运输服务。

（4）非正常损失的不动产，以及该不动产所耗用的购进货物、设计服务和建筑服务。

（5）非正常损失的不动产在建工程所耗用的购进货物、设计服务和建筑服务。

纳税人新建、改建、扩建、修缮、装饰不动产，均属于不动产在建工程。

（6）购进的旅客运输服务、贷款服务、餐饮服务、居民日常服务和娱乐服务。

（7）财政部和国家税务总局规定的其他情形。

上述第（4）项、第（5）项所称货物，是指构成不动产实体的材料和设备，包括建筑装饰材料和给排水、采暖、卫生、通风、照明、通讯、煤气、消防、中央空调、电梯、电气、智能化楼宇设备及配套设施。

不动产、无形资产的具体范围，按照《营业税改征增值税试点实施办法》所附的《销售服务、无形资产或者不动产注释》执行。

固定资产，是指使用期限超过 12 个月的机器、机械、运输工具以及其他与生产经营有关的设备、工具、器具等有形动产。

非正常损失，是指因管理不善造成货物被盗、丢失、霉烂变质，以及因违反法律法规造成货物或者不动产被依法没收、销毁、拆除的情形。

3. 进项税额的抵扣时间

（1）增值税专用发票

增值税一般纳税人取得的增值税专用发票（包括：《增值税专用发票》《货物运输业增值税专用发票》《机动车销售统一发票》），应在开具之日起 180 日内到税务机关办理认证，并在认证通过的次月申报期内，向主管税务机关申报抵扣进项税额。

（2）公路内河货物运输业统一发票

增值税一般纳税人取得的公路内河货物运输业统一发票，应在开具之日起 180 日内到税务机关办理认证，并在认证通过的次月申报期内，向主管税务机关申报抵扣进项税额。

（3）海关进口增值税专用缴款书

增值税一般纳税人取得的海关缴款书，应在开具之日起 180 日后的第一个纳税申报期结束以前，向主管税务机关申报抵扣进项税额。纳税人应根据申报抵扣的相关海关缴款书逐票填写《海关完税凭证抵扣清单》，在进行增值税纳税申报时，将《海关完税凭证抵扣清单》纸质资料和电子数据随同纳税申报表一并报送。

4. 销货退还或折让的税务处理

一般纳税人因销货退回或折让而还给购买方的增值税税额，应从发生销货退回或折让当期的销项税额中扣减；因进货退回或索取折让而收回的增值税税额，应从发生进货退出或折让当期的进项税额中扣减。如果购买方尚未付款并且未做账务处理，必须将原增值税专用发票联和税款抵扣联主动退还给销售方，按销售方重新开具的专用发票进行抵扣；如果购买方已经付款或虽未付款但已做账务处理因而专用发票无法退还的，购买方必须取得其当地主管税务机关开具的"进货退还或索取折让证明单"送交销售方，据此作为开具红字专用发票的合法凭据。购货方在收到销货方开具的增值税红字专用发票后，应将红字专用发票上注明的增值税额从当期进项税额中扣减。

（三）应纳税额的计算

销项税额和进项税额分别计算出来以后，按当期销项税额直接抵扣当期进项税额，即可计算出纳税人当期实际应纳的增值税额。在计算一般纳税人应纳税额时，除出口货物外，当期销项税额小于进项税额不足抵扣时，其不足部分可以结转下期继续抵扣，不采取退税方式。

【例 6-1】某锅炉厂（一般纳税人）当月实现销售额 60000 元，当月购进货物一批 20000 元，发票上注明税款为 3400 元，试计算该锅炉厂当月应纳增值税额为多少？

销项税额 = 60000×17% = 10200（元）

进项税额 = 3400（元）

应纳增值税额 = 10200 - 3400 = 6800（元）

【例 6-2】某商店为一般纳税人，某月取得含税销售收入 117 万元，进货 50 万元。发票上注明税款为 8.5 万元，计算本月该商店应纳增值税额为多少？

销项税额 = 117÷（1+17%）×17% = 17（万元）

进项税额 = 8.5（万元）

应纳增值税额 = 17 - 8.5 = 8.5（万元）

【例 6-3】某纺织厂（一般纳税人）当月销售货物取得销售额 40 万元，当月购进货物一批价值 10 万元，发票上注明税款为 1.7 万元，同时购进一部分免税农产品棉花做原料，买价 6 万元，计算该纺织厂当月应纳增值税额为多少？

销项税额 = 40×17% = 6.8（万元）

进项税额 = 1.7 + 6×13% = 2.48（万元）

应纳增值税额 = 6.8 - 2.48 = 4.32（万元）

【例 6-4】某印染厂（一般纳税人）某月接受一批委托加工业务，印染一批丝绸，收取加工费 30000 元，代垫辅料的进项税额为 1000 元，计算该印刷厂应纳增值税额为多少？

销项税额 = 30000×17% = 5100（元）

进项税额 = 1000（元）

应纳增值税额 = 5100 - 1000 = 4100（元）

【例 6-5】八一钢厂某月发生下列经济业务：

（1）购入钢坯 80 万元；购入工卡具等低值易耗品 4 万元；购入煤炭 600 吨，每吨买价 150 元；支付电费 2.3 万元，其中 0.5 万元用于福利方面，其余均用于生产应税产品。

（2）销售各种钢材实现销售额 242 万元，；自制线材 10 吨，用于本企业基本建设工程，按出厂价每吨计 2 万元；向某贸易公司收取延期付款利息 0.56 万元。

以上各项均有增值税专用发票，增值税税率为 17%。计算该厂本月应纳的增值税。

销项税额 = ［242 + 20 + 0.56/（1+17%）］×17%

＝ 44.6214（万元）

进项税额 = （80 + 4 + 9 + 2.3 - 0.5）×17% = 16.116（万元）

应纳增值税额 = 44.6214 - 16.116 = 28.5054（万元）

【例 6-6】某商业企业为增值税一般纳税人，2016 年 3 月采用分批收款方式批发商品，合同规定不含税销售总金额为 300 万元，本月收回 50% 货款，其余货款于 4 月

10 日前收回。由于购货方资金紧张，本月实际收回不含税销售额 100 万元；零售商品实际取得销售收入 228 万元，其中包括以旧换新方式销售商品实际取得收入 50 万元，收购的旧货作价 6 万元；购进商品取得增值税专用发票，支付价款 180.3 万元、增值税 30.651 万元；从一般纳税人购进的货物发生非正常损失，账面成本 4 万元。计算该企业 3 月应纳增值税（本月取得的相关发票均在本月认证并抵扣）。

该企业采用分期收款方式销售货物，纳税义务发生时间是合同规定的收款日期当天。由于实际收到的货款小于合同规定本月应收回的货款，因此应按照合同规定的本月应收回的货款计算销项税额。采用以旧换新方式销售货物，按照新货物的销售额计算销项税额，旧货的收购价格不得从销售额中扣减。

销项税额 ＝ ［150 ＋（228 ＋6）／（1 ＋17%）］ ×17% ＝59.5（万元）

从一般纳税人购进货物发生非正常损失，不得抵扣进项税额。

准予抵扣的进项税额 ＝30.651 －4 ×17% ＝29.971（万元）

应纳增值税 ＝59.5 －29.971 ＝29.529（万元）

【例 6 －7】西安市某生产企业为增值税一般纳税人，适用增值税税率 17%，2016 年 5 月份的有关生产经营业务如下：

（1）销售甲产品给某大商场，开具增值税专用发票，取得不含税销售额 80 万元。

（2）销售乙产品，开具普通发票，取得含税销售额 29.25 万元。

（3）将试制的一批应税新产品用于本企业基建工程，成本价为 20 万元，成本利润率为 10%，该新产品无同类产品市场销售价格。

（4）将产品一批无偿赠送，成本 1.5 万元，给某小规模纳税人作为赞助，该批产品同期售价为 2 万元。

（5）销售 2015 年 10 月份购进作为固定资产使用过的进口摩托车 5 辆，开具增值税专用发票，上面注明取得销售额每辆 1 万元。

（6）购进货物取得增值税专用发票，注明支付的货款为 60 万元，进项税额 10.2 万元；另外支付购货的运输费用 6 万元，取得运输公司开具的增值税专用发票。

（7）向农业生产者购进免税农产品一批，支付购进价 30 万元，支付给运输单位的运费 5 万元，取得相关的合法票据（专用发票）。本月下旬将购进的农产品的 20% 用于本企业职工福利。

以上相关票据均符合税法的规定，当月认证并抵扣。请计算该企业 5 月份应缴纳的增值税税额是多少？

销售甲产品的销项税额 ＝80 ×17% ＝13.6（万元）

销售乙产品的销项税额 ＝29.25 ÷（1 ＋17%） ×17% ＝4.25（万元）

自用新产品的销项税额 ＝20 ×（1 ＋10%） ×17% ＝3.74（万元）

视同销售的销项税额 ＝2 ×17% ＝0.34（万元）

该企业 5 月份的销售甲、乙产品和自用新产品的销项税额为 22.44 万元

销售使用过的摩托车应纳税额 ＝1 ×17% ×5 ＝0.85（万元）

外购货物应抵扣的进项税额 = $10.2 + 6 \times 11\% = 10.86$（万元）

外购免税农产品应抵扣的进项税额 = $(30 \times 13\% + 5 \times 11\%) \times (1 - 20\%) = 3.56$（万元）该企业 5 月外购货物和免税农产品应抵扣的进项税额为 14.42 万元

该企业 5 月份应缴纳的增值 = $13.6 + 4.25 + 3.74 + 0.34 + 0.85 - 10.86 - 3.56 = 8.36$（万元）

【例 6 – 8】甲货物运输企业为增值税一般纳税人，2016 年 10 月发生如下业务：

（1）取得货运收入，并且开具了增值税专用发票，价税合计 200 万元；收取价外收入 4 万元，开具增值税普通发票。

（2）与乙货运企业共同承接一项联运业务，收取全程不含税货运收入 75 万元，并全额开具了增值税专用发票，同时支付给乙货运企业（一般纳税人）联运运费，并取得乙货运企业开具的增值税专用发票，发票注明价款 30 万元。

当月购进 5 辆运输用的卡车，取得增值税专用发票注明的不含税金额为 55 万元；购进一辆办公自用的小轿车，取得机动车统一销售发票上注明的价税合计金额 23.4 万元。

（4）将部分自有车辆对外出租，取得租金开具增值税专用发票注明不含税租金 6 万元。

（5）当月一辆运营货车需要修理，取得汽车修理厂开具的增值税专用发票上注明维修费 1.8 万元。

（6）因保管不善，上月从一般纳税人企业购进的一批零部件丢失，该批零部件账面成本 2 万元，其中运费成本 0.3 万元（当地一般纳税人运输企业提供运输服务），进项税额均已于上月抵扣。

要求：根据上述资料，按顺序计算回答问题：

（1）计算该企业本月销项税额；

（2）计算该企业本月应转出的进项税；

（3）计算本月准予抵扣的进项税额合计；

（4）计算该企业本月应纳增值税。

（1）本月销项税额 = $(200 + 4) \div (1 + 11\%) \times 11\% + 75 \times 11\% + 6 \times 17\% = 29.49$（万元）

（2）本月应转出的进项税 = $(2 - 0.3) \times 17\% + 0.3 \times 11\% = 0.32$（万元）

（3）本月准予抵扣的进项税额合计 = $30 \times 11\% + 55 \times 17\% + 23.4 \div (1 + 17\%) \times 17\% + 1.8 \times 17\% = 3.3 + 12.75 + 0.306 = 16.36$（万元）

（4）本月应纳增值税 = $29.49 - (16.36 - 0.32) = 13.45$（万元）

二、增值税小规模纳税人应纳税额的计算

（一）应纳税额的计算公式

小规模纳税人销售货物或提供应税劳务和服务，按简易方法计算，即按销售额和

规定征收率计算应纳税额，不得抵扣进项税额，同时，销售货物或提供应税劳务和服务也不得自行开具增值税专用发票。其应纳税额的计算公式为：

应纳税额＝销售额×征收率

公式中销售额与增值税一般纳税人计算应纳增值税的销售额规定内容一致，是销售货物或提供应税劳务向购买方收取的全部价款和价外费用。但不包括按征收率（2008年12月31日前为6%或4%，2009年1月1日起为3%）收取的增值税税额。

（二）含税销售额的换算

由于小规模纳税人销售货物自行开具的发票是普通发票，发票上列示的是含税销售额，因此，在计税时需要将其换算为不含税销售额。换算公式如下：

不含税销售额＝含税销售额／（1＋征收率）

纳税人提供的适用简易计税方法计税的应税服务，因服务中止或者折让而退还给接受方的销售额，应当从当期销售额中扣减。扣减当期销售额后仍有余额造成多缴的税款，可以从以后的应纳税额中扣减。

（三）小规模纳税人购进税控收款机的进项税额抵扣

自2004年12月1日起，增值税小规模纳税人购置税控收款机，经主管税务机关审核批准后，可凭购进税控收款机取得的增值税专用发票，按照发票上注明的增值税额，抵免当期应纳增值税。或者按照购进税控收款机取得的普通发票上注明的价款，依下列公式计算可抵免的税额：

可抵免的税额＝价款／（1＋17%）×17%

当期应纳税额不足抵免的，未抵免的部分可在下期继续抵免。

【例6－9】某企业为增值税小规模纳税人，主要从事汽车修理和装潢业务。2016年9月提供汽车修理业务取得收入21万元，销售汽车装饰用品取得收入15万元；购进的修理用配件被盗，账面成本0.6万元。计算该企业应纳增值税。

应纳增值税＝（21＋15）／（1＋3%）×3%＝1.05（万元）

（四）小规模纳税人销售自己使用过的固定资产

小规模纳税人（除其他个人外）销售自己使用过的固定资产，减按2%征收增值税。

销售额＝含税销售额／（1＋3%）

应纳税额＝销售额×2%

（五）纳税人销售旧货适用征收率的规定

纳税人销售旧货，按照简易办法依照3%征收率减按2%征收增值税。

所称旧货，是指进入二次流通的具有部分使用价值的货物（含旧汽车、旧摩托车和旧游艇），但不包括自己使用过的物品。

纳税人适用按照简易办法依3%征收率减按2%征收增值税政策的，按下列公式确定销售额和应纳税额：

销售额＝含税销售额／（1＋3%）

应纳税额 = 销售额 × 2%

上述规定自 2014 年 7 月 1 日起执行。

三、进口货物增值税的计算

纳税人进口应纳增值税的货物，按组成计税价格和规定的税率计税，在计算进口货物增值税时不得抵扣任何进项税额，计算公式如下：应纳增值税额 = 组成计税价格 × 税率

只征增值税不征消费税的组价公式：组成计税价格 = 关税完税价格 + 关税

既征增值税又征消费税的组价公式：组成计税价格 = 关税完税价格 + 关税 + 消费税

或者组成计税价格 = （关税完税价格 + 关税） / （1 − 消费税税率）

【例 6 - 10】某公司进口彩色电视机 200 台，海关审定的关税完税价格为 1000 元/台，关税税率为 50%，增值税税率为 17%。该公司该批彩色电视机应纳增值税额为多少？

应纳关税 = 1000 × 200 × 50% = 100000 （元）

应纳增值税 = （1000 × 200 + 100000） × 17% = 51000 （元）

【例 6 - 11】某进出口公司本月进口一批货物，到岸价格为 20 万元，关税税率为 40%，消费税税率为 30%，计算该公司应纳关税、增值税、消费税额为多少？

关税 = 20 × 40% = 8 （万元）

组成计税价格 = （20 + 8） / （1 − 30%） = 40 （万元）

应纳增值税额 = 40 × 17% = 6.8 （万元）

应纳消费税税额 = 40 × 30% = 12 （万元）

第六节　增值税出口退（免）税

出口货物劳务退（免）税是指在国际贸易业务中，对报关出口的货物或者劳务和服务，退还在国内各生产环节和流转环节按税法规定已缴纳的增值税，或免征应缴纳的增值税，在国家贸易中通常采用并为世界各国普遍接受的，目的在于鼓励各国出口货物劳务公平竞争的一种税收措施。各国的出口货物劳务退（免）税制度是基于国际贸易规则体系和本国税收法律、法规的框架建立的。

一、适用增值税退（免）税政策的出口货物劳务

对下列出口货物劳务，除适用增值税免税政策和征税政策的出口货物劳务规定的以外，实行免征和退还增值税（以下称增值税退（免）税）政策：

（一）出口企业出口货物

出口企业，是指依法办理工商登记、税务登记、对外贸易经营者备案登记，自营

或委托出口货物的单位或个体工商户，以及依法办理工商登记、税务登记但未办理对外贸易经营者备案登记，委托出口货物的生产企业。

出口货物，是指向海关报关后实际离境并销售给境外单位或个人的货物，分为自营出口货物和委托出口货物两类。

生产企业，是指具有生产能力（包括加工修理修配能力）的单位或个体工商户。

（二）出口企业或其他单位视同出口货物

1. 出口企业对外援助、对外承包、境外投资的出口货物。

2. 出口企业经海关报关进入国家批准的出口加工区、保税物流园区、保税港区、综合保税区、珠澳跨境工业区（珠海园区）、中哈霍尔果斯国际边境合作中心（中方配套区域）、保税物流中心（B 型）（以下统称特殊区域）并销售给特殊区域内单位或境外单位、个人的货物。

3. 免税品经营企业销售的货物（国家规定不允许经营和限制出口的货物、卷烟和超出免税品经营企业《企业法人营业执照》规定经营范围的货物除外）。具体包括以下三类货物：

（1）中国免税品（集团）有限责任公司向海关报关运入海关监管仓库，专供其经国家批准设立的统一经营、统一组织进货、统一制定零售价格、统一管理的免税店销售的货物；

（2）国家批准的除中国免税品（集团）有限责任公司外的免税品经营企业，向海关报关运入海关监管仓库，专供其所属的首都机场口岸海关隔离区内的免税店销售的货物；

（3）国家批准的除中国免税品（集团）有限责任公司外的免税品经营企业所属的上海虹桥、浦东机场海关隔离区内的免税店销售的货物。

4. 出口企业或其他单位销售给用于国际金融组织或外国政府贷款国际招标建设项目的中标机电产品。上述中标机电产品，包括外国企业中标再分包给出口企业或其他单位的机电产品。

5. 生产企业向海上石油天然气开采企业销售的自产的海洋工程结构物。

6. 出口企业或其他单位销售给国际运输企业用于国际运输工具上的货物。上述规定暂仅适用于外轮供应公司、远洋运输供应公司销售给外轮、远洋国轮的货物，以及自 2011 年 1 月 1 日起，国内航空供应公司生产销售给国内和国外航空公司国际航班的航空食品。

7. 出口企业或其他单位销售给特殊区域内生产企业生产耗用且不向海关报关而输入特殊区域的水（包括蒸汽）、电力、燃气。

除另有规定外，视同出口货物适用出口货物的各项规定。

（三）出口企业对外提供加工修理修配劳务

对外提供加工修理修配劳务，是指对进境复出口货物或从事国际运输的运输工具进行的加工修理修配。

（四）一般纳税人提供适用增值税零税率的应税服务的退（免）税办法

1. 增值税一般纳税人提供适用增值税零税率的应税服务，实行增值税退（免）税办法。该办法于 2014 年 1 月 1 日起实行。

2. 自 2016 年 5 月 1 日起，跨境应税行为适用增值税零税率。跨境应税行为是指中华人民共和国境内的单位和个人销售的规定的服务和无形资产。

3. 增值税零税率应税服务提供者是指，提供适用增值税零税率应税服务，且认定为增值税一般纳税人，实行增值税一般计税方法的境内单位和个人。属于汇总缴纳增值税的，为经财政部和国家税务总局批准的汇总缴纳增值税的总机构。

增值税零税率应税服务适用范围按财政部、国家税务总局的规定执行。

4. 起点或终点在境外的运单、提单或客票所对应的各航段或路段的运输服务，属于国际运输服务。

起点或终点在港澳台的运单、提单或客票所对应的各航段或路段的运输服务，属于港澳台运输服务。

从境内载运旅客或货物至国内海关特殊监管区域及场所、从国内海关特殊监管区域及场所载运旅客或货物至国内其他地区或者国内海关特殊监管区域及场所，以及向国内海关特殊监管区域及场所内单位提供的研发服务、设计服务，不属于增值税零税率应税服务适用范围。

5. 增值税零税率应税服务退（免）税办法包括免抵退税办法和免退税办法，具体办法及计算公式按有关出口货物劳务退（免）税的规定执行。

6. 实行免抵退税办法的增值税零税率应税服务提供者如果同时出口货物劳务且未分别核算的，应一并计算免抵退税。税务机关在审批时，应按照增值税零税率应税服务、出口货物劳务免抵退税额的比例划分其退税额和免抵税额。

二、增值税退（免）税办法

（一）出口退税率

除财政部和国家税务总局根据国务院决定而明确的增值税出口退税率（以下称退税率）外，出口货物的退税率为其适用税率。国家税务总局根据上述规定将退税率通过出口货物劳务退税率文库予以发布，供征纳双方执行。退税率有调整的，除另有规定外，其执行时间以货物（包括被加工修理修配的货物）出口货物报关单（出口退税专用）上注明的出口日期为准。

应税服务退税率为应税服务适用的增值税税率。即有形动产租赁服务退税率为17%；交通运输业服务、邮政业服务退税率为11%；现代服务业服务（有形动产租赁服务除外）退税率为6%。

外贸企业购进按简易办法征的出口货物、从小规模纳税人购进的出口货物，其退税率分别为简易办法实际执行的征收率、小规模纳税人征收率。上述出口货物取得增值税专用发票的，退税率按照增值税专用发票上的税率和出口货物退税率孰低的原则确定。

出口企业委托加工修理修配货物，其加工修理修配费用的退税率，为出口货物的退税率。

中标机电产品、出口企业向海关报关进入特殊区域销售给特殊区域内生产企业生产耗用的列名原材料、输入特殊区域的水电气，其退税率为适用税率。如果国家调整列名原材料的退税率，列名原材料应当自调整之日起按调整后的退税率执行。

适用不同退税率的货物劳务，应分开报关、核算并申报退（免）税，未分开报关、核算或划分不清的，从低适用退税率。

（二）出口退税额的计算

出口退税主要有以下几种计算方法。

1. 免、抵、退法

生产企业自营或委托外贸企业代理出口（以下简称生产企业出口）自产货物，除另有规定外，增值税一律实行免、抵、退税管理办法。"免"税是指对生产企业出口的自产货物，免征本企业生产销售环节增值税；"抵"税是指生产企业出口自产货物所耗用的原材料、零部件、燃料、动力等所含应予以退还的进项税额，抵顶内销货物的应纳税额；"退"税是指生产企业出口的自产货物在当月内应抵的进项税额大于应纳税额时，对未抵顶完的部分予以退税。具体计算步骤如下：

第一，出口货物当期不予抵扣或退税的税额，从当期全部进项税额中剔除，计入出口产品的成本。

当期不予抵扣或退税的税额＝当期出口货物离岸价×外汇人民币牌价×（增值税条例规定的税率－出口货物退税率）

第二，出口货物当期准予抵扣或退税的数额。

当期准予抵扣或退税的税额＝当期全部进项税额－当期不予抵扣或退税的税额＋上期未抵扣完的进项税额

第三，当期应纳税额。用当期准予抵扣或退税的税额抵扣当期内销货物的销项税额计算出应纳税额后，如果当期应纳税额为正数，则为纳税人当期应缴纳增值税；如果应纳税额为负数，表示尚有未抵扣完的进项税额。当存在未抵扣完的税额时，如该企业出口货物占当期全部货物销售额50%以上的，则可给予以退税，否则应结转下期继续抵扣。

第四，增值税的退税额。先计算当期出口货物销售额按照规定的退税率计算最大退税额，然后将未抵扣完的进项税额与其比较，以较小的数额为退税额。当出口货物离岸价×外汇人民币牌价×退税率＞或＝未抵扣完的进项税额时，退税额＝未抵扣完的进项税额；当出口货物离岸价×外汇人民币牌价×退税率＜未抵扣完的进项税额时，退税额＝出口货物离岸价×外汇人民币牌价×退税率。

【例6－12】假定某自行车厂某年某月内销自行车1000辆，每辆售价200元，外销自行车1500辆，每辆出口离岸价20美元，自行车零配件进项税额57000元，美元人民币牌价 100 美元兑换人民币 680 元，增值税的税率 17%，出口退税率 9%，（以上购销均为不含税价，均有增值税专用发票）计算该企业当期应纳或应退增值税。

①出口货物免征增值税；

②当期不予抵扣的进项税额 = 20×1500×6.8×（17%－9%）= 16320 元；

③当期应纳税 = 200×1000×17%－（57000－16320）= -6680 元；

④因为：20×1500×6.8／（200×1000+20×1500×6.8）= 50.50% > 50%

所以准予应退税；

⑤因为：20×1500×6.8×9% = 18360 元 > ｜-6680｜元

所以当期应退增值税额为 6680 元。

2. 先征后退法

（1）外贸企业以及实行外贸企业财务制度的工贸企业收购货物出口，其出口销售环节的增值税免征；其收购货物的成本部分，因外贸企业在支付收购货款的同时也支付了生产经营该类商品的企业已经纳的增值税款，因此，在货物出口后按收购成本与退税率计算退税退还给外贸企业，征、退税之差计入企业成本。外贸企业出口货物增值税的计算应依据购进出口货物增值税专用发票上所注明的进项金额和退税率计算。

应退税额 = 外贸收购不含增值税购进金额×退税率

（2）外贸企业收购小规模纳税人出口货物增值税的退税规定：

凡从小规模纳税人购进税务机关代开的增值税专用发票的出口货物，按以下公式计算退税：应退税额 = 增值税专用发票注明的金额×3%。

从属于增值税小规模纳税人的商贸公司购进的货物出口，按增值税专用发票上注明的征收率计算办理退税。

外贸企业委托生产企业加工出口货物的退税规定：

外贸企业委托生产企业加工收回后报关出口的货物，按购进国内原辅材料的增值税专用发票上注明的进项金额，依原辅材料的退税率计算原辅材料应退税额。支付的加工费，凭受托方开具货物的退税率，计算加工费的应退税额。

三、出口退税的管理

一般出口货物必须符合以下五个条件才允许退税：

第一，必须属于增值税或消费税征税范围的货物或者劳务和服务。

第二，出口货物必须在中华人民共和国海关报关离境。

第三，必须是财务上已做出口销售处理。

第四，出口货物必须结汇（部分货物除外）。

第五，退税申报时必须提供规定的有关单证。

第七节　增值税的征收管理

一、增值税纳税义务发生时间

（一）一般规定

增值税纳税义务发生时间，是指增值税纳税义务人、扣缴义务人发生应税、扣缴税款行为应承担纳税义务、扣缴义务的时间。一般销售货物、服务、无形资产、不动产或者提供应税劳务，为收讫销售款或者取得索取销售款凭据的当天；先开具发票的，为开具发票的当天。进口货物，为报关进口的当天。

（二）特殊规定

销售货物、服务、无形资产、不动产或者提供应税劳务的纳税义务发生时间，按销售结算方式的不同，具体为：

1. 采取直接收取方式销售货物的，不论货物是否发出，均为收到销售款或者取得索取销售款的凭据，并将提货单交给买方的当天。

2. 采取托收承付和委托银行收款方式销售货物，为发出货物并办妥托收手续的当天。

3. 采取赊销和分期付款方式销售货物，为按合同约定的收款日期的当天。

4. 采取预收货款方式销售货物，为货物发出的当天。

5. 委托其他纳税人代销货物，为收到代销单位销售的代销清单的当天。

6. 销售应税劳务，为提供劳务同时收讫销售款或者取得索取销售款的凭据的当天。

7. 视同销售行为（委托他人代销、销售代销货物除外），为货物移送的当天。

8. 纳税人提供建筑服务、租赁服务采取预收款方式的，其纳税义务发生时间为收到预收款的当天。

9. 纳税人从事金融商品转让的，为金融商品所有权转移的当天。

10. 纳税人发生视同销售服务、无形资产或者不动产情形的，其纳税义务发生时间为服务、无形资产转让完成的当天或者不动产权属变更的当天。

11. 增值税扣缴义务发生时间为纳税人增值税纳税义务发生的当天。

增值税纳税义务发生时间与《企业会计准则》中的有关规定不同时，应以税收法规为依据。

二、纳税期限

增值税的纳税期限规定为 1 日、3 日、5 日、10 日、15 日、1 个月或者 1 个季度。纳税人的具体纳税期限，由主管税务机关根据纳税人应纳税额的大小分别核定；不能按照固定期限纳税的，可以按次纳税。

以 1 个月或者 1 个季度为一期纳税的纳税人，自期满之日起 15 日内申报纳税；以

1 日、3 日、5 日、10 日或 15 日为一期纳税的纳税人，自期满之日起 5 日内预缴税款，次月 1 至 15 日内申报纳税，结清上月应纳税款。

以 1 个季度为纳税期限的规定适用于小规模纳税人、银行、财务公司、信托投资公司、信用社，以及财政部和国家税务总局规定的其他纳税人。不能按照固定期限纳税的，可以按次纳税。

纳税人进口货物，应当自海关填发税款缴纳证的次日起 15 日内缴纳税款。

三、纳税地点

（一）固定业户

1. 固定业户应当向其机构所在地主管税务机关申报纳税。总机构和分支机构不在同一县（市）的，应当分别向各自所在地主管税务机关申报纳税；经国务院财政、税务主管部门或者其授权的财政、税务机关批准，可以由总机构汇总向总机构所在地主管税务机关申报纳税。

2. 固定业户到外县（市）销售货物或者提供应税劳务的，应当向其机构所在地主管税务机关申请开具外出经营活动税收管理证明，向其机构所在地主管税务机关申报纳税。未开具证明的，应当向销售地或者劳务发生地主管税务机关申报纳税；未向销售地或者劳务发生地主管税务机关申报纳税的，由其机构所在地主管税务机关补征税款。

3. 固定业户（指增值税一般纳税人）临时到外省、市销售货物的，必须向经营地税务机关出示《外出经营活动税收管理证明》回原地纳税，需要向购货方开具专用发票的，也回原地补开。

（二）非固定业户

非固定业户销售货物或者提供应税劳务和应税行为，应当向销售地或者劳务和应税行为发生地主管税务机关申报纳税。未向销售地或者劳务和应税行为发生地主管税务机关申报纳税的，由其机构所在地或居住地主管税务机关补征税款。

（三）其他个人提供相关服务

其他个人提供建筑服务，销售或者租赁不动产，转让自然资源使用权，应向建筑服务发生地、不动产所在地、自然资源所在地主管税务机关申报纳税。

（四）跨县（市）提供建筑服务

纳税人跨县（市）提供建筑服务，在建筑服务发生地预缴税款后，向机构所在地主管税务机关进行纳税申报。

（五）销售不动产

纳税人销售不动产，在不动产所在地预缴税款后，向机构所在地主管税务机关进行纳税申报。

（六）租赁不动产

纳税人租赁不动产，在不动产所在地预缴税款后，向机构所在地主管税务机关进行纳税申报。

一般纳税人跨省（自治区、直辖市或者计划单列市）提供建筑服务或者销售、出租取得的与机构所在地不在同一省（自治区、直辖市或者计划单列市）的不动产，在机构所在地申报纳税时，计算的应纳税额小于已预缴税额，且差额较大的，由国家税务总局通知建筑服务发生地或者不动产所在地省级税务机关，在一定时期内暂停预缴增值税。

（七）进口货物

进口货物，应当由进口人或其代理人向报关地海关申报纳税。

扣缴义务人应当向其机构所在地或者居住地的主管税务机关申报缴纳其扣缴的税款。

四、征收管理机关

国内增值税由国家税务局负责征收。纳税人销售取得的不动产和其他个人出租不动产的增值税，国家税务局暂委托地方税务局代为征收。进口环节增值税由海关代征。

关键术语

增值税 增值额 销项税额 进项税额 混合销售 生产型增值税 消费型增值税营改增 购进扣税法 简易计税方法 销售服务 非正常损失 销售额 价外费用出口退税 视同销售 出口零税率 销售无形资产 销售不动产 征收率增值税的起征点 兼营 一般纳税人 小规模纳税人

思考题

1. 我国现行增值税的特点有哪些？

2. 简述增值税的优点和作用。

3. 如何划分增值税一般纳税人和小规模纳税人？

4. 什么是混合销售？什么是兼营销售？两者有什么区别？

5. 增值税一般纳税人计税时准予扣除的进项税额有哪些？不允许扣除的进项税额有哪些？

6. 国际上增值税的类型有哪些？我国属于哪一种类型？

7. 增值税的征税范围包括哪些项目？

8. 增值税低税率适用哪些范围？

9. 折扣销售方式下的销售额如何确定？

10. 进项税额的抵扣时间如何确定？

11. 专用发票的开具有哪些规定？

12. 销售额和增值额之间存在什么关系？

13. 增值税是如何形成的？

14. 增值税是如何发展的？

15. 简述营改增的内容。

16. 简述营改增的税率。

17. 营改增后，哪些行业按全额计税？哪些行业按差额计税？哪些行业按组价计税？

18. 简述增值税的税收优惠政策。

19. 为什么要对出口货物退税？我国出口退税的税种有哪些？

20. 以旧换新方式下的销售额如何确定？

21. 还本销售方式下的销售额如何确定？

22. 包装物出租、出借方式下的销售额如何确定？

23. 价款和税款合并收取销售额如何确定？

24. 收取价外费用情况下的销售额如何确定？

25. 增值税纳税义务发生时间如何确定？

26. 增值税纳税期限如何确定？

27. 增值税纳税地点如何确定？

28. 对出口货物的退税如何进行管理？

练习题

1. 西安市某纺织厂是增值税一般纳税人，2016 年 3 月棉布产品销售 100 万元；化纤产品销售 150 万元；用于职工福利的产品计 20 万元（市场价）；把自己成本为 100 万元的纺织品用于职工福利，没有市场可比价格；从农场收购棉花 25 万元，其中 5 万元用于非增值税产品上；从化工厂购入化纤 50 万元，发生运输费用 1 万元；外购机器设备 40 万元。计算该纺织企业应纳什么税，应缴多少？（以上购销均为不含税价格，均有增值税专用发票，均经税务机关认证）

2. 西安市某小规模纳税企业本月发生 3 笔应纳增值税业务：

（1）将上期购进的服装销售给某服装小店，销价总计为 2400 元，开具普通发票；

（2）购进洗衣粉，共付款 13500 元，当月销售洗衣粉取得款项 8600 元，并开具普通发票；

（3）销售给某单位皮鞋共获得收入 38500 元。

（以上各项购销均为含价价）根据上述资料计算小规模纳税企业当月应纳的增值税。

3. 西安市某外贸公司当月从日本进口 140 辆小轿车，每辆关税完税价格为 8 万元，小轿车关税税率为 110%，消费税税率为 5%。该外贸公司将进出口小轿车当月全部售出，每辆售价的价税合计 23 万元。计算该企业在进口轿车和国内零售轿车应缴纳什么税，应缴多少？

4. 某具有进出口业务经营权国有企业，2010 年第三季度报关出口货物离岸价 45 万美元，内销 300 万元，全部进项税额 120 万元。第四季度报关出口货物离岸价 200 万美元，内销 400 万元，全部进项税额 170 万元。增值税税率为 17%，出口退税率 9%。按免抵退办法计算该企业 2010 年第三季度和第四季度应纳增值税或应退增值税。（100 美元 =650 人民币）

5. 某交通运输企业，是增值税一般纳税人。2016 年 7 月取得交通运输收入 111 万元（含税），当月外购汽油 10 万元（不含税金额，取得增值税专用发票上注明的增值税额为 1.7 万元），购入运输车辆 20 万元（不含税金额，取得机动车销售统一发票上注明的增值税额为 3.4 万元），发生的联运支出

50 万元（不含税金额，取得货物运输业增值税专用发票上注明的增值税额为 5.5 万元）。计算该企业 7 月应纳税额。

6. 某建筑企业属于增值税一般纳税人，某月经营情况如下：

（1）取得不含税的建筑收入 100 万元；

（2）取得含税建筑收入 111 万元；

（3）从小规模纳税人那里购入原材料，取得普通发票 103 万元；

（4）购进建筑设备机器 10 万元，增税专用发票注明税金 1.7 万元；

（5）购进水电费用 10 万元，增税专用发票注明税金 1.7 万元；

求该企业本月增值税。

7. 综合案例分析：看看下面案例题算的对不对？如果不对，你又如何计算？

A. 销项税额的计算：京华工业企业（增值税一般纳税人）某月份发生的与销项税额有关的经济业务及其计算如下：

（1）5 日，以直接收款方式对外销售产品一批，不含税价款为 115000 元，价外收取手续费 5850 元。该笔销售业务销项税额为：

销项税额 =（115000 + 5850/1.17）×17% = 20400（元）

（2）12 日，某客户因产品质量问题退回产品一批，不含税价款 10000 元，适用税率 17%。经检验属质量问题，同意退还价款及税款。

应退税额 = 10000 × 17% = 1700（元）

（3）15 日，将产品一批无偿赠送，成本 15000 元，给某小规模纳税人作为赞助，该批产品同期售价为 20000 元，适用税率为 17%。纳税人将自产、委托加工或购买的货物无偿赠送他人，应视同销售计算纳税，按同期售价和适用税率计算的销项税额为：

销项税额 = 20000 × 17% = 3400（元）

（4）23 日，将不合用材料一批售出，开具普通发票，价款 7000 元，价外手续费 350 元，共计 7350 元，材料已发出，并在银行办妥了委托收款手续。该材料适用税率为 17%。

销项税额 =（7000 + 350）/1.17 × 17% = 1067.95（元）

（5）25 日，将产品一批提供给一投资者，作为其应分得的利润，该批产品同期不含税售价为 40000 元，适用税率为 17%。将产品作为利润分配给投资者，应视同销售计算纳税，按同期售价和适用税率计算的销项税额为：

销项税额为 = 40000 × 17% = 6800（元）

（6）27 日，将新产品一批作为实物投资，提供给另一单位，该批产品成本为 30000 元，没有同类货物销售价格，适用税率为 17%。将产品作为实物投资提供给其他单位，应视同销售计算纳税，按组成计税价格和适用税率计算的销项税额为：

销项税额 = 30000 ×（1 + 10%）×17% = 5610（元）

B. 进项税额的计算：京华工业企业某月份发生的与进项税额有关的经济业务如下：

（1）3 日，购入原材料一批，专用发票上注明的价款为 100000 元，增值税率为 17%，增值税额 17000 元，价税合计 117000 元，全部款项已由银行存款支付。

（2）6 日，以现金支付办公用品修理费，专用发票上注明修理费 800 元，增值税率 17%，增值税额 136 元，价税合计 936 元。

（3）10 日，从银行存款购入新机器一台，增值税专用发票上注明的价款 48000 元，增值税率为

17%，增值税额 8160 元，价税合计 56160 元，直接交付使用。

（4）11 日，接受投资转入的原材料一批，专用发票上注明的原材料价款 25200 元，增值税率 17%，增值税额 4284 元，价税合计 29484 元。

（5）13 日，购入基建工程用的物资一批，增值税专用发票上注明的价款 22000 元，增值税率 17%，增值税额 3740 元，价税合计 25740 元，全部款项尚未支付。

（6）15 日，对因失火造成的存货损失进行转账处理，其中：原材料价值 5000 元，其进项税额为 850 元，在产品价值 10000 元，其所耗原材料成本为 8000 元，进项税额为 1360 元；库存商品价值 15000 元，其所耗原材料成本为 12000 元，进项税额为 2040 元，全部损失 30000 元，应结转的进项税额 4250 元。

（7）17 日，为退休职工兴办活动站，购入娱乐用品，专用发票上注明的价款 6660 元，增值税率 17%，增值税额 1132.20 元，价税合计 7792.20 元，已从银行转账付款。

（8）22 日，以银行存款支付委托加工材料加工费 15000 元和运杂费 2000 元，专用发票上注明的价款 17000 元，增值税率 17%，增值税额 2890 元，价税合计 19890 元。

（9）24 日，接受捐赠转入的原材料一批，专用发票上注明的原材料价款 15000 元，增值税率 13%，增值税额 1950 元，价税合计 16950 元。

（10）29 日，将购入的用于生产应税产品的原材料 16000 元转用于企业新厂房建设，其进项税额为 2720 元。

C. 本期应纳税额的计算：

一般纳税人增值税应纳税额的计算公式如下：

应纳税额 = 当期销项税额 − 当期进项税额

当期销项税额与当期可以抵扣的进项税额分别确定之后，即可计算出当期应纳税额。上例中，京华工业企业当期销项税额为 35577.95 元，当期可以抵扣的进项税额为 27450 元，其当月应纳税额的计算如下：

当月纳税额 = 35577.95 − 27450 = 8127.95（元）

第七章
消费税

消费税作为增值税的一种补充，是流转税中具有重要调控作用的税种。1994年我国税制改革时适应社会主义市场经济体制的消费税制度正式建立。2006年，针对消费税实施中的一些问题，我国对消费税的应税项目进行有增有减调整的同时，对原有的税率也进行了有高有低的调整。之后为了保护环境和引导合理消费，在2008到2016年期间，先后对汽车、成品油、卷烟、电池、涂料和化妆品等应税项目进行了调整。本章主要知识点包括：消费税的概念和特征；消费税的历史沿革；消费税的作用；我国现行消费税纳税人、税目和税率等制度规定；消费税应纳税额、出口退税额的计算等。本章重点是消费税应纳税额的计算，难点是消费税和增值税应纳税额的混合计算。

第一节　消费税概述

一、消费税的概念

消费税是以消费品（消费行为）为课税对象的各种税收的统称，是政府向消费品（消费行为）征收的税项，可对生产者、批发商或零售商征收。消费税在国外开征已有很长的历史，但各国的消费税税制是不完全相同的。有的国家将消费税等同于一般的销售税，课税范围几乎囊括了所有的消费品，如日本、印度的消费税；有的国家将国内产品税称作消费税，如美国，对进口同类产品课以其他类型的商品税；还有的国家则是选择部分消费品征收消费税，我国实行的消费税就属这种。消费税实行价内税，一般只在应税消费品的生产、委托加工和进口环节缴纳，在以后的批发、零售等环节，因为价款中已包含消费税，因此不用再缴纳消费税，税款最终由消费者承担。

早在1950年统一全国税政时，我国就曾对电影、舞厅、宴席、冷饮等消费行为开征特种消费税；1989年为了调节供不应求的市场状况，对彩电和小轿车开征了特别消费税。这些税种都与当前的消费税有相似或相通之处。1993年为配合新一轮税制改革的推进，国务院颁布了《中华人民共和国消费税暂行条例》，随着1994年1月1日正式施行，适应社会主义市场经济体制的新的消费税制度正式建立。2006年对消费税税目、税率和相关政策进行调整，新增高尔夫球及球具、高档手表、游艇、木制一次性筷子、实木地板税目；并取消了汽油、柴油税目，增列成品油税目；取消护肤护发品税目，将原属于护肤护发品征税范围的高档护肤类化妆品列入化妆品税目等。2008 年 9 月 1 日起我国又调整了汽车消费税政策，提高大排量乘用车的消费税税率，降低小排量乘用车消费税税率。2009 年年初调整了成品油的定额税率；2009 年 5 月对烟类产品的税率和征收环节进行了调整，甲类卷烟的消费税从价税税率由原来的 45% 调整为 56%，乙类卷烟的消费税从价税率由原来的 30% 调整为 36%，雪茄烟由原来的 25% 调整为 36%，另外在卷烟批发环节加征一道从价税，税率为 5%。2014 年 11 月 28 日，国务院针对成品油等部分产品消费税税率与征税范围进行了调整。调高汽油、石脑油、溶剂油、润滑油、柴油、航空煤油和燃料油的消费税，并于 12 月 12 日和 2015 年 1 月 12 日继续提高了成品油的消费税。2014 年 12 月 1 日起，取消了气缸容量 250 毫升（不含）以下的小排量摩托车的消费税；取消汽车轮胎税目；取消车用含铅汽油消费税，汽油税目不再划分二级子目，统一按照无铅汽油税率征收消费税；取消酒精消费税。为促进节能环保，财政部、国家税务总局于 2015 年 1 月 26 日发布通知，自 2015 年 2 月 1 日起对电池、涂料征收消费税。2015 年 5 月 10 日开始将卷烟批发环节从价税税率由 5% 提高至 11%，并按 0.005 元/支加征从量税。为了引导合理消费，国家税务总局于 2016 年 9 月 30 日取消对普通美容、修饰类化妆品征收消费税，将"化妆品"税目更名为"高档化妆品"，征收范围包括高档美容、修饰类化妆品、高档护肤类化妆品和成套化妆品，税率调整为 15%。

二、消费税的特点

我国现行消费税有如下特点：

（一）征收范围具有选择性

我国消费税作为进行特殊调节的税种，选择了对危害人类健康、社会秩序、生态环境的产品，以及高能耗、高档产品或不可再生、不可替代产品征收，其范围并没有涉及所有的消费品和消费行为。

（二）征税环节具有单一性

除卷烟外，消费税实行一次课征，在消费品的流转过程中，只选择在生产、进口或零售环节征税。单一环节征税，有利于税务部门提高征管效率。

（三）税率结构的差异性

为体现现行国家产业政策和消费政策，消费税对不同的消费品分别制定了高低不同、税负差别较大的税率和税额。

现行消费税税率有比例税率、定额税率和复合税率三种形式，以适应不同消费品的实际情况。比例税率适用于供求矛盾突出，价格差异较大，计量单位不规范的消费品；定额税率适用于供求基本平衡，价格差异不大，计量单位规范的消费品。

（四）征收方法具有灵活性

消费税在征收时，既可以从价定率征收，也可以从量定额征收，还可以实行复合征税方法，与其他流转税单一的征收方法比较而言，更具灵活性。

三、消费税的作用

（一）确保国家的财政收入

按照新税制改革的总体设想，消费税是和增值税交叉配合征收的。增值税对所有货物进行普遍征收，由于税率较为单一，这就使征税后，一部分消费品的税负与改革前的增值税和产品税相比大为下降，国家财政难以承受，通过新的消费税，把这一部分消费品减少的税收征收回来，使其基本维持改革前的税负水平，确保财政收入的稳定。另一方面，新的消费税以消费品销售额或销售数量作为计税依据，不管应税消费品成本的大小，企业生产销售应税消费品，盈利的要纳税，亏损的也要纳税，具有收入上的稳定性。

（二）调节消费结构，正确引导消费方向

随着我国经济的发展，人民生活水平有了较大提高，一些高档消费品和奢侈品的消费量也大为增加，社会上出现了一些不良的畸形消费现象。因此，对消费方向的正确引导和调节是必须的。由于消费税是消费品价格的组成部分，对一些高档消费品、奢侈品、非生活必需品征收较高的消费税，使其含税价格大大高于其价值，就可以在一定程度上抑制消费，起到调节和引导消费的作用

（三）体现国家产业政策，调节产业结构

社会产品的生产和消费之间有着内在的联系和反作用。消费税的调节作用主要就是通过消费税影响市场价格，而价格又影响着消费者的选择（消费）和生产企业的生产成本，进而最终影响着产业结构的调整。政府对部分消费品和消费行为征收消费税，既可以调节消费量和消费结构，又可以调整生产规模和产业结构。

（四）调节收入分配

消费税作为政府调节生产消费和社会财富再分配的手段，被世界各国广泛采用。为了增强消费税的调节功能，截至 2016 年国家对消费税政策进行的调整，消费税的征税品目定为 15 个。这 15 个税目大致可以分为三类，一是奢侈品类消费品，如高尔夫球及球具、游艇、高档手表、高档化妆品、高档首饰等；二是影响生态环境和消耗资源的消费品，如汽车、摩托车、成品油、木制一次性筷子、实木地板、电池等；三是危害人们身体健康的消费品，如烟、酒和涂料等。

为实现消费税的收入调节作用，征收力度逐年加大，我国消费税收入占全部税收的比重也逐年加大。由于征税范围具有选择性，税率结构具有差异性，所以税收负担最终主要由高收入者负担，对缩小收入水平差距，调节收入分配有积极影响作用。

四、消费税与增值税的关系

消费税是在对货物普遍征收增值税的基础上，对少数消费品再征收的一个税种，因此，它与增值税构成对流转额交叉征税的格局。缴纳增值税的货物并不都缴纳消费税，而缴纳消费税的货物除个别情况外，都是增值税征税范围的货物，都同时缴纳增

值税，且都属于增值税 17% 税率的货物范围，不涉及低税率，但若是增值税小规模纳税人，会涉及增值税的征收率。

消费税与增值税的主要区别除体现在征税范围、纳税环节、计税依据不同外，还有消费税属于中央税，增值税为共享税；消费税为价内税，增值税为价外税。

第二节　消费税的基本规定

一、消费税纳税人

消费税的纳税人是指在中华人民共和国境内生产、委托加工和进口《中华人民共和国消费税暂行条例》规定的消费品的单位和个人，以及国务院确定的销售《消费税暂行条例》规定的消费品的其他单位和个人。

这里所说的"单位"是指企业、行政单位、事业单位、军事单位、社会团体及其他单位。"个人"是指个体经营者及其他个人。

"在中华人民共和国境内"是指生产、委托加工和进口属于应当缴纳消费税的消费品（简称应税消费品）的起运地或所在地在境内。

消费税的纳税人具体包括以下几个方面：

1. 在我国境内从事生产应税消费品的单位和个人；
2. 在我国境内从事委托加工应税消费品的单位和个人；
3. 在我国境内从事进口应税消费品的单位和个人；
4. 在我国境内零售金银首饰、钻石、钻石饰品的单位和个人；
5. 在我国境内从事卷烟批发业务的单位和个人。

二、消费税的征税范围

（一）生产应税消费品

1. 一般规定

在我国境内生产、委托加工、进口应税消费品并销售的行为，都要征收消费税。这些应税消费品主要分为以下五种类型：

第一类：过度消费会给人类健康、生态环境和社会秩序造成危害的特殊消费品，如烟、酒、鞭炮、焰火、电池、涂料等；

第二类：奢侈品、非生活必需消费品，如贵重首饰及珠宝玉石、高档化妆品、高档手表、游艇等；

第三类：高能耗产品、高档消费品，如小汽车、摩托车等；

第四类：不可再生和替代的资源性消费品，如成品油等；

第五类：具有一定财政意义的产品，如烟和酒等。

2. 特殊规定

下列情况也属于消费税的征税范围：

（1）纳税人用于换取生产资料和消费资料、投资入股、抵偿债务，以及用于继续生产应税消费品以外的其他方面的消费品；

（2）将外购的消费税非应税产品以消费税应税产品对外销售的；

（3）将外购的消费税低税率应税产品以高税率应税产品对外销售的。

（二）委托加工应税消费品

委托加工应税消费品，是指由委托方提供原材料，受托方只收取加工费和代垫部分辅助材料加工的应税消费品。下列行为不论纳税人在财务上是如何处理的，均不得作为委托加工应税消费品处理，应按照销售自制应税消费品缴纳消费税：

（1）由受托方提供原材料和主要材料生产的应税消费品；

（2）由受托方先将原材料卖给委托方，然后再接受加工的应税消费品；

（3）由受托方以委托方名义购进原材料生产的应税消费品。

委托加工的应税消费品（已由受托方代收代缴消费税）收回后直接出售的，不再征收消费税。

（三）进口应税消费品

单位和个人进口应税消费品，应该于报关进口时在海关申报缴纳消费税。此环节消费税由海关代征。

（四）零售应税消费品

从 1995 年 1 月 1 日起，金银首饰、钻石及钻石饰品消费税由生产环节改为零售环节征收，在纳税人销售时征收。改在零售环节征收消费税的金银首饰仅限于金基、银基合金首饰以及金、银合金、银基合金的镶嵌首饰，进口环节暂不征收消费税。

不属于上述范围的应征消费税的首饰，如镀金（银）首饰、包金（银）首饰，以及镀金（银）、包金（银）的镶嵌首饰（简称非金银首饰）仍在生产环节征收消费税。

对于既售金银首饰，又销售非金银首饰的生产、经营单位，应将两类商品划分清楚，分别核算销售额。凡划分不清楚或不能分别核算的，在生产环节销售的，一律从高适用税率征收消费税；在零售环节销售的，一律按金银首饰征收消费税。金银首饰与其他产品组成成套消费品销售的，应按销售全额征收消费税。

金银首饰连同包装物销售的，无论包装物是否单独计价，也无论会计上如何核算，均应并入金银首饰的销售额，计征消费税。

带料加工的金银首饰，应按委托方销售同类金银首饰的销售价格确定计税依据征收消费税，没有同类金银首饰销售价格的，按组成计税价格计算纳税。

纳税人采用以旧换新（含翻新改制）方式销售的金银首饰，应按实际收取的不含增值税的全部价款确定计税依据计征消费税。

（五）批发应税消费品

从 2009 年 5 月 1 日起，卷烟在批发环节征收 5% 的消费税。2015 年 5 月 10 日开始将卷烟批发环节从价税税率由 5% 提高至 11%，并按 0.005 元/支加征从量税。

三、消费税的税目

税目决定征税的广度。现行消费税包括 15 个税目，有的税目下还设若干个子税目。

（一）烟

凡是以烟叶为原料加工生产的产品，不论使用何种辅料，均属于"烟"的征收范围。该税目下设 3 个子税目。

1. 卷烟。卷烟又分为甲类卷烟和乙类卷烟。其中，甲类卷烟是指每标准条（200支，下同）调拨价格在 70 元（不含增值税）以上（含 70 元）的卷烟；乙类卷烟是指每标准条（200 支，下同）调拨价格在 70 元（不含增值税）以下的卷烟。

2. 雪茄烟。包括各种规格、型号的雪茄烟。

3. 烟丝。包括以烟叶为原料加工生产的不经卷制的散装烟，如斗烟、烟末、水烟、黄红烟丝等。

（二）酒

酒是指酒精度数在 1 度以上的各类酒类饮料。该税目下设 4 个子税目。

1. 白酒，包括以高粱、玉米、大米、大麦、小麦等粮食为原料，经糖化，发酵后采用蒸馏方法酿制的粮食白酒，和以白薯（红薯、地瓜）、木薯、马铃薯、芋头、山药、甜菜等各种干鲜薯类为原料酿制的薯类白酒。

2. 黄酒，包括以各种原料酿制的黄酒和酒精度超过 12 度（含 12 度）的土甜酒。

3. 啤酒，包括包装和散装的啤酒。无醇啤酒，比照啤酒征税。啤酒分为以下两种：

（1）甲类啤酒，是指每吨出厂价（含包装物及包装物押金）在 3000 元（含 3000元，不含增值税）以上的啤酒。

（2）乙类啤酒，是指每吨出厂价（含包装物及包装物押金）在 3000 元以下的啤酒。

包装物押金不包括重复使用的塑料周转箱的押金。对饮食业、商业、娱乐业举办的啤酒屋（啤酒坊）利用啤酒生产设备生产的啤酒，应当征收消费税。果啤按啤酒征收消费税。

4. 其他酒，是指在白酒、黄酒、啤酒以外的，酒精度数在 1 度以上的各种酒，包括糠麸白酒，其他原料白酒、土甜酒、复制酒、果木酒。用稗子酿制的白酒比照糠麸酒征税。

配制酒具体规定如下：

（1）以蒸馏酒或食用酒精为酒基生产的酒精度不超过 38 度的配制酒，按"其他酒"10% 的税率征收消费税。

（2）以发酵酒为酒基，酒精度不超过 20 度的配制酒，按"其他酒"10% 的税率征收消费税。

（3）其他配制酒，按白酒适用税率征税。

（三）高档化妆品

包括高档美容、修饰类化妆品、高档护肤类化妆品和成套化妆品，税率调整为 15%。

（四）贵重首饰及珠宝玉石

与金、银、金基、银基、铂金、钻石相关的首饰和饰品在零售环节纳税，税率为 5%；其他与金、银、金基、银基、铂金、钻石无关的贵重首饰珠宝玉石在生产（出厂）、进口、委托加工环节纳税，税率为 10%。

（五）鞭炮烟火

包括各类鞭炮焰火。通常分为 13 类，即喷花类、旋转类、旋转升空类、火箭类、吐珠类、线香类、小礼花类、烟雾类、造型玩具类、炮竹类、摩擦炮类、组合烟花类、礼花弹类。不包括体育上用的发令纸，鞭炮药引线。

（六）成品油

本税目共有七个子税目。

1. 汽油，是指用原油或其他原料加工生产的辛烷值不小于 66 的可用作汽油发动机燃料的各种轻质油。以汽油、汽油组分调和生产的甲醇汽油、乙醇汽油也属于本税目征收范围。

2. 柴油，是指用原油或其他原料加工生产的倾点或凝点在 –50 至 30 的可用作柴油发动机燃料的各种轻质油和以柴油组分为主、经调和精制可用作柴油发动机燃料的非标油。

以柴油、柴油组分调和生产的生物柴油也属于本税目征收范围。

3. 石脑油，又叫化工轻油，是以原油或其他原料加工生产的用于化工原料的轻质油。石脑油的征收范围包括除汽油、柴油、航空煤油、溶剂油以外的各种轻质油。非标汽油、重整生成油、拔头油、戊烷原料油、轻裂解料（减压柴油 VGO 和常压柴油 AGO）、重裂解料、加氢裂化尾油、芳烃抽余油均属轻质油，属于石脑油征收范围。

4. 溶剂油，是用原油或其他原料加工生产的用于涂料、油漆、食用油、印刷油墨、皮革、农药、橡胶、化妆品生产和机械清洗、胶粘行业的轻质油。

橡胶填充油、溶剂油原料，属于溶剂油征收范围。

5. 航空煤油，也叫喷气燃料，是用原油或其他原料加工生产的用作喷气发动机和喷气推进系统燃料的各种轻质油。

6. 润滑油，是指用原油或其他原料加工生产的用于内燃机、机械加工过程的润滑产品。润滑油分为矿物性润滑油、植物性润滑油、动物性润滑油和化工原料合成润滑油。

润滑油的征收范围包括矿物性润滑油、矿物性润滑油基础油、植物性润滑油、动物性润滑油和化工原料合成润滑油。以植物性、动物性和矿物性基础油（或矿物性润滑油）混合掺配而成的"混合性"润滑油，不论矿物性基础油（或矿物性润滑油）所占比例高低，均属润滑油的征收范围。

7. 燃料油，也称重油、渣油，是用原油或其他原料加工生产，主要用作电厂发电、锅炉用燃料、加热炉燃料、冶金和其他工业炉燃料。

（七）摩托车

包括轻便摩托车和摩托车两类。对最大设计时速不超过 50 km/h，发动机气缸总工作容量不超过 50ml 的三轮摩托车不征消费税。

（八）小汽车

本税目征收范围包括含驾驶员座位在内最多不超过 9 个座位（含）的，在设计和技术特性上用于载运乘客和货物的各类乘用车和含驾驶员座位在内的座位数在 10 至 23 座（含 23 座）的在设计和技术特性上用于载运乘客和货物的各类中轻型商用客车。

电动汽车不属于本税目征收范围。

（九）高尔夫球及球具

高尔夫球及球具是指从事高尔夫球运动所需的各种专用装备，包括高尔夫球、高尔夫球杆及高尔夫球包（袋）等。高尔夫球是指重量不超过 45.93 克、直径不超过 42.67 毫米的高尔夫球运动比赛、练习用球；高尔夫球杆是指被设计用来打高尔夫球的工具，由杆头、杆身和握把三部分组成；高尔夫球包（袋）是指专用于盛装高尔夫球及球杆的包（袋）。

本税目征收范围包括高尔夫球、高尔夫球杆、高尔夫球包（袋）。高尔夫球杆的杆头、杆身和握把属于本税目的征收范围。

（十）高档手表

高档手表是指销售价格（不含增值税）每只在 1 万元（含 1 万元）以上的各类手表。

本税目征收范围包括符合以上标准的各类手表。

（十一）游艇

游艇是指长度大于 8 米小于 90 米，船体由玻璃钢、钢、铝合金、塑料等多种材料制作，可以在水上移动的水上浮载体。按照动力划分，游艇分为无动力艇、帆艇和机动艇。

本税目征收范围包括艇身长度大于 8 米（含 8 米）小于 90 米（含 90 米），内置发动机，可以在水上移动，一般为私人或团体购置，主要用于水上运动和休闲娱乐等非牟利活动的各类机动艇。

（十二）木制一次性筷子

木制一次性筷子，又称卫生筷子，是指以木材为原料经过锯段、浸泡、旋切、刨切、烘干、筛选、打磨、倒角、包装等环节加工而成的各类一次性筷子。

本税目征收范围包括各种规格的木制一次性筷子。未经打磨、倒角的木制一次性筷子属于本税目征税范围。

（十三）实木地板

实木地板是指以木材为原料，经锯割、干燥、刨光、截断、开榫、涂漆等工序加工而成的块状或条状的地面装饰材料。实木地板按生产工艺不同，可分为独板（块）实木地板、实木指接地板、实木复合地板三类；按表面处理状态不同，可分为未涂饰地板（白坯板、素板）和漆饰地板两类。

本税目征收范围包括各类规格的实木地板、实木指接地板、实木复合地板及用于装饰墙壁、天棚的侧端面为榫、槽的实木装饰板。未经涂饰的素板属于本税目征税范围。

（十四）电池

包括原电池、蓄电池、燃料电池、太阳能电池和其他电池。

（十五）涂料

对施工状态下挥发性有机物含量低于 420 克/升（含）的涂料免征消费税。

四、消费税的税率

现行消费税的税率有比例税率、定额税率和复合税率三种形式，以适应不同的应税消费品的实际情况。经过 2009 年的税制改革以及随后的相关政策变化，消费税税目和税率都进行了不同程度的调整。现行消费税税目与税率见表 7 – 1。

表 7 – 1　消费税税目与税率（税额）表

税 目	税 率
一、烟	
1. 卷烟	
（1）甲类卷烟（生产或进口环节）	56% 加 0.003 元/支
（2）乙类卷烟（生产或进口环节）	36% 加 0.003 元/支
（3）批发环节	11% 加 0.005 元/支
2. 雪茄烟	36%
3. 烟丝	30%
二、酒	
1. 白酒	20% 加 0.5 元/500 克（或者 500 毫升）
2. 黄酒	240 元/吨
3. 啤酒	
（1）甲类啤酒	250 元/吨
（2）乙类啤酒	220 元/吨
4. 其他酒	10%
三、高档化妆品	15%

续表

税　　目	税　率
四、贵重首饰及珠宝玉石	
1. 金银首饰、铂金首饰和钻石及钻石饰品（零售环节）	5%
2. 其他贵重首饰和珠宝玉石（生产环节）	10%
五、鞭炮、焰火	15%
六、成品油	
1. 汽油	1.52 元/升
2. 柴油	1.2 元/升
3. 航空煤油	1.2 元/升
4. 石脑油	1.52 元/升
5. 溶剂油	1.52 元/升
6. 润滑油	1.52 元/升
7. 燃料油	1.2 元/升
七、摩托车	
1. 气缸容量为 250 毫升的	3%
2. 气缸容量为 250 毫升以上的	10%
八、小汽车	
1. 乘用车	
（1）气缸容量（排气量，下同）在 1.0 升（含 1.0 升）以下的	1%
（2）气缸容量在 1.0 升以上至 1.5 升（含 1.5 升）的	3%
（3）气缸容量在 1.5 升以上至 2.0 升（含 2.0 升）的	5%
（4）气缸容量在 2.0 升以上至 2.5 升（含 2.5 升）的	9%
（5）气缸容量在 2.5 升以上至 3.0 升（含 3.0 升）的	12%
（6）气缸容量在 3.0 升以上至 4.0 升（含 4.0 升）的	25%
（7）气缸容量在 4.0 升以上的	40%
2. 中轻型商用客车	5%
九、高尔夫球及球具	10%
十、高档手表	20%
十一、游艇	10%
十二、木制一次性筷子	5%
十三、实木地板	5%
十四、电池	4%
十五、涂料	4%

（一）税率的基本形式

消费税税率的基本形式有比例税率、定额税率、比例税率和定额税率复合计税三种形式。比例税率适用的应税项目包括除卷烟、啤酒、黄酒、成品油、白酒以外的其他各项应税消费品，定额税率适用的应税消费项目包括啤酒、黄酒、成品油，复合计税适用的应税项目包括白酒和卷烟。

（二）卷烟的适用税率

需要注意的是，卷烟在批发环节缴纳消费税，但不能抵扣以前生产环节的消费税，批发商之间销售卷烟不缴纳消费税。雪茄烟、烟丝以及其他应税消费品在批发环节不缴纳消费税，只缴纳增值税。

甲类卷烟和乙类卷烟的复合税率换算见表 7 - 2。

表 7 - 2　甲类卷烟和乙类卷烟的复合税率换算表

卷烟的税目	比例税率	定额税率		
		每支	每标准条（200 支）	每标准箱（5 万支）
甲类	56%	0.003 元/支	0.6 元/条	150 元/箱
乙类	36%	0.003 元/支	0.6 元/条	150 元/箱
批发环节卷烟	11%	0.005 元/支	1 元/条	250 元/箱

（三）酒的适用税率

自 2006 年，粮食白酒与薯类白酒的比例税率已统一为 20%，不再区分粮食白酒与薯类白酒，定额税率仍采用 0.5 元/500 克（500 毫升）的标准。

（四）兼营不同税率应税消费品的税率

纳税人兼营不同税率的应当缴纳消费税的消费品，应当分别核算不同税率的应税消费品的销售额、销售数量；未分别核算销售额、销售数量的，或者将不同税率的应税消费品组成成套消费品销售的，从高适用税率。

第三节　消费税应纳税额的计算

一、消费税的计税依据

按照现行消费税法的规定，消费税应纳税额的计算分为从价定率、从量定额和从量从价复合计税方法计算应纳税额。在计算应纳税额时，因计算方法不同计税依据不同。

（一）从价计征

在从价定率计算时，基本计税依据是销售额，特殊情况下是同类消费品价格，或者是组成计税价格。

1. 销售额的确定

销售额是纳税人销售应税消费品向购买方收取的全部价款和价外费用。包括消费税但不包括增值税。

（1）价外费用

"价外费用"是指价外向购买方收取的基金、集资费、返还利润、补贴、违约金（延期付款利息）和手续费、包装费、包装物租金、储备费、优质费、运输装卸费、代收款项、代垫款项以及其他各种性质的价外收费。但承运部门的运费发票开具给购货方的，且纳税人将该发票转交给购货方的代垫运费不包括在内。符合特定条件的代为收取的政府基金或行政事业性收费也不包括在销售额内。

其他价外费用，无论是否属于纳税人的收入，均应并入销售额计算征税。

白酒生产企业向商业销售单位收取的"品牌使用费"是随着应税白酒的销售向购货方收取的，属于应税白酒销售价款的组成部分。因此，不论企业采取何种方式或以何种名义收取价款，均应并入白酒的销售额中缴纳消费税。

（2）包装物的计税

采用从价定率办法计算应纳税额的应税消费品，包装物随同消费品一起销售的，无论包装物是否单独计价，也不论在会计上如何核算，均应并入应税消费品的销售额中征收消费税。

包装物不作价随同产品销售，而是收取押金的，此项押金则不应并入应税消费品的销售额中征税；但对因逾期未收回的包装物不再退还的和已收取时间超过 12 个月的押金，应并入应税消费品销售额中，按照所包括应税消费品的税率计算缴纳消费税。

包装物既作价随同应税消费品销售，又另外收取押金的，凡纳税人在规定的期限内没有退还的，均应并入应税消费品的销售额中，按照应税消费品的适用税率征收消费税。

对生产企业销售酒类产品（除啤酒、黄酒）而收取的包装物押金，无论押金是否返还与会计上如何核算，均需并入酒类产品销售额中，依酒类产品的适用税率征收消费税和增值税。黄酒和啤酒是定额税，所用包装物押金在收取时不计增值税和消费税，逾期不退回确认收入时，押金计入销售额中计算增值税而不计算消费税。

2. 含增值税销售额的换算

应税消费品在缴纳消费税的同时，与一般货物一样，还应缴纳增值税。按照《消费税暂行条例实施细则》的规定，应税消费品的销售额，不包括应向购货方收取的增值税税款。如果纳税人应税消费品的销售额中未扣除增值税税款，或者因不得开具增值税专用发票而发生价款和增值税税款合并收取的，在计算消费税时，应将含增值税的销售额换算为不含增值税的销售额。其换算公式为：

应税消费品的销售额 = 含增值税的销售额 ÷（1 + 增值税税率或征收率）

在使用换算公式时，应根据纳税人的具体情况分别使用增值税税率或征收率。如果消费税的纳税人同时又是增值税一般纳税人，应适用 17% 的增值税税率；如果消费税的纳税人是增值税小规模纳税人，应适用3%的征收率。

一般情况下，从价计征消费税的销售额与计算增值税的销售额是相同的内容。

（二）从量计征

在从量定额计算方法下，应税消费品的计税依据为销售数量。

1. 销售数量的确定

销售数量是指纳税人生产、委托加工和进口应税消费品的数量。具体规定为：

（1）销售应税消费品的，为应税消费品的销售数量。

（2）自产自用应税消费品的，为应税消费品的移送使用数量。

（3）委托加工应税消费品的，为纳税人收回的应税消费品数量。

（4）进口的应税消费品，为海关核定的应税消费品进口征税数量。

2. 计量单位的换算

《消费税暂行条例》规定，黄酒、啤酒是以吨为单位规定单位税额；成品油是以升为单位规定单位税额；卷烟的从量计税部分是以支为单位规定单位税额；白酒从量计税部分是以500克或500毫升为单位规定单位税额。在确定计税数量时注意使用的数据单位要与规定的计量口径一致，不一致的要换算成一致的口径。

（三）从价从量复合计征

对烟酒采用复合计税的方法。其基本计算公式为：应纳税额＝应税销售数量×定额税率＋应税销售额×比例税率。

（四）计税依据的特殊规定

1. 自设非独立核算门市部计税的规定

纳税人通过自设非独立核算门市部销售的自产应税消费品，应当按照门市部对外销售额或者销售数量计算征收消费税。

2. 应税消费品用于其他方面的规定

纳税人自产的应税消费品用于换取生产资料和消费资料、投资入股和抵偿债务等方面，应当按纳税人同类应税消费品的最高销售价格作为计税依据。

3. 关联企业间关联交易避税的防范

根据《中华人民共和国税收征收管理法实施细则》第三十八条规定，纳税人与关联企业之间的购销业务，不按照独立企业之间的业务往来作价的，税务机关可以按照下列方法调整其计税收入额或者所得额，核定其应纳税额：

（1）按照独立企业之间进行相同或者类似业务活动的价格；

（2）按照再销售给无关联关系的第三者的价格所取得的收入和利润水平；

（3）按照成本加合理的费用和利润；

（4）按照其他合理的方法。

对检查出的酒类生产企业发生的利用关联企业关联交易行为规避消费税问题，各省、自治区、直辖市、计划单列市国家税务局可根据本地区被查酒类生产企业与其关联企业间不同的核算方式，选择以上处理方法调整其酒类产品消费税计税收入额，核定应纳税额，补缴消费税。

对啤酒生产企业销售的啤酒，不得以向其关联企业的啤酒销售公司销售的价格作为确定消费税税额的标准，而应当以其关联企业的啤酒销售公司对外的销售价格（含包装物及包装物押金）作为确定消费税税额的标准，并依此确定该啤酒消费税单位税额。

二、消费税应纳税额的计算

（一）生产销售环节应纳消费税的计算

纳税人生产销售应税消费品，根据应税消费品适用的税率不同，应纳税额的计算也不同。

1. 从价定率计算

实行比例税率的应税消费品，其应纳税额的计算采用从价定率方法，应纳税额的基本计算公式为：

应纳税额 = 应税消费品的不含税销售额 × 消费税税率

【例7-1】某商业企业为增值税的一般纳税人，2016年11月份销售高档化妆品取得销售收入50 000元，销售工业用清洁剂20 000元。计算该企业应缴的消费税。

应纳消费税税额 = 50 000 ÷ （1 + 17%） × 15% = 6410.3（元）

2. 从量定额计算

实行从量定额征税的应税消费品，其应纳税额的计算采用从量定额方法。应纳税额的基本计算公式为：

应纳消费税税额 = 应税消费品的销售数量 × 单位税额

应纳税额的多少取决于应税消费品的销售数量和单位税额。

【例7-2】某酒厂5月份销售甲类啤酒500吨，每吨出厂价3000元；销售乙类啤酒400吨，每吨出厂价为2800元。计算该企业5月份应纳消费税。

应纳消费税税额 = 500 × 250 + 400 × 220 = 213 000（元）

3. 复合税率计算

对于生产销售、委托加工、进口卷烟和白酒的单位和个人，均实行从价定额和从价定率相结合计算应纳税额的复合计税方法。应纳税额的计算公式为：

应纳税额 = 应税消费品的销售数量 × 单位税额 + 应税消费品的不含税销售额 × 消费税税率

【例7-3】2013年3月，某酒厂为增值税的一般纳税人，生产粮食白酒100吨全部对外销售，取得不含税销售额500万元。计算该企业3月份应纳消费税。

应纳消费税税额 = 100 × 1000 × 2 × 0.5 + 5 000 000 × 20% = 1 100 000（元）

（二）自产自用应纳消费税的计算

自产自用是指纳税人生产应税消费品后，不是用于直接对外销售，而是用于自己连续生产应税消费品，或用于其他方面。

1. 自产自用应税消费品的计税规则

纳税人自产自用的应税消费品，用于连续生产应税消费品的，不纳税；用于其他方面的，于移送使用时纳税。

用于连续生产应税消费品，是指纳税人将自产自用的应税消费品作为直接原料生产最终应税消费品，自产自用应税消费品构成最终应税消费品的实体。例如，卷烟厂生产出烟丝，烟丝是应税消费品，如果卷烟厂用这些烟丝再连续生产卷烟，则该烟丝就不缴纳消费税，只对生产销售的卷烟征收消费税。

用于其他方面，是指纳税人用于生产非应税消费品、在建工程，管理部门、非生产机构、提供劳务、馈赠、赞助、集资、广告、样品、职工福利、奖励等方面。

用于生产非应税消费品，是指把自产的应税消费品用于生产消费税 15 个税目之外的产品。如用白酒或黄酒生产调味料酒。

用于在建工程，是指把自产应税消费品用于本单位各项建筑工程。

用于管理机构、非生产机构，是指把自产应税消费品用于与本单位有隶属关系的管理部门或非生产机构。

用于提供劳务，是指把自产应税消费品用于提供运输、建筑、加工、修理修配等劳务。

用于馈赠、赞助、集资、广告、样品、职工福利、奖励，是指把自己生产的应税消费品无偿赠送给他人或以资金的形式投资于外单位某些事业或作为商品广告、经销样品或以福利、奖励的形式发给职工。

2. 自产自用应税消费品的税额计算

（1）按同类消费品销售价格计税

纳税人自产自用的应税消费品，凡用于其他方面，应当纳税的，按照纳税人生产的同类消费品的销售价格计算纳税。同类消费品的销售价格是指纳税人当月销售的同类消费品的销售价格。如果当月同类消费品各期销售价格高低不同，应按销售数量加权平均计算。但销售的应税消费品有下列情况之一的，不得列入加权平均计算：

第一，销售价格明显偏低又无正当理由的；

第二，无销售价格的，如果当月无销售或者当月未完结，应按照同类消费品上月或最近月份的销售价格计算纳税。

实行从价定率办法计算纳税的公式为：

应纳税额＝同类消费品的不含增值税销售价格×自产自用数量×适用消费税税率

实行从价从量复合计征的公式为：

应纳税额＝自产自用数量×定额税率＋同类消费品的不含增值税销售价格×自产自用数量×比例税率。

（2）按组成计税价格计税

自产自用应税消费品没有同类消费品销售价格的，按照组成计税价格计算纳税。

实行从价定率办法计算纳税的，组成计税价格的公式是：

组成计税价格 =（成本＋利润）÷（1－消费税税率）

= 成本（1＋成本利润率）÷（1－消费税税率）

应纳税额 = 组成计税价格×消费税税率

实行复合计税办法计算纳税的，组成计税价格的公式是：

组成计税价格 =（成本＋利润＋自产自用数量×定额税率）÷（1－消费税税率）

=〔成本（1＋成本利润率）＋自产自用数量×定额税率〕÷（1－消费税税率）

上述公式中所说的"成本"，是指应税消费品的产品生产成本。

上述公式中所说的"利润"，是指根据应税消费品的全国平均成本利润率计算的利润。平均利税率见表7－3。

（3）按自产自用数量计税

纳税人自产自用实行从量计征消费税的应税消费品，按自产自用数量计税。计算公式为：

应纳税额 = 自产自用数量×单位税额

表7－3　平均成本利润率

消费品名称	平均成本利润率	消费品名称	平均成本利润率
1. 甲类卷烟	10%	11. 摩托车	6%
2. 乙类卷烟	5%	12. 高尔夫球及球具	10%
3. 雪茄烟	5%	13. 高档手表	20%
4. 烟丝	5%	14. 游艇	10%
5. 粮食白酒	10%	15. 木制性一次筷子	5%
6. 薯类白酒	5%	16. 实木地板	5%
7. 其他酒	5%	17. 乘用车	8%
8. 高档化妆品	5%	18. 中轻型商用车	5%
9. 鞭炮、烟火	5%	19. 电池	4%
10. 贵重首饰及珠宝玉石	6%	20. 涂料	7%

【例7－4】某卷烟厂新生产出一种卷烟，提供10标准箱参加博览会，由于价格未定，因此按实际生产成本每标准箱（50 000支）1000元的价格计算，已知其成本利润率为10%。计算其应缴纳的消费税。

组成计税价格 =〔1 000×10×（1＋10%）＋10×50 000×0.003〕÷（1－56%）

= 28409.09（元）

应纳消费税税额 = 10×50 000×0.003＋28409.09×56% = 17409.09（元）

（三）委托加工环节应纳消费税的计算

1. 委托加工应税消费品的计税规定

委托加工应税消费品是指由委托方提供原料和主要材料，受托方只收取加工费和代垫部分辅助材料加工的应税消费品。

为了避免应缴税款的流失，对委托加工应税消费品应纳消费税，采取了源泉控制的管理办法。委托加工的应税消费品，除受托方为个人外，由受托方在向委托方交货时代收代缴税款。委托加工收回后用于连续生产应税消费品的，已纳的消费税税款准予按规定扣除。委托方将收回的应税消费品以不高于受托方的计税价格出售的，为直接出售，不再缴纳消费税；委托方以高于受托方的计税价格出售的，不属于直接出售，需按规定申报缴纳消费税，计税时准予扣除受托方已代收代缴的消费税。

对于受托方没有按规定代收代缴税款的，按照税收征管法规定，受托方要承担补税和罚款的法律责任，同时委托方也有补缴税款的责任。对委托方补缴税款的计税依据是：（1）收回的应税消费品，已经直接销售的按销售额计税；（2）尚未销售或不能销售的，按组成计税价格计税。

2. 应纳税额的计算

委托加工的应税消费品，对于实行从量定额征收的应税消费品，应按纳税人收回的应税消费品数量和规定的单位税额计算应纳税额；对于实行从价定率或复合计税办法征收的应税消费品，按照受托方的同类消费品的销售价格计算纳税，没有同类消费品销售价格时，按照组成计税价格计算纳税。

实行从价定率办法计算纳税的，组成计税价格的公式是：

组成计税价格 =（材料成本 + 加工费）÷（1 - 消费税税率）

应纳税额 = 组成计税价格 × 消费税税率

实行复合计税办法计算纳税的，组成计税价格的公式是：

组成计税价格 =（材料成本 + 加工费 + 委托加工数量 × 定额税率）÷（1 - 消费税税率）

上述公式的"材料成本"是指委托方所提供加工材料的实际成本。委托加工应税消费品的纳税人，必须在委托加工合同上如实注明（或以其他方式提供）材料成本，凡未提供材料成本的，受托方所在地主管税务机关有权核定其材料成本。"加工费"是指受托方加工应税消费品向委托方所收取的全部费用（包括代垫辅助材料的实际成本，不包括增值税税金）。

（四）进口环节应纳消费税的计算

进口应税消费品，于报关进口时由海关代征进口环节的消费税。由进口人或其代理人向报关地海关申报纳税，自海关填发海关进口消费税专用缴款书之日起 15 日内缴纳税款。

1. 实行从价定率计税的

进口应税消费品，实行从价定率办法计算纳税的，按组成计税价格计税，组成计税价格的公式是：

　　组成计税价格 = 关税完税价格 + 关税 + 消费税

　　　　　　　　= （关税完税价格 + 关税） ÷ （1 - 消费税税率）

　　应纳税额 = 组成计税价格 × 消费税税率

2. 实行从量定额计税的

进口应税消费品，实行从量定额办法计算纳税的，应纳税额的公式是：

应纳税额 = 进口数量 × 消费税单位数额

3. 实行复合计税的

应纳税额的公式是：

应纳税额 = 组成计税价格 × 消费税比例税率 + 进口数量 × 消费税单位数额

组成计税价 = （关税完税价格 + 关税 + 进口数量 × 消费税单位数额） ÷ （1 - 消费税税率）

【例 7 - 5】某外贸公司进口一批小汽车，关税完税价折合人民币 500 万元，关税税率 25%，消费税税率为 9%，计算该企业进口应纳消费税。

进口小汽车应纳消费税 = 500 × （1 + 25%） / （1 - 9%） × 9% = 61.81 万元

4. 卷烟进口环节应纳消费税的计算

对卷烟征收进口环节消费税时，应同时征收消费税定额税和从价税。计征从价税时，应先根据确定消费税适用比例税率的价格确定进口卷烟所适用的消费税税率，然后再根据组成计税价格和所适用的消费税税率，征收应纳税款。具体计税方法如下：

（1）每标准条进口卷烟（200 支）确定消费税适用比例税率的价格 = （关税完税价格 + 关税 + 消费税定额税率） / （1 - 消费税税率）。其中，关税完税价格和关税为每标准条的关税完税价格及关税税额；消费税定额税率为每标准条（200 支）0.6 元（依据现行消费税定额税率折算而成）；消费税税率固定为 36%。

（2）每标准条进口卷烟（200 支）确定消费税适用比例税率的价格 ≥ 70 元人民币的，适用比例税率为 56%；每标准条进口卷烟（200 支）确定消费税适用比例税率的价格 < 70 元人民币的，适用比例税率为 36%。

（4）进口卷烟消费税组成计税价格 = （关税完税价格 + 关税 + 消费税定额税） / （1 - 进口卷烟消费税适用比例税率）。

（5）应纳消费税税额 = 进口卷烟消费税组成计税价格 × 进口卷烟消费税适用比例税率 + 消费税定额税。

其中，消费税定额税 = 海关核定的进口卷烟数量 × 消费税定额税率，消费税定额税率为每标准箱（50000 支）150 元。

【例 7 - 6】某烟草公司 2014 年 4 月份进口 400 标准箱卷烟，关税完税价格合计为 600 万元，进口关税 180 万元，则该烟草公司当期应缴纳进口消费税多少万元。

每标准条进口卷烟关税完税价格 = 600 × 10000 ÷ 400 箱 ÷ 250 条 = 60 （元）

每标准条进口卷烟关税 = 180 × 10000 ÷ 400 ÷ 250 = 18 （元）

每标准条进口卷烟确定消费税适用比例税率的价格 =（关税完税价格 + 关税 + 消费税定额税率）/（1 – 消费税税率）=（60 + 18 + 0.6）/（1 – 36%）= 122.81（元）> 70 元

进口卷烟消费税适用比例税率 56%

进口环节应缴纳消费税 =（关税完税价格 + 关税 + 消费税定额税）/（1 – 适用的消费税比例税率）× 适用的消费税比例税率 + 定额税 =（600 + 180 + 400 × 150 ÷ 10000）/（1 – 56%）× 56% + 400 × 150 ÷ 10000 = 1006.36（万元）

（五）已纳消费税扣除的计算

1. 外购应税消费品已纳税款的扣除

现行消费税法规定，纳税人将外购（包括进口）的已税消费品用于连续生产应税消费品的，在计算应纳消费税时，允许扣除当期生产领用的外购已税消费品的已纳消费税额，以避免重复征税，使得用外购已税消费品连续生产的应税消费品，与用自产应税消费品连续生产的应税消费品的税负基本相同。允许扣除的范围是：（1）以外购已税烟丝生产的卷烟；（2）以外购已税高档化妆品生产的高档化妆品；（3）以外购已税珠宝玉石生产的贵重首饰及珠宝玉石；（4）以外购已税鞭炮、焰火生产的鞭炮、焰火；（5）以外购已税杆头、杆身和握把为原料生产的高尔夫球杆；（6）以外购已税木制一次性筷子为原料生产的木制一次性筷子；（7）以外购已税实木地板为原料生产的实木地板；（8）以外购已税摩托车连续生产的应税摩托车；（9）以外购已税汽油、柴油、石脑油、燃料油和润滑油连续生产的应税成品油。

扣除计算公式如下：

当期准予扣除的外购应税消费品已纳税款

= 当期准予扣除的外购应税消费品买价 × 外购应税消费品适用税率

当期准予扣除的外购应税消费品买价

= 期初库存的外购应税消费品买价 + 当期购进的应税消费品买价 – 期末库存的外购应税消费品买价

买价是指发票上的销售额，不包括增值税额。

2. 委托加工收回的应税消费品已纳税款的扣除

委托加工的应税消费品，委托方在提取货物时已由受托方（受托方为个人的除外）代收代缴了消费税，委托方收回后用于连续生产成另一种应税消费品的，销售时还应按新的消费品纳税。为了避免重复征税，税法规定部分项目已纳税款准予扣除，允许扣除的范围是：

（1）以委托加工收回的已税烟丝为原料生产的卷烟；

（2）以委托加工收回的已税高档化妆品为原料生产的高档化妆品；

（3）以委托加工收回的已税珠宝玉石为原料生产的贵重首饰及珠宝玉石；

（4）以委托加工收回的已税鞭炮、焰火为原料生产的鞭炮、焰火；

（5）以委托加工收回的已税杆头、杆身和握把为原料生产的高尔夫球杆；

（6）以委托加工收回的已税木制一次性筷子为原料生产的木制一次性筷子；

（7）以委托加工收回的已税实木地板为原料生产的实木地板；

（8）以委托加工收回的已税摩托车连续生产的应税摩托车；

（9）以委托加工收回的已税汽油、柴油、石脑油、燃料油和润滑油连续生产的应税成品油。

扣除税额按当期生产领用量计算。计算公式是：

当期准予扣除的委托加工应税消费品已纳税款 = 期初库存的委托加工应税消费品已纳税款 + 当期收回的委托加工应税消费品已纳税款 - 期末库存的委托加工应税消费品已纳税款

纳税人用外购或委托加工收回的已税珠宝玉石生产的改在零售环节征收消费税的金银首饰在计税时一律不得扣除外购或委托加工收回的珠宝玉石的已纳消费税税款。

第四节　出口应税消费品的退税

纳税人出口应税消费品给予出口退税（免）税优惠。纳税人出口适用零税率的货物，向海关办理报关出口手续后，凭出口报关单等有关凭证，按月向税务机关申报该项出口货物的退税。

一、出口退税税率（税额）的规定

计算出口应税消费品应退消费税的税率或单位税额，依据《中华人民共和国消费税暂行条例》规定的税率或税额执行。这是退（免）消费税与退（免）增值税的一个重要区别。出口的货物是应税消费品时，其退还增值税要按规定的退税率来计算；退还的消费税则按应税消费品所使用的税率，计算应退消费税税额。

二、出口应税消费品退（免）税政策

出口应税消费品退（免）消费税在政策上分为以下三种情况：

1. 出口免税并退税

适用这一政策的是：有出口经营权的外贸企业购进应税消费品直接出口，以及外贸企业受其他外贸企业委托代理出口应税消费品。

这里需要重申的是，外贸企业只有受其他外贸企业委托，代理出口应税消费品才可办理退税，外贸企业受其他企业（主要是非生产性的商贸企业）委托，代理出口应税消费品是不予退（免）税的。这个政策限定与前述出口货物退（免）增值税的政策规定是一致的。

2. 出口免税但不退税

适用这一政策的是：有出口经营权的生产性企业自营出口或生产企业委托外贸企业代理出口自产的应税消费品，依据其实际出口数量免征消费税，不予办理退还消费税。

这里，免征消费税是指对生产性企业按其实际出口数量免征生产环节的消费税。不予办理退还消费税，是指因已免征生产环节的消费税，该应税消费品出口时，已不含有消费税，所以也无须再办理退还消费税了。这项政策规定与前述生产性企业自营出口或委托代理出口自产货物退（免）增值税的规定是不一样的。其政策区别的原因是，消费税仅在生产企业的生产环节征收，生产环节免税了，出口的应税消费品就不含有消费税了；而增值税却在货物销售的各个环节征收，生产企业出口货物时，已纳的增值税就需退还。

3. 出口不免税也不退税

适用这一政策的是：除生产企业、外贸企业外的其他企业，具体是指一般商贸企业，这类企业委托外贸企业代理出口应税消费品一律不予退（免）税。

三、出口应税消费品退税额的计算

外贸企业从生产企业购进货物直接出口或受其他外贸企业委托代理出口应税消费品的应退消费税税款，分两种情况处理：

1. 属于从价定率计征消费税的应税消费品，应依照外贸企业从工厂购进货物时征收消费税的价格计算应退消费税税款，其公式为：

应退消费税税款＝出口货物的工厂销售额×消费税税率

上述公式中"出口货物的工厂销售额"不包含增值税。对含增值税的销售额应换算为不含增值税的销售额。

2. 属于从量定额计征消费税的应税消费品，应依货物购进和报关出口的数量计算应退消费税税款。其公式为：

应退消费税税款＝出口数量×单位税额

四、出口应税消费品办理退（免）税后的管理

出口的应税消费品办理退税后，发生退关，或者国外退货进口时予以免税的，报关出口者必须及时向其所在地主管税务机关申报补缴已退的消费税税款。

纳税人直接出口的应税消费品办理免税后发生退关或国外退货，出口时已予以免税的，经所在地主管税务机关批准，可暂不办理补税，待其转为国内销售时，再向其主管税务机关申报补缴消费税。

第五节　消费税的征收管理

一、纳税义务发生时间

1. 纳税人销售的应税消费品，其纳税义务发生的时间为：

（1）纳税人采取赊销和分期收款结算方式的，其纳税义务的发生时间，为销售合

同规定的收款日期的当天。书面合同没有约定收款日期或者无书面合同的，为发出应税消费品的当天。

（2）纳税人采取预收货款结算方式的，其纳税义务的发生时间，为发出应税消费品的当天。

（3）纳税人采取托收承付结算方式销售的应税消费品，其纳税义务的发生时间，为发出应税消费品并办妥托收手续的当天。

（4）纳税人采取其他结算方式的，其纳税义务的发生时间，为收讫销售款或者取得索取销售款的凭据的当天。

2. 纳税人自产自用的应税消费品，其纳税义务的发生时间，为移送使用的当天。

3. 纳税人委托加工的应税消费品，其纳税义务的发生时间，为纳税人提货的当天。

4. 纳税人进口的应税消费品，其纳税义务的发生时间，为报关进口的当天。

二、纳税期限

消费税的纳税期限分别为 1 日、3 日、5 日、10 日、15 日或者 1 个月或者 1 个季度。纳税人的具体纳税期限，由主管税务机关根据纳税人应纳税额的大小分别核定。不能按照固定期限纳税的，可以按次纳税。

纳税人以 1 个月或者 1 个季度为一个纳税期的，自期满之日起 15 日内申报纳税；以 1 日、3 日、5 日、10 日，或者 15 日为 1 个纳税期的，自期满之日起 5 日内预缴税款，于次月 1 日起 15 日内申报纳税并结清上月应纳税款。

纳税人进口应税消费品，应当自海关填发税款缴纳证的次日起 15 日内缴纳税款。

三、纳税地点

1. 纳税人销售的应税消费品及自产自用的应税消费品，除国家另有规定外，应当向纳税人机构所在地或者居住地的主管税务机关申报纳税。

2. 纳税人到外县（市）销售或委托外县（市）代销自产应税消费品的，于应税消费品销售后，向机构所在地或者居住地的主管税务机关申报纳税。

3. 纳税人总机构和分支机构不在同一县（市）的，应当分别向各自机构所在地的主管税务机关申报纳税。经财政部、国际税务总局或者其授权的财政、税务机关批准，可以由总机构汇总向总机构所在地的主管税务机关申报纳税。

4. 委托加工的应税消费品，除受托方为个人外，由受托方向机构所在地主管税务机关解缴消费税税款。

5. 进口的应税消费品，由进口人或由其代理人向报关地海关申报纳税。个人携带或者邮寄进境的应税消费品，连同关税由海关一并计征。

金银首饰进口环节消费税，在零售环节征收。

关 键 术 语

消费税 消费税税目 消费税税率 从价定率 从量定额 复合计税 组成计税价

销售额　销售数量　自产自用　委托加工

思考题

1. 消费税与增值税有何关系？
2. 为什么消费税税法无税收优惠政策？
3. 在从价定率和复合计税中，用于计算从价部分消费税的销售额与计算增值税销项税销售额是否一致？
4. 消费税、增值税与价格有何关系？

练习题

1. 某实木地板厂为增值税一般纳税义务人，某月外购 10 万元（不含增值税）的实木地板，当月消耗 9 万元继续加工实木地板，销售加工完成的实木地板取得不含增值税的销售收入 15 万元，计算该企业应纳消费税。（实木地板消费税税率为 5%）

2. 某纳税义务人提供原料 62 万元（不含增值税），委托 A 厂（增值税一般纳税义务人）加工高档化妆品，提货时支付加工费及增值税税金 9.36 万元。A 厂同类化妆品的售价为 83.2 万元（不含税价）。计算 A 厂应代收代缴的消费税是多少？（高档化妆品的消费税税率为 15%）

3. 某商业企业从国外进口一批高档化妆品，海关核定的关税完税价格为 82000 元（关税税率为 20%，消费税税率为 15%），已取得海关开具的完税凭证。当月该企业把其中的一部分高档化妆品在国内市场销售，取得不含税销售收入 142000 元，计算该企业在进口环节、销售环节应纳税额是多少。

4. 某市一卷烟生产企业为增值税一般纳税义务人，12 月有关经营情况如下：

经专卖局批准，销售卷烟给各商场 1200 标准箱，取得不含税销售收入 3600 万元，由于货款收回及时给了各商场 2% 的折扣；销售给各类卷烟专卖店 800 标准箱，取得不含税销售收入 2400 万元。

取得专卖店购买卷烟延期付款的补贴收入 21.06 万元，已向对方开具了普通发票。

销售雪茄烟 300 箱给各专卖店，取得不含税销售收入 600 万元；以雪茄烟 40 箱换回小轿车 2 辆，大货车 1 辆；零售雪茄烟 15 箱，取得含税收入 35.1 万元；取得过期的雪茄烟包装物押金收入 7.02 万元。

（注：卷烟每标准箱为 250 标准条，每标准条为 200 支；相关票据已通过主管税务机关认证）要求：按下列顺序回答问题

（1）计算 12 月份与销售卷烟相关的销项税额；
（2）计算 12 月份与销售雪茄烟相关的销项税额；
（3）计算 12 月份与销售卷烟相关的消费税；
（4）计算 12 月份与销售雪茄烟相关的消费税；
（5）计算 12 月份应缴纳的消费税。

第八章
关　税

　　关税是对进出口贸易征收的流转税，不仅是各国取得财政收入的重要工具，也是国家实施贸易政策的重要手段。1951 年，我国颁布了《中华人民共和国海关进出口税则》和《海关进出口税则暂行条例》，1985 年对此关税制度进行了全面改革，在 1987 年和 1992 年又进行了两次调整。我国现行关税遵循的基本规范是 2000 年、2003 年发布的《中华人民共和国海关法》和《中华人民共和国进出口关税条例》，之后在 2012 年对部分政策进行了调整。本章主要知识点包括：关税的概念与特征，关税的分类，关税的产生和发展，关税的纳税人、征税对象、税率等制度规定，关税的计算，关税的缴纳和减免等。本章重点是进口货物和出口货物关税的计算，难点是进口货物和出口货物完税价格的计算。

第一节　关税概述

一、关税的概念

　　关税是国家海关依据国家规定对进出国境或关境的货物和物品征收的一种税。

　　上述概念中的国境和关境是两个既有联系，又不完全相同的概念。国境是指一个主权国家的领土范围，而关境是指执行统一关税税则法令的关税政策领域。在一般情况下，国境和关境是一致的，货物进出国境，也就是进出关境，要征收关税。但是，当国境内设有免税的自由港、自由贸易区、海关保税仓库时，关境就小于国境。如我国根据《中华人民共和国香港特别行政区基本法》和《中华人民共和国澳门特别行政区基本法》，香港和澳门保持自由港地位，为我国单独的关税地区，即单独关境区。单独关境区是不完全适用该国海关法律、法规或实施单独海关管理制度的区域。当几个国家结成关税同盟，各成员国之间相互取消关税，对外实行共同的关税税则时，关境就包括了缔约的几个国家的领土，此时，对各成员国来说，关境就大于国境，如欧盟。关税在出入关境时征收。

二、关税的特点

　　关税属于流转税，除具有按商品流转额征税、实行比例税率等一般特点外，还有其自身的特点。

（一）以国境或关境为范围统一征税

我国的关税，以统一的关境为征税范围，货物在进出关境时，按照统一实施的关税税则征收一次关税后，就可以在整个关境内流通，不再征收关税。

（二）以进出国境（关境）的货物和物品为征税对象

只有进出国境（关境）的货物和物品，才征收关税，未进出国境（关境）的货物和物品不属于关税的征收对象。所谓货物，是指贸易性的进出口商品；所谓物品，是指非贸易性的进口物品，包括入境旅客携带的行李物品，个人邮递物品，运输工具上服务人员携带的物品，以及其他方式进口的个人自用物品。

（三）以到岸价格或离岸价格确定完税价格

关税的完税价格，即计算征收关税的计税依据，在国际上有共同性的规定。我国《海关法》规定："进口货物以海关审定的正常到岸价格为完税价格；出口货物以海关审定的正常离岸价扣除出口税为完税价格；进出境物品的完税价格由海关确定。"所谓到岸价格，是在国际贸易中，以货物装上运输工具并支付运费、保险费为条件的价格，因而又称为"成本加运费和保险费价格"。所谓离岸价格，是在国际贸易中，以货物装上运载工具为条件的价格，因而又称为"船上交货价格"。

（四）实行复式税则制

关税的税则是指有关关税课征范围及其税率的统称。复式税则又称多栏税则，是指一个税目设有两个或两个以上的税率，根据进口货物原产国的不同，分别适用高低不同的税率。我国关税税则对进口货物规定有最惠国税率、协定税率、特惠税率、普通税率、关税配额税率等多种税率形式。这种复式税则制充分反映了关税具有维护国家主权、平等互利发展经济贸易往来和经济技术合作的特点。

三、关税的分类

按照不同的标准，可以将关税划分成不同的类型：

1. 按货物的不同流向，可分为进口税、出口税和过境税

（1）进口关税，即对从国外输入的货物征收的关税。

（2）出口关税，是对出口货物征收的一种关税。

（3）过境关税，又称"通过税"。是对通过本国国境或关境的外国货物征收的一种关税。

2. 按征收目的分类，可分为财政性关税和保护性关税

（1）财政性关税，又称"收入关税"。它是以增加政府财政收入为主要目的而征收的关税。

（2）保护性关税，它是以保护本国经济发展为主要目的而征收的关税。

3. 按不同国家货物或货物输入的不同情况，可分为差别关税和优惠关税

（1）差别关税，它是指对同一种进口货物，由于输出国或生产国不同或者输入情

况不同，采用不同税率征收的关税。差别关税有广义和狭义两种：广义差别关税包括对所有进口商品针对不同国家用不同税率征收；狭义差别关税是对一部分进口商品，按不同国家、价格或进口方式等分别按不同税率征收的关税。差别关税包括报复关税、反倾销关税、反补贴关税等。

（2）优惠关税，即使用低于一般税率征收的一种关税。严格地讲，它是差别关税的一种。优惠关税主要有：①互惠关税。即两国协定相互给予对方优惠待遇的一种协定关系。根据自愿协商、互惠互利、有利于发展双边贸易关系的原则，双方协定对对方出口的货物，相互免征关税或采用较低的关税税率。②特惠关税。是对有特殊关系的国家，单方面或相互间按协定采用特别低的进口税率甚至免税的一种关税。③最惠国待遇。是缔约国一方现在或将来给予任何第三国的一切特权、优惠和豁免，也同样给予对方的一种优惠待遇。它分为无条件最惠国待遇和有条件最惠国待遇。最惠国待遇一般是相互给予的，并在通商航海条约或贸易协定中加以规定。④普遍优惠制，又称普惠制。是经济发达国家对从发展中国家或地区输入的商品，特别是制成品或半成品，普遍给予优惠的关税制度。

四、中国关税政策

新中国诞生后，建立了完全独立自主的关税制度和海关管理制度。1949 年 10 月，设立了海关总署，统一领导全国海关机构和业务。1951 年颁布了《中华人民共和国海关进出口税则》和《海关进出口税则暂行条例》。这两个最基本的文件一直执行到 1985 年 3 月。由于改革开放，1951 年颁布的海关税则和实施条例已不适应新形式的发展要求。为此，1985 年对关税制度进行了全面修改，制定了新的《中华人民共和国海关进出口关税条例》（以下简称《进出口关税条例》）和《中华人民共和国海关进出口税则》（以下简称《进出口税则》）。1987 年 1 月又颁布了《中华人民共和国海关法》，之后，在 1987 年和 1992 年先后两次修订了《中华人民共和国进出口关税条例》。我国现行关税的基本规范是 2000 年 7 月修正颁布的《中华人民共和国海关法》以及 2003 年 10 月 29 日发布的《中华人民共和国进出口关税条例》。

为适应社会主义市场经济发展的需要，2012 年海关总署重新修订了《中华人民共和国进境物品归类表》及《中华人民共和国进境物品完税价格表》，保证了我国关税制度的动态、规范调整。

关税政策是国家在一定时期内根据本国经济和社会发展的要求以及国际贸易状况而运用关税手段达到一定目的所制定的基本方针和行为准则。国家的关税政策具体体现在各项关税制度上。

一般而言，关税政策可以分为财政关税和保护关税。财政关税主要是为了增加国家财政收入而征收的关税。保护关税主要是为了保护本国经济而征收的关税。财政关税和保护关税很难截然分开，财政关税同样可以起到保护关税的作用，保护关税也同样可以起到财政关税的效果。因此，要判断一个国家的关税政策究竟是财政关税政策还是保护关税政策，往往只能根据制定关税政策时的主观目的加以区分。在多边贸易体制中，越来越多的国家积极倡导削减关税、取消关税壁垒，同时又不放弃关税保护措施。因此，现在世界各国的的关税政策既不是简单的财政关税，也不是单纯的保护关税，而是一种两者的混合型关税政策。当然一个国家采取什么样的关税政策，必须与该国经济发展的水平、经济体制、国际贸易状况以及对外交往等因素的变化相适应。

新中国成立之初，根据当时的基本国情和国际环境，我国建立了完全独立自主的保护关税制度。它的基本原则是：

（1）在国内能大量生产的或暂时还不能大量生产，但将来有发展可能的工业品及半成品，在进口同样的这些商品时，海关税率应高于该商品成本与我国同样货品的成本间的差额，以保护本国民族经济。

（2）对一切奢侈品和非生活必需品，制定更高的税率。

（3）对国内生产很少或不能生产的设备器材、工业原料、农业机械、粮食种子及肥料等，其税率要低或免征关税。

（4）凡一切必需的科学图书与防治农业病虫害等物品，以及若干国内不能生产或国内药品所不能代替的药品的输入，免征或减征关税。

（5）海关税则对进出口货物有两种税率：凡与中华人民共和国有贸易条约或协定的国家，应该规定一般的正常的税率；凡与中华人民共和国没有贸易条约或协定关系的国家，要规定比一般较高的税率。

（6）为了发展我国出口货物的生产，对于经由中央人民政府所奖励的一切半成品及加工原料的输出，只限定很低的税率或免税出口。

改革开放以后，我国的经济体制发生了根本性的变革，经济获得了迅猛的增长，为了适应新情况的变化，1984年，国家对《进出口税则》进行了修订，所体现的总体原则是：

（1）对进口国家建设和人民生活必需的，而国内又不能生产或供应不足的动、植物良种、肥料、饲料、药剂、精密仪器仪表、关键机器设备和粮食等实行低税率或免税。

（2）对原料、材料的进口税率，一般比半成品或成品为低，特别是受自然条件制约，国内生产短期不能迅速发展的原料、材料的税率应更低。

（3）对国内不能生产的或质量不过关的机械设备和仪器仪表的零件、部件进口税率应比整机为低。

（4）对国内已能生产和非国计民生必需的物品，应制定较高的税率。

（5）对国内需要保护和国内外差价大的产品应适用更高的的税率。

（6）对绝大多数出口货物不征出口税，但对国内外差价大，在国际市场上容量有限，而又竞争力强的货物，以及需要限制出口的极少数原料、材料和半成品，必要时可以征收适当的出口税。

第二节 关税的基本规定

一、关税的征税对象和纳税人

我国关税的征税对象是进出国境或关境的货物和物品。所谓货物是指贸易性商品，所谓物品是指非贸易性商品，包括出入境旅客随身携带的行李物品、个人邮递物品、各种运输工具上服务人员携带进口的自用物品以及其他方式进口的个人物品。

由于关税的征税对象分为贸易性商品和非贸易性商品，因而它的纳税人也分为两类：一是贸易性商品的纳税人，即经营进口货物的收货人、出口货物的发货人或进出口货物的代理人；二是非贸易性物品的纳税人，即物品的所有人、持有人或收件人。

二、进口货物的征税范围和税率

（一）征税范围

我国对进口货物实行普遍征税。我国进口商品依据国际《商品名称及编码协调制度》编排方法进行归类，具体分为活动物、动物产品；植物产品；动植物油、脂，精制的食用油脂；食品、饮料、酒及醋；烟草；矿产品；化工产品；皮及皮草制品；木及木制品；纸及纸制品；纺织原料及其制品；鞋、帽、伞；石料、水泥及陶瓷玻璃制品；珍珠、宝石及贵金属；机电产品；车辆及船舶；仪器、仪表产品、武器及弹药产品；艺术品及杂项等 21 大类。

（二）税率设计

我国加入 WTO 之后，为履行在加入 WTO 关税减让谈判中承诺的有关义务，享有 WTO 成员应有的权利，根据《关税条例》，自 2002 年 1 月 1 日起，我国进口税则设有最惠国税率、协定税率、特惠税率、普通税率、关税配额税率等多种税率形式。对进口货物在一定期限内可以实行暂定税率。

原产于共同适用最惠国待遇条款的世界贸易组织成员的进口货物，原产于与我国签订含有最惠国待遇条款的双边贸易协定的国家或地区的进口货物，以及原产于我国境内的进口货物，适用最惠国税率；原产于与我国签订含有关税优惠条款的区域性贸易协定的国家或地区的进口货物，适用协定税率；原产于与我国签订含有特殊关税优惠条款的贸易协定国家或地区的进口货物，适用特惠税率；原产于上述国家或地区以外的其他国家或地区的进口货物，以及原产地不明的进口货物，适用普通税率。

我国进口关税税率总水平 1992 年为 43.2%，以后 10 年多次大面积、大幅度调低进口关税税率，2002 年降至 12%。为履行加入 WTO 承诺的有关义务，2002 年后我国关税税率进一步降低，2003 年关税总水平为 11%，2005 年为 9.9%，2008 年为 9.8%。中国完成了加入 WTO 降低相关货物贸易关税的所有承诺，下一步可能随着在国际贸易中地位的发展演变，会进一步降低进口关税税率。

三、出口货物的征税范围及税率

（一）征税范围

为了更好地促进我国对外贸易的发展，以提高我国商品在国际市场上的竞争能力，我国对一般出口商品不征出口关税，只对出口盈利特高、需防止削价竞销，以及国内紧俏的少数商品和需要保护的自然资源商品征收出口税。现行征收出口关税的商品有鳗鱼苗、钨矿砂、锑、镍、山羊板皮、生丝、对虾等 36 种。

（二）税率设计

我国出口不分普通和最低税率，只按一种差别比例税率征税。其中，最低为 20%，最高为 40%。

第三节　关税的计算

关税应税货物的完税价格是计算关税应纳税额的依据。要正确计算应纳关税的税额，首先必须要准确确定应税货物的完税价格。

一、进口货物的完税价格

1. 一般贸易方式进口货物完税价格的确定

进口货物以海关审定的正常成交价格为基础的到岸价格作为完税价格。到岸价格包括货价以及货物运抵我国关境内输入地点起卸前的包装费、运费、保险费和其他劳务费等在内的交货价格。输出国征收的出口税以及买方付给国外有确切凭证的佣金、劳务费，进口方以在境内制造、使用、出版、发行、播映为目的而向境外卖方支付的与该进口货物有关的专利、商标、著作权、专用技术、计算机软件等费用，应包括在到岸价格内。但卖方付给买方的佣金、回扣，工业设施、机械设备类货物进口后发生的基建、安装、调试、技术指导等费用要从到岸价格内扣除。

计算公式为：

（1）以境外口岸离岸价格成交的，应当另加该项货物从境外发货口岸或境外交换口岸运达我国境内前实际运费和保险费，其完税价格的计算公式为：

$$完税价格 = 离岸价格 + 运费 + 保险费$$

（2）以运抵我国境内口岸的货价加运费价格成交的，应另加保险费，其完税价格的计算公式为：

$$完税价格 = 货价 + 运费 + 保险费$$

2. 特殊贸易方式进口货物完税价格的确定

（1）运往境外加工的货物。出境时已向海关报明，并在海关规定期限内复运进境的，应以加工后的货物进境时的到岸价格与原出境货物或者相同及相类似货物在进境时的到岸价格之间的差额，作为完税价格。如原出境货物在进境时的到岸价格无法得到时，可以采用原出境货物申报出境时的离岸价格。如以上两种货物的到岸价格都无法得到时，可以用原出口货物在境外加工时支付的工缴费，加上运抵我国关境起卸前的包装费、运费、保险费等一切费用，作为完税价格。

（2）运往境外修理的机械器具、运输工具或者其他货物。出境时已向海关报明并在海关规定期限内复运进境的，应以海关审定的正常修理费和料件费作为完税价格。如果该货物运回时，还向外方支付了运费、保险费等，也要计算在完税价格内。

（3）以租赁（包括租借）方式进境的货物，以海关审定的货物的正常租金作为完税价格。如租赁进口货物是一次性支付租金，则可以海关审定该项进口货物的到岸价格作为完税价格。

二、进口货物海关估定价格的确定

进口货物成交价格经海关审查未能确定的，应依次按以下价格为基础估定完税价格。

1. 以该货物的同一出口国或者地区购进的相同货物的成交价格为基础的到岸价格作为完税价格。

2. 以该货物的同一出口国或者地区购进的类似货物的成交价格为基础的到岸价格作为完税价格。

3. 以该货物的相同或者类似货物的国际市场价格为基础的到岸价格作为完税价格。

4. 以相同或者类似进口货物在国内市场的批发价格，减去进口关税和进口环节其他税收以及进口后的正常运输、储存、营业费用及利润后的价格作为完税价格。为简化计税办法，进口后的各项费用及利润可按完税价格的20%估定。按此办法确定的进口货物的完税价格的计算公式为：

完税价格＝国内批发价格÷（1＋进口最低关税税率＋20%）

如果是在国内征收消费税的货物，则应扣除该国内税后计算，其计算公式为：

$$完税价格 = \frac{国内批发价格}{（1＋进口最低关税税率）÷（1－消费税税率）＋20\%}$$

5. 由海关按照其他合理的方法估定。

三、出口货物完税价格的确定

出口货物的完税价格，是该货物售与境外的离岸价格减去出口税后，经过海关审查确定的价格，其计算公式为：

完税价格＝售与国外的离岸价格÷（1＋出口税税率）

售与国外的离岸价格，应以实际结汇的价格或贸易合同价格作为计算依据，并且应以该项货物运离关境前的最后一个口岸的离岸价格为实际离岸价格。对于以离岸价格加运费价格和国外口岸到岸价格成交的出口货物，其价格内所包括的运费和保险费，原则上应在成交价格中扣除。按离岸价格成交的出口货物，如其价格内包括了向国外支付的佣金，应予以扣除。

进出口货物的到岸价格、离岸价格或者租金、修理费、料件费等以外币计价的，应当由海关按照填发税款缴纳证之日中国人民银行公布的人民币外汇牌价表的买卖中间价折合人民币。人民币外汇价格表未列入的外币，按国家外汇管理部门确定的汇率折合人民币。

四、关税应纳税额的计算

关税应纳税额的计算涉及应税货物进口税则归类、进口货物原产地的确定，及其计算公式。

1. 应税货物税则归类的确定

无论是进口货物还是出口货物，计算其应纳税额时首先要确定应税货物的税则归类，然后才能相应地确定其适用的税目和税率。我国关税以国际通行的《商品名称及编码协调制度》为基础进行归类，把商品分为21大类，97章，以下再分为项目、一级子目、两级子目，共5个等级，5019个税目，按8位数码编号，以确定具体商品适用的税目和税率。在确定应税货物适用的税目和税率时，还应注意《海关进出口税则》中的《类注》和《章注》对应税货物的征税问题是否有其他的或特殊的规定，以便使应税货物的归类准确无误。

2. 进口货物原产地的确定

针对进口货物是否来自于同我国订有关税和贸易互惠条款的国家或地区，确定适用普通税率还是最低税率。上述是否来自于同我国订有关税和贸易互惠条款的国家或地区是指进口商品在哪一个国家生产。因此，要确定进口货物是否适用低税率，首先要确定进口货物的原产地。我国海关总署制定了《关于进口货物原产地的暂行规定》，对进口货物的原产地做了以下规定：

（1）对于完全在一个国家内生产或制造的进口货物，生产或制造国即为该货物的原产国。

（2）经过几个国家加工、制造的进口货物，以最后一个对货物进行经济上可以视为实质性加工的国家作为有关货物的原产国。这里所说的"实质性加工"，指产品经过加工后，在《海关进出口税则》中已不按原有的税目税率征税，而应归入另外的税目征税；或者加工增值部分所占新产品总值的比例已超过30%以上的。

（3）石油产品以购自国为原产国。

（4）机器、仪器、器材或车辆所有零件、部件、配件、备件及工具，如与主件一起进口，而且数量合理，其原产地按主件的原产地予以确定；如分别进口，应按其各自的原产地确定。

进口货物的原产地，由海关予以确定。必要时，海关可以通知进口申报人交验有关国外发证机关发放的原产地证。在确定了进口货物的原产地后，对产自与我国订有关税互惠条款、贸易条约或协定的国家进口的货物，按照最低税率征税；对产自与我国未订有关税互惠条款、贸易条约或者协定的国家进口的货物，按照普通税率征税。

3. 关税的计算公式

应税货物的税则归类和进口货物原产地确定以后，即可根据应税货物的完税价格和适用税率计算进出口货物应纳的关税税额。

（1）从价税的计算公式为：应纳关税 ＝ 进出口货物完税价格 × 适用税率

（2）从量税的计算公式为：应纳关税 ＝ 进出口货物数量 × 单位税额

第四节　非贸易性进口物品的征税

非贸易性进口物品进口税，又称行李和邮递物品进口税，简称行邮税。我国关税对非贸易性（即个人）进口物品采取单独制定征税规定的办法。非贸易性物品是指入境旅客、运输工具上的服务人员携带的应税行李物品、个人邮递物品、馈赠物品以及其他方式入境的个人物品。这些物品的特点是数量零星、品种繁杂、涉及面广、政策性强，它也是海关执行关税政策，进行监管和征税的一个重要方面。行邮税征税制度包括以下几方面：

一、征税对象

行邮税一般都是非贸易性的，其征收对象为：入境旅客的行李物品、各种运输工具上服务人员携带进口的应税自用物品、个人邮递物品以及其他方式进口的个人自用物品。自 2016 年 4 月 8 日起，跨境电商零售进口商品不再按物品征收行邮税，而是改按货物征收"关税＋进口环节增值税、消费税"的综合课税，同时取消进口环节增值税、消费税的 50 元免征税额。

二、纳税人

行邮税的纳税人为入境物品的所有人（或持有人）以及进口邮件的收件人。

三、税率

行邮税采用比例税率，我国行邮税税目税率经过多次调整，现行的行邮税税率分为三个档次，分别是 15%、30%、60%。一般地说，对人民生活必需品或需用品制定较低税率，对奢侈品制定较高的税率。

四、完税价格

个人进口物品应由海关按照物品的到岸价格核定。但由于各种物品来自世界各地，同样物品的到岸价格有高有低，为了解决对应税物品核定完税价格的困难和统一审价尺度，海关编印了《进口旅客行李物品和个人邮递物品完税价格表》，全国海关统一实施。

为了平衡国内外的差价，保护国内产品生产，1981 年起对个人进口自用的电视机、收录音机、电子计算器等的完税价格由到岸价格改为参照国内零售价计税。

五、行邮税的计算与缴纳

应税进口物品由海关按照填发税款缴纳证当日有效的税率和完税价格计算征收进口税。其计算公式为：

$$进口税税额 = 完税价格 \times 进口税税率$$

应税进口物品的纳税义务人应在海关放行物品之前缴纳税款。

第五节　关税的缴纳和减免

一、关税的缴纳

进口货物的纳税人（收发货人或者他们的代理人），应在海关填发税款缴纳证之日起 15 日内（星期日和节假日除外）向指定银行缴纳税款。出口货物的纳税人除海关特准的外，应当在货物运抵海关监管区后，在装货的 24 小时以前，向货物的进出境地海关申报。逾期不缴的，除依法追缴外，由海关自到期之日起到缴清税款之日止，按日征收欠缴税款 1‰的滞纳金。海关征收的关税和滞纳金，除另有规定者外，一律按人民币计征。人民币的折合原则是：由我国海关按照签发税款缴纳证当天中国人民银行公布的人民币外汇牌价表的买卖中间价，折合计算。

（一）关税的缴纳方式

1. 集中纳税方式。指应缴纳的关税由北京海关负责计征，通过中国银行营业部集中缴入中央金库，作为中央财政收入。

2. 分散纳税方式。指应缴纳的关税在货物进出口地由当地海关就地征收，并通过地方中国银行将税款划入中央金库。

实行集中纳税办法的货物，仅限于由对外经济贸易部所属各外贸进出口总公司向国外订购并负责对外承付货款的进口货物。对于虽由外贸总公司向国外订货，但并不负责对外承付货款的进口货物，不采取集中纳税方式，而是由各进口地海关分散征税。对于出口货物，一律实行分散纳税方式，由出口货物申报人或者代理人向出口海关办理申报和纳税手续。

（二）关税缓缴

纳税人因缺乏资金或由于其他原因而造成缴纳关税困难，不能在关税缴纳期限内履行纳税义务的，可向海关申请缓纳关税。根据有关政策规定，申请缓缴的纳税人应于有关货物申报进口之日起 7 日内，向主管海关提出书面申请，并递交关税缴纳计划和由开户银行或其上级主管机关出具的纳税担保书，经海关审核批准后，可以延期缴纳税款，但最长不得超过 6 个月。

（三）关税的退还

当纳税人发生多纳税款时，可在规定的时间内由纳税人向海关申请退还多纳的税款，由海关向纳税人退还多缴的税款。发生以下情况时，纳税人可自缴纳税款之日起 1 年内，书面说明理由，连同原缴税凭证及相关资料向海关申请退税，逾期不予受理：

1. 已征进口关税的货物，因品质或规格原因，原状退货复运出境的。

2. 已征出口关税的货物，因品质或规格原因，原状退货复运进境的，并已重新缴纳因出口而退还的国内环节有关税收的。

3. 已征出口关税的货物，因故未装运出口而申报退关，经海关查验属实的。

（四）关税的补征和追征

海关在纳税人按海关核定的税额缴纳关税后，发现核定征税额少于应纳税额时，可责令纳税人补缴税款。其中，由于纳税人原因违反海关规定导致少缴税款予以追缴的称为追征，由于非纳税人原因违反海关规定导致少缴纳税款予以补交的称为补征。进出口货物完税后，海关对于补征自缴纳税款或货物放行之日起 1 年内有效，对于追征自缴纳税款或货物放行之日起 3 年内有效。

二、关税的减免税

关税的减免，是为了照顾某些特殊需要而制定的。关税的减免主要有以下几种情况：

（一）关税的法定减免

关税的法定减免，是指在《海关法》《进出口关税条例》或《海关进出口税则》中有明文规定的减免，不需要特别批准。主要有：

1. 特定对象的减免税

①一票货物的关税额在人民币 50 元以下的。

②外国政府、国际组织无偿赠送的物资。

③无商业价值的广告品及货样。

④中国缔结或者参加的国际条约规定减征、免征关税的货物、物品。

⑤因故退还，由原发货人或者他们的代理人申报进境，并提供原出口单证，经海关审查核实，可以免征进口税的货物。

2. 损坏货物的酌情减免税

①在境外运输途中或者在起卸时，遭受损坏或者损失的进口货物。

②起卸后海关放行前，因不可抗力遭受损坏或者损失的进口货物。

③海关查验时已经破漏、损坏或者腐烂，经证明不是保管不慎造成的进口货物。

④进口货物在征税放行以后，发现残损、短少或品质不良，经海关审核确定，由国外承运、发货人或保险公司免费补偿或更换的同类进口货物。

3. 来料加工、装配业务的免税或退税

①企业经营来料加工、装配业务而进口的原材料、辅助材料、零部件、配套件和包装物，海关按实际加工复出口的数量予以免税，加工的成品出口，免征出口税。或对进口料件先征关税，再按实际加工出口成品数量予以退税。

②来料加工项下进出口货物，凡经营单位和加工单位系专门加工出口产品企业，具有海关严密监管条件，有专用仓库、专用帐册、专人管理并保证遵守海关规定的，海关可以批准建立保税工厂，其料、件进口时予以保税，加工后对实际出口部分予以免税，内销部分予以征税。

4. 暂时进出境货物减免税

经海关核准暂时进境或者暂时出境并在 6 个月内复运出境或者复运进境的货样、展览品、施工机械、工程车辆、供安装用的仪器和工具、电视或电影摄制器械、盛装货物的容器，以及剧团服装道具等。

（二）关税的特定减免

国务院或由其通过海关总署，根据特定的条件和需要，对某些进出口货物作出特准的关税减免，大体上可以分为以下几类：

1. 经济特区、经济技术开发区企业自用设备减免税。

2. 大专院校、科研单位进口科教用品享受减免税。

3. 外国驻华使馆和有关国际机构及其人员所需物品免税。

（三）关税的临时减免

关税的临时减免，是指对某些单位的某批或某时期内进（出）口货物给予免税或减税。主要是对个别纳税人由于特殊原因临时给予的减免税。依照《进出口关税条例》的规定，因特殊原因而要求临时减免关税的，货物的所有人应当在货物进（出）口前书面说明理由，并随附必要的资料及证明，向所在地海关申请，经海关审查后转报海关总署，由海关总署按照有关规定审批。

关键术语

关税 关税壁垒 原产地标准 完税价格

思考题

1. 关税如何分类？关税的课税标准是什么？

2. 不同情况下，关税完税价格组成的内容及计算公式有哪些？

3. 关税的法定减免和特定减免分别包括哪些情况？

4. 海关对进口货物的估价以什么为依据？

练习题

1. 某外贸公司进口电子产品 1000 台，折合成人民币后每台完税价格为 2 万元，普通税率为

70%，特惠税率为20%，计算该公司的应纳关税税额。

2. 某进出口公司从国外进口一批材料，以采购地离岸价成交。成交总价为1000万元人民币，运达我国交货地点的运费、保险费、手续费等共计80万元。适用关税税率为12%。经海关审定，其成交价格正常，计算该批材料的完税价格和应纳进口关税税额。

第九章
其他流转税

城市维护建设税（简称城建税）和教育费附加都是国家对缴纳增值税、**消费**税的单位和个人就其实际缴纳的增值税、消费税税额为依据而征收的税种，属于**特定目**的税。严格地说，它们都是增值税、消费税的附加。我国城建税是从 1985 年 1 **月开始实**施的，2016 年营改增全面推行改变了城建税的计税依据。2004 年，我国废**除了农业**税，其中的烟叶特产税也随之取消。为增加财政收入，2006 年开征了烟叶税。**本章主**要知识点包括：城建税的概念、纳税义务人、税率、计税依据和应纳税额；**教育税附**加的概念、缴纳单位、计征依据和计算方法；烟叶税的概念、纳税义务人、**征税范围**、税率和应纳税额的计算等。本章的重点是城建税和烟叶税应纳税额的计算。

第一节　城市维护建设税和教育费附加

一、城市维护建设税

（一）城市维护建设税的概念

城市维护建设税（简称城建税），是国家对缴纳增值税、消费税（以下**简称"两**税"）的单位和个人就其实际缴纳的"两税"税额为计税依据而征收的一种税。现行城市维护建设税的基本规范是 1985 年 1 月 1 日实施的《中华人民共和国城市**维护建设**税暂行条例》。城建税属于特定目的税，是国家为加强城市的维护建设，扩大**和稳定城**乡维护建设资金来源而采取的一项税收措施。2016 年 5 月 1 日营改增改革全面**推开后**，营业税已全面停征，故此后城建税的计税依据由原来的单位和个人实际缴纳**的增值税**、消费税和营业税税额相应地变更为单位和个人实际缴纳的增值税和消费税税**额**，但因历史原因需补交营业税的，仍需补交相应城建税。

（二）纳税义务人

城建税的纳税义务人，是指负有缴纳"两税"义务的单位和个人。包括国**有企业**、集体企业、私营企业、股份制企业、其他企业和行政单位、事业单位、军事**单位**、社会团体、其他单位，以及个体工商户及其他个人。只要缴纳了"两税"，就必须依法缴纳城建税。

（三）税率

城建税的税率，是指纳税人应缴纳的城建税税额与纳税人实际缴纳的"两税"税额之间的比率。城建税按纳税人所在地不同，设置了三档差别比例税率，即纳税人所在地为市区的，税率为7%；纳税人所在地为县城、镇的，税率为5%；纳税人所在地不属于市区、县城或者镇的，税率为1%。

（四）计税依据

城建税的计税依据是纳税人实际缴纳的"两税"税额。纳税人违反"两税"有关规定而加收的滞纳金和罚款，是税务机关对纳税人违法行为的经济制裁，不作为城建税的计税依据，但纳税人因偷漏税被查补"两税"和被处以罚款时，应同时对其偷漏的城建税进行补税和罚款。

城建税以"两税"税额为计税依据并同时征收，如果要免征或者减征"两税"，也就要同时免征或者减征城建税。但对海关对进口产品代征的增值税、消费税，不作为城建税的计税依据。

（五）应纳税额的计算

城建税纳税人的应纳税额大小是由纳税人实际缴纳的"两税"税额决定的，其计算公式是：

应纳税额 = 纳税人实际缴纳的增值税、消费税税额 × 适用税率

（六）纳税申报及缴纳

1. 纳税环节

城建税的纳税环节，是指城建税税法规定的纳税人应当缴纳城建税的阶段。城建税的纳税环节，实际就是纳税人缴纳"两税"的环节。纳税人只要发生"两税"的纳税义务，就要在同样的环节，分别计算缴纳城建税。

2. 纳税地点和纳税期限

城建税以纳税人实际缴纳的增值税、消费税税额为计税依据，分别与"两税"同时缴纳，所以，纳税人缴纳"两税"的地点，就是该纳税人缴纳城建税的地点。

由于城建税是由纳税人在缴纳"两税"时同时缴纳的，所以，其纳税期限分别与"两税"的纳税期限一致。

3. 税收减免

城建税原则上不单独减免，但因城建税是附加税，当主税发生减免时，势必影响城建税相应发生税收减免。城建税的税收减免具有三种情况：

（1）城建税按减免后实缴的"两税"税额计征，即随"两税"的减免而减免。

（2）对于因减免税而需进行"两税"退库的，城建税也可同时退库。

（3）对个别缴纳城建税确有困难的企业和个人，由市县人民政府审批，酌情给予减免税照顾。

另外需要特别注意：

（1）出口产品退还增值税、消费税的，不退还已纳的城建税。

（2）对"两税"实行先征后返、先征后退、即征即退办法的，除另有规定外，对随"两税"附征的城市维护建设税，一律不予退（返）还。

二、教育费附加

（一）教育费附加的概念

教育费附加是为了发展教育事业而征收的一种专项资金。教育费附加由税务机关负责征收，其收入纳入财政预算管理，作为教育专项资金，由教育行政部门统筹安排，用于改善中小学教学设施和办学条件。

（二）教育费附加的缴纳单位

缴纳增值税、消费税的单位和个人（缴纳农村教育事业费附加的单位除外）。

（三）计征依据和附加率

教育费附加以纳税人缴纳的增值税、消费税税额为计征依据，附加率为3%（从事卷烟生产和烟叶生产的单位减半征收）。

（四）计算方法

教育费附加 = 计征依据 × 附加率

第二节　烟叶税

烟叶税为烟叶特产农业税的替代税种，征收烟叶税指导思想是：按照国家农村税费改革和税制建设的总体要求，通过征收烟叶税取代原烟叶特产农业税，实现烟叶税制的转变，完善烟草税制体系，保证地方财政收入稳定，引导烟叶种植和烟草行业健康发展。

一、烟叶税的概念

烟叶税是指在中华人民共和国境内收购烟叶的单位按照《中华人民共和国烟叶税暂行条例》的规定缴纳的一种税。现行的《中华人民共和国烟叶税暂行条例》是国务院 2006 年 4 月 28 日颁布施行的。

二、烟叶税的纳税义务人

烟叶税的纳税人是指在中华人民共和国境内收购烟叶的单位。收购烟叶的单位是指依照《中华人民共和国烟草专卖法》的规定有权收购烟叶的烟草公司或者受其委托收购烟叶的单位。

依照《中华人民共和国烟草专卖法》查处没收的违法收购的烟叶，由收购罚没烟叶的单位按照购买金额计算缴纳烟叶税。

三、烟叶税的征税范围

烟叶税的征税范围包括晾晒烟叶、烤烟叶。晾晒烟叶包括列入名晾晒烟名录的晾晒烟叶和未列入名晾晒烟名录的其他晾晒烟叶。

四、烟叶税的计税依据和税率

烟叶税的计税依据是纳税人收购烟叶的收购金额，具体包括纳税人支付给烟叶销售者的烟叶收购价款和价外补贴。价外补贴统一暂按烟叶收购价款的 10% 计入收购金额。

收购金额的计算公式为：收购金额 = 收购价款 × （1 + 10%）

烟叶税实行比例税率，税率为 20%。

五、烟叶税应纳税额的计算

烟叶税按次征收，纳税人在规定的申报纳税期限内缴纳当次收购烟叶的税款。应纳税额的计算公式为：

应纳税额 = 烟叶收购金额 × 税率
= 烟叶收购价款 × （1 + 10%） × 税率

六、烟叶税的征收管理

（一）纳税义务发生时间

烟叶税的纳税义务发生时间，为纳税人收购烟叶的当天。收购烟叶的当天是指纳税人向烟叶销售者付讫收购烟叶款项或者开具收购烟叶凭据的当天。

（二）纳税期限

《中华人民共和国烟叶税暂行条例》规定，纳税人应当自纳税义务发生之日起 30 日内申报纳税。具体纳税期限由主管税务机关核定。

（三）纳税地点

纳税人收购烟叶，应当向烟叶收购地的主管地方税务机关申报纳税。烟叶收购地的主管地方税务机关，是指烟叶收购地的县级地方税务局或者其指定的税务分局、所。

关键术语

城市维护建设税 教育费附加 烟叶税

思考题

1. 城市维护建设税以纳税人实际缴纳的增值税、消费税税额为征税对象，并与"两税"同时征收，这种方式有何优缺点？

2. 教育费附加改革为教育税的可行性分析。

3. 分析烟叶税开征的意义所在。

练习题

1. 某市市区的 A 企业 2016 年 6 月份向税务机关缴纳增值税 82 万元，缴纳消费税 60 万元，补缴上月应纳增值税 5 万元。另进口货物由海关代征增值税 20 万元，消费税 5 万元。计算其应纳的城建税税额和教育费附加。

2. 某烟草公司 5 月 30 日收购烤烟叶 1000 担，支付收购价款 300 万元和价外补贴 36 万元，则该烟草公司应交烟叶税是多少？

第十章
企业所得税

　　企业所得税，在许多国家称为公司所得税，是以公司（企业）组织为纳税人，对其一定时期的所得额（或利润额）课征的一种税。我国的企业所得税是对在我国境内的企业和其他取得收入的组织（以下统称企业）的应税所得依法征收的一种税。企业所得税是我国现行税制中仅次于增值税的第二大税种。我国的企业所得税大致经历了20世纪50年代建立工商所得税、80年代多种所得税并存、90年代分别统一内、外资企业所得税制和2008年统一内外资企业所得税制四个时期。我国现行的企业所得税基本规范是2007年发布的《中华人民共和国企业所得税法》和《中华人民共和国企业所得税法实施条例》。本章主要知识点包括：企业所得税的概念、特点、立法原则和作用；企业所得税的纳税人、征税对象、税率和税收优惠；企业所得税应纳税所得额的确定和企业所得税的计算；企业所得税的征收管理。本章的重点和难点是企业所得税应纳税所得额的确定和应纳税额的计算。

第一节　企业所得税概述

一、企业所得税的概念

　　企业所得税是对组织（企业）取得的生产经营所得和其他所得征收的一种税，在国外被称为公司税、公司所得税、法人税或法人所得税。1909年英国最早开征公司所得税。所得税因其具有普遍征收、税收公平和富有弹性等特点，在世界各国得到普遍实施，目前世界上已有160多个国家和地区开征了企业所得税。

　　我国的企业所得税制与我国的政治、经济状况密切相联，大致经历了20世纪50年代建立工商所得税、80年代多种所得税并存、90年代分别统一内、外资企业所得税制和2008年统一内外资企业所得税制四个时期。目前，企业所得税是仅次于增值税的第二大税种。现行企业所得税制的基本规范是2007年3月16日十届全国人大五次会议通过的《中华人民共和国企业所得税法》（简称《企业所得税法》）和2007年12月6日国务院发布的《中华人民共和国企业所得税法实施条例》（简称《所得税实施条例》），自2008年1月1日起实施。

二、我国现行企业所得税的特点

与其他税种相比，企业所得税具有以下特点：

第一，量能负担。企业所得税是对企业的生产经营所得和其他所得征收的，企业的税收负担水平与纳税人的所得直接相关，所得多的多征，所得少的少征，无所得不征，真正体现了量能负担的原则。

第二，纳税人与负税人一致。企业所得税属于直接税，纳税人缴纳的企业所得税一般不易转嫁，常常由纳税人自己负担。

第三，纳税人是取得应税所得的企业、组织。

第四，企业所得税实行按年计算、分期预缴、年终汇算清缴的征税方式。企业经营业绩通常是按年度衡量的，企业的会计核算也是按年度进行的。企业所得税实行按年计算，有利于与会计管理工作的协调，也有利于体现公平税收负担。

三、企业所得税的立法原则

第一，税负公平原则。公平原则是人类社会的永恒原则，企业所得税是处理政府与企业分配关系的主要税种之一，如何分配企业创造的新价值，税负公平就显得十分重要。

第二，科学发展观原则。科学发展观关系到人类生存的大计，征收企业所得税不仅要理顺政府与企业的分配关系，更重要的是要有利于国家整体经济长期持续发展。

第三，发挥调控作用原则。税收是调节经济的重要杠杆之一，由于我国地域广阔，经济发展很不平衡，地区间差距大，行业间差距大，经济结构不合理，技术进步迟缓等，都需要企业所得税法规给予调节。

第四，参照国际惯例原则。企业所得税是国际上普遍征收的一个税种，随着我国对外开放政策的不断扩大和世界经济一体化的快速发展，向我国政府缴纳企业所得税的主体就不仅仅是国内企业，同时也涉及诸多国外企业。因此，制定企业所得税法规时，就必须考虑国际上的普遍做法。

第五，有利于征管原则。企业所得税是计算最复杂的一个税种，它涉及企业一个纳税年度内的所有收入、成本和费用，以及除企业缴纳的企业所得税和允许抵扣的增值税以外的所有税金的扣除。因此，在制定企业所得税法规时，要尽量做到简单易懂、利于操作和执行。

四、企业所得税的作用

企业所得税是对所得征税，有所得者缴税，无所得者不缴税。就其计税原理而言，所得税的作用体现在以下几个方面：

（一）促进企业改善经营管理活动，提升企业的盈利能力

由于企业所得税只对利润征税，往往采用比例税率，因此，投资能力和盈利能力

较强的企业能产生较多的利润。但在适用比例税率的情况下，盈利能力越强，则税负承担能力越强，相对降低了企业的税负水平，也相对增加了企业的税后利润。并且，在征税过程中，对企业的收入、成本、费用等进行检查，对企业的经营管理活动和财务管理活动展开监督，促使企业改善经营管理活动，提高盈利能力。

（二）调节产业结构，促进经济发展

所得税的调节作用在于公平税负、量能负担，虽然各国的企业所得税往往采用比例税率，在一定程度上削弱了所得税的调控功能，但在税制设计中，各国往往通过各项税收优惠政策的实施，发挥其对纳税人投资、产业结构调整、环境治理等方面的调控作用。

（三）为国家建设筹集财政资金

税收的首要职能就是筹集财政收入。随着我国国民收入向企业和居民分配的倾斜，以及经济的发展和企业盈利水平的提高，企业所得税占全部税收收入的比重越来越高，成为我国税制的主体税种之一。2015 年，我国企业所得税的收入达到 27125 亿元，占税收总额的 21.72%。

第二节　企业所得税的基本规定

一、企业所得税的纳税人

在中华人民共和国境内，企业和其他取得收入的组织（以下统称企业）为企业所得税的纳税人。现行税法实行法人所得税制，依照我国法律、行政法规成立的个人独资企业、合伙企业由于不具有法人资格，不是企业所得税的纳税人。

参照国际惯例，企业所得税纳税人分为居民企业和非居民企业。居民企业，是指依法在我国境内成立，或者依照外国（地区）法律成立但实际管理机构在我国境内的企业；非居民企业，是指依照外国（地区）法律成立且实际管理机构不在我国境内，但在我国境内设立机构、场所的，或者在我国境内未设立机构、场所，但有来源于我国境内所得的企业。

二、企业所得税的征税对象与范围

（一）征税对象

企业所得税的征税对象是企业的生产经营所得与其他所得。包括销售货物所得、提供劳务所得、转让财产所得、股息红利所得、租金所得、特许权使用费所得、接受捐赠所得和其他所得。

居民企业应当就其来源于我国境内、境外的所得缴纳企业所得税。

非居民企业在我国境内设立机构、场所的，应当就其所设机构、场所取得的来源于我国境内的所得，以及发生在我国境外但与其所设机构、场所有实际联系的所得，缴纳企业所得税。

非居民企业在我国境内未设立机构、场所的，或者虽设立机构、场所但取得的所得与其所设机构、场所没有实际联系的，应当就其来源于我国境内的所得缴纳企业所得税。

（二）所得来源地的确定

1. 销售货物所得，按照交易活动发生地确定。

2. 提供劳务所得，按照劳务发生地确定。

3. 转让财产所得。不动产转让所得按照不动产所在地确定。动产转让所得按照转让动产的企业或者机构、场所所在地确定。权益性投资资产转让所得按照被投资企业所在地确定。

4. 股息、红利等权益性投资所得，按照分配所得的企业所在地确定。

5. 利息所得、租金所得、特许权使用费所得，按照负担、支付所得的企业或者机构、场所所在地确定，或者按照负担、支付所得的个人住所地确定。

6. 其他所得，由国务院财政、税务主管部门确定。

三、企业所得税的税率

我国企业所得税实行比例税率，目前主要实施的税率有：

（一）基本税率

企业所得税的基本税率有两档，分别为25%和20%。其中，25%适用于居民企业和在我国境内设立机构、场所且所得与其所设机构、场所有实际联系的非居民企业。20%适用于在我国境内未设立机构、场所，或者虽设立机构、场所但取得的所得与其所设机构、场所没有实际联系的非居民企业，但在实际征税时适用10%的税率。

（二）优惠税率

企业所得税的优惠税率有两档，分别是20%和15%。

1. 20%税率

20%税率适用于符合条件的小型微利企业。小型微利企业的条件如下：

（1）工业企业，年度应纳税所得额不超过30万元，从业人数不超过100人，资产总额不超过3000万元。

（2）其他企业，年度应纳税所得额不超过30万元，从业人数不超过80人，资产总额不超过1000万元。

自2015年1月1日至2017年12月31日，对年应纳税所得额低于20万元（含20万元）的小型微利企业，其所得减按50%计入应纳税所得额，按20%的税率缴纳企业所得税。

自2015年10月1日至2017年12月31日，对年应纳税所得额在20万元到30万元（含30万元）之间的小型微利企业，其所得减按50%计入应纳税所得额，按20%的税率缴纳企业所得税。

2. 15%税率

15%税率适用于国家需要重点扶持的高新技术企业。

四、企业所得税的税收优惠

企业所得税的税收优惠，是指国家根据经济和社会发展的需要，在一定的期限内对特定地区、行业和企业的纳税人应缴纳的企业所得税，给予减征或者免征的一种照顾和鼓励措施。正确制定并运用税收优惠措施，可以更好地发挥税收的调节功能，促进国民经济健康发展。现行企业所得税法对下列情况实行税收优惠政策：

（一）减计收入优惠

企业综合利用资源，生产符合国家产业政策规定的产品所取得的收入，可以在计算应纳税所得额时减计收入。

综合利用资源指企业以《资源综合利用企业所得税优惠目录》规定的资源作为主要原材料，生产国家非限制和禁止并符合国家和行业相关标准的产品取得的收入，减按90%计入收入总额。

（二）加速折旧优惠

对轻工、纺织、机械、汽车等四个领域重点行业（以下简称四个领域重点行业）企业2015年1月1日后新购进的固定资产（包括自行建造，下同），允许缩短折旧年限或采取加速折旧方法。

四个领域重点行业企业是指以上述行业业务为主营业务，其固定资产投入使用当年的主营业务收入占企业收入总额50%（不含）以上的企业。

对四个领域重点行业小型微利企业2015年1月1日后新购进的研发和生产经营共用的仪器、设备，单位价值不超过100万元（含）的，允许在计算应纳税所得额时一次性全额扣除；单位价值超过100万元的，允许缩短折旧年限或采取加速折旧方法。

企业按规定缩短折旧年限的，对其购置的新固定资产，最低折旧年限不得低于规定折旧年限的60%；对其购置的已使用过的固定资产，最低折旧年限不得低于规定的最低折旧年限减去已使用年限后剩余年限的60%。最低折旧年限一经确定，不得改变。

（三）加计扣除应纳税所得额

1. 研究开发费

研究开发费，是指企业为开发新技术、新产品、新工艺发生的研究开发费用，未形成无形资产计入当期损益的，在按照规定据实扣除的基础上，按照研究开发费用的50%加计扣除；形成无形资产的，按照无形资产成本的150%摊销。

2. 企业安置残疾人员所支付的工资

企业安置残疾人员所支付工资费用的加计扣除，是指企业安置残疾人员的，在按照支付给残疾职工工资据实扣除的基础上，按照支付给残疾职工工资的100%加计扣除。

（四）创投企业优惠

创投企业优惠，是指创业投资企业采取股权投资方式投资于未上市的中小高新技术企业 2 年以上的，可以按照其投资额的 70% 在股权持有满 2 年的当年抵扣该创业投资企业的应纳税所得额；当年不足抵扣的，可以在以后纳税年度结转抵扣。

（五）免征、减征企业所得税优惠

1. 从事农、林、牧、渔业项目的所得享受免税或减半征收企业所得税

2. 从事国家重点扶持的公共基础设施项目投资经营的所得

企业从事税法规定的国家重点扶持的公共基础设施项目的投资经营所得，自项目取得第一笔生产经营收入所属年度起，第 1 年至第 3 年免征企业所得税，第 4 年至第 6 年减半征收企业所得税。

3. 从事符合条件的环境保护、节能节水项目的所得

企业从事税法规定的符合环境保护、节能节水项目的所得，自项目取得第一笔生产经营收入所属年度起，第 1 年至第 3 年免征企业所得税，第 4 年至第 6 年减半征收企业所得税。

4. 符合条件的技术转让所得

符合条件的技术转让所得免征、减征企业所得税，是指一个纳税年度内，居民企业转让技术所有权所得不超过 500 万元的部分，免征企业所得税；超过 500 万元的部分，减半征收企业所得税。自 2015 年 10 月 1 日起，全国范围内的居民企业转让 5 年以上非独占许可使用权取得的技术转让所得，也纳入上述享受企业所得税优惠的技术转让所得范围。

（六）民族地区优惠

民族自治地方的自治机关对本民族自治地方的企业应缴纳的企业所得税中属于地方分享的部分，可以决定减征或者免征。自治州、自治县决定减征或者免征的，须报省、自治区、直辖市人民政府批准。

（七）税额抵免优惠

税额抵免，是指企业购置并实际使用《环境保护专用设备企业所得税优惠目录》《节能节水专用设备企业所得税优惠目录》和《安全生产专用设备企业所得税优惠目录》规定的环境保护、节能节水、安全生产等专用设备的，该专用设备的投资额的 10% 可以从企业当年的应纳税额中抵免；当年不足抵免的，可以在以后 5 个纳税年度结转抵免。

第三节　企业所得税应纳税所得额的确定

应纳税所得额是企业所得税的计税依据，指企业每一纳税年度的收入总额，减除不征税收入、免税收入、各项扣除以及允许弥补的以前年度亏损后的余额。

应纳税所得额的计算一般有两种方法，一是直接计算法，二是间接计算法。

（一）直接计算法

在直接计算法下，应纳税所得额是企业每一纳税年度的收入总额减除不征税收入、免税收入、各项扣除以及允许弥补的以前年度亏损后的余额。计算公式为：

应纳税所得额＝收入总额－不征税收入－免税收入－各项扣除金额－允许弥补的以前年度亏损

（二）间接计算法

在间接计算法下，应纳税所得额是在会计利润总额的基础上增加或减少按照税法规定调整的项目金额后的余额。现行企业所得税年度纳税申报表采取该方法。计算公式为：

应纳税所得额＝会计利润总额±纳税调整项目金额

纳税调整项目金额包括两方面的内容：一是企业财务会计制度规定的项目范围与税收法规规定的项目范围不一致应予以调整的金额；二是企业财务会计制度规定的扣除标准与税法规定的扣除标准不一致应予以调整的金额。

在计算应纳税所得额时，企业财务、会计处理办法与税收法律、行政法规的规定不一致的，应当依照税收法律、行政法规的规定计算。

企业应纳税所得额的计算，以权责发生制为原则，属于当期的收入和费用，不论款项是否收付，均作为当期的收入和费用；不属于当期的收入和费用，即使款项已经在当期收付，均不作为当期的收入和费用，但国务院财政、税务主管部门另有规定的除外。

一、收入总额

（一）收入的形式

企业以货币形式和非货币形式从各种来源取得的收入为收入总额。包括：

1. 销售货物收入，指企业销售商品、产品、原材料、包装物、低值易耗品以及其他存货取得的收入。

2. 提供劳务收入，指企业从事建筑安装、修理修配、交通运输、仓储租赁、金融保险、邮电通信、咨询经纪、文化体育、科学研究、技术服务、教育培训、餐饮住宿、中介代理、卫生保健、社区服务、旅游、娱乐、加工和其他劳务服务活动取得的收入。

3. 转让财产收入，指企业转让固定资产、投资性房地产、生物资产、无形资产、股权、债权等取得的收入。

4. 股息、红利等权益性投资收益，指企业因权益性投资从被投资方取得的分配收入。

5. 利息收入，指企业将资金提供给他人使用但不构成权益性投资或因他人占用资金所取得的利息收入，包括存款利息、贷款利息、债券利息、欠款利息等收入。

6. 租金收入，指企业提供固定资产、包装物和其他资产使用权等取得的收入。

7. 特许权使用费收入，指企业提供专利权、非专利技术、商标权、著作权以及其他特许权的使用权而取得的收入。

8. 接受捐赠收入，指企业接受的来自其他企业、组织和个人自愿和无偿给予的货币性或非货币性资产。

9. 其他收入，指企业取得的除税法规定的上述收入以外的一切收入，包括企业资产溢余收入、逾期未退包装物押金收入、确实无法偿付的应付款项、已做坏账损失处理后又收回的应收款项、债务重组收入、补贴收入、违约金收入、汇兑收益等。

企业发生非货币性资产交换，以及将货物、财产、劳务用于捐赠、赞助、集资、广告、样品、职工福利和利润分配，应当视同销售货物、转让财产和提供劳务，国务院财政、税务主管部门另有规定的除外。

（二）收入的确认

1. 一般收入的确认

（1）企业以非货币形式取得的收入，应当按公允价值确定收入额。公允价值，是指按照市场价格确定的价值。

（2）股息、红利等权益性投资收益，除国务院财政、税务主管部门另有规定外，按照被投资方做出利润分配决定时间确认收入的实现。

（3）企业持有到期的长期债券或发放长期贷款取得的利息收入，应当按照实际利率（合同利率法）确认收入的实现。

（4）租金收入，应当按照合同约定的承租人应付租金的日期确认收入的实现。

（5）特许权使用费收入，应当按照合同约定的特许权使用人应付特许权使用费的日期确认收入的实现。

（6）捐赠收入，按照实际收到捐赠资产时确认收入的实现。

（7）企业收到的税收返还款，应当在实际收到款项时确认收入实现。

（8）企业已做坏账损失处理后又收回的应收账款，应当在收回时确认收入的实现。

2. 特殊收入的确认

（1）以分期收款方式销售货物的，按照合同约定的收款日期确认收入的实现。

（2）企业受托加工制造大型机械设备、船舶、飞机等，以及从事建筑、安装、装配工程业务或者提供劳务等，持续时间超过12个月的，按照纳税年度内完工进度或者完成的工作量确认收入的实现。

（3）采取产品分成方式取得收入的，按照企业分得产品的时间确认收入的实现，其收入额按照产品的公允价值确定。

（4）除税收法律、行政法规另有规定外，企业发生非货币性资产交换，将自产的货物、劳务用于捐赠、赞助、集资、广告、样品、职工福利以及利润分配，应当视同为销售货物、转让财产，按照公允价值确认收入。

（5）房地产开发企业建造、开发的开发产品，无论工程质量是否通过验收合格，或是否办理完工（竣工）备案手续以及会计决算手续，当企业开始办理开发产品交付手续（包括入住手续）或已开始实际投入使用时，为开发产品开始投入使用，应视为开发产品已经完工。房地产开发企业应按规定及时结算开发产品计税成本，并计算企业当年度应纳税所得额。

（三）不征税收入和免税收入

国家为了扶持和鼓励某些特殊的纳税人和特定的项目，或者避免因征税影响企业的正常经营，对企业的某些收入予以不征税或免税的特殊政策，以减轻企业的负担，促进经济的协调发展。

1. 不征税收入

不征税收入，是指从性质和根源上不属于企业营利性活动带来的经济利益，不负有纳税义务且不应作为应纳税所得额组成部分的收入。收入总额中的下列收入为不征税收入：

（1）财政拨款

财政拨款，是指各级政府对纳入预算管理的事业单位、社会团体等组织拨付的财政资金，但国务院和国务院财政、税务主管部门另有规定的除外。

（2）依法收取并纳入财政管理的行政事业性收费、政府性基金

行政事业性收费，是指依照法律、法规等有关规定，按照国务院规定程序的批准，在实施社会公共管理，以及在向公民、法人或者其他组织提供特定公共服务的过程中，向特定对象收取并纳入财政管理的费用；政府性基金，是指企业依照法律、行政法规等有关规定，代政府收取的具有专项用途的财政资金。

（3）国务院规定的其他不征税收入

其他不征税收入，是指企业取得的，由国务院财政、税务主管部门规定专项用途并经国务院批准的财政性资金。财政性资金，是指企业取得的来源于政府及其有关部门的财政补助、补贴、贷款贴息以及其他各类财政专项资金，包括直接减免的增值税和即征即退、先征后退的各种税收，但不包括企业按规定取得的出口退税款。

2. 免税收入

企业的下列收入为免税收入：

（1）国债利息收入，即企业持有国务院财政部门发行的国债取得的利息收入，但国债转让所得应征收企业所得税。

（2）居民企业之间直接进行股权投资取得的股息、红利等权益性投资收益，但不包括连续持有居民企业公开发行并上市的股票不足 12 个月取得的股息、红利等权益性投资收益。

（3）在我国境内设立机构、场所的非居民企业从居民企业取得与该机构、场所有实际联系的股息、红利等权益性投资收益，但不包括连续持有居民企业公开发行并上市流通的股票不足 12 个月取得的股息、红利等权益性投资收益。

（4）符合条件的非营利组织的收入。

二、费用扣除项目

（一）费用扣除项目应遵循的原则

企业发生的支出应当区分为收益性支出和资本性支出。收益性支出在发生当期应当直接扣除；资本性支出应当分期扣除或者计入有关资产成本，不得在发生当期直接扣除。

纳税人申报的扣除项目要真实、合法。真实，是指能够提供准许使用的有效证明，证明有关支出确属已经实际发生；合法，是指符合国家税法规定，当其他法规规定与税法规定不一致时，应以税法规定为准。除税法另有规定，税前扣除的确认一般应遵循以下原则：

1. 权责发生制原则，即纳税人应在费用发生时而不是实际支付时确认扣除。

2. 配比原则，即纳税人发生的费用应在费用应配比或应分配的当期申报扣除。纳税人某一纳税年度应申报的可扣除费用不得提前或滞后申报扣除。

3. 相关性原则，即纳税人可扣除的费用从性质和根源上必须与取得的应税收入相关。

4. 确定性原则，即纳税人可扣除的费用不论何时支付，其金额必须是确定的。

5. 合理性原则，即纳税人可扣除费用的计算和分配方法应符合一般的经营常规和会计惯例。

（二）费用扣除项目的范围

企业实际发生的与取得收入有关的、合理的支出，包括成本、费用、税金、损失和其他支出，准予在计算应纳税所得额时扣除。这里有关的支出，是指与取得收入直接相关的支出；合理的支出，是指符合生产经营活动常规，应当计入当期损益或者有关资产成本的必要和正常的支出。

成本，是指企业在生产经营活动中发生的销售成本、销货成本、业务支出以及其他耗费。

费用，是指企业在生产经营活动中发生的销售费用、管理费用和财务费用，已经计入成本的有关费用除外。

税金，是指企业发生的除企业所得税和允许抵扣的增值税以外的各项税金及其附加。

损失，是指企业在生产经营活动中发生的固定资产和存货的盘亏、毁损、报废损失，转让财产损失，呆账损失，坏账损失，自然灾害等不可抗力因素造成的损失以及其他损失。

其他支出，是指除成本、费用、税金、损失外，企业在生产经营活动中发生的与生产经营活动有关的、合理的支出。

（三）部分扣除项目的具体范围和标准

1. 工资、薪金支出

企业发生的合理的工资、薪金，准予扣除。工资、薪金，是指企业每一纳税年度支付给本企业任职或者受雇员工的所有现金或者非现金形式的劳动报酬，包括基本工资、奖金、津贴、补贴、年终加薪、加班工资，以及与任职或者受雇有关的其他支出。

2. 职工福利费、职工工会经费、职工教育经费支出

企业发生的职工福利费支出，不超过工资薪金总额 14% 的部分，准予扣除。

企业拨缴的职工工会经费支出，不超过工资薪金总额 2% 的部分，准予扣除。

除国务院财政、税务主管部门另有规定的除外，企业发生的职工教育经费支出，不超过工资薪金总额 2.5% 的部分，准予扣除；超过的部分，准予在以后纳税年度结转扣除。

3. 社会保险费

（1）企业依照国务院有关主管部门或者省级人民政府规定的范围和标准为职工缴纳的"五险一金"，即基本养老保险费、基本医疗保险费、失业保险费、工伤保险费、生育保险费等基本社会保险费和住房公积金，准予扣除。

（2）企业为在本企业任职或受雇的全体员工支付的补充养老保险费、补充医疗保险费，分别在不超过职工工资薪金总额 5% 标准内的部分，准予扣除。超过部分，不得扣除。

（3）企业依照国家有关规定为特殊工种职工支付的人身安全保险费和符合国务院财政、税务主管部门规定可以扣除的商业保险费，准予扣除。

（4）企业参加财产保险，按照规定缴纳的保险费，准予扣除。企业为投资者或者职工支付的商业保险费，不得扣除。

4. 借款费用支出

企业在生产经营活动中发生的合理的不需要资本化的借款费用，准予扣除。企业为购置、建造固定资产、无形资产和经过 12 个月以上的建造才能达到预定可销售状态的存货发生借款的，在有关资产购置、建造期间发生的合理的借款费用，应当作为资本性支出计入有关资产的成本，按规定扣除。

企业在生产经营活动中发生的下列利息支出，准予扣除：

（1）非金融企业向金融企业借款的利息支出、金融企业的各项存款利息支出和同业拆解利息支出、企业经准发行债券的利息支出。

（2）非金融企业向非金融企业借款的利息支出，不超过按金融企业同期同类贷款利率计算的数额部分。

（3）企业向除上述规定以外的内部职工或其他人员借款的利息支出，其借款情况符合规定条件的，其利息支出在不超过按照金融企业同期同类贷款利率计算的数额部分。

5. 公益性捐赠支出

企业发生的公益性捐赠支出，不超过年度利润总额 12% 的部分，准予扣除。年度利润总额，是指企业按照国家统一会计制度规定计算的年度会计利润。公益性捐赠，是指企业通过公益性社会团体或者县级以上人民政府及其部门，用于《中华人民共和国公益事业捐赠法》规定的公益事业捐赠。

6. 业务招待费支出

企业发生的与生产经营活动有关的业务招待费，按照实际发生额的 60% 扣除，但最高不得超过当年销售（营业）收入的 0.5%。

7. 固定资产租赁费

企业根据生产经营活动的需要租入固定资产支付的租赁费，按照以下方法扣除：

（1）以经营租赁方式租入固定资产发生的租赁费，按照租赁期限均匀扣除；

（2）以融资租赁方式租入固定资产发生的租赁费，按照规定构成融资租入固定资产价值的部分应当提取折旧费用，分期扣除。

8. 准备金

企业未经国务院财政、税务主管部门核定而提取的各项资产减值准备、风险准备等准备金，不予扣除。

9. 广告费和业务宣传费

企业发生的符合条件的广告费和业务宣传费支出，除国务院财政、税务主管部门另有规定外，不超过当年销售（营业）收入 15% 的部分，准予扣除；超过部分，准予在以后纳税年度结转扣除。

10. 环境保护专项资金

企业依照法律、行政法规有关规定提取的用于环境保护、生态恢复等方面的专项资金，准予扣除。上述专项资金提取后改变用途的，不得扣除。

11. 劳动保护费

企业发生的合理的劳动保护支出，准予扣除。

12. 资产损失

企业当期发生的固定资产和流动资产盘亏、毁损净损失，由其提供清查盘存资料经主管税务机关核准，准予在计算应纳税所得额时扣除。企业因存货盘亏、毁损、报废等原因不得从销项税额中抵扣的进项税额，应视同企业财产损失，准予与存货损失一起在企业所得税前按规定扣除。

13. 汇兑损益

企业在货币交易中，以及纳税年度终了时将人民币以外的货币性资产、负债按照期末即期人民币汇率中间价折算为人民币时产生的汇兑损失，除已经计入有关资产成本以及与向所有者进行利润分配相关的部分外，准予扣除。

14. 管理费用

非居民企业在我国境内设立的机构、场所，就其我国境外总机构发生的与该机构、场所生产经营有关的费用，能够提供总机构出具的费用汇集范围、定额、分配依据和方法等证明文件，并合理分摊的，准予扣除。

15. 有关资产的费用

企业转让财产发生的费用等支出，准予扣除。

16. 加油机税控装置及相关费用

加油机税控装置费用达到固定资产标准的，其按规定提取的折旧额可以在企业所得税前扣除；达不到固定资产标准的，可以税前一次性扣除。

17. 其他项目

依照有关法律、行政法规和国家有关税法规定准予扣除的其他项目。如会员费、合理的会议费、差旅费、违约金、诉讼费用等。

（四）不予扣除项目

在计算应纳税所得额时，下列支出不得扣除：

1. 向投资者支付的利息、红利等权益性投资收益款项。

2. 企业所得税税款。

3. 税收滞纳金，是指纳税人违反税收法规，被税务机关处以的滞纳金。

4. 罚金、罚款和被没收财务的损失，是指纳税人违反国家有关法律、法规规定，被有关部门处以的罚款，以及被司法机关处以的罚金和被没收的财物损失。

5. 超过规定标准的捐赠支出。

6. 赞助支出，是指企业发生的与生产经营活动无关的各种非广告性支出。

7. 未经核定的准备金支出，是指不符合国务院财政、税务主管部门规定的各项资产减值准备、风险准备等准备金支出。

8. 企业之间支付的管理费、企业内营业机构之间支付的租金和特许权使用费，以及非银行企业内营业机构之间支付的利息。

9. 与取得收入无关的其他支出。

【例 10-1】某居民企业，2015 年发生经营业务如下：

（1）取得产品销售收入 4000 万元；

（2）发生产品销售成本 2600 万元；

（3）发生销售费用 770 万元（其中广告费 650 万元），管理费用 480 万元（其中业务招待费 25 万元，新技术开发费用 40 万元），财务费用 60 万元；

（4）销售税金 160 万元（含增值税 120 万元）；

（5）营业外收入 80 万元，营业外支出 50 万元（含通过公益性社会团体向贫困山区捐款 30 万元，支付税收滞纳金 6 万元）；

（6）计入成本、费用中的实发工资总额 200 万元，拨缴职工工会经费 5 万元，发生职工福利费 31 万元，发生职工教育经费 7 万元。

要求：计算该企业 2015 年度企业所得税应纳税所得额。

（1）会计利润总额 =（4000 + 80）- 2600 - 50 - 770 - 480 - 60 -（160 - 120）=

80（万元）

（2）广告费应调增所得额 = 650 − 4000 × 15% = 650 − 600 = 50（万元）

（3）业务招待费应调增所得额 = 25 − 15 = 10（万元）

4000 × 0.5% = 20（万元）> 25 × 60% = 15（万元）

（4）新技术开发费用应调减所得额 = 40 × 50% = 20（万元）

（5）捐赠支出应调增所得额 = 30 − 80 × 12% = 20.4（万元）

（6）税收滞纳金不得税前扣除，调增所得额 6 万元

（7）工会经费应调增所得额 = 5 − 200 × 2% = 1（万元）

（8）职工福利费应调增所得额 = 31 − 200 × 14% = 3（万元）

（9）职工教育经费当年应调增所得额 = 7 − 200 × 2.5% = 2（万元）

（10）应纳税所得额 = 80 + 50 + 10 − 20 + 20.4 + 6 + 1 + 3 + 2 = 152.4（万元）

三、资产的税务处理

纳入税务处理范围的资产形式主要有固定资产、生物资产、无形资产、长期待摊费用、投资资产、存货等，企业的各类资产均以历史成本为计税基础。历史成本，是指企业取得该资产时实际发生的支出。企业持有各项资产期间发生的资产减值或增值，除国务院财政、税务主管部门规定可以确认损益外，一般不得调整该资产的计税基础。

（一）固定资产的税务处理

固定资产，是指企业为生产产品、提供劳务、出租或经营管理而持有的使用时间超过 12 个月的非货币性资产。它包括房屋、建筑物、机器、机械、运输工具以及其他与生产经营活动有关的设备、器具、工具等。

1. 固定资产的计税基础

各类固定资产的计税基础具体如下：

（1）外购的固定资产，以购买价款和支付的相关税费以及直接归属于使该资产达到预定用途发生的其他支出为计税基础。

（2）自行建造的固定资产，以竣工结算前发生的支出为计税基础。

（3）融资租入的固定资产，以租赁合同约定的付款总额和承租人在签订租赁合同过程中发生的相关费用为计税基础；租赁合同未约定付款总额的，以该资产的公允价值和承租人在签订租赁合同过程中发生的相关费用为计税基础。

（4）盘盈的固定资产，以同类固定资产的重置完全价值为计税基础。

（5）通过捐赠、投资、非货币性资产交换、债务重组等方式取得的固定资产，以该资产的公允价值和支付的相关税费为计税基础。

（6）改建的固定资产，除已足额提取折旧的固定资产和租入的固定资产以外的其他固定资产，以改建过程中发生的改建支出增加为计税基础。

2. 固定资产折旧的范围

在计算应纳税所得额时，企业按照规定计算的固定资产折旧，准予扣除。以下固

定资产不得计算折旧扣除。

（1）房屋、建筑物以外未投入使用的固定资产。

（2）以经营租赁方式租入的固定资产。

（3）以融资租赁方式租出的固定资产。

（4）已足额提取折旧仍继续使用的固定资产。

（5）与经营活动无关的固定资产。

（6）单独估价作为固定资产入账的土地。

（7）其他不得计算折旧扣除的固定资产。

3. 固定资产折旧的计提方法

固定资产折旧的计提方法具体如下：

（1）企业应当自固定资产投入使用月份的次月起计算折旧；停止使用的固定资产，应当自停止使用月份的次月起停止计算折旧。

（2）企业应根据固定资产的性质和使用情况，合理确定固定资产的预计净残值。固定资产的预计净残值一经确定，不得变更。

（3）固定资产按直线法计算的折旧，准予扣除，国务院财政、税务主管部门另有规定的除外。

4. 固定资产折旧的计提年限

除国务院财政、税务主管部门另有规定外，固定资产计提折旧的最低年限如下：

（1）房屋、建筑物为 20 年。

（2）飞机、火车、轮船、机器、机械和其他生产设备为 10 年。

（3）与生产经营活动有关的器具、工具、家具等为 5 年。

（4）飞机、火车、轮船以外的运输工具为 4 年。

（5）电子设备为 3 年。

从事开采石油、天然气等矿产资源的企业，在开始商业性生产前发生的费用和有关固定资产的折旧、折耗方法，由国务院财政、税务主管部门另行规定。

（二）生物资产的税务处理

生物资产，是指有生命的动物和植物，分为消耗性生物资产、生产性生物资产和公益性生物资产。消耗性生物资产，是指为出售而持有的或在将来收获为农产品的生物资产；生产性生物资产，是指企业为生产农产品、提供劳务或者出租等而持有的生物资产，包括经济林、薪炭林、产畜和役畜等，通常认为生产性生物资产在一定程度上具有固定资产的特征；公益性生物资产，是指以防护、环境保护为主要目的的生物资产，包括防风固沙林、水土保持林和水源涵养林等。

1. 生产性生物资产的计税基础

生产性生物资产按照以下方法确定计税基础：

（1）外购的生产性生物资产，以购买价款和支付的相关税费为计税基础。

（2）通过捐赠、投资、非货币性资产交换、债务重组等方式取得的生产性生物资产，以该资产的公允价值和支付的相关税费为计税基础。

2. 生产性生物资产的折旧方法

生产性生物资产的折旧方法具体如下：

（1）生产性生物资产按照直线法计算的折旧，准予扣除。

（2）企业应当自生产性生物资产投入使用月份的次月起计算折旧；停止使用的生产性生物资产，应当自停止使用月份的次月起停止计算折旧。

（3）企业应当根据生产性生物资产的性质和使用情况，合理确定生产性生物资产的预计净残值。生产性生物资产的预计净残值一经确认，不得变更。

3. 生产性生物资产的折旧年限

生产性生物资产计算折旧的最低年限如下：

（1）林木类生产性生物资产为 10 年。

（2）畜类生产性生物资产为 3 年。

（三）无形资产的税务处理

无形资产，是指企业长期使用但没有实物形态的资产，包括专利权、商标权、著作权、土地使用权、非专利技术、商誉等。

1. 无形资产的计税基础

无形资产按照以下方法确定计税基础：

（1）外购的无形资产，以购买价款和支付的相关税费以及直接归属于使该资产达到预定用途发生的其他支出为计税基础。

（2）自行开发的无形资产，以开发过程中该资产符合资本化条件后至达到预定用途前发生的支出为计税基础。

（3）通过捐赠、投资、非货币性资产交换、债务重组等方式取得的无形资产，以该资产的公允价值和支付的相关税费为计税基础。

2. 无形资产摊销的范围

在计算应纳税所得额时，企业按照规定计算的无形资产摊销费用，准予扣除。下列无形资产不得计算摊销费用扣除：

（1）自行开发的支出已在计算应纳税所得额时扣除的无形资产。

（2）自创商誉。

（3）与经营活动无关的无形资产。

（4）其他不得计算摊销费用扣除的无形资产。

3. 无形资产的摊销方法及年限

无形资产的摊销，采取直线法计算，无形资产的摊销年限不得低于 10 年。作为投资或者受让的无形资产有关法律规定或者合同约定了使用年限的，可以按照规定或者约定的使用年限分期摊销。外购商誉的支出，在企业整体转让或者清算时，准予扣除（即不得分期摊销）。

（四）长期待摊费用的税务处理

长期待摊费用，是指企业发生的应在一个年度以上进行摊销的费用。

1. 长期待摊费用的范围

在计算应纳税所得额时，企业发生的下列支出作为长期待摊费用，按照规定摊销的，准予扣除：

（1）已足额提取折旧的固定资产的改建支出。

（2）租入固定资产的改建支出。

（3）固定资产的大修理支出。

（4）其他应当作为长期待摊费用的支出。

2. 长期待摊费用的扣除方法

（1）对于已足额提取折旧的固定资产的改建支出，按照固定资产预计尚可使用年限分期摊销。

（2）对于租入固定资产的改建支出，按照合同约定的剩余租赁期限分期摊销。

（3）对于固定资产的大修理支出，按照固定资产尚可使用年限分期摊销。

（4）对于其他应当作为长期待摊费用的支出，自支出发生月份的次月起，分期摊销，摊销年限不得低于3年。

除已足额提取折旧的固定资产、租入固定资产的改建支出外，其他的固定资产发生的改建支出，应增加固定资产价值，并应适当延长折旧年限。

（五）存货的税务处理

存货，是指企业持有以备出售的产品或者商品、处在生产过程中的在产品、产成品或者提供劳务过程中耗用的材料和物料等。

1. 存货的计税基础

存货以成本作为计税基础，按照以下方法确定成本：

（1）通过支付现金方式取得的存货，以购买价款和支付的相关税费为成本。

（2）通过支付现金以外的方式取得的存货，以该存货的公允价值和支付的相关税费为成本。

（3）生产性生物资产收获的农产品，以产出或者采收过程中发生的材料费、人工费和分摊的间接费用等必要支出为成本。

2. 存货的成本计算方法

企业使用或者销售存货的成本计算方法，可以在先进先出法、加权平均法、个别计价法中选用一种。计价方法一经选用，不得随意变更。

（六）投资资产的税务处理

投资资产，是指企业对外进行权益性投资和债权性投资形成的资产。

1. 投资资产的成本

（1）通过支付现金方式取得的投资资产，以实际购买价款作为成本。

（2）通过支付现金以外的方式取得的投资资产，以该资产的公允价值和支付的相关税费作为成本。

2. 投资资产成本的扣除方法

企业对外投资期间，投资资产的成本在计算应纳税所得额时不得扣除，企业在转让或者处置投资资产时，投资资产的成本准予扣除。

（七）资产的转让

企业转让以上资产，在计算应纳税所得额时，资产的净值允许扣除。其中，资产的净值，是指有关资产、财产的计税基础减除已经按照规定扣除的折旧、折耗、摊销、准备金等以后的余额。

除国务院财政、税务主管部门另有规定外，企业在重组过程中，应当在交易发生时确认有关资产的转让所得或者损失，相关资产应当按照交易价格重新确定计税基础。

四、亏损的弥补

亏损，是指企业依照税法规定，将每一纳税年度的收入总额减除不征税收入、免税收入和各项扣除后小于零的数额。税法规定，企业某一纳税年度发生的亏损可以用下一年度的所得来弥补，下一年度的所得不足以弥补的，可以逐年延续弥补，但最长不得超过 5 年，而且，企业在汇总计算缴纳企业所得税时，其境外营业机构的亏损不得抵减境内营业机构的盈利。

五、特别纳税调整

特别纳税调整，是指税务机关出于反避税目的而对纳税人特定纳税事项所做的税务调整，包括针对纳税人转让定价、预约定价安排、成本分摊协议、受控外国企业、资本弱化以及一般反避税等特别纳税调整事项的管理。

（一）关联企业的确定

关联方，是指与企业有下列关系之一的企业和个人：

1. 在资金、经营、购销等方面存在直接或间接的控制关系；

2. 直接或间接地同为第三者控制；

3. 在利益上具有相关联的其他关系。

企业与其他关联方之间的业务往来（简称关联业务往来），包括转让财产、提供财产使用权、提供劳务和融通资金等类型。

（二）关联企业的税务处理

1. 转让定价方法

企业与关联方之间的业务往来，不符合独立交易原则而减少企业或者其关联方应纳税收入或者所得额的，税务机关有权按照合理方法调整。独立交易原则，是指没有关联关系的交易各方，按照公平成交价格和营业常规进行业务往来遵循的原则。企业与其关联方之间的业务往来，可采用下列方法评价其是否符合独立交易原则：

（1）可比非受控价格法，是指按照没有关联关系的交易各方进行相同或者类似业务往来的价格进行定价的方法；

（2）再销售价格法，是指按照关联方购进商品再销售给没有关联关系的交易方的价格，减去相同或者类似业务的销售毛利进行定价的方法；

（3）成本加成法，是指按照成本加合理的费用和利润进行定价的方法；

（4）交易净利润法，是指按照没有关联关系的交易各方进行相同或者类似业务往来取得的净利润水平确定利润的方法；

（5）利润分割法，是指将企业与其关联方的合并利润或者亏损在各方采用合理标准进行分配的方法；

（6）其他符合独立交易原则的方法。

企业与其关联方共同开发、受让无形资产，或者共同提供、接受劳务发生的成本，在计算应纳税所得额时应当按照独立交易原则进行分摊。对实际发生的共同成本，按照独立交易原则与其关联方分摊共同发生的成本，达成成本分摊协议。

企业与其关联方分摊成本时，应按照成本与预期收益相配比的原则进行分摊，并在税务机关规定的期限内，按照税务机关的要求报送有关资料。

企业与其关联方分摊成本时违反税法规定的，其自行分摊的成本不得在计算应纳税所得额时扣除。

2. 转让定价调整

企业应当在税务机关规定的期限内提供与关联业务往来有关的价格、费用的制定标准、计算方法和说明等同期资料。关联方以及与关联业务调查有关的其他企业应当在税务机关与其约定的期限内提供相关资料。

企业不提供与其关联方之间业务往来资料的，或者提供虚假、不完整资料，未能真实反映其关联业务往来情况的，税务机关有权采用下列方法依法核定其应纳税所得额：

（1）参照同类或类似行业中类似企业的利润水平核定；

（2）按照企业成本加合理的费用和利润的方法核定；

（3）按照关联企业集团整体利润的一定比例核定；

（4）按照其他合理方法核定。

企业对税务机关按规定的方法核定的应纳税所得额有异议的，应当提供相关证据，经税务机关认定后，调整核定的应纳税所得额。

税务机关根据税收法律、行政法规的规定，对企业做出纳税调整，应当对补征的税款，自税款所属纳税年度的次年6月1日起至补缴税款之日止的期间，按日加收利息。按照税款所属纳税年度中国人民银行公布的与补税期间同期的人民币贷款基准率加5个百分点计算。对按规定加收的利息，不得在计算应纳税所得额时扣除。

企业与其关联企业之间的业务往来，不符合独立交易原则，或者企业实施其他不具有合理商业目的的安排的，税务机关有权在该业务发生的纳税年度起10年内，进行纳税调整。

3. 预约定价安排

企业可以向税务机关提出与其关联方之间业务往来的定价原则和计算方法，税务机关与企业协商、确认后，达成预约定价安排。预约定价安排，是指企业就其未来年度关联交易的定价原则和计算方法，向税务机关提出申请，与税务机关按照独立交易原则协商、确认后达成的协议。

4. 成本分摊协议管理

成本分摊协议管理，是指税务机关对企业与其关联方签署的成本分摊协议是否符合独立交易原则进行审核评估和调查调整等工作的总称。

5. 一般反避税管理

一般反避税管理，是指税务机关对企业实施其他不具有合理商业目的的安排而减少其应纳税收入或所得额进行审核评估和调查调整等工作的总称。

第四节　企业所得税应纳税额的计算

在企业所得税征管实践中，居民企业企业所得税应纳税额的征收具体分为查账征收和核定征收两种。

一、查账征收应纳税额的计算

查账征收的居民企业应缴纳所得税额基本计算公式为：

应纳税额 = 应纳税所得额 × 适用税率 - 减免税额 - 抵免税额

公式中的减免税额和抵免税额，是指按照《企业所得税法》和国务院的税收优惠规定减征、免征和抵免的应纳税额。

企业所得税实行按年计算，分月（季）预缴、年终汇算清缴所得税的计算两部分。

（一）按月（季）预缴所得税的计算

纳税人预缴所得税时，应按纳税期限的实际利润额预缴；按实际利润额预缴有困难的，可以按上一年度应纳税所得额的 1/12 或 1/4 预缴或经当地税务机关认可的其他方法预缴。预缴方法一经确定，不得随意改变。计算公式为：

应纳税额 = 上年应纳税所得额 × 1/12（或 1/4）× 适用税率

（二）年终汇算清缴所得税的计算

全年应纳税额 = 全年应纳税所得额 × 适用税率 - 应减免的税额 - 允许抵免的税额

汇算清缴多退少补所得税额 = 全年应纳税额 - 已预缴所得税额

【例 10 - 2】承【例 10 - 1】，经税务机关同意，每个季度按上年度应纳税所得额的 1/4 预缴所得税，全年已预缴企业所得税 32 万元，要求计算该居民企业 2015 年全年应纳企业所得税税额以及年终汇算清缴应补缴（退税）税额。

（1）该企业 2015 年应缴纳的企业所得税 = 152.4 × 25% = 38.1（万元）

（2）该企业 2015 年应补缴企业所得税 = 38.1 - 32 = 6.1（万元）

二、核定征收应纳税额的计算

（一）核定征收企业所得税的范围

居民企业纳税人具有下列情形之一的，核定征收企业所得税：

1. 依照法律、行政法规的规定可以不设置账簿的；

2. 依照法律、行政法规的规定应当设置但未设置账簿的；

3. 擅自销毁账簿或者拒不提供纳税资料的；

4. 虽设置账簿，但账目混乱或者成本资料、收入凭证、费用凭证残缺不全，难以查账的；

5. 发生纳税义务，未按照规定的期限办理纳税申报，经税务机关责令限期申报，逾期仍不申报的；

6. 申报的计税依据明显偏低，又无正当理由的。

（二）核定征收的办法

税务机关应根据纳税人具体情况，对核定征收企业所得税的纳税人，核定应纳税所得率（见表 10 - 1）或者核定应纳所得税额。

表 10 - 1 应税所得率表

行　　业	应税所得率（%）
农、林、牧、渔业	3—10
制造业	5—15
批发和零售贸易业	4—15
交通运输业	7—15
建筑业	8—20
饮食业	8—25
娱乐业	15—30
其他行业	10—30

注：房地产开发企业按照《国家税务总局关于房地产开发业务征收企业所得税问题的通知》（国税发〔2009〕31 号）的有关规定执行。

具有下列情形之一的，核定其应税所得率：

1. 能正确核算（查实）收入总额，但不能正确核算（查实）成本费用总额的；

2. 能正确核算（查实）成本费用总额，但不能正确核算（查实）收入总额的；

3. 通过合理方法，能计算和推定纳税人收入总额或成本费用总额的。

纳税人不属于以上情形的，核定其应纳所得税额。

采用应税所得率方式核定征收企业所得税的，应纳所得税额计算公式如下：

应纳所得税额 = 应纳税所得额 × 适用税率

应纳税所得额 = 应税收入额 × 应税所得率

或应纳税所得额 = 成本（费用）支出额 ÷（1 - 应税所得率）× 应税所得率

三、境外所得抵扣税额的计算

（一）境外所得抵扣税额的范围

为克服双重征税给跨国企业带来的不利影响，国际上普遍采用税收抵免、税收饶让制度来避免双重征税。企业取得的下列所得已在境外缴纳的所得税税额，可以从当期应纳税额中抵免，抵免限额为该项所得依照我国税法规定计算的应纳税额；超过抵免限额的部分，可以在以后 5 个年度内，用每年度抵免限额抵免当年应抵免额后的余额进行抵补。

1. 居民企业来源于我国境外的应税所得；

2. 非居民企业在我国境内设立机构、场所，取得发生在我国境外但与该机构、场所有实际联系的应税所得。

居民企业从其直接或者间接控制的外国企业分得的来源于我国境外的股息、红利等权益性投资收益，外国企业在境外实际缴纳的所得税税额中属于该项所得负担的部分，可以作为该居民企业的可抵免境外所得税税额，在企业所得税税法规定的抵免限额内抵免。

所谓直接控制，是指居民企业直接持有外国企业 20% 以上股份。间接控制，是指居民企业以间接持股方式持有外国企业 20% 以上股份，具体认定办法由国务院财政、税务主管部门另行制定。

（二）境外所得抵免限额的计算

企业境外业务之间的盈亏可以相互弥补，但企业境内外之间的盈亏不得相互弥补。依照有关规定，纳税人能够全面提供境外完税证明的，可采取分国不分项抵扣。即纳税人在境外已缴纳的所得税税款应按国别（地区）进行抵扣，并应分国（地区）计算抵扣限额。纳税人在境外各国（地区）已缴纳的所得税税款低于计算出的该国（地区）境外所得税税款扣除限额的，可以从应纳税额中按实际扣除；超过扣除限额的，应按计算出的扣除限额进行扣除，其超过部分不得在本年度的应纳税额中扣除，也不得列为费用支出。但可以在不超过 5 年的期限内，用以后年度税额扣除不超过限额的余额补扣。

境外所得税税额的抵免限额 = 境内、境外所得依照我国企业所得税法规定计算的应纳税总额 × 来源于某国（或地区）的应纳税所得额 ÷ 境内、境外应纳税所得总额

【例 10 - 3】甲公司 2015 年度境内应纳税所得额为 2000 万元，适用 25% 的企业所得税税率。该企业在 A、B 两国设有分支机构（我国已与 A、B 两国缔结避免双重征税协定），A 国分支机构当年应纳税所得额 600 万元，其中生产经营所得 500 万元，A 国规定税率为 20%；特许权使用费所得 100 万元，A 国规定的税率为 30%；B 国分支机构当年应纳税所得额 400 万元，其中生产经营所得 300 万元，B 国规定税率为 30%，

租金所得 100 万元，B 国规定的税率为 20%。假设该企业在 A、B 两国所得按我国税法计算的应纳税所得额和按 A、B 两国税法计算的应纳税所得额一致，两个分支机构在 A、B 两国分别缴纳了各自的企业所得税。

要求：计算甲公司 2015 年度境内外所得汇总缴纳的企业所得税。

（1）甲公司 2015 年度境内、外应纳税所得 = 2000 + 600 + 400 = 3000（万元）

（2）A、B 两国的扣除限额：

A 国分支机构在境外实际缴纳的税额 = 500 × 20% + 100 × 30% = 130（万元）

在 A 国的分支机构境外所得的税收抵免限额 = 3000 × 25% × 600 ÷ 3000 = 600 × 25% = 150（万元）

B 国分支机构在境外实际缴纳的税额 = 300 × 30% + 100 × 20% = 110（万元）

在 B 国的分支机构境外所得的税收抵免限额 = 3000 × 25% × 400 ÷ 3000 = 400 × 25% = 100（万元）；

在 A 国缴纳的所得税为 130 万元，低于扣除限额 150 万元，可全额扣除；在 B 国缴纳的所得税为 110 万元，高于扣除限额 100 万元，其超过扣除限额的部分 10 万元当年不能扣除。因此，A、B 两国分支机构境外所得可从应纳税额中扣除的税额分别为 130 万元和 100 万元。

（3）甲公司 2015 年度在我国应纳企业所得税额 = 3000 × 25% – 130 – 100 = 520（万元）。

第五节　企业所得税的征收管理

一、纳税地点

（一）除税收法律、行政法规另有规定外，居民企业以企业登记注册地为纳税地点；但登记注册地在境外的，以实际管理机构所在地为纳税地点。企业注册登记地，是指企业依照国家有关规定登记注册的住所地。

（二）居民企业在我国境内设立不具有法人资格的营业机构的，应当汇总计算并缴纳企业所得税。企业汇总计算并缴纳企业所得税时，应当统一核算应纳税所得额，具体办法由国务院财政、税务主管部门另行制定。

（三）非居民企业在我国境内设立机构、场所的，应当就其所设机构、场所取得的来源于我国境内的所得，以及发生在我国境外但与其所设机构、场所有实际联系的所得，以机构、场所所在地为纳税地点。非居民企业在我国境内设立两个或者两个以上机构、场所的，经税务机关审核批准，可以选择由其主要机构、场所汇总缴纳企业所得税。

（四）非居民企业在我国境内未设立机构、场所的，或者虽设立机构、场所但取得的所得与其所设机构、场所没有实际联系的，以扣缴义务人所往地为纳税地点。

除国务院另有规定外，企业之间不得合并缴纳企业所得税。

二、征收方法

（一）按纳税年度计算税款

企业所得税按纳税年度计算，纳税年度自公历 1 月 1 日起至 12 月 31 日止。企业在一个纳税年度中间开业，或者终止经营活动，使该纳税年度的实际经营期不足 12 个月的，应当以其实际经营期为一个纳税年度。企业依法清算时，应当以清算期间作为一个纳税年度。

（二）分月或者分季预缴，年终汇算清缴

企业所得税按年计征，分月或者分季预缴，年终汇算清缴，多退少补。企业在纳税年度内无论盈利或者亏损，都应当依照规定的期限，向税务机关报送预缴企业所得税纳税申报表、年度企业所得税纳税申报表、财务会计报告和税务机关规定应当报送的其他有关资料。

依照企业所得税法缴纳的企业所得税，以人民币计算。所得以人民币以外的货币计算的，应当折合成人民币计算并缴纳税款。

企业应当自月份或者季度终了之日起 15 日内，向税务机关报送预缴企业所得税纳税申报表，预缴税款。企业应当自年度终了之日起 5 个月内，向税务机关报送年度企业所得税纳税申报表，并汇算清缴，结清应缴应退税款。企业在报送企业所得税纳税申报表时，应当按照规定附送财务会计报告和其他有关资料。

（三）终止经营活动的纳税管理

企业在年度中间终止经营活动的，应当自实际经营终止之日起 60 日内，向税务机关办理当期企业所得税汇算清缴。企业应当在办理注销登记前，就其清算所得向税务机关申报并依法缴纳企业所得税。

三、源泉扣缴

源泉扣缴，是指以所得支付人为扣缴义务人，在每次向纳税人支付有关所得款项时，代为扣缴所得税税款的做法。

（一）扣缴义务人

1. 对非居民企业在我国境内未设立机构、场所的，或者虽设立机构、场所但取得的所得与其所设机构、场所没有实际联系的所得应缴纳的所得税，实行源泉扣缴，以支付人为扣缴义务人。税款由扣缴义务人在每次支付或者到期应支付时，从支付或者到期应支付的款项中扣缴。

支付人，是指依照有关法律规定或者合同约定对非居民企业直接负有支付相关款项义务的单位或者个人。支付，包括现金支付、汇拨支付、转账支付和权益兑价支付等货币支付和非货币支付。

2. 对非居民企业在我国境内取得工程作业和劳务所得应缴纳的所得税，税务机关可以指定工程价款或者劳务费的支付人为扣缴义务人。

（二）扣缴及缴纳

扣缴义务人扣缴税款时，按下列公式计算税款：

应扣缴税额＝支付单位每次支付额×20%（现按10%执行）

税法规定应当扣缴的所得税，扣缴义务人未依法扣缴或者无法履行扣缴义务的，由纳税人所在所得发生地缴纳。纳税人未依法缴纳的，税务机关可以从该纳税人在我国境内其他收入（指该纳税人在我国境内取得的其他各类来源的收入）项目的支付人应付的款项中，追缴该纳税人的应纳税款。

在我国境内存在多处所的发生地的，由纳税人选择其中一地申报缴纳企业所得税。扣缴义务人每次扣缴的税款，应当自代扣之日起7日内缴入国库，并向所在地的税务机关报送扣缴企业所得税报告表。

关键术语

企业所得税 应纳税所得额 居民企业 非居民企业 收入总额 准予扣除项目 扣除限额 特别纳税调整 查账征收 核定征收关联企业 源泉扣缴

思考题

1. 居民企业和非居民企业划分标准是什么？
2. 企业所得税的免税收入与不征税收入有什么区别？
3. 根据企业所得税法规定，税前不允许扣除的支出项目包括哪些？
4. 企业所得税的税收优惠方式包括哪些类型？

练习题

1. 某工业企业为居民企业，假定2015年发生经营业务如下：

全年取得产品销售收入5600万元，发生产品销售成本4000万元；其他业务收入800万元，其他业务成本660万元；取得购买国债的利息收入40万元；缴纳非增值税销售税金及附加300万元；发生的管理费用760万元，其中新技术的研究开发费用60万元、业务招待费用70万元；发生财务费用200万元；取得直接投资其他居民企业的权益性收益30万元（已在投资方所在地按15%的税率缴纳了所得税）；取得营业外收入100万元，发生营业外支出250万元（其中含公益捐赠38万元）。

要求：计算该企业2015年应纳的企业所得税。

2. 假定某企业2015年度境内应纳税所得额为200万元，适用25%的企业所得税率。另外，该企业分别在A、B两国设有分支机构（我国与A、B两国已经缔结避免双重征税协定），在A国的分支机构的应纳税所得额为50万元，A国税率为20%；在B国的分支机构的应纳税所得额为30万元，B国税率为30%。假设该企业在A、B两国所得按我国税法计算的应纳税所得额和按A、B两国税法计算的应纳税所得额一致，两个分支机构在A、B两国分别缴纳了10万元和9万元的企业所得税。

要求：计算该企业2015年度汇总时在我国应缴纳的企业所得税。

第十一章
个人所得税

个人所得税是对个人取得的所得征收的一种税。随着我国市场经济的发展，人民生活水平不断提高，个人收入普遍增长，个人所得税在筹集财政收入、公平收入分配、调节经济运行等方面的作用日益突出，成为我国税制体系的重要组成部分。我国现行的个人所得税法是 2011 年 9 月 1 日起施行的《中华人民共和国个人所得税法》及其实施条例。本章主要知识点包括：个人所得税的概念、特点及作用；个人所得税的纳税人、征税范围、税率结构、税收优惠；应纳税所得额的确定和应纳税额的计算；个人所得税的征收管理。本章的重点和难点是个人所得税应纳税所得额的确定和应纳税额的计算。

第一节 个人所得税概述

一、个人所得税的概念及其发展

个人所得税是以个人（自然人）取得的各类应税所得为征税对象而征收的一种税。

个人所得税于 1799 年由英国首先开征。第二次世界大战后，个人所得税得到较为充分的发展，成为大多数发达国家的主体税种。

建国以后，我国在一个较长的时期内实行低工资制度，因而不具备对公民个人征税的客观条件。党的十一届三中全会以后，我国实行了对外开放、对内搞活的方针政策，为维护国家的税收权益和保障外籍人员的合法权益，1980 年 9 月 10 日第五届全国人民代表大会第三次会议审议通过了《中华人民共和国个人所得税法》，并同时公布实施。1986 年和 1987 年，国务院根据经济改革和发展，以及调节个人收入分配的需要，分别发布了《中华人民共和国个人收入调节税暂行条例》和《中华人民共和国城乡个体工商户所得税暂行条例》。这样，我国对个人所得的课税制度即形成了个人所得税、城乡个体工商户所得税和个人收入调节税三税并存的格局。

随着社会主义市场经济体制的确立、发展和改革开放不断深入，为使我国的个人所得税朝着法制化、规范化和合理化的方向发展，1993 年 10 月 31 日，第八届全国人民代表大会常务委员会第四次会议通过了《关于修改 < 中华人民共和国个人所得税法 > 的决定》，同时公布了修改后的《中华人民共和国个人所得税法》，并于 1994 年 1 月 1

日起实施,建立起了统一的个人所得征税制度。其后,随着经济的发展、人民生活水平的不断提高,个人所得税法先后又经历了多次重要修订。目前适用的是 2011 年 6 月 30 日由第十一届全国人民代表大会常务委员第二十一次会议修订并公布的《中华人民共和国个人所得税法》,自 2011 年 9 月 1 日起施行。

二、个人所得税的特点

(一) 分类课征制

国际上个人所得税的征收,一般有综合课征制、分类课征制、混合课征制三种。我国的个人所得税,采取分类课征制,即将个人所得划分为 11 类,分别适用不同的费用减除规定、税率和计税方法。

(二) 并用两种税率模式

我国现行个人所得税实行了累进税率与比例税率两种税率形式。对工资、薪金所得,个体工商户的生产经营所得和对企事业单位的承包、承租经营所得采用超额累进税率;对其他各项所得采用比例税率。

(三) 实行源泉扣缴和自行申报缴纳相结合的办法

个人所得税实行源泉扣缴和自行申报缴纳两种征收方法,也就是对列举的应税所得收入,由支付单位在付款时,代扣税款,这样便于征收管理,控制税源。同时,对特定纳税人,税法要求必须按规定自行申报纳税,既利于增强公民的纳税意识,也便于税务机关核实和监督。

(四) 计算简便

由于采用分项课征、源泉扣缴,各类收入的税率和扣除方法等规定都较为简明,所以征收计算都很简便,免除了许多汇总计算征收的复杂手续。

三、个人所得税的作用

个人所得税作为一个重要税种,发挥着增加财政收入、公平收入分配、调节经济运行等重要作用。

(一) 增加财政收入

个人所得税的课征对象是个人取得的各项所得,意味着只要有所得就要缴纳个人所得税,具有宽广的税基。特别是随着经济发展水平的提高,个人所得增加较快,必然会使个人所得税收入不断增加。我国个人所得税收入近几年持续增长,占全部财政收入的比重逐步提高,成为我国财政收入的重要组成部分。2012 年虽然受个人所得税减税政策及房地产调控的影响,我国个人所得税收入占财政收入的比重仍接近 5%。

(二) 公平收入分配

社会经济发展过程中,必然会出现收入分配的差距,如果这种差距过大,不利于社会公平和社会稳定。因此,需要通过税收加以调节。个人所得税通过超额累加税率发挥着自动调节作用,即随着个人收入的增加,适用的税率也随之提高,高收入群体负担更多的税收，低收入者则按照较低的税率征税，缴纳较少的税收，通过税率的累进缩小高收入与低收入者之间的收入差距，矫正社会分配的不公平。

（三）调节经济运行

累进的个人所得税制对经济运行产生自动稳定器的调节作用。由于个人所得税累进税率等因素的存在，当经济高涨时，就业人口增加，收入水平上升，个人所得税收入会自动增加，从而对经济产生紧缩的效果；当经济低落时，失业人口增加，收入水平下降，个人所得税收入会自动减少，从而对经济产生扩张的效果。当然，在财政收入规模既定的情况下，个人所得税自动稳定器调节作用的大小取决于其在财政总收入中的比重。如果个人所得税在财政总收入中的比重越大，则调节作用越大；反之则越弱。

第二节 个人所得税的基本规定

一、个人所得税的纳税人

个人所得税是以自然人取得的各类应税所得为征税对象而征收的一种税，其纳税人主要是个人以及具有自然人性质的企业，包括中国公民、个体工商业户、个人独资企业、合伙企业投资者、在中国有所得的外籍人员（包括无国籍人员）和香港、澳门、台湾同胞。按照《中华人民共和国个人所得税法》的规定，上述纳税义务人依据住所和居住时间两个标准，区分为居民和非居民，分别承担不同的纳税义务。

（一）居民纳税义务人

居民纳税义务人负有无限纳税义务。其取得的应纳税所得，无论来源于中国境内还是境外，都要在中国缴纳个人所得税。根据《中华人民共和国个人所得税法》的规定，居民纳税义务人是指在中国境内有住所，或者无住所在中国境内居住满1年的个人。

所谓在中国境内有住所的个人，是指因户籍、家庭、经济利益关系而在中国境内习惯性居住的个人。所谓习惯性居住或住所标准也是一项法律意义上的判断标准，因此，习惯性住所不一定是实际的居住场所。如因学习、工作、探亲、旅游等原因而在中国境外居住的，在其原因消除之后，必须回到中国境内居住的个人，则中国即为该纳税人习惯性居住地。

所谓在中国境内居住满1年，是指在一个纳税年度（即公历1月1日起至12月31日止）内，在中国境内居住满365日。在计算居住天数时，临时离境视同在华居住，不扣减其在华居住天数。所谓临时离境，是指在一个纳税年度内一次不超过30日或者多次累计不超过90日的离境。

现行税法中关于"中国境内"的概念，是指中国内地，目前还不包括香港特别行政区、澳门特别行政区和台湾地区。

（二）非居民纳税义务人

非居民纳税义务人，是指不符合居民纳税义务人判断条件（标准）的纳税义务人。非居民纳税人承担有限纳税义务，即仅就其来源于中国境内的所得，向中国依法缴纳个人所得税。根据《中华人民共和国个人所得税法》的规定，非居民纳税义务人是指在中国境内无住所又不居住，或者无住所在中国境内居住不满 1 年的个人。根据前述习惯性居住地标准，习惯性居住地不在中国境内的个人，只能是外籍人员（包括无国籍人员）、华侨和香港、澳门、台湾同胞。因此，非居民纳税义务人，实际上只能说在一个纳税年度内，没有在中国境内居住，或者在中国境内居住不满 1 年的外籍人员（包括无国籍人员）、华侨和香港、澳门、台湾同胞。

二、所得来源地的确定

我国个人所得税同时实现居民管辖权和所得来源地管辖权。按照国际税收惯例，所得来源地管辖权优先行使，因此对来源于中国境内的所得，我国有优先征税的权利。下列所得，不论支付地点是否在中国境内，均为来源于中国的所得，须依法缴纳个人所得税。

1. 因任职、受雇、履约而在中国境内提供劳务取得的所得；
2. 将财产出租给承租人在中国境内使用而取得的所得；
3. 转让中国境内的建筑物、土地使用权等财产或者在中国境内转让其他财产取得的所得；
4. 许可各种特权在中国境内使用而取得的所得；
5. 从中国境内的公司、企业以及其他经济组织或者个人取得的利息、股息、红利收入。

三、个人所得税的征税对象及范围

个人所得税的征税对象是个人取得的各项应税所得。由于其内容复杂，世界各国一般都根据各自情况，列举征税项目。《中华人民共和国个人所得税法》列举征税的个人所得共有 11 类。《中华人民共和国个人所得税法实施条例》及相关法规具体规定了各类个人所得的征税范围。

如果纳税人取得的收入为不含税收入，即由单位或个人为纳税人代付税款的，属于纳税人又额外增加了收入，应当将单位或个人支付给纳税人的不含税收入额换算为应纳税所得额，然后按规定计算应代扣代缴的个人所得税税款。

纳税人取得的收入和所得为美元、日元、港币的，统一使用中国人民银行公布的人民币对上述三种货币的基准汇价计税。纳税人取得的收入和所得为其他货币的，应当根据美元对人民币的基准汇价和国家外汇管理局提供的纽约外汇市场美元对主要外币的汇价套算，按照套算以后的汇价计税。

（一）工资、薪金所得

工资、薪金所得，是指个人因任职或者受雇而取得的工资、薪金、奖金、年终加薪、劳动分红、津贴、补贴以及与任职或者受雇有关的其他所得。

根据现行规定，下列不属于工资、薪金性质的津贴、补贴或者不属于本人工资、薪金所得项目的收入，不予征税。这些项目包括：

1. 独生子女费；

2. 执行公务员工资制度未纳入基本工资总额的补贴、津贴差额和家属成员的副食品补贴；

3. 托儿补助费；

4. 按规定报销的差旅费津贴、误餐补助。

（二）个体工商户的生产、经营所得

个体工商户的生产、经营所得，是指：

1. 个体工商户从事工业、手工业、建筑业、交通运输业、商业、饮食业、服务业、修理业以及其他行业生产、经营取得的所得；

2. 个人经政府有关部门批准，取得执照，从事办学、医疗、咨询以及其他有偿服务活动取得的所得；

3. 其他个人从事个体工商业生产、经营取得的所得；

4. 上述个体工商业户和个人取得的与生产、经营有关的各项应税所得；

5. 个人独资企业、合伙企业投资者个人的生产、经营所得。个人独资企业、合伙企业的个人投资者，以企业资金为本人、家庭成员及其相关人员支付与企业生产经营无关的消费性支出及购买汽车、住房等财产性支出，视为企业对个人投资者的利润分配，并入投资者个人的生产经营所得，依照"个体工商户的生产、经营所得"项目计征个人所得税。

（三）对企事业单位的承包、承租经营所得

对企事业单位的承包、承租经营所得，是指个人承包、承租经营以及转包、转租取得的所得，包括个人按月或者按次取得的工资、薪金性质所得。承包项目可分多种，如生产经营、采购、销售、建筑安装等各种承包。转包包括全部转包或部分转包。

（四）劳务报酬所得

劳务报酬所得，是指个人从事设计、装潢、安装、制图、化验、测试、医疗、法律、会计、咨询、讲学、新闻、广播、翻译、审稿、书画、雕刻、影视、录音、录像、演出、表演、广告、展览、技术服务、经纪服务、代办服务以及其他劳务取得的所得。个人担任董事职务所取得的董事费收入，属于劳务报酬性质，按劳务报酬所得项目征税。一项所得属于工资、薪金所得还是劳务报酬所得，区别在于：工资、薪金所得属于非独立个人劳务所得，即在机关、团体、学校、部队、企业、事业单位及其他组织中任职、受雇而得到的报酬；而劳务报酬所得，则是个人独立从事各种技艺、提供各项劳务取得的报酬。

（五）稿酬所得

稿酬所得，是指个人因其作品以图书、报刊形式出版、发表而取得的所得。作者去世后，财产继承人取得的遗作稿酬，亦属此项目。

（六）特许权使用费所得

特许权使用费所得，是指个人提供专利权、商标权、著作权、非专利技术以及其他特许权的使用权取得的所得。提供著作权的使用权取得的所得，不包括稿酬的所得。作者将自己的文字作品手稿原件或复印件公开拍卖（竞价）取得的所得，个人取得特许权的经济赔偿收入，属于特许权使用费所得。

（七）利息、股息、红利所得

利息、股息、红利所得，是指个人因拥有债权、股权而取得的利息、股息、红利所得。除个人独资企业、合伙企业以外的其他企业的个人投资者，以企业资金为本人、家庭成员及其相关人员支付与企业生产经营无关的消费性支出及购买汽车、住房等财产性支出，视为企业对个人投资者的红利分配，依照"利息、股息、红利所得"项目计征个人所得税。企业的上述支出不允许在企业所得税前扣除。

（八）财产租赁所得

财产租赁所得，是指个人出租建筑物、土地使用权、机器设备、车船以及其他财产取得的所得。个人取得的财产转租收入，属于财产租赁所得。

（九）财产转让所得

财产转让所得，是指个人转让有价证券、股权、建筑物、土地使用权、机器设备、车船以及其他财产取得的所得。

（十）偶然所得

偶然所得，是指个人得奖、中奖、中彩以及其他偶然性质的所得。

（十一）经国务院财政部门确定征税的其他所得

除上述列举的各项个人应税所得外，其他确有必要征税的个人所得，由国务院财政部门确定。个人取得的所得，难以界定应纳税所得项目的，由主管税务机关确定。

四、个人所得税的税率

（一）工资、薪金所得适用税率

工资、薪金所得适用七级超额累进税率，税率为3%—45%（见表11-1）。

表11-1　工资、薪金所得适用税率表

级数	全月应纳税所得额	税率（%）	速算扣除数
1	不超过1500元的部分	3	0
2	超过1500元至4500元的部分	10	105
3	超过4500元至9000元的部分	20	555
4	超过9000元至35000元的部分	25	1005

续表

级数	全月应纳税所得额	税率（%）	速算扣除数
5	超过35000元至55000元的部分	30	2755
6	超过55000元至80000元的部分	35	5505
7	超过80000元的部分	45	13505

本表所称全月应纳税所得额是指按照税法的规定，以每月收入额减除费用3500元之后的余额或者减除附加减除费用后的余额。

表中的速算扣除数是指按全额累进计算方法计算的税额与按超额累进计算方法计算的税额之间的差额。它的主要作用是简化计算过程。速算扣除数的计算公式为：

本级速算扣除数＝前级最高所得额×（本级税率－前级税率）＋前级速算扣除数

（二）个体工商户的生产、经营所得和对企事业单位的承包、承租经营所得适用税率

个体工商户的生产、经营所得和对企事业单位的承包、承租经营所得，适用五级超额累进税率，最低一级为5%，最高一级为35%（见表11－2）。

表11－2 个体工商户的生产经营所得和对企事业单位的承包、承租经营所得适用税率表

级数	全年应纳税所得额	税率（%）	速算扣除数
1	不超过15000元的部分	5	0
2	超过15000元至30000元的部分	10	750
3	超过30000元至60000元的部分	20	3750
4	超过60000元至100000元的部分	30	9750
5	超过100000元的部分	35	14750

本表所称全年应纳税所得额，对个体工商户的生产、经营所得，是指以每一纳税年度的收入总额，减除成本、费用、相关税费以及损失后的余额；对企事业单位的承包、承租经营所得，是指以每一纳税年度的收入总额，减除必要费用后的余额。

（三）稿酬所得适用税率

稿酬所得适用20%的比例税率，并按应纳税额减征30%。故稿酬所得实际税负为14%。

（四）劳务报酬所得适用税率

劳务报酬所得适用20%的比例税率。对劳务报酬所得一次收入畸高的，可以实行加成征收，具体办法由国务院规定。

根据《中华人民共和国所得税法实施条例》规定："劳务报酬所得一次收入畸高"，是指个人一次取得劳务报酬，其应纳税所得额超过20000元。对个人一次取得劳务报酬的应纳税所得额超过20000元至50000元的部分，依照法律规定计算应纳税后再按应纳税额加征五成；超过50000元的部分，加征十成。实际上，对劳务报酬所得可视为实行20%、30%、40%的三级超额累进税率（见表11－3）。

表 11 - 3　劳务报酬所得个人所得税实际税负率

级数	应纳税所得额	税率（％）	速算扣除数
1	不超过 20000 元的部分	20	0
2	超过 20000 元至 50000 元的部分	30	2000
3	超过 50000 元的部分	40	7000

注：本表所称每次应纳税所得额，是指每次收入额减除 800 元（每次收入额不超过 4000 元时）或者减除 20％ 的费用（每次收入额超过 4000 元时）后的余额。

（五）特许权使用费所得，利息、股息、红利所得，财产租赁所得，财产转让所得，偶然所得和其他所得适用税率

特许权使用费所得，利息、股息、红利所得，财产租赁所得，财产转让所得，偶然所得和其他所得，适用 20％ 的比例税率。对个人出租住房取得的所得减按 10％ 的税率征收个人所得税。

五、个人所得税的税收优惠

《中华人民共和国个人所得税法》及其实施条例以及财政部、国家税务总局的若干规定等，都对个人所得项目给予税收优惠，主要有：

（一）综合性免税规定

1. 省级人民政府、国务院部委和中国人民解放军军以上单位，以及国外组织、国际组织颁布的科学、教育、技术、文化、卫生、体育、环境保护等方面的奖金；

2. 国债和国家发行的金融债券利息；

3. 按照国家统一规定发给的补贴、津贴；

4. 福利费、抚恤金、救济金；

5. 保险赔款；

6. 军人的转业费、复员费；

7. 按照国家统一规定发给干部、职工的安家费、退职费、退休工资、离休工资、离休生活补助费；

8. 按照我国有关法律规定应予免税的各国驻华使馆、领事馆的外交代表、领事官员和其他人员的所得；

9. 中国参加的国际公约、签订的协议中规定的免税所得；

10. 经国务院财政部门批准免税的所得。

（二）外籍个人所得免税规定

1. 外籍个人以非现金形式或实报实销形式取得的住房补贴、伙食补贴、搬迁费、洗衣费。

2. 外籍个人按合理标准取得的境内、外出差补贴。

3. 外籍个人取得的探亲费（一年不得超过两次，并要有交通费支出凭证）、语言训练费、子女教育费等，经当地税务机关审核批准为合理的部分。

4. 凡符合下列条件之一的外籍专家取得的工资、薪金所得可免征个人所得税：

（1）根据世界银行专项贷款协议由世界银行直接派往我国工作的外国专家；

（2）联合国组织直接派往我国工作的专家；

（3）援助国派往我国专为该国无偿援助项目工作的专家；

（4）根据两国政府签订文化交流项目来华工作两年以内的文教专家，其工资、薪金所得由该国负担的；

（5）根据我国大专院校国际交流项目来华工作两年以内的文教专家，其工资、薪金所得由该国负担的；

（6）通过民间科研协定来华工作的专家，其工资、薪金所得由该国政府机构负担的；

（7）为联合国援助项目来华工作的专家。

（三）单项免税规定

1. 按照省级以上人民政府规定的比例提取并向指定金融机构实际缴付的住房公积金、医疗保险金、基本养老保险金、失业保险金，免征个人所得税。个人按规定领取住房公积金、医疗保险金、基本养老保险金、失业保险金，免征个人所得税。

2. 对工伤职工及其近亲属按照《工伤保险条例》规定取得的工伤保险待遇，免征个人所得税。

3. 残疾、孤老人员和烈属个人直接从事生产经营所得，免征个人所得税。

4. 企业依照国家有关法律规定宣告破产，企业职工从该破产企业取得的一次性安置费收入，免征个人所得税。

5. 个人因与用人单位解除劳动关系而取得的一次性补偿收入，在当地上年职工平均工资 3 倍数额以内的部分，免征个人所得税。超过 3 倍数额部分的一次性补偿收入，可视为一次取得数月的工资、薪金收入，允许在一定期限内平均计算。

6. 生育妇女按规定取得的生育津贴、生育医疗费或者其他属于生育保险性质的津贴、补贴，免征个人所得税。

7. 个人办理代扣代缴税款手续，按规定取得的扣缴手续费，免征个人所得税。储蓄机构内从事代扣代缴工作的办税人员取得的扣缴利息税手续费所得，免征个人所得税。

8. 个人举报、协查各种违法、犯罪行为而获得的奖金，免征个人所得税。

9. 对乡、镇（含乡、镇）以上人民政府或经县（含县）以上人民政府主管部门批准成立的有机构、有章程的见义勇为基金，或者类似性质组织鼓励见义勇为者的奖金或奖品，经主管税务机关核准，免征个人所得税。

10. 个人取得的教育储蓄存款利息所得及国务院财政部门确定的其他专项储蓄存款或者储蓄性专项基金存款的利息所得，免征个人所得税。个人储蓄存款利息暂免征收个人所得税。

11. 被拆迁人按照国家有关城镇房屋拆迁管理办法规定的标准取得的拆迁补偿款，免征个人所得税。

12. 个人转让自用达 5 年以上并且是唯一的家庭居住用房取得的所得，暂免征收个人所得税。

13. 国家机关、企事业单位及其他组织在住房制度改革期间，按规定向职工出售公有住房，职工因支付的房改成本价格低于房屋建造成本价格或市场价格而取得的差价收益，免征个人所得税。

14. 以下情形的房屋产权无偿赠与，对当事双方不征收个人所得税：

（1）房屋产权所有人将房屋产权无偿赠与配偶、父母、子女、祖父母、外祖父母、孙子女、外孙子女、兄弟姐妹。

（2）房屋产权所有人将房屋产权无偿赠与对其承担直接抚养或者赡养义务的抚养人或者赡养人。

（3）房屋产权所有人死亡，依法取得房屋产权的法定继承人、遗嘱继承人或者受遗赠人。

除上述情形外，房屋产权所有人将房屋产权无偿赠与他人的，受赠人因无偿受赠房屋取得的受赠所得，按照"经国务院财政部门确定征税的其他所得"项目缴纳个人所得税。

15. 对依据规定适当延长离休、退休年龄的高级专家，在延长离休、退休期间的工资、薪金所得，视同退休工资、离休工资免征个人所得税。延长离休、退休年龄的高级专家是指：

（1）享受国家发放的政府特殊津贴的专家、学者；

（2）中国科学院、中国工程院院士。

16. 对个人获得曾宪梓教育基金会教师奖、香港柏宁顿（中国）教育基金会首届"孺子牛金球奖"、"长江学者成就奖"、第五届"宋庆龄儿童文学奖"、"国际青少年消除贫困奖"、参与"长江小小科学家"活动获得的奖金，免予征收个人所得税。

17. 对教育部颁发的"特聘教授奖金"免予征收个人所得税。

18. 个人转让股票所得暂免征收个人所得税。但自 2010 年 1 月 1 日起，对个人转让限售股取得的所得，按照"财产转让所得"，适用 20% 的比例税率征收个人所得税。

19. 股权分置改革中非流通股股东通过对价方式向流通股股东支付的股份、现金等收入，暂免征收个人所得税。

20. 个人购买福利彩票、体育彩票、赈灾彩票（奖券）一次中奖收入不超过 1 万元（含 1 万元）的暂免征收个人所得税；一次中奖收入超过 1 万元的，应按税法规定全额征税。

21. 个人取得单张有奖发票奖金所得不超过 800 元（含 800 元）的，暂免征收个人所得税；个人取得单张有奖发票奖金所得超过 800 元（含 800 元）的，应全额按照《个人所得税法》规定的"偶然所得"项目征收个人所得税。

22. 对保险营销员、证券经纪人佣金收入中的展业成本，免征个人所得税；对佣金中的劳务报酬部分，扣除实际缴纳的营业税及附加后，依照税法有关规定计算征收个人所得税。所谓"展业成本"即营销费，佣金中展业成本的比例暂定为40%。

23. 其他经国务院财政部门批准免税的所得。

（四）个人所得税的减征

税法规定有下列情形之一的，经批准，可以减征个人所得税：

1. 残疾、孤老人员和烈属的所得。

2. 因严重自然灾害造成重大损失的。

3. 其他经国务院财政部门批准减税的。

（五）捐赠扣除

《中华人民共和国个人所得税法》及其实施条例规定：个人将其所得对教育事业和其他公益事业的捐赠，是指个人将其所得通过中国境内的社会团体、国家机关向教育和其他社会公益事业以及遭受严重自然灾害地区、贫困地区的捐赠。捐赠额未超过纳税义务人申报的应纳税所得额30%的部分，可以从其应纳税所得额中扣除，超过部分不得扣除。此外，以下捐赠可在计征个人所得税时从应税所得中全额扣除：

1. 对企事业单位、社会团体和个人等社会力量，通过非营利性的社会团体和国家机关对公益性青少年活动场所，福利性、非营利性的老年服务机构，红十字事业的捐赠，在缴纳企业所得税和个人所得税前准予全额扣除。

2. 纳税人通过中国境内非营利的社会团体、国家机关向教育事业的捐赠，准予在企业所得税和个人所得税前全额扣除。

3. 对社会力量，包括企业单位（不含外商投资企业和外国企业）、事业单位、社会团体、个人和个体工商户，资助非关联的科研机构和高等学校研究开发新产品、新技术、新工艺所发生的研究开发经费，经主管税务机关审核确定，其资助支出可以全额在当年度应纳税所得额中扣除。当年度应纳税所得额不足抵扣的，不得结转抵扣。纳税人直接向科研机构和高等院校的资助不允许在税前扣除。

4. 对企业、事业单位、社会团体和个人等社会力量，通过由财政部、国家税务总局、民政部联合确认的中华慈善总会、中国扶贫基金会、中国绿化基金会等各类基金会用于公益救济性的捐赠，准予在缴纳企业所得税和个人所得税前全额扣除。

第三节　个人所得税的计算

一、应纳税所得额的确定

个人所得税的应纳税所得额，是指个人取得的各项收入减去税法规定的扣除项目或扣除金额之后的余额。

我国对应纳税所得额的计算，采用分项计算所得、分别扣除费用的方法。所谓分项计算所得，是指纳税人兼有税法列举的多项所得的，分别项目计算收入和扣除费用，来确定应纳税所得额。其费用的扣除，分别不同性质的所得采用定额扣除、定率扣除或其他法定费用扣除的方法。

（一）工资、薪金所得应纳税所得额的确定

1. 工资、薪金所得的一般扣除标准。个人的工资、薪金所得，是以每月收入扣除 3500 元费用后的余额，作为应纳税所得额。

2. 工资、薪金所得的附加扣除标准。对在中国境内无住所而在中国境内取得工资、薪金所得的纳税人和在中国境内有住所而在中国境外取得工资、薪金所得的纳税人，每月在扣除 3500 元费用的基础上，再扣除附加减除费用 1300 元，合计扣除额为 4800 元。附加减除费用适用的范围是：

（1）在中国境内的外商投资企业和外国企业中工作的外籍人员；

（2）应聘在中国境内的企业、事业单位、社会团体、国家机关中工作的外籍专家；

（3）在中国境内有住所而在中国境外任职或者受雇取得工资、薪金所得的个人；

（4）财政部确定的取得工资、薪金所得的其他人员。

华侨和香港、澳门、台湾同胞比照上述附加减除费用标准执行。

3. 雇佣单位和派遣单位分别支付工资、薪金的费用扣除。税法规定，在外商投资企业、外国企业和外国驻华机构工作的中方人员取得的工资、薪金，凡是由雇佣单位和派遣单位分别支付的，支付单位应扣缴应纳的个人所得税，以纳税人每月全部工资、薪金收入扣除规定费用后的余额为应纳税所得额。为了有利征收，采取由支付方扣除费用的方法，即由雇佣单位在支付工资、薪金时，按税法规定扣除费用，计算扣缴税款；派遣单位支付的工资、薪金不再扣除费用，以支付金额确定适用税率计算税额。上述纳税人，应持两处支付单位提供的纳税相关原始凭证，选择并固定到一地税务机关申报每月工资、薪金收入，汇算清缴其工资、薪金收入的个人所得税，多退少补。

4. 同时取得境内、境外工资、薪金所得的费用扣除。对于一般居民纳税人在境内、境外取得工资、薪金所得，应首先判定其取得境内、境外取得的所得是否为来源于同一国的所得，如果因任职、受雇、履约等而在中国境内提供劳务取得的所得，无论支付地点是否在中国境内，均为来源于中国境内的所得。纳税人能够提供在境内、境外同时任职、受雇及其工资、薪金标准的有效证明文件，可判定其所得是分别来自境内和境外的，应分别减除费用后计税。如果不能提供上述证明文件的，应视为来源于一国的所得，按有关规定计算纳税；若其任职、受雇单位在中国境内的，应视为来源于中国境内的所得；若其任职或者受雇单位在中国境外的，应视为来源于中国境外的所得，依照有关规定计税。

5. 中国境内无住所个人工资、薪金所得的确定。①在中国境内无住所，但在一个纳税年度中在中国境内连续或者累计居住不超过 90 日或在税收协定规定的期间内在中国境内连续或累计不超过 183 日的个人，其来源于中国境内的工资、薪金所得，由境外雇主支付并且不由该雇主在中国境内的机构、场所负担的，免于缴纳个人所得税。

②在中国境内无住所，但在一个纳税年度中在中国境内连续或者累计居住超过90日或在税收协定规定的期间内在中国境内连续或累计超过183日但不满1年的个人，其实际在中国境内工作期间取得的由中国境内企业或个人雇主支付和由境外企业或个人雇主支付的工资薪金所得，均应申报缴纳个人所得税；其在中国境外工作期间取得的工资、薪金所得，除担任中国境内企业董事或高层管理人员的个人外，不予征收个人所得税。③在中国境内无住所但在境内居住满1年而不超过5年的个人，其在中国境内工作期间取得的由中国境内企业或个人雇主支付和由境外企业或个人雇主支付的工资薪金所得，均应申报缴纳个人所得税。④在中国境内无住所，但居住超过5年的个人，从第6年起，应当就其来源于中国境外的全部所得缴纳个人所得税。⑥担任中国境内企业董事或高层管理职务的个人，其取得的由该中国境内企业支付的董事费或工资薪金，应自其担任该中国境内企业董事或高层管理职务起，至其解除上述职务止的期间，不论其是否在中国境外履行职务，均应申报缴纳个人所得税；其取得的由中国境外企业支付的工资、薪金，应依照前述规定确定纳税义务。

（二）个体工商户生产、经营所得应纳税所得额的确定

个体工商户的生产、经营所得以每一纳税年度的收入总额，减除成本、费用以及损失后的余额，为应纳税所得额。

上述收入总额是指个体工商户从事生产、经营以及与生产、经营有关的活动所取得的各项收入。成本、费用是指纳税人从事生产、经营所发生的各项直接支出和分配计入成本的间接费用以及销售费用、管理费用、财务费用；损失是指纳税人在生产、经营过程中发生的各项营业外支出。成本、费用扣除标准有：

1. 个体工商业户业主的费用扣除标准统一确定为42000元/年，即3500元/月。

2. 个体工商户向其从业人员实际支付的合理的工资、薪金支出，允许在税前据实扣除。

3. 个体工商户实际发生的工会经费、职工福利费、职工教育经费分别在其计税工资总额的2%、14%、1.5%的标准内据实扣除。

4. 个体工商业户每一纳税年度发生的广告和业务宣传费用不超过当年销售（营业）收入15%的部分，可据实扣除，超过部分可无限期向以后的纳税年度结转扣除。

5. 个体工商业户每一纳税年度发生的与其生产经营业务直接相关的业务招待费支出，按照发生额的60%扣除，但最高不超过当年销售（营业）收入的5‰。

6. 个体工商业户在生产、经营期间借款的利息支出，凡有合法证明的，不高于按金融机构同类、同期贷款利率计算数额的部分，准予扣除。

个体工商户和从事生产、经营的个人，取得与生产、经营活动无关的各项应税所得，应分别适用各应税项目的规定计算征收个人所得税。

个人独资企业和合伙企业应税所得可比照个体工商户确定。个人独资企业的投资者以全部生产经营所得为应纳税所得额；合伙企业的投资者按照合伙企业的全部生产经营所得和合伙协议约定的分配比例，确定应纳税所得额，合伙协议没有约定分配比例的，以全部生产经营所得和合伙人数量平均计算每个投资者的应纳税所得额。

从事生产、经营的纳税义务人未提供完整、准确的纳税资料，不能正确计算应纳税所得额的，由主管税务机关核定其应纳税所得额。核定征收方式，包括定额征收、核定应税所得率征收以及其他合理的征收方式。

（三）对企事业单位的承包、承租经营所得应纳税所得额的确定

对企事业单位的承包、承租经营所得，以每一纳税年度的收入总额，减除必要费用后的余额，为应纳税所得额。这里的收入总额是指纳税人按照承包、承租经营合同规定分得的经营利润和工资、薪金性质的所得。其减除的必要费用，是指42000元/年，即3500元/月。

在一个纳税年度中，承包、承租经营期限不足1年的，以其实际经营期为纳税年度。

（四）劳务报酬所得、稿酬所得、特许权使用费所得应纳税所得额的确定

对劳务报酬所得、稿酬所得、特许权使用费所得，其必要费用的扣除，采用定额和定率两种扣除方法：

每次收入不超过4000元的，定额减除800元费用，仅就超过800元的部分征税；每次收入在4000元以上的，定率减除20%的费用，仅以扣除后的余额作为应纳税所得额。

所谓每次收入，是指：

1. 劳务报酬所得，属于一次性收入的，以取得该项收入为一次，属于同一项目连续性收入的，以一个月内取得的收入为一次；

2. 稿酬所得，以每次出版、发表取得的收入为一次；

3. 特许权使用费所得，以一项特许权的一次许可使用取得的收入为一次。

（五）财产租赁所得应纳税所得额的确定

财产租赁所得，以个人每次取得的收入，定额或定率减除规定费用后的余额为应纳税所得额。每次收入不超过4000元的，定额减除费用800元；每次收入在4000元以上的，定率减除20%的费用。财产租赁所得以一个月内取得的收入为一次。纳税人在出租财产过程中缴纳的税金和教育费附加，可持完税（缴款）凭证，从其财产租赁收入中扣除。由纳税人负担的该出租财产实际开支的修缮费用，如能提出有效、准确的凭证，准予扣除，但每次以800元为限，一次扣除不完的，准予在下一次继续扣除，直到扣完为止。

个人将承租房屋转租取得的租金收入，属于个人所得税应税所得，应按"财产租赁所得"项目计算缴纳个人所得税。取得租金收入的个人向房屋出租方支付的租金，凭房屋租赁合同和合法支付凭据允许在计算个人所得税时，从该项转租收入中扣除。

（六）财产转让所得应纳税所得额的确定

财产转让所得，以个人每次转让财产取得的收入额减除财产原值和合理费用后的余额为应纳税所得额。

财产原值包含内容有：

1. 有价证券，为买入价以及买入时按照规定交纳的有关费用；

2. 建筑物，为建造费或者购进价格以及其他有关费用；

3. 机器设备、车船，为购进价格、运输费、安装费以及其他有关费用；

4. 土地使用权，为取得土地使用权所支付的金额、开发土地的费用以及其他有关费用；

5. 其他财产，参照以上方法确定。

如果纳税人未提供完整、准确的财产原值凭证，不能正确计算财产原值的，由主管税务机关核定其财产原值。

合理费用，是指卖出财产时按规定支付的有关费用。

（七）利息、股息、红利所得、偶然所得和其他所得应纳税所得额的确定

按照国际通行惯例，利息、股息、红利所得、偶然所得和其他所得不扣除任何费用，以个人每次取得的收入额为应纳税所得额。股份制企业在分配股息、红利时，以股票形式向股东个人支付应得的股息、红利（即派发红股），应以派发红股的股票票面金额为收入额。

二、应纳税额的计算

（一）工资、薪金所得应纳税额的计算

1. 工资、薪金所得应纳税额的计算方法

应纳所得税额 = 月应纳税所得额 × 适用税率 − 速算扣除数

【例 11 − 1】王某是我国的居民纳税人，2016 年 2 月取得国内 A 公司支付的含税工资收入 4500 元。计算其当月应缴纳的个人所得税。

（1）应纳税所得额 = 4500 − 3500 = 1000（元）

（2）应纳税额 = 1000 × 3% = 30（元）

2. 个人取得全年一次性奖金计算征收个人所得税的方法

纳税人取得全年一次性奖金，单独作为一个月工资、薪金所得计算纳税，自 2005 年 1 月 1 日起按以下计税办法，由扣缴义务人发放时代扣代缴：

（1）先将雇员当月内取得的全年一次性奖金，除以 12 个月，按其商数确定适用税率和速算扣除数。

如果在发放年终一次性奖金的当月，雇员工资薪金所得低于税法规定的费用扣除额，应将全年一次性奖金减除"雇员当月工资薪金所得与费用扣除额的差额"后的余额，按上述办法确定全年一次性奖金的适用税率和速算扣除数。

（2）将雇员个人当月内取得的全年一次性奖金，按上述第 1 条确定的适用税率和速算扣除数计算征税，计算公式如下：

①如果雇员当月工资薪金所得高于或等于税法规定的费用扣除额，适用公式为：

应纳税额 = 雇员当月取得全年一次性奖金 × 适用税率 − 速算扣除数

②如果雇员当月工资薪金所得低于税法规定的费用扣除额，适用公式为：

应纳税额 =（雇员当月取得全年一次性奖金 - 雇员当月工资薪金所得与费用扣除额的差额）×适用税率 - 速算扣除数

（3）在一个纳税年度内，对每一个纳税人，该计税办法只允许采用一次。

（4）实行年薪制和绩效工资的单位，个人取得年终兑现的年薪和绩效工资按上述第（2）、（3）条规定执行。

（5）雇员取得除全年一次性奖金以外的其他各种名目奖金，如半年奖、季度奖、加班奖、先进奖、考勤奖等，一律与当月工资、薪金收入合并，按税法规定缴纳个人所得税。

【例 11 - 2】王某是我国的居民纳税人，2015 年在我国境内的月工资收入为 3200 元，12 月份又一次领取年终含税奖金 21000 元。请计算王某取得年终奖金应缴纳的个人所得税。

（1）年终奖金适用的税率和速算扣除数为：

雇员工资薪金所得低于税法规定的费用扣除额，将全年一次性奖金减除"雇员当月工资薪金所得与费用扣除额的差额"后的余额，再按 12 个月分摊后，每月的奖金 = [21000 -（3500 - 3200）]÷12 = 1725（元），适用税率和速算扣除数分别为 10%、105 元。

（2）年终奖应纳个人所得税为：

应纳数额 =（雇员当月取得全年一次性奖金 - 雇员当月工资薪金所得与费用扣除额的差额）×适用税率 - 速算扣除数

= [21000 -（3500 - 3200）]×10% - 105

= 2070 - 105

= 1965（元）

（二）个体工商户的生产、经营所得应纳税额的计算

1. 个体工商户的生产、经营所得应纳税额的计算公式为：

应纳所得税额 = 应纳税所得额×适用税率 - 速算扣除数

或　　　　　 =（全年收入总额 - 成本、费用以及损失）×适用税率 - 速算扣除数

（1）个体工商户的生产、经营所得和个人承包、承租经营所得，由于是按年计算，分月预缴，年终汇算清缴，多退少补，因此在实际工作中，需要分别计算按月预缴税额和年终汇算清缴税额。

年度中间按月预缴时，应当将当月累计应纳税所得额换算成全年所得额，计算出全年所得税额，然后将全年所得税额再换算为当月累计应纳税额，求得本月应纳税额。其计算公式为：

全年应纳税所得额 = 当月累计应纳税所得额×全年月份/当月月份

全年应纳所得税额 = 全年应纳税所得额×适用税率 - 速算扣除数

当月累计应纳所得税额 = 全年应纳所得税额×当月月份/全年月份

（2）年终汇算清缴，多退少补税额的计算公式：

全年应纳税额＝全年应纳税所得额×适用税率－速算扣除数

年终汇算清缴应补（退）税＝全年应纳税额－全年累计已预缴税额

【例11－3】个体工商户张某某2015年12月取得的销售收入为242000元，准予扣除的当月成本、费用及相关税金为192600元，1—11月累计应纳税所得额为68400元，1—11月累计已预缴个人所得税10200元。该个体工商户账证比较健全，计算其2015年度应补缴的个人所得税。

（1）全年应纳税所得额＝242000－192600＋68400－42000＝75800（元）

（2）全年应缴纳个人所得税＝75800×30%－9750＝12990（元）

（3）该个体工商户2015年度应补缴的个人所得税＝12990－10200＝2790（元）

2. 对个人独资企业和合伙企业生产经营所得，其个人所得税应纳税额的计算有查账征收和核定征收两种方式，具体计算方法如下：

（1）查账征收

若该个人独资企业和合伙企业是投资者兴办的唯一企业，则比照个体工商户的计算方法计征个人所得税。

应纳所得税额＝应纳税所得额×适用税率－速算扣除数

或　　　　　　　＝（全年收入总额－成本、费用以及损失）×适用税率－速算扣除数

若投资者兴办两个或两个以上企业的（包括参与兴办），年度终了时，应汇总从所有企业取得的应纳税所得额，据此确定适用税率并计算全年经营所得的应纳税额，再根据每个企业的经营所得占所有企业经营所得的比例，分别计算出每个企业的应纳税额和应补缴税额。具体计算公式如下：

①应纳税所得额＝∑各个企业的经营所得

②应纳税额＝应纳税所得额×适用税率－速算扣除数

③本企业应纳税额＝应纳税额×本企业的经营所得÷∑各个企业的经营所得

④本企业应补缴的税额＝本企业应纳税额－本企业预缴的税额

（2）核定征收

核定征收方式，包括定额征收、核定应税所得率征收以及其他合理的征收方式。

实行核定应税所得率征收方式的，应纳所得税额的计算公式如下：

①应纳所得税额＝应纳税所得额×适用税率

②应纳税所得额＝收入总额×应税所得率

　　　　　　　＝成本费用支出额÷（1－应税所得率）×应税所得率

企业经营多业的，无论其经营项目是否单独核算，均应根据其主营项目确定其适用的应税所得率（见表11－4）。

表 11 - 4　个人所得税应税所得率表

行　　业	应税所得率（％）
工业、交通运输业、商业	5—20
建筑业、房地产开发业	7—20
饮食服务业	7—25
娱乐业	20—40
其他行业	10—30

实行核定征税的投资者，不能享受个人所得税的优惠政策。实行查账征税方式的个人独资企业和合伙企业改为核定征税方式后，在查账征税方式下认定的年度经营亏损未弥补完的部分，不得再继续弥补。

个体工商户（个人独资企业和合伙企业）的生产、经营所得，由于是按年计算，分月预缴，年终汇算清缴，多退少补，因此在实际工作中，需要分别计算按月预缴税额和年终汇算清缴税额。

（三）对企事业单位的承包、承租经营所得应纳税额的计算

对企事业单位的承包、承租经营所得应纳税额的计算公式为：

应纳所得税额 = 应纳税所得额 × 适用税率 - 速算扣除数

或　　　　　 = （全年收入总额 - 必要费用）× 适用税率 - 速算扣除数

对企事业单位的承包、承租经营所得适用的速算扣除数，同个体工商户的生产、经营所得适用的速算扣除数。

【例 11 - 4】 2015 年，老王承包某事业单位的招待所实现承包经营利润 150000 元，按合同规定老王每年上缴承包费 30000 元。除承包经营所得外，老王无其他收入，计算老王 2015 年应纳个人所得税。

（1）2015 年应纳税所得额 = 150000 - 30000 - 42000 = 78000（元）

（2）老王 2015 年应缴纳的个人所得税 = 78000 × 30% - 9750 = 13650（元）

对企事业单位的承包、承租经营所得，由于是按年计算，分月预缴，年终汇算清缴，多退少补，因此在实际工作中，需要分别计算按月预缴税额和年终汇算清缴税额。

（四）劳务报酬所得应纳税额的计算

劳务报酬所得计征个人所得税实行比例税率，但对劳务报酬所得一次收入畸高的，可以实行加成征收。实际上，对劳务报酬所得可视为实行 20%、30%、40% 的三级超额累进税率。其个人所得税应纳税额的具体计算公式为：

（1）每次收入不足 4000 元的

应纳所得税额 = 应纳税所得额 × 适用税率

或　　　　　 = （每次收入额 - 800）× 20%

（2）每次收入在 4000 元以上的

应纳所得税额 = 应纳税所得额 × 适用税率

或　　　　　　　= 每次收入额 × （1 － 20%）×适用税率 － 速算扣除数

【例 11 － 5】王律师一次取得法律顾问费 40000 元，计算其应纳个人所得税。

应纳税额 = 每次收入额 × （1 － 20%）×适用税率 － 速算扣除数

　　　　　= 40000 × （1 － 20%）×30% － 2000 = 7600 （元）

（五）稿酬所得应纳税额的计算

稿酬所得应纳税额的计算公式为：

1. 每次收入不足 4000 元的

应纳所得税额 = 应纳税所得额 × 适用税率 × （1 － 30%）

或　　　　　　= （每次收入额 － 800）×20% × （1 － 30%）

2. 每次收入在 4000 元以上的

应纳所得税额 = 应纳税所得额 × 适用税率 × （1 － 30%）

或　　　　　　= 每次收入额 × （1 － 20%）×20% × （1 － 30%）

（六）特许权使用费所得应纳税额的计算

特许权使用费所得应纳税额的计算公式为：

1. 每次收入不足 4000 元的

应纳所得税额 = 应纳税所得额 × 适用税率

或　　　　　　= （每次收入额 － 800）×20%

2. 每次收入在 4000 元以上的

应纳所得税额 = 应纳税所得额 × 适用税率

或　　　　　　= 每次收入额 × （1 － 20%）×20%

（七）财产租赁所得应纳税额的计算

财产租赁所得应纳税额的计算公式为：

应纳所得税额 = 应纳税所得额 × 适用税率

应纳税所得额的计算公式为：

1. 每次（月）收入不超过 4000 元的，其计算公式为：

应纳税所得额 = 每次（月）收入额 － 财产租赁过程中缴纳的税费 － 修缮费用（800 元为限）－ 800 元

2. 每次（月）收入超过 4000 元的，其计算公式为：

应纳税所得额 = ［每次（月）收入额 － 财产租赁过程中缴纳的税费 － 修缮费用（800 元为限）］× （1 － 20%）

（八）财产转让所得应纳税额的计算

财产转让所得应纳税额的计算公式为：

应纳税额 = 应纳税所得额 × 适用税率 = （每次转让财产收入额 － 财产原值 － 合理税费）× 20%

（九）利息、股息、红利所得、偶然所得以及其他所得应纳税额的计算

利息、股息、红利所得、偶然所得以及其他所得以每次收入额为应纳税所得额，采用20%的比例税率计算。其计算公式为：

应纳所得税额＝应纳税所得额×适用税率＝每次收入额×20%

三、纳税人来源于境外所得已纳税额的抵免计算

在中国境内有住所，或者无住所而在境内居住满一年的个人，从中国境内和境外取得的所得，应当分别计算应纳税额。纳税人在我国境外取得的所得，且已在外国交纳的所得税，可以持纳税凭证，在按我国税法规定计算的应纳税额内申请扣除。但扣除最高限额不得超过纳税人境外所得按我国税法规定计算的应纳税额。扣除额的计算方法是：

把纳税人从中国境外取得的所得，区别不同国家或地区和不同应税项目，依照我国税法规定的费用减除标准和适用税率，计算出应纳税额，然后将同一国家或地区内不同应税项目的应纳税额加总，就是该国家或地区的扣除限额。其计算公式为：

来自某国或地区的抵免限额＝∑〔（来自某国或地区的某－应税项目所得－费用减除标准）×适用税率－速算扣除数〕

＝∑〔（来自某国或地区的某－应税项目的净所得＋实缴境外税款－费用减除标准）×适用税率－速算扣除数〕

（注：上式适用于累进税率的计算。对适用比例税率的，可用计算出的所得乘以比例税率即可）

纳税人在中国境外一个国家或地区实际交纳的个人所得税税额，低于该国家或地区扣除限额的，应当在中国交纳差额部分税款；超过该国家或地区扣除限额的，其超过部分不得在本年的应纳税额中扣除，但可以在以后纳税年度的该国家或地区扣除限额的余额中补扣。补扣期限最长不得超过五年。

第四节　个人所得税的征收管理

我国个人所得税采取自行申报纳税和代扣代缴税款两种纳税方法。

一、自行申报纳税

（一）申报纳税的所得项目

税法规定，凡有下列情形之一的，纳税人必须自行向税务机关申报所得并缴纳税款：

1. 年所得12万元以上的。

2. 在中国境内两处或两处以上取得工资、薪金所得的。

3. 从中国境外取得所得的。

4. 取得应纳税所得，没有扣缴义务人的。

5. 国务院规定的其他情形。

以上情形中，年所得 12 万元以上的纳税人，无论取得的各项所得是否已足额缴纳了个人所得税，均应当按照本办法的规定，于纳税年度终了后向主管税务机关办理纳税申报。

以上 2 至 4 种情形的纳税人，均应当按照本办法的规定，于取得所得后向主管税务机关办理纳税申报。

年所得 12 万元以上的纳税人，不包括在中国境内无住所，且在一个纳税年度中在中国境内居住不满 1 年的个人。

从中国境外取得所得的纳税人，是指在中国境内有住所，或者无住所而在一个纳税年度中在中国境内居住满 1 年的个人。

（二）申报纳税地点

1. **年所得 12 万元以上的纳税人，纳税申报地点分别为：**

（1）在中国境内有任职、受雇单位的，向任职、受雇单位所在地主管税务机关申报。

（2）在中国境内有两处或者两处以上任职、受雇单位的，选择并固定向其中一处单位所在地主管税务机关申报。

（3）在中国境内无任职、受雇单位，年所得项目中有个体工商户的生产、经营所得或者对企事业单位的承包、承租经营所得（以下统称生产、经营所得）的，向其中一处实际经营所在地主管税务机关申报。

（4）在中国境内无任职、受雇单位，年所得项目中无生产、经营所得的，向户籍所在地主管税务机关申报。在中国境内有户籍，但户籍所在地与中国境内经常居住地不一致的，选择并固定向其中一地主管税务机关申报。在中国境内没有户籍的，向中国境内经常居住地主管税务机关申报。

2. **取得以上第 2 至第 4 种情形所得的纳税人，纳税申报地点分别为：**

（1）从两处或者两处以上取得工资、薪金所得的，选择并固定向其中一处单位所在地主管税务机关申报。

（2）从中国境外取得所得的，向中国境内户籍所在地主管税务机关申报。在中国境内有户籍，但户籍所在地与中国境内经常居住地不一致的，选择并固定向其中一地主管税务机关申报。在中国境内没有户籍的，向中国境内经常居住地主管税务机关申报。

（3）个体工商户向实际经营所在地主管税务机关申报。

（4）个人独资、合伙企业投资者兴办两个或两个以上企业的，区分不同情形确定纳税申报地点：

①兴办的企业全部是个人独资性质的，分别向各企业的实际经营管理所在地主管

税务机关申报。

②兴办的企业中含有合伙性质的，向经常居住地主管税务机关申报。

③兴办的企业中含有合伙性质，个人投资者经常居住地与其兴办企业的经营管理所在地不一致的，选择并固定向其参与兴办的某一合伙企业的经营管理所在地主管税务机关申报。

（5）除以上情形外，纳税人应当向取得所得所在地主管税务机关申报。

3. 纳税人不得随意变更纳税申报地点，因特殊情况变更纳税申报地点的，须报原主管税务机关备案。

（三）申报纳税期限

1. 年所得 12 万元以上的纳税人，在纳税年度终了后 3 个月内向主管税务机关办理纳税申报。

2. 个体工商户和个人独资、合伙企业投资者取得的生产、经营所得应纳的税款，分月预缴的，纳税人在每月终了后 7 日内办理纳税申报；分季预缴的，纳税人在每个季度终了后 7 日内办理纳税申报。纳税年度终了后，纳税人在 3 个月内进行汇算清缴。

3. 纳税人年终一次性取得对企事业单位的承包、承租经营所得的，自取得所得之日起 30 日内办理纳税申报；在 1 个纳税年度内分次取得承包、承租经营所得的，在每次取得所得后的次月 7 日内申报预缴，纳税年度终了后 3 个月内汇算清缴。

4. 从中国境外取得所得的纳税人，在纳税年度终了后 30 日内向中国境内主管税务机关办理纳税申报。

5. 纳税人取得其他各项所得须申报纳税的，在取得所得的次月 7 日内向主管税务机关办理纳税申报。

（四）申报纳税方式

纳税人可以采取数据电文、邮寄等方式申报，也可以直接到主管税务机关申报，或者采取符合主管税务机关规定的其他方式申报。

二、代扣代缴纳税

（一）扣缴义务人

税法规定，个人所得税以取得应税所得的个人为纳税义务人，以支付所得的单位或者个人为扣缴义务人，包括企业（公司）、事业单位、机关、社会团体、军队、驻华机构（不包括外国驻华使领馆和联合国及其他依法享有外交特权和豁免的国际组织驻华机构）、个体户等单位或个人。

按照税法规定代扣代缴个人所得税是扣缴义务人的法定义务，必须依法履行。

（二）应扣缴税款的所得项目

扣缴义务人在向个人支付下列所得时，应代扣代缴个人所得税。这些所得项目是：工资、薪金所得，对企事业单位的承包、承租经营所得，劳务报酬所得，稿酬所得，特许权使用费所得，利息、股息、红利所得，财产租赁所得，财产转让所得，偶然所得，以及经国务院财政部门确定征税的其他所得。

（三）扣缴义务人的法定义务

1. 扣缴义务人在向个人支付应纳税所得（包括现金支付、汇拨支付、转账支付和以有价证券、实物以及其他形式支付）时，不论纳税人是否属于本单位人员，均应代扣代缴其应纳的个人所得税税款。

2. 扣缴义务人依法履行代扣代缴税款义务，纳税人不得拒绝。如果纳税人拒绝履行纳税义务，扣缴义务人应当及时报告税务机关处理，并暂时停止支付其应纳税所得额。否则，纳税人应缴纳的税款由扣缴义务人补缴。

3. 扣缴义务人要就应扣未扣、应收未收的税款缴纳滞纳金或罚款。如果由支付方负担税款，应将不含税收入换算为税前所得额。

4. 扣缴义务人在扣缴税款时，必须向纳税人开具税务机关统一印制的代扣代收税款凭证，并详细注明纳税人姓名、工作单位、家庭住址和身份证或护照号码（无上述证件的，可用其他有效证件）等个人情况。对工资、薪金所得和股息、利息、红利所得等因纳税人众多、不便一一开具代扣代收税款凭证的，经主管税务机关同意，可不开具代扣代收税款凭证，但应通过一定的形式告知纳税人已扣缴税款。纳税人向扣缴义务人索取代扣代收税款凭证，扣缴义务人不能拒绝。扣缴义务人向纳税人提供非正式扣税凭证的，后者可以拒收。

5. 扣缴义务人应设立代扣代缴税款账簿，正确反映个人所得税的扣缴情况，并如实填写《扣缴个人所得税报告表》及其他有关资料。

6. 扣缴义务人每月扣缴的税款，应当在次月 7 日内缴入国库，并向主管税务机关报送《扣缴个人所得税报告表》、代扣代收凭证和包括每一纳税人姓名、单位、职务、收入、税款等内容的支付个人收入明细表，以及税务机关要求报送的其他有关资料。扣缴义务人违反以上规定不报送或者报送虚假纳税资料的，一经查实，其未在支付个人收入明细表中反映的向个人支付的款项，在计算扣缴义务人应纳税所得额时，不得作为成本费用扣除。

7. 扣缴义务人同税务机关在纳税上发生争议时，必须先依照税务机关根据法律、行政法规确定的税款，解缴税款及滞纳金，然后可以在收到税务机关填发的缴款凭证之日起 60 日内向上一级税务机关申请复议。

（四）法律责任

扣缴义务人的法人代表（或单位主要负责人）、财务部门的负责人及具体办理代扣代缴税款的有关人员，共同对依法履行代扣代缴义务负法律责任。根据税法规定，扣缴义务人为纳税人隐瞒应纳税所得，不扣或少扣缴税款，按偷税处理；以暴力、威胁方式拒不履行扣缴义务的，按抗税处理。

（五）代扣代缴税款的手续费

税务机关应根据扣缴义务人所扣缴的税款，付给2%的手续费，由扣缴义务人用于代扣代缴费用开支和奖励代扣代缴工作做得较好的办税人员。

关键术语

个人所得税 居民纳税义务人 非居民纳税义务人 扣缴义务人
工资、薪金所得 劳务报酬所得 个体工商户的生产、经营所得

思考题

1. 我国的个人所得税有何特点？

2. 我国个人所得税的应税项目有哪些？

3. 我国个人所得税居民和非居民纳税义务人划分的标准是什么？其纳税义务有何不同？

4. 我国个人所得税的税率规定有何特点？

5. 境外所得已纳税款在计算个人所得税应纳税额时如何抵免？

6. 在什么情况下个人必须自行申报纳税？

7. 为什么说个人所得税可以调节收入分配？

练习题

1. 国内某高校教授 2015 年 12 月份取得如下收入：工资收入 8000 元，年终奖金 24000 元；给某公司提供咨询服务取得收入 8000 元；出版专著取得稿酬 30000 元；获省级人民政府颁发的技术进步奖 80000 元；当月转让上月购入的境内某上市公司股票，扣除印花税和交易手续费等，净盈利 5320.56 元；因持有该上市公司的股票取得公司分配的股息 2000 元。问该教授本月应交纳多少个人所得税？

2. 某中国居民 2014 年来自甲国的所得有（收入额均折合人民币）：特许权使用费收入 8000 元，已按该国税法交纳个人所得税 900 元；劳务报酬收入 15000 元，已按该国税法交纳个人所得税 3600 元。同年有来自乙国的特许权使用费收入 5800 元，已按该国税法交纳个人所得税 720 元。2015 年仅有来自甲国的财产租赁所得 30000 元，已按该国税法交纳个人所得税 3800 元。根据上述资料，试计算该居民 2014、2015 年度准予扣除的境外已纳税额和补缴税额。

3. 小李为一外资企业雇佣的中方员工，假定 2015 年 4 月该外资企业支付给小李的薪金为 9500 元，同时，小李还收到派遣单位发给的工资 4000 元。当月，小李通过某县教育局捐款 2000 元用于农村义务教育，取得相应的捐款凭证并提交给所在的外资企业。请问，该外资企业和派遣单位应如何扣缴个人所得税？小李 4 月份实际应缴的个人所得税为多少？

4. 西安居民张先生 2015 年 1 月将其自有住房按市场价格租给小杨居住，全年房租收入 30000 元，房租按季度预交。假设因租房每月发生各项税费 300 元，2 月份因修缮房屋花费 1000 元，取得相应的票据。计算张先生全年租金收入应交纳的个人所得税。

第十二章
资源课税

资源课税是以资源为征税对象的一类税的总称。目前世界各国主要对稀缺的或不可再生的资源课税。我国目前资源税类课征范围主要包括矿产品和土地，涉及的税种主要有资源税、土地增值税、城镇土地使用税和耕地占用税。我国于 1984 年开征资源税，1994 年税制改革时，发布了新的资源税法。而我国现行资源税法的基本规范是 2011 年发布的《中华人民共和国资源税暂行条例》及其实施细则。近年来我国一直进行着资源税从量计征到从价计征的改革。本章主要知识点包括：资源税的概念和特征；我国现行资源税纳税人、征税对象、税率等制度规定；资源税应纳税额的计算；土地增值税的概念和特点；土地增值税的纳税人、征税对象、税率等制度规定；土地增值税应纳税额的计算；城镇土地使用税和耕地占用税的相关内容。本章重点是资源税和土地增值税应纳税额的计算，难点是土地增值税应纳税额的计算。

第一节　资源税

一、资源税的概述

（一）资源税的概念

广义的资源税涉及的范围很广泛，凡是以自然资源为征税对象的税种均属于资源税。资源税的历史可以追溯到周代的"山泽之赋"。本节所谈到的"资源税"，是指我国现行的、以特定资源为课税对象的一个税种。

资源税是以应税自然资源产品为征税对象，并对其级差收入进行调节的一种税。自然资源的丰富与贫乏、开采条件的差异，直接影响着资源开采企业的盈利水平。因自然资源贫富和开采条件优劣而形成的盈利差异，即为级差收入。这种级差收入是客观因素造成的，与企业的经营管理水平没有必然的联系。因此，国家通过征收资源税将其级差收入收归国有，以此解决由于客观因素造成的各个资源开采企业盈利水平的苦乐不均，使各企业在大体相同的条件下开展竞争，促进整个社会的资源得到合理配置，提高社会的整体经济效益。

我国改革开放以后，为了更好地处理国家与自然资源开发和利用者之间的分工关系，进一步完善我国税制，充分发挥税收的调节作用，于 1984 年 10 月 1 日起，开征了资源税。为了适应市场经济的需要，1993 年 11 月 26 日，国务院发布了新的《中华人民共和国资源税暂行条例》，自 1994 年 1 月 1 日起施行。2011 年 9 月 30 日，国务院公布了《国务院关于修改〈中华人民共和国资源税暂行条例〉的决定》，2011 年 10 月 28 日，财政部公布了修改后的《中华人民共和国资源税暂行条例实施细则》，两个文件都于 2011 年 11 月 1 日起施行。修订后的"条例"扩大了资源税的征收范围，由过去的煤炭、石油、天然气、铁矿石少数几种资源扩大到原油、天然气、煤炭、其他非金属矿原矿、黑色金属矿原矿、有色金属矿原矿和盐等七种，其中，原油仅指开采的天然原油，不包括以油母页岩等炼制的原泅天然气，暂不包括煤矿生产的天然气，煤炭不包括以原煤加工的洗煤和选煤等，金属矿产品和非金属矿产品，均指原矿石；盐，系指固体盐、液体盐。但总的来看，资源税仍只围于矿藏品，对大部分非矿藏品资源都没有征税。2014 年 10 月《关于调整原油、天然气资源税有关政策的通知》规定，原油、天然气矿产资源补偿费费率降为零，相应将资源税适用税率由 5% 提高至 6%。同时出台了自 2014 年 12 月起煤炭资源税从价计征以及全面清理涉及煤炭、原油、天然气的收费基金等方面的政策。2016 年 7 月 1 日起，我国资源税改革开始全面推进，这是我国推出的一项重大税制改革。本次资源税改革是继原油、天然气、煤炭等 6 个品目资源税实施从价计征改革试点基础上，对绝大部分矿产品实行从价计征的改革，同时清理取消了全部资源收费项目和基金。此次改革由国家统一规定了矿产品的税率幅度，在规定的幅度内，各省、自治区人民政府制定本省（自治区）全面推进资源税改革实施方案。纳入改革的矿产资源税收入全部为地方财政收入。此外，为促进共伴生矿的综合利用，对共伴生矿仍维持原政策，除稀土等特殊情况外，对共伴生矿暂不征收资源税。在河北省开展水资源税改革试点，自 2016 年 7 月 1 日起实施，条件成熟后推广到全国。同时，授权地方政府对森林、草场、滩涂等，凡具备征税条件的可上报国务院批准后征收资源税。

（二）资源税的特点

1. 征税范围较窄

自然资源是生产资料或生活资料的天然来源，它包括的范围很广，如矿产资源、土地资源、水资源、动植物资源等。目前我国的资源税征税范围较窄，仅选择了部分级差收入差异较大，资源较为普遍，易于征收管理的矿产品和盐列为征税范围。随着我国经济的快速发展和环境日益遭到破坏的威胁，对自然资源的合理利用和有效保护将越来越重要，因此，资源税的征税范围正在逐步扩大，在煤炭、原油、天然气等已实施从价计征改革基础上，对其他矿产资源全面实施改革。积极创造条件，逐步对水、森林、草场、滩涂等自然资源开征资源税。

2. 实行从价与从量相结合的征税办法

我国现行资源税实行从价与从量相结合的征税办法，其中，原油和天然气等多数应税资源实行差别比例税率，从价计征。这种征税办法是为了使资源税税额能随着产品价格的变化及时进行调整，不仅有利于发挥税收对社会再分配的调节作用，也有利于资源的合理开发，减少浪费和节约使用。少数应税资源实行差别定额税率，从量征收。资源税实行定额税率，一方面税收收入不受产品价格、成本和利润变化的影响，能够稳定财政收入；另一方面有利于促进资源开采企业降低成本，提高经济效率。同时，资源税按照"资源条件好、收入多的多征；资源条件差、收入少的少征"的原则，根据矿产资源等级分别确定不同的税额，以有效地调节资源级差收入。我国矿产品等级的划分按照或参照财政部制定的《资源税税目税额明细表》和《几个主要品种的矿山资源等级表》执行。另外，财政部根据价格、资源和开采条件等因素的变化情况，在《资源税税目税率表》规定幅度范围内，适当进行定期调整。

3. 实行源泉课征

不论采掘或生产单位是否属于独立核算，资源税均规定在采掘或生产地源泉控制征收，这样既照顾了采掘地的利益，又避免了税款的流失。这与其他税种由独立核算的单位统一缴纳不同。

二、资源税的基本规定

（一）资源税的纳税人

在中华人民共和国领域及管辖海域开采应税矿产品或者生产盐的单位和个人，为资源税的纳税人。收购未税矿产品的单位为资源税的扣缴义务人。

（二）资源税的征税对象与税率

2011 年 9 月 30 日《国务院关于修改〈中华人民共和国资源税暂行条例〉的决定》修订了资源税税目税率表（见表 12 - 1），对原油、天然气等部分资源品目由从量计征改为从价计征。2016 年在《全面推进资源税改革的通知》（财税〔2016〕53）文件中再次修订《资源税税目税率幅度表》（见表 12 - 2），列举了 21 种资源品目改为从价计征，包括：铁矿、金矿、铜矿、铝土矿、铅锌矿、镍矿、锡矿、石墨、硅藻土、高岭土、萤石、石灰石、硫铁矿、磷矿、氯化钾、硫酸钾、井矿盐、湖盐、提取地下卤水晒制的盐、煤层（成）气、海盐。

财税〔2016〕53 号文件规定对经营分散、多为现金交易且难以控管的粘土、砂石，按照便利征管原则，仍实行从量定额计征；对《资源税税目税率幅度表》（见表 12 - 2）中列举名称的 21 种资源品目和未列举名称的其他金属矿实行从价计征，未列举名称的其他非金属矿产品，按照从价计征为主、从量计征为辅的原则，由省级人民政府确定计征方式。

已实施从价计征的原油、天然气、煤炭、稀土、钨、钼等 6 个资源品目资源税政策暂不调整，仍按原办法执行：原油适用资源税税率是销售额的 5%—10%，天然气适用资源税税率是销售额的 5%—10%，财政部和税务局在实施细则中确定原油、天然气资源税暂按 6% 征收；煤炭资源税税率幅度为 2%—10%；轻稀土按地区执行不同的适用税率，其中，内蒙古为 11.5%、四川为 9.5%、山东为 7.5%，中重稀土资源税适用税率为 27%；钨资源税适用税率为 6.5%；钼资源税适用税率为 11%。

河北省开征水资源税试点，将地表水和地下水纳入征税范围，对一般性取用水按实际取用水量计征，设置最低税额标准，地表水平均不低于每立方米 0.4 元，地下水平均不低于每立方米 1.5 元，具体取用水分类及适用税额标准由河北省政府提出建议，报财政部会同有关部门确定核准。

表 12-1 2011 资源税税目税率表

税 目		税 率
一、原油		销售额的 5%—10%
二、天然气		销售额的 5%—10%
三、煤炭	焦煤	每吨 8—20 元
	其他煤炭	每吨 0.3—5 元
四、其他非金属矿原矿	普通非金属矿原矿	每吨或者每立方米 0.5—20 元
	贵重非金属矿原矿	每千克或者每克拉 0.5—20 元
五、黑色金属矿原矿		每吨 2—30 元
六、有色金属矿原矿	稀土矿	每吨 0.4—60 元
	其他有色金属矿原矿	每吨 0.4—30 元
七、盐	固体盐	每吨 10—60 元
	液体盐	每吨 2—10 元

表 12-2 2016 资源税税目税率幅度表

序号	税 目		征税对象	税率幅度
1	金属矿	铁矿	精矿	1%—6%
2		金矿	金锭	1%—4%
3		铜矿	精矿	2%—8%
4		铝土矿	原矿	3%—9%
5		铅锌矿	精矿	2%—6%
6		镍矿	精矿	2%—6%
7		锡矿	精矿	2%—6%
8		未列举名称的其他金属矿产品	原矿或精矿	税率不超过 20%

续表

序号	税 目		征税对象	税率幅度
9		石墨	精矿	3%—10%
10		硅藻土	精矿	1%—6%
11		高岭土	原矿	1%—6%
12		萤石	精矿	1%—6%
13		石灰石	原矿	1%—6%
14		硫铁矿	精矿	1%—6%
15		磷矿	原矿	3%—8%
16		氯化钾	精矿	3%—8%
17	非金属矿	硫酸钾	精矿	6%—12%
18		井矿盐	氯化钠初级产品	1%—6%
19		湖盐	氯化钠初级产品	1%—6%
20		提取地下卤水晒制的盐	氯化钠初级产品	3%—15%
21		煤层（成）气	原矿	1%—2%
22		粘土、砂石	原矿	每吨或立方米0.1元—5元
		未列举名称的其他非金属矿产品	原矿或精矿	从量税率每吨或立方米不超过30元；从价税率不超过20%
24	海盐		氯化钠初级产品	1%—5%

备注：

1. 铝土矿包括耐火级矾土、研磨级矾土等高铝粘土。

2. 氯化钠初级产品是指井矿盐、湖盐原盐、提取地下卤水晒制的盐和海盐原盐，包括固体和液体形态的初级产品。

3. 海盐是指海水晒制的盐，不包括提取地下卤水晒制的盐。

（四）资源税的减免税

资源税条例规定，有下列情形之一的，减征或免征资源税：

（1）开采原油过程中用于加热、修井的原油，免税。

（2）纳税人开采或者生产应税产品过程中，因意外事故或者自然灾害等原因遭受重大损失的，由省、自治区、直辖市人民政府酌情决定减税或者免税。

（3）国务院规定的其他减税、免税项目。

（4）纳税人的减税、免税项目，应当单独核算销售额或者销售数量；未单独核算或者不能准确提供销售额或者销售数量的，不予减税或者免税。

（5）对符合条件的采用充填开采方式采出的矿产资源，资源税减征50%；对符合条件的衰竭期矿山开采的矿产资源，资源税减征30%。具体认定条件由财政部、国家税务总局规定。

（6）对鼓励利用的低品位矿、废石、尾矿、废渣、废水、废气等提取的矿产品，由省级人民政府根据实际情况确定是否减税或免税，并制定具体办法。

三、资源税的计算

（一）资源税的计税依据

资源税计税依据是计算资源税应纳税额的依据。从量计征资源税计税依据是指纳税人应税产品的销售数量或销售额和自用数量。从价计征资源税计税依据为原矿、精矿（或原矿加工品）、氯化钠初级产品或金锭的销售额。财税〔2016〕53号文件规定对经营分散、多为现金交易且难以控管的粘土、砂石，按照便利征管原则，仍实行从量定额计征；对《资源税税目税率幅度表》（见表12-2）中列举名称的21种资源品目和未列举名称的其他金属矿实行从价计征，未列举名称的其他非金属矿产品，按照从价计征为主、从量计征为辅的原则，由省级人民政府确定计征方式；已实施从价计征的原油、天然气、煤炭、稀土、钨、钼等6个资源品目资源税政策暂不调整，仍按原办法执行。另外，对一些情况还做了以下具体规定：

（1）纳税人不能准确提供应税产品销售数量或移送使用数量的，以应税产品的产量或主管税务机关确定的折算比换算成的数量为课税数量。

（2）原油中的稠油、高凝油与稀油划分不清或不易划分的，一律按原油的销售额课税。

（3）煤炭，对于连续加工前无法正确计算原煤移送使用量的，可按加工产品的综合回收率，将加工产品实际销售量和自用量折算成原煤数量作为课税数量。以原煤入洗为例，洗煤这一加工产品的综合回收率和原煤的课税数量是这样计算的：

综合回收率 =（原煤入洗后的等级品数量÷入洗的原煤数量）×100%

原煤的课税数量 = 洗煤的销量、自用量之和÷综合回收率

（4）金属和非金属矿产品原矿，因无法准确掌握纳税人移送使用原矿数量的，可将其精矿按选矿比折算成原矿数量作为课税数量。选矿比和原矿课税数量的计算公式如下：

选矿比 = 耗用的原矿数量÷精矿数量

原矿课税数量 = 精矿实际销售数量或自用数量÷选矿比

（5）纳税人以其生产的液体盐连续加工碱等产品（固体盐除外）销售或自用的，以液体盐的移送使用数量为课税数量；纳税人以自产自用的液体盐加工成固体盐销售的，按固体盐税额征税，以加工的固体盐的数量为课税数量。纳税人以外购的液体盐加工成固体盐，其加工固体盐所耗用液体盐的已纳税额准予在计算应纳税额时抵扣。

纳税人开采或者生产不同税目应税产品的，应当分别核算不同税目应税产品的销

售额或者销售数量；未分别核算或者不能准确提供不同税目应税产品的销售额或者销售数量的，从高适用税率。

纳税人开采或者生产应税产品，自用于连续生产应税产品的，不缴纳资源税；自用于其他方面的，视同销售，应核算应税产品的销售额或者销售数量。

（二）资源税应纳税额的计算

资源税的应纳税额，按照从价定率或者从量定额的办法，分别以应税产品的销售额乘以纳税人具体适用的比例税率或者以应税产品的销售数量乘以纳税人具体适用的定额税率计算。计算公式如下：

应纳税额 = 课税数量 × 单位税额

代扣代缴应纳税额 = 收购未税矿产品的数量 × 适用单位税额

应纳税额 = 销售额 × 税率

四、资源税的征收管理

（一）资源税的纳税环节

1. 资源税纳税环节单一，只在资源初级产品销售或自用时一次性缴纳资源税，且进口不征，出口不退。

2. 纳税人自产自用应税的资源产品，应税同销售，在移送使用环节缴纳资源税。

（二）资源税的纳税地点

纳税人应纳的资源税，应向应税产品的开采或生产所在地主管税务机关缴纳。纳税人在本省、自治区、直辖市范围内开采或生产应税产品，其纳税地点需要调整的，由省、自治区、直辖市税务机关决定。

纳税人跨省开采资源税应税产品的，其下属生产单位不在同一省、自治区、直辖市的，其开采的矿产品，一律在开采地纳税，其应纳税额由独立核算、自负盈亏的单位，按照开采地的实际销售量（或自用量）及适用的单位税额计算划拨。

（三）资源税的纳税义务发生时间

纳税人销售应税产品，其纳税义务发生时间为：

1. 纳税人采取分期付款结算方式的，其纳税义务发生时间为销售合同规定的收款日期的当天。

2. 纳税人采取预收货款结算方式的，其纳税义务发生时间为发出应税产品的当天。

3. 纳税人采取其他结算方式的，其纳税义务发生时间为收讫销售款或取得索取销售款凭据的当天。

4. 纳税人自产自用应税产品，其纳税义务发生时间为移送使用应税产品的当天。

（四）资源税的纳税期限

资源税的纳税期限分别为 1 日、3 日、5 日、10 日、15 日或 1 个月或者 1 个季度；不能按期纳税的，可按次纳税。纳税人的具体纳税期限，由主管税务机关根据纳税人应纳税额的大小分别核定。以 1 个季度为纳税期限的规定仅限于小规模纳税人。

以 1 个月或者 1 个季度为一期纳税的纳税人，自期满之日起 15 日内申报纳税；以
1 日、3 日、5 日、10 日或 15 日为一期纳税的纳税人，自期满之日起 5 日内予缴税款，
次月 1 至 15 日内申报纳税，结清上月应纳税款。

（五）资源税的代扣代缴

1. 扣缴义务人

资源税的扣缴义务人指独立矿山、联合企业及其他收购未税矿产品的单位。将收
购未税矿产品的单位规定为资源税的扣缴义务人，其目的是加强资源税的征管。这里
所涉及的未税矿产品，主要是指小企业或个人生产的税源小、零散、不定期开采、易
产生漏税情况的应税产品。

2. 适用税率及计税依据

独立矿山、联合企业收购未税矿产品，按照本单位应税产品，以及主管税务机关
核定的应税产品税额标准，依据收购的数量代扣代缴资源税。

3. 代扣代缴资源税的纳税地点

扣缴义务人代扣代缴的资源税，应向收购地主管税务机关缴纳。

4. 代扣代缴资源税的纳税义务发生时间

代扣代缴资源税的纳税义务发生时间，为支付货款的当天。

5. 代扣代缴资源税的纳税期限

资源税扣缴义务人的解缴税款期限比照资源税纳税人纳税期限规定执行。

第二节　土地增值税

一、土地增值税概述

（一）土地增值税的概念

土地增值税是对有偿转让国有土地使用权、地上的建筑物及其附着物产权（以下
简称转让房地产）的单位和个人，就其取得的土地增值额征收的一种税。

对土地增值额的课税，其实质是对土地收益或地租课税。这种收益与一般意义上
的利润不同，属于特殊的超额利润。对土地增值额征税是基于地租课税理论——租税
学说。租税学说的基本思想是：地主取得的地租是一种"不劳而获"的所得，对于这
种基于社会经济的发展而增加的利益，不能听任地主坐享其成，应就其非因劳动力与
资本所致的增值部分，采取高税率加以征收，以实现地租的社会化，目的在于鼓励土
地的改良，以资促进社会经济的发展。征收土地增值税的主要目标是，以城市土地和
城市地租为课税对象，制定有效的土地增值税措施。目前，世界上有 60 多个国家和地
区直接对土地（有的连同附着建筑物）转让收入课税。世界各国依据不同国情，形成
了各自的土地税收制度，归纳起来大致有三类：

1. 对土地转让所得征收。如英国，对土地的转让按其转让价格扣除原价和转让费用征收财产收益税，税率为30%。法国对销售土地（及建筑物）按包括费用的转让价格征登记税，税率为17.5%—18.2%，但又规定对建筑用地的资本利得征25%的利得税。

2. 对土地转让的收入额征税。如墨西哥，对转让不动产按评价协会评定的价格和实际交易额当中的最高额为征税对象，税率为1.5%—4%。

3. 对土地转让的增值额征税。如意大利和韩国，按出让的价款和扣除取得的价格与投资成本的差额，征收土地增值税（或不动产增值税）。

我国的土地税制度，采用第三种类型，即对转让房地产所取得的增值额征税。

（二）开征土地增值税的必要性

我国自1987年起对土地使用制度进行改革，实行国有土地使用权的有偿出让、转让以来，房地产业获得飞速发展，由此也带动了相关产业的发展，这对改善人民居住条件，合理配置土地资源，发挥土地的资产效益，改善投资环境，加速城镇开发建设，增加财政收入等诸多方面起到了一定作用。但是房地产市场在发展的同时也带来了一些问题。主要是：

1. 土地供给的计划性不强，成片批租量过大，价格偏低。由于批地不与项目结合，不充分考虑基础设施配套情况和开发资金的落实，使土地批出后得不到及时开发，造成土地资源的浪费和资金的占用，城市规划也得不到实施。土地批租的随意性和以协议方式为主，使出让价格偏低，国有土地收益大量流失。

2. 房地产开发公司增长过快，房地产价格上涨过猛，投资开发规模偏大。大量房地产开发公司不是致力于土地开发，而是热心于炒买炒卖土地活动，使房地产价格直线上升。据统计，1992年全国房地产较1991年平均涨幅28%，其中热点地区的涨幅更在一倍以上。

3. 盲目设立开发区，占用耕地多，开发利用率低。据报道：截至1992年年底，全国共有各类开发区8000多个，是前四年总数的60倍，开发区规划占地面积2000多万平方米，实际利用率不足2%。

4. 房地产市场机制不完善，市场行为不规范，"炒"风过盛。由于土地出让市场缺乏竞争机制，96%以上的土地采用协议价，缺乏科学合理性，使得一些企业和个人低进高出，加剧了炒地皮风和不规则市场的投机性，严重冲击了房地产市场正常的秩序，使房地产投资结构失衡。

房地产市场的过热现象，不但浪费了资源和财力，也加剧了我国资金市场的紧张状况，扰乱了金融秩序，使国家的产业结构失衡。由于缺乏必要的经济手段，使巨额利润落入炒地单位和个人腰包，加剧了社会分配不公，也使得国有土地资产收益大量流失，影响了整个宏观经济的正常进行。

针对上述问题，为促进房地产业的健康发展，必须加强对土地出让环节的管理，健全产权登记制度，因此，国务院于1993年12月31日发布了《中华人民共和国土地增值税暂行条例》，自1994年1月1日起施行。

（三）土地税值税的特点

1. 在特定的转让环节课税。土地增值税只对有偿转让房地产并取得的增值收益征税，对以继承、赠与等方式无偿转让的房地产不征税。

2. 只对转让房地产所取得的土地增值额征税，而不是对全部收入征税。按增值额计税，一是可以避免重复计税，二是体现合理负担的政策精神，增值多的多征，增值少的少征，无增值的不征。

3. 不分纳税人性质，只要取得增值收益，一律征收土地增值税。即无论单独出售土地使用权或是房屋产权和土地使用权一并出售，均应征税；一切行政企事业单位和个人，不分内外资和经济性质，也不论是专营还是兼营房地产开发业务，只要出售其房地产，就必须依法征税。

4. 实行超率累进税率。土地增值税的税率是以转让房地产增值率的高低位依据来确认，按照累进原则设计，实行分级计税，增值率高的，税率高，多纳税；增值率低的，税率低，少纳税。

（四）土地增值税的作用

我国开征土地增值税，具有以下几个方面的作用。

1. 维护国家权益，对等解决国际之间的税收问题。对涉外企业和外国公司来源于我国境内的土地增值收益，我国有优先征税权，如果这部分收入我国不征税，回国后就会被其所在国征税，造成我国权益外流。同时，开征土地增值税，可以对等解决国家之间的税收问题。

2. 规范土地房产市场交易秩序，合理调节土地增值收益。由于土地增值税以转让房地产收入的增值额为计税依据，并实行超率累进税率，对增值多的多征，增值少的少征，就能在一定程度上抑制房地产的投机炒卖，规范交易秩序，公平竞争，促进国有土地的开发建设，达到调节土地增值收益的目的。

3. 培植税源，增加财政收入。税收一方面要充分利用现有税种，加强对现有税源的征管，同时，应着眼于不断开辟新税源。第三产业是我国目前极具发展潜力、今后需重点发展的产业，而房地产业是其中产值最大、附加值最高的产业之一，其支柱产业的地位日益明显，是我们培值新税源中的重点。在美国，房地产价值的规模在6000亿美元以上，全国2/3 的有形资产是房地产，对房地产征税是地方财政收入的主要来源。我国深圳的土地收入，目前也占全部财政收入的10% 以上。可见土地增值税对增加财政收入有着十分重要的作用。

二、土地增值税的基本规定

（一）土地增值税的纳税人

土地增值税的纳税人是指有偿转让国有土地使用权、地上建筑物及附着物并取得收入的单位和个人。

这里所说的单位和个人，是指有偿转让房地产的一切中外单位及个人，具体包括机关、团体、部队、企事业单位、个体工商户及国内其他单位和个人、外商投资企业、外国企业及外国驻华机构，以及外国公民、华侨、港澳台同胞等。

这是所说的转让，是指出售中华人民共和国国有土地使用权、地上建筑物及其附着物产权的行为，不包括通过继承、赠与等方式无偿转让房地产的行为。国有土地，是指由国家法律规定，属于国家所有的土地。地上建筑物及其附着物，是指建于地上的一切建筑物、地上地下的各种附属设施及附着于该土地上的不能移动，一经移动即遭损坏的物品。

（二）土地增值税的征税对象

土地增值税的征税对象是纳税人转让房地产所取得的增值额。增值额是指纳税人转让房地产所取得的收入减除税法规定扣除项目金额后的余额。

征税对象的含义有二：一是只对转让国有土地使用权征税，因为按现行规定，集体土地需要由国家征用后才能转让；二是只对有偿转让房地产征税，对以继承、赠与等方式无偿转让的房地产不征税。

（三）土地增值税的税率

土地增值税实行四级超率累进税率，最低税率为30%，最高税率为60%。这个税率对正常的房地产开发经营（利润不太多的）比较优惠，而对取得的高收入，特别是获取的暴利，具有相当大的调节作用。其具体税率表见下表。

表 12 - 3　土地增值税税率表

级　　次	土地增值额与扣除项目金额之比	税率	速算扣除率
1	不超过50%的部分	30%	0
2	超过50%至100%的部分	40%	5%
3	超过100%至200%的部分	50%	15%
4	超过200%的部分	60%	35%

超率累进税率，是指将征税对象的相对数（如增值率）划分为若干等级，对每级分别规定不同税率，当征税对象相对数增加到超过较低一级而达到较高一个等级时，只就超过部分的征税对象数额按较高等级的税率计税，未超过部分仍按较低等级的税率计税的一种累进税率。运用超率累进税率计税，其计税方法较为复杂，但可以采取"速算扣除法"进行简化。运用"速算扣除法"简化计税，先须计算各级的"速算扣除率"。其计算公式为：

本级速算扣除率 = 前级征税对象相对数的最高限 ×（本级税率 - 前级税率）+ 前级速算扣除率

土地增值税税率表中各级速算扣除率计算如下：

第一级速算扣除率为：0

第二级速算扣除率为：50% ×（40% - 30%）+ 0 = 5%

第三级速算扣除率为：100%×（50%－40%）＋5%＝15%

第四级速算扣除率为：200%×（60%－50%）＋15%＝35%

（四）土地增值税的减免税规定

考虑到我国房地产业的特殊情况及人民居住条件仍然较差等情况，纳税人有下列情形之一的，免征土地增值税：

（1）纳税人建造普通标准住宅出售，增值额未超过扣除项目金额20%的。这里应当明确，普通标准住宅，是指一般居住用住宅。高级公寓、别墅、度假村等住宅不属于普通标准住宅。免税的普通标准住宅须经税务机关确认。

（2）因国家建设需要依法征用、收回的房地产。这些房地产由于是政府征用，大多是微利项目，投入大，收益小，应从税收政策上给予支持和鼓励，同时也可避免因征收土地增值税后又征所得税，税负显得过重问题。这里免税的房地产，限于因城市市政规划，国家重点项目建设的需要而被政府征用的房产或收回的土地使用权。

（3）在企业兼并中，对被兼并企业将房地产转让到兼并企业中的，暂免征土地增值税。

（4）以房地产进行投资、联营的一方以土地（房地产）作价入股进行投资或作为联营条件，将房地产转让到所投资、联营的企业中时，暂免征土地增值税。对投资、联营企业将上述房地产再转让的，应征收土地增值税。

（5）对于一方出地，一方出资金，双方合作建房，建成后按比例分房自用的，暂免征收土地增值税。

（6）个人转让居住满5年以上的房地产。

（7）个人之间互换自有居住用房地产。

三、土地增值税的计算

（一）计税依据的确定

计税依据是计算应纳税额的依据，其正确与否直接关系到国家、企业、个人等方面的利益，所以要正确确定。

土地增值税是以纳税人转让房地产所取得的增值额为计税依据。

增值额＝转让房地产收入－法定扣除项目金额

1. 转让房地产收入的确定

（1）纳税人转让房地产所取得的收入，包括货币收入、实物收入和其他收入。土地增值税以人民币为计算单位，纳税人如果取得实物收入和其他收入，则应按市场价格折合成人民币计税。所取得的收入为外国货币时，以转让房地产合同签订当日国家外汇管理局公布的外汇牌价折合人民币收入计税。

（2）纳税人有下列情形之一的，按照房地产评估价格计算：隐瞒、虚报房地产成交价格的；提供扣除项目金额不实的；转让房地产的成交价格低于房地产评估价格，又无正当理由的。

房地产评估价格，是指由政府指定的房地产管理部门或房地产中介机构根据相同地段，同类房地产进行综合评定并经当地税务机关确认的价格。

2. 扣除项目的确定

土地增值税的扣除项目，因不同的转让行为而略有不同，具体规定如下：

（1）取得土地使用权所支付的金额。它是指纳税人受让土地使用权已支付的出让金；凡通过行政划拨方式无偿取得的土地使用权，是指在转让土地使用权时按规定已补交的出让金。

（2）开发土地的成本、费用和新建房及配套设施的成本、费用。它是指纳税人在开发土地和建造房屋及配套设施过程中实际发生的成本及费用支出。包括土地征用及拆迁补偿费，前期工程费，建筑安装工程费，基础设施费，公共配套设施费，开发间接费用以及建造期间发生的利息支出。

土地征用及拆迁补偿费，包括土地征用费、耕地占用税、劳动力安置费及有关地上、地下附着物拆迁补偿的净支出、安置动迁用房支出等。

前期工程费，包括规划、设计、项目可行性研究、水文、地质、勘察、测绘、"三通一平"等支出。

建筑安装工程费，包括以出包方式支付给承包单位的建筑安装工程费和以自营方式发生的建筑安装工程费。

基础设施费，包括开发小区内道路、供水、供电、供气、排污、排洪、通讯、照明、环卫、绿化等工程发生的支出。

公共配套设施费，包括不能有偿转让的开发小区内公共配套设施发生的支出。

开发间接费用，它是指直接组织、管理开发项目发生的费用，包括工资、职工福利费、折旧费、修理费、办公费、水电费、劳动保护费、周转房摊销等。

建造期间发生的利息支出，它是指与开发土地和新建房及配套设施直接有关的贷款利息支出。

（3）旧房及建筑物的评估价格。它是指已使用的房屋及建筑物在出售时，由政府指定的评估部门评定的重置价乘以成新度折扣率后的价值。

（4）与转让房地产有关的税金。是指在出售房地产时已缴纳的营业税、城乡维护建设税和教育费附加。

（5）财政部规定的其他扣除项目。

（二）应纳税额的计算

1. 土地增值税的一般计算方法

土地增值税应纳税额的计算方法，一般情况下按纳税人转让房地产所取得的增值额和四级超率累计税率计算。其计算公式为：

应纳土地增值税税额 = 土地增值额 × 适用税率 - 扣除项目金额 × 速算扣除率

【例 12-1】某单位转让房地产的收入为 255 万元，取得土地使用权所支付的金额为 50 万元，开发土地成本、费用和新建房及配套设施的成本、费用 90 万元，与转让房地产有关的税金是 10 万元，请计算应纳土地增值税是多少？

据题意计算如下：

（1）扣除项目金额 = 50 + 90 + 10 = 150（万元）

（2）土地增值额 = 255 - 150 = 105（万元）

（3）土地增值额与扣除项目之比为：105/150 × 100% = 70%

（4）应纳土地增值税 = 105 × 40% - 150 × 5% = 34.5（万元）

2. 纳税人分期分批开发，分块转让房地产应纳税额的计算，对允许扣除项目的金额，应按转让土地使用权的面积占总面积的比例计算分摊；若按此办法难以计算的，也可按建筑面积计算分摊，对项目完全竣工前无法按实际成本计算的，可先按建筑面积预算成本计算，待项目完工后再按实际发生数进行清算，多退少补。其计算公式为：

$$分次转让扣除项目金额 = \frac{总扣除项目金额}{ } × \frac{分次转让面积（建筑面积）}{总面积}$$

【例 12-2】某房地产开发公司花 100 万元，买得土地一块，计 1000 ㎡，然后分块转让取得收入 80 万元，计 500 ㎡，假定缴纳销售税金 5 万元，请计算其应纳土地增值税额为多少？

（1）分次转让扣除项目金额 $= \frac{105 × 500m^2}{1000m^2} = 52.5$（万元）

（2）分次转让增值额 = 80 - 52.5 = 27.5（万元）

（3）分次转让增值额和分次转让扣除项目金额之比为：

$$2.75/52.5 × 100\% = 52.38\%$$

（4）分次转让应纳土地增值税 = 2.75 × 40% - 52.5 × 50% = 8.38（万元）

3. 纳税人采取预售方式出售商品房应纳税额的计算

纳税人采取预售商品房的，在计算缴纳土地增值税时，可按买卖双方签订预售合同所载金额计算出应纳土地增值税额，再根据每笔预收款占总售价款的比例计算分摊每次所需缴纳的土地增值税税额，在每次预收款时计征土地增值税。其计算公式为：

$$每次应纳土地增值税 = 土地增值税额 × \frac{每笔预收款}{总售价款}$$

【例 12-3】某房屋开发公司预售商品房，元月份签订预售合同，总价为 500 万元，6 月份交付房屋，从 2 月份开始每月预收 100 万元，房地产扣除项目金额为 200 万元，计算其应纳土地增值税税额。

（1）增值额：500 - 200 = 300（万元）

（2）增值额与扣除项目之比为：$\frac{300}{200} × 100\% = 150\%$

（3）应纳土地增值税 = 300 × 50% - 200 × 15% = 120（万元）

（4）每月应纳土地增值税 = 120 × 100/500 = 24（万元）

四、土地增值税的征收管理

（一）土地增值税的纳税地点

土地增值税在房地产所在地就地纳税。房地产所在地，是指房地产的座落地。跨两个或两个以上管辖地区的房地产，由上级税务机关根据情况具体确定申报及纳税地点。

（二）土地增值税的纳税程序

1. 纳税人应当自转让房地产合同签订之日起七日内向房地产所在地主管税务机关办理纳税申报。同时，向税务机关提交房屋及建筑物产权、土地使用权证书、土地转让、房产买卖合同，会计报表和有关资料。

2. 纳税人按照税务机关核定的税额，在规定的期限内，到指定银行缴纳土地增值税。

3. 纳税人按规定办理纳税手续后，持纳税凭证到房产、土地管理部门办理产权变更手续，否则土地、房产管理部门不得办理有关权属变更手续。

五、房地产开发企业土地增值税清算

为了加强房地产开发企业的土地增值税征收管理，规范土地增值税清算工作，国家税务总局2007年发布《关于房地产开发企业土地增值税清算管理有关问题的通知》，要求从2008年1月1日起正式开始对房地产开发企业土地增值税进行清算管理。根据《中华人民共和国土地增值税暂行条例》及其实施细则、《中华人民共和国税收征收管理法》及其实施细则等有关税收法律、行政法规的规定，结合房地产开发经营业务的特点，2009年国家税务总局制定了《土地增值税清算管理规程》，并于同年6月1日起执行。

（一）土地增值税的前期管理

主管税务机关应加强房地产开发项目的日常税收管理，实施项目管理。主管税务机关应从纳税人取得土地使用权开始，按项目分别建立档案、设置台帐，对纳税人项目立项、规划设计、施工、预售、竣工验收、工程结算、项目清盘等房地产开发全过程情况实行跟踪监控，做到税务管理与纳税人项目开发同步。

主管税务机关对纳税人项目开发期间的会计核算工作应当积极关注，对纳税人分期开发项目或者同时开发多个项目的，应督促纳税人根据清算要求按不同期间和不同项目合理归集有关收入、成本、费用。

对纳税人分期开发项目或者同时开发多个项目的，有条件的地区，主管税务机关可结合发票管理规定，对纳税人实施项目专用票据管理措施。

（二）土地增值税的清算受理

1. 纳税人符合下列条件之一的，应进行土地增值税的清算

（1）房地产开发项目全部竣工、完成销售的；

（2）整体转让未竣工决算房地产开发项目的；

（3）直接转让土地使用权的。

2. 对符合以下条件之一的，主管税务机关可要求纳税人进行土地增值税清算

（1）已竣工验收的房地产开发项目，已转让的房地产建筑面积占整个项目可售建筑面积的比例在85%以上，或该比例虽未超过85%，但剩余的可售建筑面积已经出租或自用的；

（2）取得销售（预售）许可证满三年仍未销售完毕的；

（3）纳税人申请注销税务登记但未办理土地增值税清算手续的；

（4）省（自治区、直辖市、计划单列市）税务机关规定的其他情况。

对前款所列第（3）项情形，应在办理注销登记前进行土地增值税清算。

对于应进行土地增值税清算的项目，纳税人应当在满足条件之日起90日内到主管税务机关办理清算手续。对于税务机关要求纳税人进行土地增值税清算的项目，由主管税务机关确定是否进行清算；对于确定需要进行清算的项目，由主管税务机关下达清算通知，纳税人应当在收到清算通知之日起90日内办理清算手续。

应进行土地增值税清算的纳税人或经主管税务机关确定需要进行清算的纳税人，在上述规定的期限内拒不清算或不提供清算资料的，主管税务机关可依据《中华人民共和国税收征收管理法》有关规定处理。

3. 纳税人清算土地增值税时应提供的清算资料

（1）土地增值税清算表及其附表。

（2）房地产开发项目清算说明，主要内容应包括房地产开发项目立项、用地、开发、销售、关联方交易、融资、税款缴纳等基本情况及主管税务机关需要了解的其他情况。

（3）项目竣工决算报表、取得土地使用权所支付的地价款凭证、国有土地使用权出让合同、银行贷款利息结算通知单、项目工程合同结算单、商品房购销合同统计表、销售明细表、预售许可证等与转让房地产的收入、成本和费用有关的证明资料。主管税务机关需要相应项目记账凭证的，纳税人还应提供记账凭证复印件。

（4）纳税人委托税务中介机构审核鉴证的清算项目，还应报送中介机构出具的《土地增值税清算税款鉴证报告》。

主管税务机关收到纳税人清算资料后，对符合清算条件的项目，且报送的清算资料完备的，予以受理；对纳税人符合清算条件、但报送的清算资料不全的，应要求纳税人在规定限期内补报，纳税人在规定的期限内补齐清算资料后，予以受理；对不符合清算条件的项目，不予受理。

主管税务机关受理纳税人清算资料后，应在一定期限内及时组织清算审核。具体期限由各省、自治区、直辖市、计划单列市税务机关确定。

（三）清算审核方法

清算审核包括案头审核、实地审核。案头审核是指对纳税人报送的清算资料进行

数据、逻辑审核，重点审核项目归集的一致性、数据计算准确性等。实地审核是指在案头审核的基础上，通过对房地产开发项目实地查验等方式，对纳税人申报情况的客观性、真实性、合理性进行审核。

清算审核时，应审核房地产开发项目是否以国家有关部门审批、备案的项目为单位进行清算；对于分期开发的项目，是否以分期项目为单位清算；对不同类型房地产是否分别计算增值额、增值率，缴纳土地增值税。

审核收入情况时，应结合销售发票、销售合同（含房管部门网上备案登记资料）、商品房销售（预售）许可证、房产销售分户明细表及其他有关资料，重点审核销售明细表、房地产销售面积与项目可售面积的数据关联性，以核实计税收入；对销售合同所载商品房面积与有关部门实际测量面积不一致，而发生补、退房款的收入调整情况进行审核；对销售价格进行评估，审核有无价格明显偏低情况。必要时，主管税务机关可通过实地查验，确认有无少计、漏计事项，确认有无将开发产品用于职工福利、奖励、对外投资、分配给股东或投资人、抵偿债务、换取其他单位和个人的非货币性资产等情况。

1. **非直接销售和自用房地产的收入确定**

（1）房地产开发企业将开发产品用于职工福利、奖励、对外投资、分配给股东或投资人、抵偿债务、换取其他单位和个人的非货币性资产等，发生所有权转移时应视同销售房地产，其收入按下列方法和顺序确认：①按本企业在同一地区、同一年度销售的同类房地产的平均价格确定；②由主管税务机关参照当地当年、同类房地产的市场价格或评估价值确定。

（2）房地产开发企业将开发的部分房地产转为企业自用或用于出租等商业用途时，如果产权未发生转移，不征收土地增值税，在税款清算时不列收入，不扣除相应的成本和费用。

2. **土地增值税扣除项目审核的内容**

（1）取得土地使用权所支付的金额。

（2）房地产开发成本，包括：土地征用及拆迁补偿费、前期工程费、建筑安装工程费、基础设施费、公共配套设施费、开发间接费用。

（3）房地产开发费用。

（4）与转让房地产有关的税金。

（5）国家规定的其他扣除项目。

3. **审核扣除项目是否符合下列要求**

（1）在土地增值税清算中，计算扣除项目金额时，其实际发生的支出应当取得但未取得合法凭据的不得扣除。

（2）扣除项目金额中所归集的各项成本和费用，必须是实际发生的。

（3）扣除项目金额应当准确地在各扣除项目中分别归集，不得混淆。

（4）扣除项目金额中所归集的各项成本和费用必须是在清算项目开发中直接发生

的或应当分摊的。

（5）纳税人分期开发项目或者同时开发多个项目的，或者同一项目中建造不同类型房地产的，应按照受益对象，采用合理的分配方法，分摊共同的成本费用。

（6）对同一类事项，应当采取相同的会计政策或处理方法。会计核算与税务处理规定不一致的，以税务处理规定为准。

土地增值税清算审核结束，主管税务机关应当将审核结果书面通知纳税人，并确定办理补、退税期限。

（四）核定征收

在土地增值税清算过程中，发现纳税人符合核定征收条件的，应按核定征收方式对房地产项目进行清算。

在土地增值税清算中符合以下条件之一的，可实行核定征收：

（1）依照法律、行政法规的规定应当设置但未设置账簿的；

（2）擅自销毁账簿或者拒不提供纳税资料的；

（3）虽设置账簿，但账目混乱或者成本资料、收入凭证、费用凭证残缺不全，难以确定转让收入或扣除项目金额的；

（4）符合土地增值税清算条件，企业未按照规定的期限办理清算手续，经税务机关责令限期清算，逾期仍不清算的；

（5）申报的计税依据明显偏低，又无正当理由的。

符合上述核定征收条件的，由主管税务机关发出核定征收的税务事项告知书后，税务人员对房地产项目开展土地增值税核定征收核查，经主管税务机关审核合议，通知纳税人申报缴纳应补缴税款或办理退税。

对于分期开发的房地产项目，各期清算的方式应保持一致。

第三节 城镇土地使用税

一、城镇土地使用税的概述

城镇土地使用税是对在中华人民共和国境内使用城镇土地的单位和个人，按其实际占用的土地面积征收的一种税。

对土地征税，是当今大多数国家和地区所广泛采用的做法，只是在税名和征税范围等方面有所区别。新中国成立初期，由中央人民政府政务院颁发的《全国税政实施要则》中，就规定有地产税这个税种，它类似于现行的土地使用税，后与房产税合并改称城市房地产税。1973 年改革税制时，把对企业征收的城市房地产税并入工商税。1984 年第一步利改税和全面改革工商税制时，将房地产税中的地产税改为土地使用税，当时暂缓征收。1988 年 10 月国务院发布了《中华人民共和国城镇土地使用税暂行条例》，并规定自 11 月 1 日起执行。2006 年 12 月 30 日国务院第 163 次常务会议通过

《国务院关于修改〈中华人民共和国城镇土地使用税暂行条例〉的决定》，自 2007 年 1 月 1 日起施行。

城镇土地使用税是一种级差资源税，它的开征，在保护土地资源、调节土地级差收入、促进土地的合理开发和利用等方面都起到了重要作用。城镇土地使用税具有以下特点：①对占用土地的行为征税；②征税对象是土地；③征税范围有所限定；④实行差别幅度税额。

二、城镇土地使用税的基本规定

（一）城镇土地使用税纳税人和征税范围

在城市、县城、建制镇、工矿区范围内使用土地的单位和个人，为城镇土地使用税（以下简称土地使用税）的纳税人，这里所称的单位，包括国有企业、集体企业、私营企业、股份制企业、外商投资企业、外国企业以及其他企业和事业单位、社会团体、国家机关、军队以及其他单位；这里所称的个人，包括个体工商户以及其他个人。有如下具体情形的属于纳税义务人：

（1）拥有土地使用权的单位和个人是纳税人。

（2）拥有土地使用权的单位和个人不在土地所在地的，其土地的实际使用人和代管人为纳税人。

（3）土地使用权未确定的或权属纠纷未解决的，其实际使用人为纳税人。

（4）土地使用权共有的，共有各方都是纳税人，由共有各方分别纳税。

城镇土地使用税的征税范围包括城市、县城、建制镇和工矿区的国家所有、集体所有的土地。

（二）城镇土地使用税税额标准

土地使用税采用定额税率，即从量征收并有幅度的差别税额，土地使用税每平方米年税额如下：

（1）大城市 1.5 元至 30 元；

（2）中等城市 1.2 元至 24 元；

（3）小城市 0.9 元至 18 元；

（4）县城、建制镇、工矿区 0.6 元至 12 元。

省、自治区、直辖市人民政府，应当在上述税额标准幅度内，根据市政建设状况、经济繁荣程度等条件，确定所辖地区的适用税额幅度。

市、县人民政府应当根据实际情况，将本地区土地划分为若干等级，在省、自治区、直辖市人民政府确定的税额幅度内，制定相应的适用税额标准，报省、自治区、直辖市人民政府批准执行。

经省、自治区、直辖市人民政府批准，经济落后地区土地使用税的适用税额标准可以适当降低，但降低额不得超过法定最低税额的 30%。经济发达地区土地使用税的适用税额标准可以适当提高，但须报经财政部批准。

三、城镇土地使用税减免税、计税依据和应纳税额计算

1. 城镇土地使用税减免税规定

主要有两大类优惠：一是国家预算收支单位的自用地免税，二是国有重点扶植项目免税。下列土地可以免征土地使用税：

（1）国家机关、人民团体、军队自用的土地。但如果是对外出租、经营用则还是要交土地使用税。

（2）由国家财政部门拨付事业经费的单位自用的土地。

（3）宗教寺庙、公园、名胜古迹自用的土地。经营用地则不免。

（4）市政街闭道、广场、绿化地带等公共用地。

（5）直接用于农、林、牧、渔业的生产用地。

（6）经批准开山填海整治的土地和改造的废弃土地，从使用的月份起免缴城镇土地使用税5年至10年。

（7）对非营利性医疗机构、疾病控制机构和妇幼保健机构等卫生机构自用的土地，免征城镇土地使用税。对营利性医疗机构自用的土地自2000年起免征城镇土地使用税3年。

（8）企业办的学校、医院、托儿所、幼儿园，其用地能与企业其他用地明确区分的，免征城镇土地使用税。

（9）免税单位无偿使用纳税单位的土地（如公安、海关等单位使用铁路、民航等单位的土地），免征城镇土地使用税。纳税单位无偿使用免税单位的土地，纳税单位应照章缴纳城镇土地使用税。纳税单位与免税单位共同使用、共有使用权的土地上的多层建筑，对纳税单位可按其占用的建筑面积占建筑总面积的比例计征城镇土地使用税。例如一共是15层的大厦，一单位租用5层，一单位租用10层，则并不是只占有一层的单位交税。

（10）对行使国家行政管理职能的中国人民银行总行（含国家外汇管理局）所属分支机构自用的土地，免征城镇土地使用税。

（11）对企业的铁路专用线、公路等用地，在厂区以外，与社会公用地段未加隔离的，暂免征收土地使用税。

（12）对企业厂区以外的公共绿化用地和向社会开放的公园用地，暂免征收城镇土地使用税。

（13）对水利设施及其管护用地（如水库库区、大坝、堤防、灌渠、泵站等用地），免征土地使用税；其他用地，如生产、办公、生活用地，应照章征收土地使用税。

（14）对林区的有林地、运材道、防火道、防火设施用地，免征土地使用税。林业系统的森林公园、自然保护区，可比照公园免征土地使用税。

（15）对高校后勤实体免征城镇土地使用税。

下列土地由省、自治区、直辖市地方税务局确定减免土地使用税：

（1）个人所有的居住房屋及院落用地。

（2）免税单位职工家属的宿舍用地。

（3）民政部门举办的安置残疾人占一定比例的福利工厂用地。

（4）集体和个人办的各类学校、医院、托儿所、幼儿园用地。

（5）房地产开发公司建造商品房的用地，原则上应按规定计征城镇土地使用税。

2. 城镇土地使用税的计税依据和应纳税额计算

城镇土地使用税以纳税人实际占用的土地面积为计税依据，依照规定税额计算征收。土地占用面积的组织测量工作，由省、自治区、直辖市人民政府根据实际情况确定。

城镇土地使用税按年计算，分期缴纳。应纳税额计算公式为：

全年应纳税额 = 应税土地的实际占用面积 × 适用单位税额

城镇土地使用税按年计算，分期缴纳。缴纳期限由省、自治区、直辖市人民政府确定。但对新征用的土地，属于耕地的，自批准征用之日起满一年时开始缴纳土地使用税；若征用的非耕地，自批准征用次月起缴纳土地使用税。

城镇土地使用税由土地所在地的税务机关征收。土地管理机关应当向土地所在地的税务机关提供土地使用权权属资料，以便税务机关的征收管理。

第四节　耕地占用税

一、耕地占用税的概述

耕地占用税是对占用耕地建房或者从事其他非农业建设的单位和个人，按其所占耕地的面积征收的一种税。

农业是国民经济的基础，耕地是从事农业生产的基本条件，保持一定的耕地面积，对于农业生产乃至整个国民经济的发展，有着特别重要的意义。我国虽然幅员辽阔，但人均耕地面积很少，人均耕地面积只有 1.5 亩左右，位列世界第 113 位。近几年来，随着国家各项建设事业的发展，特别是农村乡镇企业的发展，农村居民建房和非农业建设占用耕地越来越多。"毁田建窑""占地筑屋""圈地建厂"的现象屡有发生，造成耕地面积急剧减少。为了保护农用耕地，国务院于 1987 年 4 月发布了《耕地占用税暂行条例》，从发布之日起在全国范围内实施。2007 年 12 月 1 日国务院发布了新的《耕地占用税暂行条例》，规定对外商投资企业、外国企业和外国人也要征收耕地占用税，并调增了税率，并于 2008 年 1 月 1 日开始施行。2008 年 2 月 26 日，财政部、国家税务总局颁布了《中华人民共和国耕地占用税暂行条例实施细则》。

耕地占用税有以下四方面的特点和意义：

第一，耕地占用税以占用农用耕地建房或从事其他非农用建设的行为为征税对象，兼具资源税和特定行为税的特点。国家通过征收耕地占用税，可以有效地约束、调节纳税人占用耕地的行为，限制纳税人占用耕地从事非农业建设，促进土地资源的合理利用。

第二，耕地占用税以县为单位，以人均耕地面积为标准，确定单位税额。人均耕地面积越少，单位税额越高。因而，耕地占用税体现了对人多地少地区耕地占用的限制政策，对于缓解这些地区耕地紧张的状况，有着积极的作用。

第三，耕地占用税按规定的税额，对非农业占用耕地实行一次性征收，除占而不用超过两年者外，以后不再征税。这一特点决定了耕地占用税既可以通过规定较高的税额，强化对纳税人占用耕地决策的限制和调节作用，控制非农业基本建设，又可避免税额较高对纳税人生产和生活产生长期的影响。

第四，税收收入专门用于耕地开发与改良。耕地占用税收入属于专款专用，主要用于宜耕土地的开发和现有耕地的改良，因此，具有"取之于地，用之于地"的补偿性特点。

二、耕地占用税的基本规定

（一）耕地占用税征税范围的划分标志

耕地占用税征税范围的划分有两个标志：第一，占用的土地以农用耕地为限。所谓"耕地"是指用于种植农作物的土地，占用前三年内曾用于种植农作物的土地，以及鱼塘、园地、菜地和其他农用地（如晒场等），均视为"耕地"。第二，占用的目的以建房或从事其他非农业建设为限。两个标准同时具备的，属于耕地占用税的征税范围，占用非耕地或占用耕地用于农业生产建设的，均不在耕地占用税征税范围之内。

（二）耕地占用税的纳税人

耕地占用税的纳税人为占用耕地建房或者从事其他非农业建设的单位和个人。所称单位，包括国有企业、集体企业、私营企业、股份制企业、外商投资企业、外国企业以及其他企业和事业单位、社会团体、国家机关、部队以及其他单位；所称个人，包括个体工商户以及其他个人。

（三）税额标准

耕地占用税的税率，以县为单位，按人均耕地面积划分为四个等级，规定了幅度单位税额。税额规定如下：

（1）人均耕地不超过 1 亩的地区（以县级行政区域为单位，下同），每平方米为 10 ~ 50 元；

（2）人均耕地超过 1 亩但不超过 2 亩的地区，每平方米为 8 ~ 40 元；

（3）人均耕地超过 2 亩但不超过 3 亩的地区，每平方米 6 ~ 30 元；

（4）人均耕地超过 3 亩以上的地区，每平方米 5 ~ 25 元。

国务院财政、税务主管部门根据人均耕地面积和经济发展情况确定各省、自治区、直辖市的平均税额。（见下表 12 - 4）

表 12 - 4　各省、自治区、直辖市耕地占用税平均税额

地　　区	每平方米平均税额（单位：元）
上海	45
北京	40
天津	35
江苏、浙江、福建、广东	30
辽宁、湖北、湖南	25
河北、安徽、江西、山东、河南、重庆、四川	22.5
广西、海南、贵州、云南、山西	20
山西、吉林、黑龙江	17.5
内蒙古、西藏、甘肃、青海、宁夏、新疆	12.5

各地适用税额，由省、自治区、直辖市人民政府在上述的税额幅度内，根据本地区情况核定。各省、自治区、直辖市人民政府核定的适用税额的平均水平，不得低于上述标准的平均税额。

经济特区、经济技术开发区和经济发达且人均耕地特别少的地区，适用税额可以适当提高，但是提高的部分最高不得超过本上述规定的当地适用税额的 50%。

占用基本农田的，适用税额应当在当地适用税额的基础上提高 50%。

三、耕地占用税减免税、计税依据和应纳税额计算

为保障国家建设用地的需要和体现社会福利政策和民族政策，《条例》中做了以下减免税的规定：

（1）军事设施占用耕地，免征。

（2）学校、幼儿园、养老院、医院占用耕地，免征。

（3）铁路线路、公路线路、飞机场跑道、停机坪、港口、航道占用耕地，减按每平方米 2 元的税额征收耕地占用税。根据实际需要，国务院财政、税务主管部门同国务院有关部门并报国务院批准后，可以对上述规定的情形免征或者减征耕地占用税。

（4）农村居民占用耕地新建住宅，按照当地适用税额减半征收耕地占用税。农村烈士家属、残疾军人、鳏寡孤独以及革命老根据地、少数民族聚居区和边远贫困山区生活困难的农村居民，在规定用地标准以内新建住宅缴纳耕地占用税确有困难的，经所在地乡（镇）人民政府审核，报经县级人民可以免征或者减征耕地占用税。

耕地占用税以纳税人建房或非农业建设实际占用的耕地面积（平方米）为计税依据。

耕地占用税以纳税人经批准占用耕地的面积乘以所在地区适用的税额来确定耕地

占用税应纳税款，即：

应纳税额 = 经批准占用耕地面积（平方米）×所在地区适用税额

四、耕地占用税征收管理

耕地占用税由各地财政机关负责征收管理。纳税人经土地管理部门批准占用耕地后，自批准之日起 30 日内按规定税额一次性缴纳，同时，核减农业税的计税土地面积。逾期不缴者，自逾期之日起，按日加收 5% 的滞纳金。土地管理部门在批准单位、个人占用耕地后，应及时通知同级财政部门。获准占用耕地的单位和个人，应持县以上土地管理部门批准占用耕地的文件向财政机关申报纳税。土地管理部门凭税款收据和征用耕地批准文件，划拨用地。

占用林地、牧草地、农田水利用地、养殖水面以及渔业水域滩涂等其他农用地建房或者从事非农业建设的，比照上述的规定征收耕地占用税。

建设直接为农业生产服务的生产设施占用上述规定的农用地的，不征收耕地占用税。

关键术语

资源课税 级差收入 土地增值额 超率累进税率

思考题

1. 资源税能否促进自然资源的可持续利用？
2. 加强土地增值税和城镇土地使用税的征收管理可否能抑制房价过快上涨？
3. 耕地占用税税收收入的主要用途。

练习题

1. 某煤矿企业（增值税一般纳税人），2015 年 4 月向某电厂销售优质原煤 3000 吨，开具增值税专用发票注明不含税价款 36 万元，支付从坑口到车站的运输费用 2 万元；向某煤场销售选煤，开具增值税普通发票列明销售额 7.6 万元。该煤矿资源税税率为 5%，选煤折算率为 92%，该煤矿企业当月应纳多少资源税？

2. 某钢材进出口公司拥有自用房产占用土地面积为 1500 平方米，每平方米年额为 6 元；税务部门规定城镇土地使用税在季末后 10 日内交纳，1 月 31 日计算本月份应交纳税金。

3. 某县房地产开发公司占用耕地 20000 平方米用于住宅小区建设，其中 5000 平方米将建设一所全日制中学，已知该区县耕地占用税每平方米税额为 9 元，该区县地方税务局对房地产公司应征收多少耕地占用税？

第十三章
财产课税与行为课税

财产课税是以纳税人所有或所支配的财产为征税对象所征收的一类税。营改增后，财产税成为我国地方财政收入的主要来源。目前我国财产税体系包括房产税、车船税、契税三个税种。行为课税是对纳税人的某些特定行为所征收的一类税，它是国家运用税收杠杆调节宏观经济的重要手段。我国目前行为税体系主要包括印花税、车辆购置税和环境保护税三个税种。本章主要知识点包括：财产税和行为税各税种的概念、特点、征税对象、计税依据、税目税率等。本章重点是各税种应纳税额的计算。

第一节　财产课税

一、房产税

（一）房产税的概念

房产税是以房屋为征税对象，按房屋的计税余值或租金收入作为计税依据，向产权所有人征收的一种财产税。

房产税是一个历史悠久的税收，最早始于我国的周代，在民国时期，曾用"市政总捐"和"房捐"等名称征收，名目繁多。

1950 年，在政务院颁布的《全国税政实施要则》中开征了城市房产税，同年 6 月，政务院将房产税与在全国统一开征的地产税合并为房地产税；1958 年 8 月，政务院颁布《城市房地产税暂行条例》，该条例规定了城市房产税开征的范围及核定开征的城市，并确定纳税人为产权所有人，房产税按标准价的 19% 征收，地产税按标准地价合并按年征 1.5%。

1973 年工商税制改革时，本着简化税制的原则，把对企业开征的房地产税并入了工商税中。因此，此税只对房地产管理部门和个人的房屋，以及外资企业、中外合资企业、合作经营企业的房地产征收，其征税范围大大缩小。

围绕着以城市为中心的经济体制改革，1983—1984 年，我国进行了两步利改税，决定重新恢复房产税，因条件尚不成熟，中央决定将该税种作为保留税种，暂缓开征。1986 年 9 月，国务院颁布了《中华人民共和国房产税暂行条例》，并于同年 10 月 1 日正式实施。房产税的实施细则由各省、自治区、直辖市人民政府制定，并报财政部门备案。

2011年，我国开始在上海、重庆等地试点进行房产税改革。

（二）房产税的特点

1. 房产税属于财产税中的个别财产税

按征税对象的范围不同，财产税可以分为一般财产税与个别财产税。一般财产税也称"综合财产税"，是对纳税人拥有的各类财产实行综合课征的税收。个别财产税也称"单项财产税"，是对纳税人拥有的土地、房屋、资本和其他财产分别课征的税收。房产税属于个别财产税，其征税对象只是房屋。

2. 征收范围限于城镇的经营性房屋

房产税在城市、县城、建制镇和工矿区范围内征收，不涉及农村。农村的房屋，大部分是农民居住用房，为了不增加农民负担，目前农村房屋没有纳入征税范围。而在城镇中，也只对经营性房屋，即用来进行各类商业服务、生产经营（办公）等经营性活动的房屋征税，非经营性房屋不征税。

3. 区别房屋的经营使用方式规定征税办法

拥有房屋的单位和个人，既可以将房屋用于经营自用，又可以把房屋用于出租。房产税根据纳税人经营形式的不同，对于自用的房屋按房产计税余值征收，对于出租的房屋按租金收入征收，使征税办法符合纳税人的经营特点，便于平衡税收负担和征收管理。

（三）房产税的征税对象和征税范围

房产税的征税对象是房产。所谓房产，是指有屋面和围护结构，能够遮风避雨，可供人们在其中生产、学习、工作、娱乐、居住或储藏物资的场所。独立于房屋的建筑物如围墙、暖房、水塔、烟囱、室外游泳池等不属于房产。但室内游泳池属于房产。

自2006年1月1日起，凡在房产税征收范围内的具备房屋功能的地下建筑，包括与地上房屋相连的地下建筑以及完全建在地面以下的建筑、地下人防设施等，均应当依照有关规定征收房产税。

房产税的征税范围包括城市、县城、建制镇、工矿区的房屋。

（四）房产税的纳税人

房产税由产权所有人缴纳。产权属于全民所有的，由经营管理单位缴纳。产权属集体和个人所有的，由集体单位和个人纳税。产权出典的，由承典人缴纳。产权所有人、承典人不在房产所在地的，或者产权未确定及租典纠纷未解决的，由房产代管人或使用人缴纳。纳税单位和个人无租使用房产管理部门、免税单位及纳税单位的房产，应由使用人代为缴纳房产税。因此，上述产权所有人、经营管理单位、承典人、房产代管人或者使用人，统称房产税的纳税人。

（五）房产税的计税依据和税率

房产税采用从价计征，其计税依据分为房产余值和房屋租金收入两种。对经营自用的房屋，以房产余值作为计税依据。所谓房产余值，是指房产原值一次减除10% ~

30%后的余值。扣除比例由省、自治区、直辖市人民政府在税法规定的减除幅度内自行确定。对出租的房屋，以房屋租金收入作为计税依据。

房产税采用比例税率，依照房产余值计税的，税率为1.2%；依照房屋租金收入计税的，税率为12%。

（六）房产税的计算与缴纳

依照计税依据的不同，房产税的计算分为两种情况。依照房产余值计税的计算公式为：

$$应纳税额 = 房屋原值 \times （1 - 扣除比例） \times 1.2\%$$

依照房屋租金收入计税的计算公式为：

$$应纳税额 = 租金收入 \times 12\%$$

房产税的纳税地点在房产所在地。其征收方法采用"按年征收，分期缴纳"，具体的纳税期限由各省、自治区、直辖市人民政府确定。

（七）房产税的税收优惠

1. 国家机关、人民团体、军队自用房产免税；

2. 由国家财政部门拨付事业费的单位自用的房产免税；

3. 宗教寺庙、公园、名胜古迹自用的房产免征房产税，但经营用的房产不免税；

4. 个人的非营业用房免税；

5. 从2001年1月1日起，对个人按市场价格出租的居民住房，用于居住的，可暂减按4%的税率征收房产税；

6. 经财政部批准免税的其他房产免税。

二、车船税

（一）车船税的概念

车船税是对在我国境内依法应当到公安、交通、农业、渔业、军事等管理部门办理登记的车辆、船舶，根据其种类，按照规定的计税单位和年税额标准计算征收的一种财产税。

我国现行车船税的基本规范是2011年2月25日第十一届全国人民代表大会常务委员会第十九次会议通过的《中华人民共和国车船税法》（以下简称《车船税法》）。自2012年1月1日起施行。

（二）车船税的纳税人

在中华人民共和国境内属于《车船税法》规定的车辆、船舶（以下简称车船）的所有人或者管理人，为车船税的纳税人。车船的所有人或者管理人未缴纳车船税的，使用人应当代为缴纳车船税。从事机动车第三者责任强制保险业务的保险机构为机动车车船税的扣缴义务人。

（三）车船税的征税对象

车船税的征税对象是车辆和船舶，具体包括以下两类：

第一，依法应当在车船登记管理部门登记的机动车辆和船舶；

第二，依法不需要在车船登记管理部门登记的在单位内部场所行驶或者作业的机动车辆和船舶。

（四）车船税的税目和税率

车船税实行定额税率。

车辆的具体适用税额由省、自治区、直辖市人民政府依照《车船税税目税额表》规定的税额幅度和国务院的规定确定。船舶的具体适用税额由国务院在《车船税税目税额表》中规定的税额幅度内确定。

表 13 – 1　车船税税目税额表

税　　目		计税单位	年基准税额	备　　注
乘 用 车〔按发动机汽缸容量（排气量）分档〕	1.0升（含）以下的	每辆	60 元至 360 元	核定载客人数 9 人（含）以下
	1.0升以上至 1.6升（含）的		300 元至 540 元	
	1.6升以上至 2.0升（含）的		360 元至 660 元	
	2.0升以上至 2.5升（含）的		660 元至 1200 元	
	2.5升以上至 3.0升（含）的		1200 元至 2400 元	
	3.0升以上至 4.0升（含）的		2400 元至 3600 元	
	4.0升以上的		3600 元至 5400 元	
商用车	客车	每辆	480 元至 1440 元	核定载客人数 9 人以上，包括电车
	货车	整备质量每吨	16 元至 120 元	包括半挂牵引车、三轮汽车和低速载货汽车等
挂车		整备质量每吨	按照货车税额的 50% 计算	
其他车辆	专用作业车	整备质量每吨	16 元至 120 元	不包括拖拉机
	轮式专用机械车	整备质量每吨	16 元至 120 元	
摩托车		每辆	36 元至 180 元	
船舶	机动船舶	净吨位每吨	3 元至 6 元	拖船、非机动驳船分别按照机动船舶税额的 50% 计算
	游艇	艇身长度每米	600 元至 2000 元	

省、自治区、直辖市人民政府根据车船税法所附《车船税税目税额表》确定车辆具体适用税额，应当遵循以下原则：

第一，乘用车依排气量从小到大递增税额；第二，客车按照核定载客人数 20 人以下和 20 人（含）以上两档划分，递增税额。省、自治区、直辖市人民政府确定的车辆具体适用税额，应当报国务院备案。

机动船舶具体适用税额为：净吨位不超过 200 吨的，每吨 3 元；净吨位超过 200 吨但不超过 2000 吨的，每吨 4 元；净吨位超过 2000 吨但不超过 10000 吨的，每吨 5 元；净吨位超过 10000 吨的，每吨 6 元。拖船按照发动机功率每 1 千瓦折合净吨位 0.67 吨计算征收车船税。

游艇具体适用税额为：艇身长度不超过 10 米的，每米 600 元；艇身长度超过 10 米但不超过 18 米的，每米 900 元；艇身长度超过 18 米但不超过 30 米的，每米 1300 元；艇身长度超过 30 米的，每米 2000 元；辅助动力帆艇，每米 600 元。

（五）车船税的税收优惠

下列车船免征车船税：

（一）捕捞、养殖渔船；

（二）军队、武装警察部队专用的车船；

（三）警用车船；

（四）依照法律规定应当予以免税的外国驻华使领馆、国际组织驻华代表机构及其有关人员的车船。

对节约能源、使用新能源的车船可以减征或者免征车船税；对受严重自然灾害影响纳税困难以及有其他特殊原因确需减税、免税的，可以减征或者免征车船税。具体办法由国务院规定，并报全国人民代表大会常务委员会备案。

省、自治区、直辖市人民政府根据当地实际情况，可以对公共交通车船，农村居民拥有并主要在农村地区使用的摩托车、三轮汽车和低速载货汽车定期减征或者免征车船税。

（六）车船税的征收管理

车船税的纳税地点为车船的登记地或者车船税扣缴义务人所在地。依法不需要办理登记的车船，车船税的纳税地点为车船的所有人或者管理人所在地。

车船税纳税义务发生时间为取得车船所有权或者管理权的当月。

车船税按年申报，分月计算，一次性缴纳。具体申报纳税期限由省、自治区、直辖市人民政府规定。

三、契税

（一）契税的概念

契税是以所有权发生转移变动的不动产为征税对象，向产权承受人征收的一种财产税。

契税是一个古老的税种，最早起源于东晋的"古税"，至今已有 1600 多年的历史。新中国成立以后颁布的第一个税收法规就是《契税暂行条例》。这个条例对旧中国的契税进行了改革，其基本内容是：凡土地、房屋之买卖、典当、赠与和交换，均应凭土地、房屋的产权证明，在当事人双方订立契约时，由产权承受人缴纳契税。税率分两种：买卖、赠与税率6%，典当税率3%。对交换房屋双方价值相等的，免税；不相等的，就其超过价值部分按6%缴纳契税。

1954年，财政部对《契税暂行条例》进行了修改。修改的主要内容是：对公有制单位的买卖、典当、承受赠与和交换土地、房屋的行为，免征契税。社会主义三大改造完成后，国家禁止土地买卖和转让，征收土地契税自然停止，契税的征税范围只限于非公有制单位的房屋产权转移行为，契税收入甚微。"文革"期间，有的地方甚至明令停止办理契税征收业务。1978年新宪法公布后，逐步落实了房产政策，随着改革开放的不断深入，城乡房屋买卖又重新活跃起来。为此，财政部于1981年和1990年分别发出了《关于改进和加强契税征收管理工作的通知》和《关于加强契税工作的通知》，对契税政策进行了一些补充和调整，契税征收工作全面恢复。

1997年7月7日国务院重新颁发了《中华人民共和国契税暂行条例》，并于1997年10月1日起施行。

（二）契税的特征

契税与其他税种相比，具有以下特征：

1. 契税属于财产转移税。契税以所有权和使用权发生转移的不动产为征税对象，具有财产转移税性质。不动产的所有权和使用权未发生转移的，不征收契税。

2. 契税由财产承受人缴纳。一般税种都确定销售者为纳税人，即卖方纳税。而契税则由不动产的承受人纳税，即买方纳税。对买方征税的主要目的，在于承认不动产产权转移生效，承受人纳税以后，便可以拥有转移过来的不动产所有权或使用权。

（三）契税的征税对象

契税的征税对象是境内转移土地、房屋权属。具体包括以下五项内容：

1. 国有土地使用权出让

国有土地使用权出让是指土地使用者向国家交付土地使用权出让费用，国家将国有土地使用权在一定年限内让与土地使用者的行为。对承受国有土地使用权所应支付的土地出让金，要计征契税。不得因减免土地出让金而减免契税。

2. 土地使用权的转让

土地使用权的转让是指土地使用者以出售、赠与、交换或者其他方式将土地使用权转移给其他单位和个人的行为。土地使用权的转让不包括农村集体土地承包经营权的转移。

3. 房屋买卖

即以货币为媒介，出卖者向购买者过渡房产所有权的交易行为。以下几种特殊情况，视同买卖房屋：

（1）以房产抵债或实物交换房屋

经当地政府和有关部门批准，以房抵债和实物交换房屋，均视同房屋买卖，应由产权承受人按房屋现值缴纳契税。

例如：甲某因无力偿还乙某债务，而以自有的房产折价抵偿债务。经双方同意，有关部门批准，乙某取得甲某的房屋产权，在办理产权过户手续时，按房产折价款缴纳契税。如以实物（金银首饰等等价物品）交换房屋，应视同以货币购买房屋。

（2）以房产作投资或作股权转让

这种交易业务属房屋产权转移，应根据国家房地产管理的有关规定，办理房屋产权交易和产权变更登记手续，视同房屋买卖，由产权承受方按契税税率计算缴纳契税。

例如：甲某以自有房产，向乙企业投资。其房屋产权变为乙企业所有，故产权所有人发生变化，因此，乙企业在办理产权登记手续后，按甲某入股房产现值（国有企事业房产须经国有资产管理部门评估核价）缴纳契税。如丙某以股份方式购买乙企业房屋产权，丙某在办理产权登记后，按取得房产买价缴纳契税。

以自有房产作股投入本人独资经营企业，免纳契税。因为以自有的房地产投入本人独资经营的企业，产权所有人和使用权使用人未发生变化，不需办理房产变更手续，也不办理契税手续。

（3）买房拆料或翻建新房，应照章征收契税

例如：甲某购买乙某房产，不论其目的是取得该房产的建筑材料或翻建新房，实际构成房屋买卖。甲某应首先办理房屋产权变更手续，并按买价缴纳契税。

4. 房屋赠与

房屋的赠与是指房屋产权所有人将房屋无偿转让给他人所有。其中，将自己的房屋转交给他人的法人和自然人，称作房屋赠与人，接受他人房屋的法人和自然人，称为受赠人。房屋赠与的前提必须是，产权无纠纷，赠与人和受赠人双方自愿。

由于房屋是不动产，价值较大，故法律要求赠与房屋应有书面合同（契约），并到房地产管理机关或农村基层政权机关办理登记过户手续，才能生效。如果房屋赠与行为涉及涉外关系，还需公证处证明和外事部门认证，才能有效。房屋的受赠人要按规定缴纳契税。

以获奖方式取得房屋产权的，其实质是接受赠与房产，应照章缴纳契税。

5. 房屋交换

房屋交换是指房屋所有者之间互相交换房屋的行为。

随着经济形势的发展，对有些特殊方式转移土地、房屋权属的，也视同土地使用权转让、房屋买卖或者房屋赠与。一是以土地、房屋权属作价投资、入股。二是以土地、房屋权属抵债。三是以获奖方式承受土地、房屋权属。四是以预购方式或者预付集资建房款方式承受土地、房屋权属。五是对于承受与房屋相关的附属设施（包括停车位、汽车库、自行车库、顶层阁楼以及储藏室，下同）所有权或土地使用权的行为，应征收契税；对于不涉及土地使用权和房屋所有权转移变动的，不征收契税。

（四）契税的纳税人和税率

1. 纳税义务人

契税的纳税义务人是我国境内转移土地、房屋权属，承受的单位和个人。我国境内是指中华人民共和国实际税收行政管辖范围内。土地、房屋权属是指土地使用权和房屋所有权。单位是指企业单位、事业单位、国家机关、军事单位和社会团体以及其他组织。个人是指个体经营者及其他个人，包括中国公民和外籍人员。

2. 税率

契税实行3%—5%的幅度税率。实行幅度税率是考虑到我国经济发展不平衡，各地经济存在较大差别的实际情况。各省、自治区、直辖市人民政府可以在3%—5%的幅度税率规定范围内，按照本地区的实际情况确定适用税率。

（五）契税应纳税额的计算

1. 计税依据

契税的计税依据为不动产的价格。由于土地、房屋权属转移方式不同，定价方法不同，因而具体计税依据视不同情况而定。

（1）土地使用权出售、房屋买卖，以成交价格为计税依据。成交价格是指土地、房屋权属转移合同确定的价值，包括承受者应交付的货币、实物、无形资产或者其他经济利益。

（2）土地使用权赠与、房屋赠与，由征收机关参照土地使用权出售、房屋买卖的市场价格核定。

（3）土地使用权交换、房屋交换，其计税依据为所交换的土地使用权、房屋的价格差额。就是说，交换价格相等时，免征契税；交换价格不等时，由多交付货币、实物、无形资产或者其他经济利益的一方交纳契税。

（4）出让国有土地使用权的，其契税计税依据为承受人为取得该土地使用权而支付的全部经济利益。

以协议方式出让的，其契税计税价格为成交价格。成交价格包括土地出让金、土地补偿费、安置补助费、地上附着物和青苗补偿费、拆迁补偿费、市政建设配套费等承受者应支付的货币、实物、无形资产及其他经济利益。没有成交价格或者成交价格明显偏低的，征收机关可依次按下列两种方式确定：一是评估价格：由政府批准设立的房地产评估机构根据相同地段、同类房地产进行综合评定，并经当地税务机关确认的价格。二是土地基准地价：由县以上人民政府公示的土地基准地价。

以竞价方式出让的，其契税计税价格，一般应确定为竞价的成交价格，土地出让金、市政建设配套费以及各种补偿费用应包括在内。

先以划拨方式取得土地使用权，后经批准改为出让方式取得该土地使用权的，应依法缴纳契税，其计税依据为应补缴的土地出让金和其他出让费用。

已购公有住房经补缴土地出让金和其他出让费用成为完全产权住房的，免征土地权属转移的契税。

（5）为了避免偷、逃税款，税法规定，成交价格明显低于市场价格并且无正当理由的，征收机关可以参照市场价格核定。

2. 应纳税额的计算方法

契税采用比例税率。计税依据确定以后，应纳税额的计算比较简单。应纳税额的计算公式为：

$$应纳税额 = 计税依据 \times 税率$$

【例13-1】居民甲有两套住房，将一套出售给居民乙，成交价格为 200 000 元；将另一套两室住房与居民丙交换成两处一室住房，并支付给丙换房差价款 60 000 元。试计算甲、乙、丙相关行为应缴纳的契税（假定税率为4%）。

（1）甲应缴纳契税 $= 60000 \times 4\% = 2400$（元）

（2）乙应缴纳契税 $= 200000 \times 4\% = 8000$（元）

（3）丙不缴纳契税

（六）契税的税收优惠

契税的税收优惠政策主要有：

1. 国家机关、事业单位、社会团体、军事单位承受土地、房屋用于办公、教学、教学、医疗、科研和军事设施的，免征契税。

2. 城镇职工按规定第一次购买公有住房，免征契税。

此外，财政部、国家税务总局规定：自 2000 年 11 月 29 日起，对各类公有制单位为解决职工住房而采取集资建房方式建成的普通住房，或由单位购买的普通商品住房，经当地县以上人民政府房改部门批准、按照国家房改政策出售给本单位职工的，如属职工首次购买住房，均可免征契税。

3. 因不可抗力灭失住房而重新购买住房的，酌情减免。不可抗力是指自然灾害、战争等不能预见、不可避免，且不能克服的客观情况。

4. 土地、房屋被县级以上人民政府征用、占用后，重新承受土地、房屋权属的，由省级人民政府确定是否减免。

5. 承受荒山、荒沟、荒丘、荒滩土地使用权，并用于农、林、牧、渔业生产的，免征契税。

6. 经外交部确认，依照我国有关法律规定以及我国缔结或参加的双边和多边条约或协定，应当予以免税的外国驻华使馆、领事馆、联合国驻华机构及其外交代表、领事官员和其他外交人员承受土地、房屋权属。

7. 对国有控股公司以部分资产投资组建新公司，且该国有控股公司占新公司股份85%以上的，对新公司承受该国有控股公司土地、房屋权属免征契税。

8. 对拆迁居民因拆迁重新购置住房的，对购房成交价格中相当于拆迁补偿款的部分免征契税，成交价格超过拆迁补偿款的，对超过部分征收契税。

9. 财政部、国家税务总局规定的其他减征、免征契税项目。

10. 自 2016 年 2 月 22 日起，对个人购买家庭唯一住房面积为 90 平方米及以下的，减按 1% 的税率征收契税，面积为 90 平方米以上的，减按 1.5% 的税率征收契税；对个人购买家庭第二套改善性住房面积为 90 平方米及以下的，减按 1% 的税率征收契税；面积为 90 平方米以上的，减按 2% 的税率征收契税（北上广深除外）。

以上经批准减免税的纳税人改变有关土地、房屋用途，不在减免税之列，应当补缴已经减免的税款。纳税义务发生时间为改变有关土地、房屋用途的当天。

符合减免税规定的纳税人，要在签订转移产权合同后 10 日内向土地、房屋所在地的征收机关办理减免税手续。

（七）契税的征收管理

1. 纳税义务发生时间

契税的纳税义务发生时间是纳税人签订土地、房屋权属转移合同的当天，或者纳税人取得其他具有土地、房屋权属转合同性质凭证的当天。

2. 纳税期限

纳税人应当自纳税义务发生之日起 10 日内，向土地、房屋所在地的契税征收机关办理纳税申报，并在契税征收机关核定的期限内缴纳税款。

3. 纳税地点

契税在土地、房屋所在地的征收机关缴纳。

4. 征收管理

纳税人办理纳税事宜后，征收机关应向纳税人开具契税完税凭证。纳税人持契税完税凭证和其他规定的文件材料，依法向土地管理部门、房产管理部门办理有关土地、房屋的权属变更登记手续。土地管理部门和房产管理部门应向契税征收机关提供有关资料，并协助契税征收机关依法征收契税。

第二节　行为课税

一、印花税

（一）印花税的概念

印花税是对经济活动和经济交往中书立、领受的凭证征收的一种税。由于是以在凭证上粘贴印花税票的办法征税，故称印花税。印花税起源于荷兰，我国于清朝末叶引进该税种。新中国成立后，1950 年，政务院发布《印花税暂行条例》，开始在全国征收印花税。1953、1956 年又曾二度修订条例，缩小征税范围、减少税目。1958 年全国税制改革时，印花税并入工商统一税，不再单独征收。随着国家先后颁布经济合同法、商标法、工商企业登记管理条例等一系列经济法规，在经济活动中依法书立各种凭证已成为普遍现象，因此有必要也有条件重新开征印花税。1988 年 8 月 6 日国务院发布《中华人民共和国印花税暂行条例》，同年 10 月 1 日起施行。开征印花税，有助于配合其他经济部门加强对凭证的控制和管理，支持有关经济法规的执行，促进经济行为的规范化、法制化；并可了解其他税种的税源和缴纳情况，有利于加强监督控制；同时也可以积累资金，增加财政收入。

（二）印花税的纳税人

印花税的纳税人为在我国境内书立、领受规定的经济凭证的单位和个人。单位包括各类企业、事业、机关、团体、部队，以及中外合资企业、合作企业、外资企业、外国公司企业和其他经济组织及其在华机构等单位；个人包括个体经营者和其他个人。

其中，各类合同以立合同人为纳税人；产权转移书据以立据人为纳税人；营业账簿以立账簿人为纳税人；权利、许可证照以领受人为纳税人；在国外书立、领受，但在国内使用的应税凭证以使用人为纳税人；各类电子凭证以签订人为纳税人。对合同、书据等凭证，凡属于两方或两方以上当事人共同书立的凭证，其当事人各方都是印花税的纳税人，各就其所持凭证纳税。

（三）印花税的税目和税率

印花税的税目共有 13 个，可以将其大致分为 5 类：

1. 购销、加工承揽、建设工程勘察设计、建筑安装工程承包、财产租赁、货物运输、仓储保管、借款、财产保险、技术合同和具有合同性质的凭证。

2. 产权转移书据。

3. 营业账簿。

4. 权利、许可证照。

5. 经财政部确定征税的其他凭证。

印花税的税率设计，遵循税负从轻、共同负担的原则。所以，税率比较低。根据应纳税凭证性质的不同，印花税分别采用比例税率和定额税率，见表 13-2。

表 13-2　印花税税目税率（税额标准）表

税　目	范　围	税　率	纳税义务人	说　明
1. 购销合同	包括供应、预购、采购、购销结合及协作、调剂、补偿、易货等合同	按购销金额万分之三贴花	立合同人	
2. 加工承揽合同	包括加工、订作、修缮、修理、印刷、广告、测绘、测试等合同	按加工或承揽收入万分之五贴花	立合同人	
3. 建设工程勘察设计合同	包括勘察、设计合同	按收取费用万分之五贴花	立合同人	
4. 建筑安装工程承包合同	包括建筑、安装工程承包合同	按承包金额万分之三贴花	立合同人	

续表

税　目	范　围	税　率	纳税义务人	说　明
5. 财产租赁合同	包括租赁房屋、船舶、飞机、机动车、机械、器具、设备等合同	按租赁金额千分之一贴花。税额不足一元的按一元贴花	立合同人	
6. 货物运输合同	包括民用航空运输、铁路运输、海上运输、内河运输、公路运输和联运合同	按运输费用万分之五贴花	立合同人	单据作为合同使用的，按合同贴花
7. 仓储保管合同	包括仓储、保管合同	按仓储、保管费用千分之一帖花	立合同人	仓单或栈单作为合同使用的，按合同贴花
8. 借款合同	银行及其他金融组织和借款人（包括银行同业拆借）所签订的借款合同	按借款金额万分之零点五贴花	立合同人	单据作为合同使用的，按合同贴花
9. 财产保险合同	包括财产、责任、保证、信用等保险合同	按保险费收入千分之一贴花	立合同人	单据作为合同使用的，按合同贴花
10. 技术合同	包括技术开发、转让、咨询、服务等合同	按合同所载金额万分之三贴花	立合同人	
11. 产权转移书据	包括财产所有权和版权、商标专用权、专利权、专有技术使用权等转移书据	按书据所载金额万分之五贴花	立据人	
12. 营业账簿	生产经营用账册	记载资金的账簿，按实收资本和资本公积的合计金额的万分之五贴花。其他账簿按件贴花，每件五元	立账簿人	
13. 权利、许可证照	包括政府部门发给的房屋产权证、工商营业执照、商标注册证、专利证、土地使用证	按件贴花，每件五元	领受人	

此外，根据国务院的专门规定，股份制企业向社会公开发行的股票，因买卖、继承、赠与所书立的股权转让书据，应当按照书据书立时证券市场当日实际成交价格计

算的金额，由出让方按照1‰的税率缴纳印花税。

（四）印花税应纳税额的计算

印花税以应纳税凭证所记载的金额、费用、收入额或者凭证的件数为计税依据，按照税法规定的适用税率或者税额标准计算缴纳。

应纳税额计算公式：

1. 应纳税额＝应纳税凭证记载的金额（或者费用、收入额）×适用税率

2. 应纳税额＝应纳税凭证的件数×适用税额标准

应纳税凭证所载金额为外国货币的，应当按照凭证书立当日中国人民银行公布的人民币对外币的基准汇价（或者按照有关规定套算得出的汇价）折合成人民币，然后计算应纳印花税税额。印花税应纳税额不足1角的免税。应纳税额在1角以上的，其尾数不满5分的不计，满5分的按照1角计算缴纳。同一凭证，由于载有2个以上经济事项而适用不同的印花税税目、税率，如果分别记载金额，应当分别计算应纳印花税税额，相加以后按照合计应纳税额纳税；如果没有分别记载金额，按照税率高的税目计算纳税。已经缴纳印花税的凭证，修改以后所增加的，其增加的部分应当补贴印花税票。

（五）印花税的税收优惠

1. 下列凭证可以免征印花税：

（1）已经缴纳印花税的凭证的副本、抄本，但是视同正本使用者除外；

（2）财产所有人将财产赠给政府、抚养孤老伤残人员的社会福利单位、学校所立的书据；

（3）国家指定的收购部门与村民委员会、农民个人书立的农副产品收购合同；

（4）无息、贴息贷款合同；

（5）外国政府、国际金融组织向中国政府、国家金融机构提供优惠贷款所书立的合同；

（6）企业因改制而签订的产权转移书据；

（7）农民专业合作社与本社成员签订的农业产品和农业生产资料购销合同；

（8）个人出租、承租住房签订的租赁合同，廉租住房、经济适用住房经营管理单位与廉租住房、经济适用住房有关的凭证，廉租住房承租人、经济适用住房购买人与廉租住房、经济适用住房有关的凭证。

2. 下列项目可以暂免征收印花税：

（1）农林作物、牧业畜类保险合同；

（2）书、报、刊发行单位之间，发行单位与订阅单位、个人之间书立的凭证；

（3）投资者买卖证券投资基金单位；

（4）经国务院和省级人民政府决定或者批准进行政企脱钩、对企业（集团）进行改组和改变管理体制、变更企业隶属关系、国有企业改制、盘活国有企业资产，发生的国有股权无偿划转行为；

（5）个人销售、购买住房。

3. 公共租赁住房（以下简称公租房）经营管理单位建造公租房涉及的印花税可以免征。在其他住房项目中配套建设公租房，根据政府部门出具的相关材料，可以按照公租房建筑面积占总建筑面积的比例免征建造、管理公租房涉及的印花税。公租房经营管理单位购买住房作为公租房，可以免征印花税；公租房租赁双方签订租赁协议涉及的印花税可以免征。

4. 自2014年11月1日至2017年12月31日，对金融机构与小型、微型企业签订的借款合同免征印花税。

（六）印花税的纳税方式

印花税一般实行由纳税人根据税法规定自行计算应纳税额，购买并一次贴足印花税票（通常简称"贴花"）的缴纳方法。应纳税凭证应当在合同签订、书据立据、账簿启用和证照领受时贴花。为了简化纳税手续，应纳印花税税额较大（指一份凭证应纳税额超过500元的）或者贴花次数频繁的，纳税人可以向当地主管税务机关提出申请，采取以缴款书代替贴花或者按期汇总缴纳的方法。汇总缴纳的限期和限额由当地主管税务机关确定，最长期限不能超过1个月。同一件应纳税凭证，由两方以上当事人（指对凭证有直接权利、义务关系的企业、单位和个人）签订并各执1份的，应当由各方就自己所执的1份凭证全额贴花。当事人的代理人有代理缴纳印花税的义务。印花税票应当粘贴在应纳税凭证上，并由纳税人在每枚税票的骑缝处盖戳注销或者画销。办理股权交割的单位应当代征代缴股票交易应纳的印花税。

二、车辆购置税

（一）车辆购置税的概念

车辆购置税是对在境内购置规定车辆的单位和个人征收的一种税。现行的车辆购置税的基本规范是国务院于2000年10月22日发布，自2001年1月1日起施行的《中华人民共和国车辆购置税暂行条例》。车辆购置税由车辆购置附加费演变而来。

（二）车辆购置税的纳税人

在我国境内购置《中华人民共和国车辆购置税暂行条例》规定的应税车辆的单位和个人，为车辆购置税的纳税义务人。购置，包括购买进口、自产、受赠、获奖或者以其他方式取得并自用应税车辆的行为。单位，包括国有企业、集体企业、私营企业、股份制企业、外商投资企业、外国企业以及其他企业和事业单位、社会团体、国家机关、部队以及其他单位；个人，包括个体工商户以及其他个人。

（三）车辆购置税的征税范围

车辆购置税以列举的车辆作为征税对象，未列举的车辆不纳税。其征税范围包括汽车、摩托车、电车、挂车、农用运输车，具体规定如下；

1. 汽车，包括各类汽车。

2. 摩托车，包括轻便摩托车、二轮摩托车和三轮摩托车。轻便摩托车是指最高设计时速不大于 50km/h，发动机气缸总排量不大于 50 的两个或三个车轮的机动车。二轮摩托车是指最高设计车速大于 50km/h，或发动机气缸总排量大于 50 的两个车轮的机动车。三轮摩托车是指最高设计车速大于 50km/h，发动机气缸总排量大于 50，空车质量不大于 400kg 的三个车轮的机动车。

3. 电车，包括无轨电车和有轨电车。无轨电车是指以电能为动力，由专用输电电缆供电的轮式公共车辆。有轨电车是指以电能为动力，在轨道上行驶的公共车辆。

4. 挂车，包括全挂车和半挂车。全挂车是指无动力设备，独立承载，由牵引车辆牵引行驶的车辆。半挂车是指无动力设备，与牵引车共同承载，由牵引车辆牵引行驶的车辆。

5. 农用运输车，包括三轮农用运输车和四轮农用运输车。三轮农用运输车是指柴油发动机，功率不大于 7.4kW，载重量不大于 500kg，最高车速不大于 40km/h 的三个车轮的机动车。四轮农用运输车是指柴油发动机，功率不大于 28kW，载重量不大于 1500kg，最高车速不大于 50km/h 的四个车轮的机动车。

车辆购置税征收范围的调整，由国务院决定，其他任何部门、单位和个人无权擅自扩大或缩小车辆购置税的征税范围。

（四）车辆购置税的计税方法

车辆购置税实行从价定率的办法计算应纳税额，税率为 10%。车辆购置税税率的调整，由国务院决定并公布。

车辆购置税的计税价格根据不同情况，按照下列规定确定：

1. 纳税人购买自用的应税车辆的计税价格，为纳税人购买应税车辆而支付给销售者的全部价款和价外费用，不包括增值税税款。

2. 纳税人进口自用的应税车辆的计税价格的计算公式为：

$$计税价格 = 关税完税价格 + 关税 + 消费税$$

3. 纳税人自产、受赠、获奖或者以其他方式取得并自用的应税车辆的计税价格，由主管税务机关参照国家税务总局规定的最低计税价格核定。

国家税务总局参照应税车辆市场平均交易价格，规定不同类型应税车辆的最低计税价格。已经缴纳车辆购置税并办理了登记注册手续的车辆，其发动机或者底盘发生更换的，其最低计税价格按照同类型新车最低计税价格的 70% 计算。对于国家税务总局没有核定最低计税价格的车辆，代征机构可以比照已经核定最低计税价格的同类型车辆先行征税。

纳税人购买自用或者进口自用应税车辆，申报的计税价格低于同类型应税车辆的最低计税价格，又无正当理由的，按照最低计税价格征收车辆购置税。

4. 对于进口旧车、因不可抗力因素导致受损的车辆、库存超过三年的车辆、行驶 8 万公里以上的试验车辆、国家税务总局规定的其他车辆，主管税务机关根据纳税人提供的《机动车销售统一发票》或有效凭证注明的价格确定计税价格。

车辆购置税应纳税额的计算公式为：

$$应纳税额 = 计税价格 \times 10\%$$

纳税人以外汇结算应税车辆价款的，按照申报纳税之日中国人民银行公布的人民币基准汇价，折合成人民币计算应纳税额。

（五）车辆购置税的税收优惠

下列项目可以免征车辆购置税：

1. 外国驻华使馆、领事馆和国际组织驻华机构及其外交人员自用车辆。

2. 中国人民解放军和中国人民武装警察部队列入军队武器装备订货计划的车辆。

3. 设有固定装置的非运输车辆。

4. 防汛部门和森林消防等部门购置的由指定厂家生产的指定型号的用于指挥、检查、调度、报汛（警）、联络的专用车辆。

5. 回国服务的留学人员用现汇购买 1 辆个人自用国产小汽车。

6. 长期来华定居专家 1 辆自用小汽车。

7. 自 2004 年 10 月 1 日起，三轮农用运输车免征车辆购置税。

8. 自 2014 年 9 月 1 日至 2017 年年底，对获得许可在中国境内销售（包括进口）的纯电动以及符合条件的插电式（含增程式）混合动力、燃料电池三类新能源汽车，免征车辆购置税。

9. 有国务院规定予以免税或者减税的其他情形的，按照规定免税或者减税。

免征、减征车辆购置税的车辆由于转让、改变用途等原因不再属于免税、减税范围的，应当在办理车辆过户手续以前或者办理变更车辆登记注册手续以前缴纳车辆购置税。上述车辆自初次办理纳税申报之日起，使用年限未满 10 年的，计税依据为最新核发的同类型车辆最低计税价格按每满 1 年扣减 10%，未满 1 年的计税依据为最新核发的同类型车辆最低计税价格；使用年限 10 年（含）以上的，计税依据为 0。

（六）车辆购置税的征收管理

车辆购置税由国家税务局征收。纳税人购置应税车辆，应当向车辆登记注册地的主管税务机关申报纳税；购置不需要办理车辆登记注册手续的应税车辆，应当向纳税人所在地的主管税务机关申报纳税。

纳税人购买自用应税车辆的，应当自购买之日起 60 日内申报纳税；进口自用应税车辆的，应当自进口之日起 60 日内申报纳税；自产、受赠、获奖或者以其他方式取得并自用应税车辆的，应当自取得之日起 60 日内申报纳税。

纳税人应当在向公安机关车辆管理机构办理车辆登记注册前，缴纳车辆购置税。纳税人应当持主管税务机关出具的完税证明或者免税证明，向公安机关车辆管理机构办理车辆登记注册手续；没有完税证明或者免税证明的，公安机关车辆管理机构不得办理车辆登记注册手续。

车辆购置税税款应当一次缴清，即实行一次征收制度。购置已征车辆购置税的车辆，不再征收车辆购置税。

纳税人已经缴纳车辆购置税，在办理车辆登记注册手续以前由于下列原因需要办理退还车辆购置税的，由纳税人申请，原代征机构审查以后办理退税手续：

1. 公安机关车辆管理机构不予办理车辆登记注册手续的，凭公安机关车辆管理机构出具的证明办理退税手续。

2. 由于质量等原因退回所购车辆的，凭经销商的退货证明办理退税手续。

已经办理了车辆登记注册手续的车辆，不论出于何种原因，均不能退还已缴纳的车辆购置税。

三、环境保护税

（一）环境保护税的概念

环境保护税是对在中华人民共和国领域和中华人民共和国管辖的其他海域，直接向环境排放应税污染物的企业事业单位和其他生产经营者征收的一种税。《中华人民共和国环境保护税法》由中华人民共和国第十二届全国人民代表大会常务委员会第二十五次会议于 2016 年 12 月 25 日通过，自 2018 年 1 月 1 日起施行。

我国原有的税收制度中并未设立以保护环境为课征目的的独立税种，只是通过一些税种直接或间接地对保护生态环境起到了一定的作用，如资源税、消费税、车船使用税、城建税、土地使用税等。而对于直接向环境排放污染物的行为采用征收排污费的形式进行调控。尽管这种环境税费政策对于环境保护起到了一定的效果，但是，我们也应该看到，面对日趋严峻的环境状况，上述措施所发挥的作用明显不足。税收制度中缺少针对污染、破坏环境的行为或产品课征的专门性税种，制约了对环境保护的调控作用。

本次开征环境保护税的总体思路是由"费"改"税"，即按照"税负平移"原则，实现排污费制度向环保税制度的平稳转移。直接通过立法进行"费改税"，以法律形式对污染物排放进行征税，这是依法治污、依法治税和依法促进环境保护的重大举措。这是一种比原有收费制度更加有力度的制度安排，对于限制污染物排放和保护环境，促进企业使用清洁能源和达标排放具有非常重要的意义。

（二）环境保护税的纳税人

在中华人民共和国领域和中华人民共和国管辖的其他海域，直接向环境排放应税污染物的企业事业单位和其他生产经营者为环境保护税的纳税人，应当依照规定缴纳环境保护税。

（三）环境保护税的征税对象

环境保护税的征税对象为应税污染物，是指环境保护税法所附的《环境保护税税目税额表》《应税污染物和当量值表》所规定的大气污染物、水污染物、固体废物和噪声。有下列情形之一的，不属于直接向环境排放污染物，不缴纳相应污染物的环境保护税：

1. 企业事业单位和其他生产经营者向依法设立的污水集中处理、生活垃圾集中处理场所排放应税污染物的；

2. 企业事业单位和其他生产经营者在符合国家和地方环境保护标准的设施、场所贮存或者处置固体废物的。

依法设立的城乡污水集中处理、生活垃圾集中处理场所超过国家和地方规定的排放标准向环境排放应税污染物的，应当缴纳环境保护税。

企业事业单位和其他生产经营者贮存或者处置固体废物不符合国家和地方环境保护标准的，应当缴纳环境保护税。

（四）环境保护税的计税方法

环境保护税实行从量定额的办法计算应纳税额。环境保护税的税目、税额，依照《环境保护税税目税额表》执行。应税大气污染物和水污染物的具体适用税额的确定和调整，由省、自治区、直辖市人民政府统筹考虑本地区环境承载能力、污染物排放现状和经济社会生态发展目标要求，在《环境保护税税目税额表》规定的税额幅度内提出，报同级人民代表大会常务委员会决定，并报全国人民代表大会常务委员会和国务院备案。

应税污染物的计税依据，按照下列方法确定：

1. 应税大气污染物按照污染物排放量折合的污染当量数确定；

2. 应税水污染物按照污染物排放量折合的污染当量数确定；

3. 应税固体废物按照固体废物的排放量确定；

4. 应税噪声按照超过国家规定标准的分贝数确定。

应税大气污染物、水污染物的污染当量数，以该污染物的排放量除以该污染物的污染当量值计算。每种应税大气污染物、水污染物的具体污染当量值，依照《应税污染物和当量值表》执行。

具体税额标准，以现行排污费收费标准作为环境保护税的税额下限，规定大气污染物税额幅度为每污染当量 1.2 元—12 元；水污染物税额幅度为每污染当量 1.4 元—14 元；固体废物按不同种类，税额为每吨 5 元—1000 元；噪声按超标分贝数，税额为每月 350 元—11200 元。

表 13 - 3　环境保护税税目税额表

税目		计税单位	税额	备注
大气污染物		每污染当量	1.2 元至 12 元	
水污染物		每污染当量	1.4 元至 14 元	
固体废物	煤矸石	每吨	5 元	
	尾矿	每吨	15 元	
	危险废物	每吨	1000 元	
	冶炼渣、粉煤灰、炉渣、其他固体废物（含半固态、液态废物）	每吨	25 元	

税目		计税单位	税额	备注
噪声	工业噪声	超标 1—3 分贝	每月 350 元	1. 一个单位边界上有多处噪声超标，根据最高一处超标声级计算应纳税额；当沿边界长度超过 100 米有两处以上噪声超标，按照两个单位计算应纳税额。 2. 一个单位有不同地点作业场所的，应当分别计算应纳税额，合并计征。 3. 昼、夜均超标的环境噪声，昼、夜分别计算应纳税额，累计计征。 4. 声源一个月内超标不足 15 天的，减半计算应纳税额。 5. 夜间频繁突发和夜间偶然突发厂界超标噪声，按等效声级和峰值噪声两种指标中超标分贝值高的一项计算应纳税额。
		超标 4—6 分贝	每月 700 元	
		超标 7—9 分贝	每月 1400 元	
		超标 10—12 分贝	每月 2800 元	
		超标 13—15 分贝	每月 5600 元	
		超标 16 分贝以上	每月 11200 元	

环境保护税应纳税额按照下列方法计算：

1. 应税大气污染物的应纳税额为污染当量数乘以具体适用税额；
2. 应税水污染物的应纳税额为污染当量数乘以具体适用税额；
3. 应税固体废物的应纳税额为固体废物排放量乘以具体适用税额；
4. 应税噪声的应纳税额为超过国家规定标准的分贝数对应的具体适用税额。

（五）环境保护税的税收减免

下列情形，暂予免征环境保护税：

1. 农业生产（不包括规模化养殖）排放应税污染物的；
2. 机动车、铁路机车、非道路移动机械、船舶和航空器等流动污染源排放应税污染物的；
3. 依法设立的城乡污水集中处理、生活垃圾集中处理场所排放相应应税污染物，不超过国家和地方规定的排放标准的；
4. 纳税人综合利用的固体废物，符合国家和地方环境保护标准的；
5. 国务院批准免税的其他情形。

纳税人排放应税大气污染物或者水污染物的浓度值低于国家和地方规定的污染物排放标准 30% 的，减按 75% 征收环境保护税。纳税人排放应税大气污染物或者水污染物的浓度值低于国家和地方规定的污染物排放标准 50% 的，减按 50% 征收环境保护税。

（六）环境保护税的征收管理

环境保护税由税务机关征收管理。环境保护主管部门按相关法律法规的规定负责对污染物的监测管理。环境保护主管部门和税务机关应当建立涉税信息共享平台和工作配合机制。

纳税义务发生时间为纳税人排放应税污染物的当日。

纳税人应当向应税污染物排放地的税务机关申报缴纳环境保护税。

环境保护税按月计算，按季申报缴纳。不能按固定期限计算缴纳的，可以按次申报缴纳。

纳税人申报缴纳时，应当向税务机关报送所排放应税污染物的种类、数量，大气污染物、水污染物的浓度值，以及税务机关根据实际需要要求纳税人报送的其他纳税资料。

纳税人按季申报缴纳的，应当自季度终了之日起十五日内，向税务机关办理纳税申报并缴纳税款。纳税人按次申报缴纳的，应当自纳税义务发生之日起十五日内，向税务机关办理纳税申报并缴纳税款。

纳税人应当依法如实办理纳税申报，对申报的真实性和完整性承担责任。税务机关应当将纳税人的纳税申报数据资料与环境保护主管部门交送的相关数据资料进行比对。税务机关发现纳税人的纳税申报数据资料异常或者纳税人未按照规定期限办理纳税申报的，可以提请环境保护主管部门进行复核，环境保护主管部门应当自收到税务机关的数据资料之日起十五日内向税务机关出具复核意见。税务机关应当按照环境保护主管部门复核的数据资料调整纳税人的应纳税额。

纳税人从事海洋工程向中华人民共和国管辖海域排放应税大气污染物、水污染物或者固体废物，申报缴纳环境保护税的具体办法，由国务院税务主管部门会同国务院海洋主管部门规定。

关键术语

财产课税 行为课税 房产税 车船税 印花税 车辆购置税 环境保护税

思考题

1. 分析房产税的改革目的和方向。
2. 分析各种情况下契税的具体计税依据的不同之处。
3. 开征印花税的主要目的和意义是什么？
4. 开征环境保护税的主要目的和意义是什么？

练习题

1. A 企业 2016 年 6 月 27 日与 B 企业签订房屋租赁合同，将自用的原值为 1000 万元的房产租赁给 B 企业，租赁期从 2016 年 7 月 1 日到 2017 年 6 月 30 日，每月租金为 5 万元（不含增值税），租金每月初支付。当地房产原值的扣除比例为30%。计算 A 企业 2016 年该房产应缴纳的房产税。

2. 张某有住房两套，他将一套出售给李某，价格为 100 万元；将另一套与王某交换为两套小户型住房，支付给王某差价款 20 万元。当地契税税率为 5%。计算张某、李某和王某应缴纳的契税。

3. 某企业 2016 年发生如下业务事项：领受土地使用证、房屋产权证和工商营业执照各 1 件；与客户订立产品购销合同 20 份，所载金额共计 1000 万元；订立运输合同 30 份，所载运输费用共计 100 万元；向银行借款订立借款合同 2 份，借款金额共计 1500 万元；企业记载资金的账簿，"实收资本"和"资本公积"合计为 3000 万元；另有其他营业账簿 8 本。计算该企业当年应缴纳的印花税税额。

第十四章
中国税制改革展望

　　我国现行税制是在 1994 年税制改革的基础上形成的。这种以流转税为主体的税制结构与我国当时的经济发展水平相适应，对于保证中央和地方政府财政收入、促进国民经济发展和增强中央政府宏观调控能力，都发挥了积极作用。但是，随着我国经济的长期快速持续的发展，社会收入差距不断扩大、产业结构不合理等问题日益突出，目前的税制结构难以有效满足社会需求。从理论上讲，完善的税制结构既要满足社会公平又要符合经济效率。我国作为一个发展中国家，完善税制的核心在于正确选择和建立一个税种之间相互协调、相互配合的税制体系，实现经济发展和国民收入分配的协调发展。值得强调的是，重新界定我国税收立法权的范围，从而建立起符合中国实际情况的税收立法，是我们改革和完善现行税收结构适应社会发展的根本基础。因此，本章重点介绍了如何改革和完善个人所得税，并就如何开征房地产税、遗产税和社会保障税等税种提出了具体设想，最后还针对如何完善我国税收立法权的制约机制提出了相应的建议。本章既是我国现行税制相关内容的扩展，也是对税收基本理论知识的具体应用。

第一节　个人所得税的改革与完善

　　个人所得税作为国家调节宏观经济和优化收入分配的重要经济杠杆，在增加政府财政收入、缩小贫富差距方面具有独特功能。虽然我国目前采用的分类所得课税模式符合当时经济环境和征管效率的客观要求，然而随着经济发展和居民收入来源的多样化，这种模式的缺点和弊端日渐凸显，它不仅存在征收成本高的问题而且不利于实现社会公平。因而，尽快建立健全分类和综合相结合的个人所得税制度势在必行。当然，完善的分类和综合相结合的个人所得税制度有必要重新改革和完善税制要素、重新构建征管制度。

一、分类征收尽快转向分类征收和综合征收相结合

　　从税收征管角度来看，个人所得税的征管模式可以分为分类、综合和综合与分类相结合（或称混合模式）三种征管模式。通常，分类模式虽然征管简便、能够体现差别征税的原则，但是由于它对不同性质所得采取不同的税率，既不具有累进调节作用，

又不符合量能负担原则，因而有悖公平原则。综合模式虽然确定的应税所得税基宽，能较好体现量能负担原则，但是这种模式的遵从和管理成本较高。分类和综合相结合的征管模式既坚持了负担能力原则，又坚持了差别征税原则，适合中国人口众多、幅员广阔、社会经济发展水平极不平衡的现状，也符合加大对高收入者收入调节力度的要求，是比较合理的征管模式。

但是，分类和综合相结合模式的建立仍然面临着几个方面的障碍，一是法律方面的障碍，比如，税收征管法、个人所得税法和相关法律救济、司法保障方面存在的问题；二是征收管理能力方面的障碍；三是体制障碍，主要集中于个人所得税补、退税机制的建立和征收机构、收入归属的调整等问题上。

因而，在个人所得税征管模式转变过程中应该采取渐进的方式从局部变革现行税制框架开始，逐步实现分类与综合相结合的个人所得税征管模式。

二、构建分类征收和综合征收相结合征管模式的现实路径

首先，实行源泉扣缴和纳税人自行申报相结合的征收制度。我国可以沿用以往的税制规定，对于工资薪金所得、个体工商业户的生产经营所得、劳务所得等实行累进扣缴，而其他的收入形式实行普遍的比例扣缴。在此基础上，鼓励和扩大纳税人的自行申报，即要求纳税义务人在规定的时间内主动填写纳税申报表，将自己过去一个纳税时期（通常为一年）的各种收入和应缴纳的税额等进行如实申报。

其次，在现行税制框架下，通过规范税基、调整税率、公平税负、改进征收方式，逐步推行局部改革。具体来说，一是规范税基，逐步将各种附加福利和职务消费等非货币化的隐性收入实质性地纳入个人所得税的征收范围，清理减免税，合理调整费用扣除范围和标准。二是合理调整税率和平衡税负。可行的做法包括：调整级距，将7级超额累进税率简化为5级，并降低最高边际税率；对适用于个体工商户生产、经营所得和对企事业单位承包、承租经营所得的两个超额累进税率表进行调整和统一；在促进上述三项应税项目和劳务报酬所得，稿酬所得等同属劳动所得的项目之间税负的横向公平上也要予以足够的关注；此外个人所得税税负与企业所得税税负也应当适当平衡。

最后，在征收方式上，可以考虑先对工资、薪金所得和劳务报酬所得实行按年征税，再逐步扩大到其他征税项目。此外，应税项目应适度增加教育、房贷利息、养老等专项扣除项目，从而降低中低收入者的税负。

第二节　房地产税的开征与制度设计

房地产税的开征近年来一直是学术界和实践部门关注的热点。目前，开征房地产税的条件已经基本成熟。一是社会共识基本形成，各界对于房地产税的心理准备已相对充分。二是征收的基础条件已经初步具备，有关不动产登记的法规、机构、人员已

经到位。三是税务部门已经为大范围推行房地产税做好了相关的技术准备。由于房地产税在推动地方政府职能转型、促进房地产市场健康发展等诸多方面存在重要作用，因而有必要加快房地产税的开征，具体的制度设计如下。

一、纳税人

确定为在中国境内拥有建筑物所有权及土地使用权或实际使用的单位和个人。开征房产税应区别不同情况确定纳税人：产权关系明确的，由拥有产权的人为纳税人；产权关系不明确的，以实际使用人或代管人为纳税人；产权为共有的，以共有人为纳税人；产权属于全民所有的，以经营管理单位为纳税人。

二、征税范围

进入征收阶段，先对农村地区不予征收，主要应针对城市、县城、建制镇的经营性房地产、超过普通住宅面积和标准的豪宅别墅、个人拥有的第二套以上的房产等进行开征，土地出让金不并入房产税中。因此，房产税开始征收的范围不要太广，而应采用逐步调整的策略，待时机成熟逐步扩大征税范围。先期可考虑"存量不动，增量开始"的执行策略。

三、计税依据

建议在房地产市场价值的基础上，以房地产的评估价值作为计税依据。这样既能准确真实地反映纳税人的负担能力，又能体现合理负担、公平税负、量能负担的原则。我们建议应由税务部门与不动产评估机构共同组成联合评估机构，形成税务机构的业务优势与不动产评估机构的专业优势联合。合理确定房地产的估价基数，建议以开征第一年为基准年度，估价以不动产前3年平均市价为基础加上该年评估升降价值，以后不动产可每3~5年重估一次。

四、税率

作为对居民和企业个人不动产的征税，尤其是对个人不动产的征税，房产税不能仅仅考虑税本身的税负问题，还要结合最终由居民个人承担负担的其他税种，如各种流转税，对个人整体税负水平综合衡量。从开征房产税（或物业税）的国家看，税率一般有两种选择：一是累进税率（通常选择超额累进税率），一是比例税率。我们认为，在开征房产税的早期阶段宜选择较简单的比例税率，税率不宜定得过高，待条件成熟时再调整为超额累进税率。开征阶段对不同地区可根据经济发展水平赋予地方政府一定的调整权限。建议的税率如下：对于生产经营用房大城市 0.4% ~1.2%，中等城市 0.3% ~0.9%，小城市、县城、建制镇 0.2% ~0.6%；对于居民用房大城市 0.3% ~0.9%，中等城市 0.2% ~0.6%，小城市、县城、建制镇 0.1% ~0.3%。

五、税收优惠

优惠政策首先应遵循有所区别、量能负担原则，综合考虑纳税人的财产和收入水平，对中低收入者实行一定优惠政策。区分不同房地产的属性分别对待：公共服务机构的自用的房地产免税；社会公益性组织等的自用房地产免税，但对于公共服务机构或社会公益性组织等设立的经营性房地产不列入免税范围；对非营利性单位房地产给予减免，对非营利性城市基础设施的自用房地产免税；农业用地和农民自用住房暂免征税。对房产税收优惠应针对不同来源的房产区别对待，如经济适用房、单位分配住房、商品房、廉租房、集资房、拆迁安置房、棚改房、限价房，等等，体现对特定纳税人的税收照顾，不增加中低收入群体纳税人税收负担。

第三节　适时开征遗产税

1985 年发布的《关于〈中华人民共和国继承法〉（草案）的说明》和 1993 年《工商税制改革实施方案》以及 1997 年党的十五大报告提出的"调节过高收入，逐步完善个人所得税制度，调整消费税，开征遗产税等税种"等都为中国遗产税立法提供了法律及政策依据。2013 年 2 月 3 日，国务院批转由国家发展改革委、财政部、人力资源社会保障部制定的《关于深化收入分配制度改革的若干意见》中提出，研究在适当时期开征遗产税。改革开放 30 多年来，中国社会已然形成的一个人数众多的富裕阶层也为开征遗产税奠定了物质基础。遗产税本身所具有的增加财政收入和调节社会收入分配的两大功能也吻合了中国的国情需要。在我国开征遗产税已经具备了基本条件，适时开征遗产税意义重大。

结合我国经济社会发展实际，拟开征的遗产税应具备以下特点。

一、征税面窄、起征点高、税率适中

我国现阶段真正富裕的人还占少数，而开征遗产税旨在对这部分人的财富进行再分配，限制通过继承导致财富过分向个人积聚，征税面不宜过宽。起征点不能太低，起征点过低，征税面大了会引起较大社会反响，与开征目的不尽一致。而起征点过高，又起不到适当平衡社会财富的作用，也达不到征税目的。税率设计以超额累进税率为宜；税率级次不宜过多，级距应当适中，使遗产税实际负担率应随应税遗产额的增加而增加。税率及税负水平，应参照目前我国个人所得税的有关规定和世界上一部分国家和地区的遗产税税负水平以及发展变化趋势设计，其税负以略高于目前我国的个人所得税为宜。

二、采用总遗产税制

对被继承人死亡时遗留的财产先行课税，然后再分割给继承人。以遗嘱执行人或

遗产管理人为纳税义务人。税负大小不考虑继承人与被继承人之间的亲疏关系。这样设计，主要是考虑到目前我国有关财产继承、处理方面的法律法规还很不健全。

三、简化征税办法，只征收遗产税，不单独征收赠与税

单独征收赠与税，固然有防止纳税人以赠与方式避税的意义，但由于目前我国尚未普遍建立个人收入申报和财产登记制度，也无其他有关赠与的法律规定，税务部门难以掌握公民的财产赠与情况，实践上很难做到对赠与征税。故应先开征遗产税，待实行一段时间后总结经验再考虑单独设置赠与税。为了防止因转移财产造成偷漏税，应该规定，对被继承人死亡前五年内的赠与并入应税遗产。国际上有采取这种做法的，如英国规定为 7 年；新加坡规定为 7 年；我国香港地区定为 3 年。

四、采用属人与属地相结合的原则

按照国际惯例的规定，凡在我国境内经常居住的中国公民，死亡时有遗产的，应就其境内外全部遗产征税；对不在境内经常居住的我国公民及非我国公民，死亡时遗有财产者，只就其在我国境内的财产征税。

五、统一立法和地方管理相结合的原则

我国遗产税作为地方税管理，税法、税率全国统一规定，地方不得改变；收入和减免权归地方，以调动地方征收的积极性。

第四节　尽早开征社会保障税

随着我国市场经济制度的不断完善与发展，个体在市场经济中面临的风险和不确定性范围也越来越广。我国人口老龄化程度的加深、居民收入差距的逐步扩大以及劳动力流动规模和广度的不断扩大等问题都要求尽快建立可持续性的、适应流动性和更加公平的社会保障制度。然而，我国目前的社会保障制度除了存在严重的"碎片化"、征收机关不统一以及社会统筹层次低等问题外，缺乏有力的筹资手段也是制约我国社会保障制度发展与完善的一个重要因素。这种现状使得当前的社会保障制度越发难以适应社会发展需要。而税收的强制性、固定性等特征无疑有利于保证社会保障资金的征收，并且有利于统一征收和税负公平。因此，开征社会保障税，以社会保障税替代现行行政性收费方式刻不容缓。根据我国的社会状况和经济发展水平，并借鉴国外开征社会保障税的经验，我国开征社会保障税的具体设想如下。

一、纳税人

在中华人民共和国境内，一切具有缴纳能力和符合缴纳社会保障税缴纳条件的单位与个人都应该是社会保障税的纳税人。就目前而言，以各类企事业单位、行政单位

和个人为纳税人，具体应包括国有企业、集体企业、股份制企业、三资企业、私营企业、个体户、行政事业单位和社会团体及其职工。行政事业单位虽不是经营性单位，不具备纳税的能力，但社会保障税作为一种特定目的税，可以对其征收，以便保持社会保障税的公平性和规范性。根据国外社会保障税由雇主和雇员分别负担的惯例，我国社会保障税亦应分别以企业（或单位）和职工个人为纳税人。鉴于我国农村经济水平较低，管理水平落后的现实情况，农村可暂不纳入社会保障税范围，采取多元化的社会保障方式，待时机成熟时再逐步将农村人口纳入社会保障体系。

二、征税对象和计税依据

在国际上社会保障税通常以工资薪金作为课征对象。基于国际惯例及政策的稳定性与连续性的要求，我国现行的社会统筹应以纳税人支付或取得的工资总额收入、劳务报酬或营业性收益为征税对象，但对资本所得、利息所得、股息所得等不列入征税范围，使它区别于个人所得税。根据社会保障税惯例，征税对象扣除规定的减免项目后的余额，构成社会保障税的计税依据，同时私营企业和个人缴纳的税金允许在缴纳个人所得税时进行扣除；企业缴纳的税金可作为费用在企业所得税中限定项目或金额中列支；行政事业单位缴纳的税金可列入经费预算，以免重复计征。

三、减免税规定

鉴于社会保障税是一种特定的目的税，具有专款专用的性质，原则上不允许减免税，但考虑到我国地区间的经济发展不平衡，收入水平参差不齐的实际情况，既要兼顾需要与可能的原则，又要兼顾公平与效率的原则，还要避免减免税口子开得过大的现象出现，下列项目可免税：低于法定社会最低生活标准的工薪收入；残疾人、烈属的工薪收入；在职人员因公负伤、患病，在疗养期间取得的不完全性工薪收入；企业由于冗员过多，所裁减的富余人员在离岗期间取得的不完全性工薪收入；经国家批准的其他免税项目。

四、税目和税率

社会保障税的税率形式，世界各国不尽一致，有的采用比例税率，有的采用全额累进税率等。就我国的具体情况而言，本着易于操作、简便适用、降低征收费用的原则，我国应采用以比例税率为主、定额税率为辅的税率结构。对于独立建立账簿，编制财务会计报表的纳税人适用比例税率，对于那些收入不稳定、不易计算的纳税人适用定额税率。考虑到我国的实际情况，我国社会保障的税目不宜过多过繁，就目前而言，应仅限于养老、失业和医疗三项。以后，随着我国经济和社会保障事业的发展可再行增加新的税目。开征初期税率宜从低，范围不宜过大，以后随经济的增长再逐步提高税率，扩大税目的范围。

五、征收管理

社会保障税应实行属地管理原则列入地方税体系，由纳税人所在地地方税务部门统一征收，主要采取支付单位源泉扣缴和纳税人自行申报相结合的征纳方法，即职工个人应纳税金在本单位发放工资、薪金时由单位代扣代缴；自营人员由其自行申报纳税；企业的税金自行申报缴纳，与所得税的缴纳同步进行；行政事业单位的税金由财政部门负责划转。企业缴纳部分暂准予所得税前列支，对个人纳税人所纳税情况建立档案卡，输入数据库，为纳税资料存档，作为今后个人领取保障金的凭据。为了确保社会保障税用于各种专项保障项目，社会保障的收支应建立专门的预算管理制度，并设立专门的管理机构，使其联结政府、企业和纳税人，既是经济实体，又是服务单位，主要职能为统一使用和积累社会保障基金、提供社会特别服务和就业服务等。社会保障税由税务部门征收，入库后的税款列入财政预算，然后再通过法定预算程序拨付给管理机构，使社会保障税确有目的税之实。

第五节　我国税收立法权的改革与完善

所谓税收立法权，是特定国家机关依法享有的制定、认可、修改、废止、解释和监督税法的权力。这种权利不仅关系到整个国家或地区的财政收入，而且涉及对于公民私有财产权利的保护。

尽管我国《宪法》第 56 条规定"公民有依照法律纳税的义务"，而且 2000 年 7 月实施的《中华人民共和国立法法》第 8 条进一步明确规定了关于财政、税收基本制度必须由全国人大及其常委会制定法律，但是，与此同时，《中华人民共和国立法法》第 9 条又规定，税收属于授权立法范围，即"本法第八条规定的事项尚未制定法律的，全国人民代表大会及其常务委员会有权做出决定，授权国务院可以根据实际需要，对其中的部分事项先制定行政法规"。由于《宪法》第 56 条条款没有得到明确和恰当的解释，我国国务院及相关的行政机关通过税权立法获取了事实上的税收立法权主体地位。

行政机关这种事实上的税收立法权主体地位使得税收立法权缺乏外在的硬性约束，结果是我国税收立法权处于不断膨胀之势。具体表现在：一是税收规范性法律文件不断膨胀；二是行使税收立法权的机关泛滥，即我国税收立法权大量被国务院各机关以及地方政府所把持，以至于部分税种的制定、存废以及税收的增加或减少似乎无须考虑纳税人的权利与感受。

我国《宪法》第 13 条有关保护公民的合法私有财产的规定，未经以代议制机构立法作为形式的公民的"同意"，通过征税侵犯公民的私有财产权利就是违法的。因而，重新界定我国税收立法权的范围，从而建立起符合中国实际情况的税收立法，是我们改革和完善现行税收结构适应社会发展的根本基础。

事实上，2015 年 3 月修订通过的《中华人民共和国立法法》已经明确规定："税种的设立、税率的确定和税收征收管理等税收基本制度"只能制定法律。这表明税收立法权最终"回归人大"的法律依据已经确立。根据中共中央审议通过的《贯彻落实税收法定原则的实施意见》，我国将在2020年之前完成税收相关立法工作。这意味着，今后几年我国的税收立法进入了关键期。在此期间，最为重要的是将现行15个税种行政法规（除个人所得税法、企业所得税法和车船税法外）上升到法律以及与之相应法律、法规的修改与调整，包括税收征管法修订等相关法律的配套。随着我国税收实体法的完善与新税种立法的出台，原有的部门法规、规章和规范性文件将要进行大范围修改或补充，有的需要废止，而代之以新修订的程序法及相关的法规性文件，用来规范和处理政府与市场、征税人与纳税人等多种复杂的税收关系。

关键术语

个人所得税 房地产税 遗产税 社会保障税 税收立法权

思考题

1. 现行个人所得税征管模式转变有什么困难？如何解决？
2. 社会保障费和社会保障税区别何在？
3. 谈谈完善我国税收立法权的制约机制的意义。

第十五章
税收征收管理与税务信息化建设

税收管理是国家税收立法及执法机关，通过税收政策、法令、制度对税收分配全过程进行决策、计划、协调和监督控制的一种管理活动。我国现行的税收管理主要包括税收征收管理、税收信息化、税务代理和税务行政司法等方面的内容。税收征收管理是税务机关依法对税款征收过程进行监督管理活动的总称。它由两部分构成，一是税收制度管理，即税政管理；二是税务稽查管理。税务信息化是税收管理现代化的重要手段，我国以金税工程为核心的税务信息化建设，带来了税收征管的质量和效率的不断提高。

第一节　税收征收管理概述

一、税收征收管理的内涵

税收征收管理，是国家及其税务机关依据税法指导纳税人正确履行纳税义务，并对征、纳过程进行组织、管理、监督、检查等一系列工作的总称。它是贯彻税收法令、实现税收职能，发挥税收作用的基本环节，是整个税务管理活动的重要组成部分。通过征收管理，提供数据，掌握经济税源的变化情况，为税收计划、会计、统计积累资料；开展纳税检查，监督税收法规和各项政策的贯彻实施，组织税款及时按期入库，保证国家资金的需要。同时还能够了解国民经济各方面的活动情况，促进国民经济的健康发展。

税收征收管理的主体是税务机关，对象是纳税单位和个人。税务机关对纳税单位和个人进行管理、征收和稽查的税收活动，是国家行使政治权利的体现，反映了税收参与社会产品分配的本质属性。纳税单位和个人履行纳税义务，是宪法规定的每个公民应尽的义务。

税收征收管理是经济管理活动的一种特殊形式，它与其他经济管理形式一样，具有自然和社会两重属性。

从自然属性来看，征收管理是一切社会形态实现税收职能所共有的现象。它反映一定的生产力的发展的客观要求。税收征收管理必须采取一定的管理形式、管理办法和管理手段，以适应生产力的发展水平。税收征收管理的这种自然属性，反映了人与物的关系。

从社会属性看，社会制度不同的国家，税收征收管理也具有不同的本质特征。我国是社会主义国家，税收收入取之于民，用之于民，征税人和纳税人之间的根本利益是一致的。税收征管活动中，征税人和纳税人，虽然所处的地位不一样，所拥有的权利和义务不一样，但人与人之间的关系是平等的，不存在根本利益的冲突。

二、税收征收管理的范围

税收征收管理和税收管理是两个不同的概念。从范围上讲，税收管理的范围大，它大体包括税收体制管理，税收决策管理，税收制度管理，税收征收管理和税收计、会、统核算管理等。税收征收管理是税收管理的核心，它又包括管理、征收和稽查三个方面。

（一）管理

管理包括经济税源管理、税务登记、纳税辅导、税法宣传、发票、账簿管理以及减税、免税管理。

1. 经济税源管理

包括对经济税源的调查和预测两个环节。其根本目的是调查研究影响经济税源发展变化的各种因素，预测经济税源发展变化的趋势。为制定税收政策、编制税收计划、确定税收任务以及改进税收工作的适应能力和应变能力提供信息。

2. 税务登记

税务登记是纳税人在开业、变更、歇业时，就其经营活动，向当地主管税务机关办理登记的一项法定手续。它是纳税人遵守国家税收法令，履行纳税义务，接受税收监督的必要措施，也是税务机关掌握税源，实行税源控制，防止漏管、漏征户的基础工作。

3. 纳税辅导

纳税辅导是税务机关主动帮助纳税人按照税收法规要求，解决纳税方面的问题，使其正确履行纳税义务的一项制度。这是我国税务干部在长期的征管实践中摸索出来的具有中国特色的一项制度。通过纳税辅导，不但可以把错缴、漏缴税款的现象控制在征收入库前，同时，也有利于密切征纳关系，有利于提高税收人员的政策业务水平和技术水平。当然，随着我国税收制度的日益完善和全民纳税意识不断增强，纳税辅导将逐步由税法宣传所代替，纳税辅导的任务将会逐步减轻。

4. 发票管理

发票管理是指税务机关对纳税人的发票印制、领购、开具和保管的管理。账簿管理是指税务机关对纳税人的账簿的设立、健全及核算是否正确的管理。发票、账簿都是正确计算应纳税额的主要依据，对其进行管理，是控制税源的重要环节。

5. 减税、免税管理

减税、免税管理，是对纳税人申请减、免税进行调查、审核、上报和跟踪实效。

强化减、免税管理，是整顿税收秩序，推进依法治税，加强税收征收管理的重要环节。

（二）征收

征收包括纳税申报、税款征收和纳税资料的收集、整理、传递和保管工作。

1. 纳税申报

纳税申报是纳税人向税务机关报送纳税申报表、财务会计报表和其他有关纳税资料的一项制度。它既是纳税人在履行纳税义务时的法定手续，也是税务机关对应征税款的实际数、上缴数、减免数、欠缴数进行核算的依据。它是将税收法规转化为税收成果的重要手段。

2. 税款征收

税款征收是税务机关按照规定向纳税人征税并组织入库。税务机关根据税源的分布、管理对象和税种特点，采取一定的税收征收管理形式和税款征收方法。一般是由纳税人按期向税务机关申报纳税，税务机关受理申报，审核后组织税款及时入库。这是税收征收管理工作的中心环节。

（三）稽查

稽查包括纳税检查和违章处理两个方面。

1. 纳税检查

纳税检查是税务机关对纳税人履行义务情况进行审查。税务机关根据需要对纳税人进行普查或抽查，定期或不定期检查，不但能有效查处偷漏税，保证国家税款不致流失；同时，也有利于提高税务机关征收管理水平。

2. 违章处理

违章处理是指对违反税收法规的纳税人依法实行制裁。主要负责处理违章案件和偷漏税案件。对需要行政复议的案件，还必须负责整理、汇集、上报有关资料，以及传递有关信息。

第二节 税收征管制度的主要内容

一、税务登记管理

为了规范税务登记管理，有效控制税源，根据《中华人民共和国税收征收管理法》（以下简称《征管法》）及其实施细则的规定，国家税务总局制定了《税务登记管理办法》（自1998年7月1日实施），并在2004年进行了修订。最新修订的《税收征管法》对税务登记进行了适当的修订。凡有法律、法规规定的应税收入、应税财产或应税行为的各类纳税人，均应按照本办法的规定办理税务登记；扣缴义务人应当在发生扣缴义务时，到税务机关申报登记，领取扣缴税款凭证。

税务登记的主管税务机关是县区（含县区，下同）以上国家税务局（分局）、地方税务局（分局），也可由纳税人所在地的税务所受理并转报县（区）税务局（分局）办理。

税务登记由国家税务局、地方税务局按照国务院规定的税收征管范围，实行统一代码，分别登记，分别管理。税收征管范围有变动的，按照国务院的规定做相应的调整。国家税务局、地方税务局应当按期相互通报税务登记情况，对于在双方均需办理税务登记的纳税人的登记信息，应当相互及时提供。

税务机关应当与工商行政管理、民政等有关部门加强配合，密切行政协助，强化税源监控。工商行政管理机关应当将办理税务登记注册、合法营业执照的情况，定期向税务机关通报。从事生产经营的纳税人应当按照国家有关规定，持税务登记证件，在银行或其他金融机构开设基本存款账户，并将其全部账号向税务机关报告。银行和其他金融机构应当在从事生产经营的纳税人的账户中登录税务证件登记号码，并在税务登记证件中登录从事生产经营的纳税人的账户账号。税务机关依法查询从事生产、经营的纳税人开立账户的情况，有关银行和其他金融机构应当予以协助。

税务登记应当使用计算机管理，应用软件的使用由国家税务总局规定。税务登记证件应当按照规定收取证照费。

（一）设立登记

各类企业设立的分支机构和从事生产、经营的场所，个体工商户和从事生产、经营的事业单位（以下统称从事生产、经营的纳税人），应当自领取营业执照之日起30日内向所在地税务机关申请办理税务登记。税务机关应当自收到申报之日起30日审核并发给税务登记证件。其中纳税人领取临时工商营业执照的，税务机关核发临时税务登记证件。

其他纳税人应当自按照税收法律、行政法规成为纳税义务人之日起30日内向所在地税务机关申报办理税务登记。

纳税人申报办理税务登记时，应当相应出示以下证件和资料：

1. 营业执照或其他核准执业证件及工商登记表，或其他核准执业登记表复印件。

2. 有关机关、部门批准设立的文件，有关合同、章程、协议书；

3. 法定代表人和董事会成员名单；

4. 法定代表人（负责人）或业主居民身份证、护照或者其他证明身份的合法证件；

5. 组织机构统一代码证书；

6. 场所或经营场所证明；

7. 委托代理协议书复印件；

8. 享受税收优惠政策的企业，应包括需要提供的相应的证明、资料，税务机关需要的其他资料、证件。

其他需要提供的有关证件、资料，由省、自治区、直辖市税务机关确定。

纳税人能够提供以上规定的证件、资料的，税务机关应当发放税务登记表和纳税人税种登记表，纳税人应当如实填写上述表格。

对纳税人填报的登记表格、提供的证件和资料，税务机关应当在自受理之日起30日内审理完毕；符合规定的，予以登记，发给税务登记证件或注册税务登记及副本，并分税种填制税种登记表，确定纳税人所适用的税种、税率、税目、报缴税款的期限和征收方式及缴库方式等，逐户建立档案。

税务登记证件应当载明：纳税人名称、税务登记代码、法定代表人或负责人、生产经营地址、登记类型、核算方式、生产经营范围（主营、兼营）、发证日期、证件有效期限等。

税务登记表应当载明税收征管法实施细则规定的全部内容。

税务登记证件由纳税人依照税收征管法实施细则的规定使用，并妥善保管。不得转让、涂改、损毁、买卖和伪造税务登记证件。遗失税务登记证件，应当及时向主管税务机关报告，并申请补办。

纳税人是个人的，应当在其办理纳税申报时，由税务机关登录其姓名、身份证号码（或护照号）、职业、住址、工作单位及地址和其他信息。

（二）变更登记

纳税人的税务登记内容发生变化时，应当依法向原税务登记机关申报办理变更税务登记。

纳税人在工商行政管理机构办理税务变更登记的，应当自工商行政管理部门办理变更登记之日起30日内，持下列证件到原税务登记机关申报办理变更税务登记：

1. 变更税务登记申请书；
2. 工商变更登记表及工商执照（注册登记执照）；
3. 纳税人变更登记内容的决议及有关证明文件；
4. 税务机关发放的原税务登记证件（登记证正、副本和登记表等）；
5. 其他有关资料。

纳税人按照规定不需要在工商行政管理部门办理变更登记的，或者其税务登记的内容与工商登记的内容无关的，应当自有关机关批准或者宣布变更之日起30日内，持下列证件到原税务登记机关申报办理税务变更登记：

1. 税务机关发放的原税务登记证件（登记证正、副本和税务登记表等）；
2. 纳税人变更税务登记内容的决议及有关证明资料；
3. 其他有关资料。

增值税一般纳税人被取消资格需变更登记的，应当提交下列证件：

1. 增值税一般纳税人申请认定书原件；
2. 税务登记证（正、副本）原件；
3. 纳税人税种登记表；
4. 其他有关资料。

纳税人提交资料齐全的，由税务机关发给税务变更登记表，依法如实填写。税务机关审核后，归入纳税人档案，并在税务登记表和税务登记证件副本的有关栏次内如实填写变更记录。

变更税务登记的内容涉及税务登记证件内容需做更改的，税务机关应当收回原税务登记证件，并按更改后的内容，重新核发税务登记证件。

（三）停业、复业登记

实行定期定额征收方式的纳税人在营业执照核准的经营期限内需要停业的，应当向税务机关提出停业登记申请，说明停业的理由、时间、停业前的纳税情况和发票的领、用、存情况，结清应纳税款、滞纳金、罚款。并如实填写申请停业登记表。纳税人的停业期限不得超过一年。

税务机关经过审核（必要时可实地审查），应当责成申请停业的纳税人结清税款并收回其税务登记证件、发票领购簿和发票，办理停业登记。

纳税人的发票不便收回的，纳税人应当就地予以封存。

经核准停业在15日以上的纳税人，税务机关应当相应调整已经核定的应纳税额。具体调整的时限或额度由省、自治区、直辖市税务机关确定。

纳税人停业期间发生的纳税义务，应当及时向主管税务机关申报，依法补缴应纳税额。

纳税人应当于恢复生产、经营之前，向税务机关提出复业登记申请，经确认后，办理复业登记，领回或启用税务登记证和发票领购簿及其领购的发票，纳入正常管理。

纳税人停业期满不能及时恢复生产、经营的，应当在停业期满前向税务机关提出延长停业登记。

纳税人停业期满未能按期复业又不申请延长停业的，税务机关应当视为已恢复营业，实施正常的税收征收管理。

（四）注销税务登记

纳税人发生解散、破产、撤销以及其他情形，依法终止纳税义务的，应当在向工商行政管理机关办理注销登记前，向原税务登记管理机关申报办理注销税务登记。

按照规定不需要在工商行政管理机关办理注销登记的纳税人，应当自有关机关批准或者宣布终止之日起15日内，向原税务登记机关办理注销税务登记。

纳税人因生产经营场所变动而涉及改变税务登记机关的，应当在向工商行政管理机关申请办理变更或注销登记前或者生产、经营地点变动前，向原税务登记机关办理注销税务登记，再向迁达地税务机关申报办理税务登记。

纳税人被工商行政管理机关吊销营业执照的，应当自营业执照被吊销之日起15日内，向原税务登记机关申报办理注销登记。

纳税人办理注销税务登记时，应当提交注销税务登记申请、主管部门或董事会（职代会）的决议以及其他有关证明文件，同时向税务机关结清税款、滞纳金和罚款、缴销发票、发票领购账簿和税务登记证，经税务机关核准，办理注销税务登记手续。

纳税人因生产、经营地点发生变化注销税务登记的，原税务登记机关在对其注销税务登记的同时，应当向迁达地税务机关递解纳税迁移通知书，由迁达地税务机关重新办理税务登记。如遇纳税人已经或正在享受税收优惠待遇的，迁出地税务机关应当在迁移通知书上注明。

（五）外出经营报验登记

从事生产、经营的纳税人到外县（市）进行生产经营的，应当向主管税务机关申请开具《外出经营活动税收管理证明》。

主管税务机关审核后，按照一地（外出经营地应当具体填写县、市）一证的原则，核发《外出经营活动税收管理证明》（以下简称《证明》）。纳税人到外县（市）销售货物的，《证明》的有效期一般是 30 日；到外县（市）从事建筑安装工程的，《证明》的有效期限最长为 1 年，因工程需要延长的，应当向原《证明》核发机关重新申请。

纳税人应当在到达经营地进行生产、经营前向经营地税务机关申请报验登记，并提交下列证件、资料：

1. 税务登记证件副本；
2. 《外出经营活动税收管理证明》；
3. 法定代表人（负责人）居民身份证复印件；
4. 经办人居民身份证及复印件。

纳税人在《证明》注明地销售货物的，除提交以上证件资料外，应如实填写《外出经营货物报验单》，申报查验货物。所携货物未在《证明》注明地点销售完毕而需异地销售的，必须经过注明地点税务机关验审，并在其所持的《证明》上转注。异地销售而未经注明地点税务机关验审转注的，视为未持有《证明》。

外出经营活动结束，纳税人应当向经营地税务机关填报《外出经营情况申报表》，并按规定结清税款、缴销未使用完的发票。经营地税务机关应当在《证明》上注明纳税人的经营、纳税及发票使用情况。纳税人应持此《证明》，在《证明》的有效期届满 10 日内，回到所在税务机关办理《证明》缴销手续。

（六）登记核查

税务机关对已核发的税务登记证件，实行定期验证和换证制度。纳税人应当在规定的期限内到税务机关办理验证或者换证手续。

纳税登记证件每年验审一次，审查核对税务登记证件和税务登记表的内容与纳税人的实际生产经营情况是否一致，有条件的地方，可与工商行政部门实行联合检查验查。外商投资企业按照有关规定实行联合年审。

验审合格的，税务机关应当在纳税人的税务登记证件上载明验证标识。验证标识由国家税务总局统一制发，具体验证时间由各省、自治区、直辖市国家税务局，地方税务局规定。

税务机关日常的税务登记稽核可以采取以下方式：

1. 国家税务局和地方税务局之间按月相互稽核税务登记户数；

2. 按季度和年度与工商行政管理机关、技术监督部门和民政部门核对注册和注销的各类企业、个体工商户、社团法人以及他们的组织机构统一代码，以发现应当登记或应当注销登记的纳税人；

3. 利用纳税人报验的购买货物（或接受的劳务服务）取得的发票和销售货物（或提供劳务服务）开出的发票，核查其供应商或客户中未办理税务登记者；

4. 对特定地区内的从事应纳税活动的所有单位和个人逐一进行实地核查，清理漏管户；

5. 其他有效的核查方式。

税务登记证件三年更换一次，新税务登记证件式样由国家税务总局统一制发，具体换证时间由国家税务总局规定。未按规定办理验证或换证手续的，由县级以上的税务机关宣布税务登记证件失效，并收回有关税务证件及发票。

（七）非正常户处理

凡是办理税务登记的纳税人，无正当理由连续 3 个月未向税务机关进行纳税申报的，税务机关应当派员实地检查，查无下落并且无法强制其履行纳税义务的，税务机关应当发出公告，责令其限期改正，逾期不改正的，可以暂停其税务登记证件、发票领购账簿和发票的使用，同时制作非正常户认定书，存入纳税人档案。

纳税人被列为非正常户超过三个月的，税务机关可以注销其税务登记。但是，其应纳税款仍按税收征管法及其实施细则的规定执行。

（八）违章处理

纳税人不办理纳税登记的，由税务机关责令其限期改正；逾期不改正的，经税务机关提请，由工商行政管理机关吊销营业执照。

纳税人未按照规定限期办理税务登记、变更税务登记和注销税务登记的，税务机关应当自发现之日起 3 日内发出责令限期改正通知书。可以处 2000 元以下的罚款；情节严重的，处 2000 元以上 1 万元以下的罚款。

未按规定向税务机关申请办理税务登记换证手续的，比照上述规定罚款。

纳税人未按照规定将其全部银行账号向税务机关报告的，由税务机关限期改正，可以处 2000 元以下罚款；情节严重的，处 2000 元以上 1 万元以下的罚款。

未按照规定使用税务登记证件，或者转借、涂改、损毁、买卖、伪造税务登记证件的，处 2000 元以上 1 万元以下的罚款；情节严重的处 1 万元以上 5 万元以下的罚款。

纳税人违反本办法规定的，税务机关不得向其出售发票；需要填开的，到主管税务机关按次开具。

二、账簿、凭证管理

账簿是纳税人、扣缴义务人连续地记录其各种经济业务的账册或簿籍。凭证是纳税人用来记录经济业务，明确经济责任，并据以登记账簿的书面证明。账簿、凭证管理是继税务登记之后税收征管的又一重要环节，在税收征管中占有十分重要的地位。

（一）账簿、凭证管理规定

1. 关于账簿、凭证设置的管理

（1）设置账簿的范围。根据《征管法》第十九条的有关规定，所有的纳税人和扣缴义务人都必须按照有关法律、行政法规和国务院财政、税务主管部门的规定设置账簿。

（2）会计核算的要求。根据《征管法》第十九条的有关规定，所有纳税人和扣缴义务人都必须合法、有效地对凭证进行账务处理。

2. 关于对财务会计制度的管理

（1）备案制度。根据《征管法》第二十条有关规定，凡从事生产、经营的纳税人必须将所采用的财务、会计制度和具体的财务、会计处理办法，按税务机关的规定，及时报送税务机关备案。纳税人使用计算机记账的，应当在使用前将会计核算软件、程序和使用说明书及有关资料报送税务机关备案。

（2）财会制度、办法与税法相抵触的处理办法。根据《征管法》第二十条有关规定，当从事生产、经营的纳税人、扣缴义务人所使用的财务会计制度和具体的财务、会计处理办法与国务院和财政部、国家税务总局有关税收方面的规定相抵触时，纳税人、扣缴义务人必须按照国务院制定的税收法规的规定或者财政部、国家税务总局制定的有关规定计缴税款。

3. 有关账簿、凭证的保管

根据《征管法》第二十四条的有关规定："从事生产、经营的纳税人、扣缴义务人必须按照国务院财政、税务主管部门规定的保管期限保管账簿、计账凭证、完税凭证及其他有关资料。账簿，记账凭证、完税凭证及其他有关资料不得伪造、变造或者擅自损毁。"

至于账簿、记账凭证、完税凭证及其他有关资料的保管期限，根据现行有关规定，除另有规定外，均为 10 年。

（二）发票管理规定

根据《征管法》第二十一条规定："税务机关是发票的主管机关，负责发票的印制、领取、开具、取得、保管、缴销的管理和监督。"

1. 发票的印制管理

增值税专用发票由国务院税务主管部门指定的企业印刷；其他发票，按照国务院税务主管部门的规定，分别由省、自治区、直辖市国家税务局、地方税务局指定的企业印制。

2. 发票的领购管理

依法办理税务登记的单位和个人，在领取税务登记后，向主管税务机关申请领购发票。对无固定经营场地或者财务制度不健全的纳税人申请领购发票，主管税务机关有权要求其提供担保人，不能提供担保人的，可以视其情况，要求其提供保证金，并限期缴销发票。对发票保证金应设专户储存，不得挪作他用。纳税人可以根据自己的需要申请领取普通发票。增值税专用发票只限于一般纳税人的领取使用。

3. 发票的开具、使用、取得管理

根据《征管法》第二十一条规定："单位、个人在购销商品、提供或者接受经营服务以及从事其他经营活动中，应当按照规定开具、使用、取得发票。"普通发票开具、使用、取得的管理，应当注意以下几点（增值税专用发票开具、使用、取得的管理，按增值税有关规定办理）：（1）销货方按规定填开发票。（2）购买方按规定索取发票。（3）纳税人进行电子商务必须开具或取得发票。（4）发票要全联一次填写。（5）发票不得跨省、直辖市、自治区使用。发票限于领购单位和个人在本省、自治区、直辖市内开具。发票领购单位未经批准不得跨规定使用区域携带、运输、邮寄空白发票，禁止携带、运输或者邮寄空白发票出入境。（6）开具发票要加盖财务印章或发票专用章。

开具发票后，如发生销货退回需开红字发票的，必须收回原发票并注明"作废"字样或取得对方有效证明；发生销售折让的，在收回原发票并证明"作废"后，重新开具发票。

4. 发票的保管管理

根据发票管理的要求，发票保管分为税务机关保管和用票单位、个人保管两个层次，都必须建立严格的发票保管制度。包括：专人保管制度、专库保管制度、专账登记制度、保管交接制度、定期盘点制度。

5. 发票缴销管理

发票缴销管理包括发票收缴和发票销毁。发票收缴是指用票单位和个人按照规定向税务机关上缴已经使用或未使用的发票；发票销毁是指由税务机关统一将自己或他人已使用或者未使用的发票进行销毁。发票收缴和发票销毁既有联系又有区别，发票的销毁首先必须进行收缴；但收缴的发票不一定都要销毁，一般都要按照法律法规保存一定时期后才能销毁。

三、税控管理

税控管理是税收征管的一个重要组成部分，也是近期提出来的一个崭新的概念。它是指税务机关利用税控装置对纳税人的生产经营情况进行监督和管理，以保障国家税收收入，防止税款流失，提高税收征管工作效率，降低征收成本的各项活动的总称。

《征管法》第二十三条规定："国家根据税收征收管理的需要，要积极推广使用税控装置。纳税人应当按照规定安装、使用税控装置，不得损毁或者擅自改变税控装置。"同时还在第六十条增加了一款规定：不能按照规定安装、使用税控装置，或者损毁或者擅自改动税控装置的，由税务机关责令限期改正，可以处以 2000 元以下的罚款；情节严重的，处以 2000 元以上 1 万元以下的罚款。这样不仅使推广使用税控装置有法可依，而且，可以打击在推广使用税控装置中的各种违法犯罪活动。

四、纳税申报管理

（一）纳税申报的内容

纳税申报，是纳税人为了正确履行纳税义务，扣缴义务人履行代扣代缴、代收代缴税款义务，将已发生的纳税和扣缴税款事项向税务机关提出书面报告的一项税务管理制度，也是纳税人、扣缴义务人的一项法定的义务。实行纳税申报制度，对于理顺税收征收和缴纳关系，提高税收征收效率，培养纳税人主动纳税意识，对于税务机关及时掌握分析税源情况都具有十分重要的作用。

纳税申报内容，是法律、行政法规规定或者税务机关依照法律、行政法规的规定要求纳税人、扣缴义务人向税务机关报送的有关如实记录和反映其生产经营情况、纳税情况或者代扣代缴、代收代缴税款的书面报告、报表、资料及要求载明的事项，包括纳税申报表、财务会计报表，代扣代缴、代收代缴税款报告表及其他有关资料。纳税申报表是税务机关统一印制的，纳税人进行纳税申报的书面报告，主要内容包括：纳税人名称、税种、税款所属期限、应纳税项目、适用税率、计税依据、应纳税额、缴库日期等。为了便于税务机关审核纳税人报送的纳税申报表的正确性，掌握纳税人的生产经营情况，纳税人在向税务机关报送纳税申报表时，还要附送财务会计报表，与纳税有关的合同、协议书、外出经营的税收管理证明及其他相关资料。财务会计报表是记录和反映纳税人财务状况和经营结果的书面文件，根据经核对无误的会计账簿记录和其他有关资料编制，由会计报表、会计报表附注和财务情况说明书组成。代扣代缴、代收代缴税款报告表主要包括：扣缴义务人名称、扣缴税款所属期限、被扣缴纳税人的名称、扣缴税款的税种、税目、税率、计税依据、代扣代缴或者代收代缴税额等。为了便于税务机关审核扣缴义务人报送的代扣代缴、代收代缴税款报告表的正确性，扣缴义务人在向税务机关报送代扣代缴、代收代缴税款报告表时，还应当附送与代扣代缴、代收代缴税款有关的其他合法凭证及有关资料。

（二）纳税申报期限

纳税申报期限，是法律、行政法规规定或者税务机关依照法律、行政法规的规定确定纳税人、扣缴义务人向税务机关申报应纳税或应解缴税款的期限。申报期限根据税种和纳税期限不同有所不同。这里所说的纳税期限，是法律、行政法规规定或者税务机关依照法律、行政法规的规定确定纳税人计算应纳税额的期限。不同税种的纳税期限因其征收对象、计税依据不同而有所不同。即使同一税种，由于纳税人所从事的生产经营活动及其规模差别很大，财务会计核算难易程度不一，纳税期限也不一样。一般分为：按期纳税和按次纳税。按期纳税，是以纳税人发生纳税义务的一定期间为纳税期限，不能按期纳税的，实行按次纳税。

（三）纳税申报方式

纳税申报方式是指纳税人、扣缴义务人向税务机关办理纳税申报或者报送代扣代缴、代收代缴报告表的方式。根据税收征收管理法第二十六条的规定，纳税人、代扣义务人可以直接到税务机关办理纳税申报或者报送代扣代缴、代收代缴报告表，也可以按照规定采取邮寄、数据电文或者其他方式办理上述申报、报送事项。从上述规定可以看出，纳税人、扣缴义务人办理纳税申报的方式主要有以下三种：

1. 直接申报

直接申报，也称"上门申报"，是指纳税人、扣缴义务人在规定的申报期限内，到主管税务机关指定的办税服务场所报送纳税申报表、代扣代缴、代收代缴税款报告表及有关资料。

2. 邮寄申报

邮寄申报，是指纳税人、扣缴义务人在规定的申报期限内，通过向税务机关邮寄纳税申报资料或者代扣代缴、代收代缴税款资料进行申报的方式。

3. 数据电文申报

数据电文申报，也称电子申报，是指纳税人、扣缴义务人在规定的纳税申报期限内，通过与税务机关接受办理纳税申报、代扣代缴及代收代缴申报的电子系统联网的电脑终端，按照规定和系统发出的指示输入申报内容，以完成纳税申报或者代扣代缴及代收代缴税款申报的方式。

长期以来，我国一直比较集中采用上门申报的方式，对加强税务监控发挥了重要作用。但是随着经济的发展、科学技术的进步以及改革开放不断深化，继续实行单一的直接上门申报方式已经不能适应在市场经济条件下加强税收征收管理的需要，尤其在征收期内，经常发生申报排长队、受理连轴转等申报难与受理难的"两难"局面。这就需要根据实际情况逐步改革税收征收管理方式，充分利用现代信息技术和资源，完善申报制度，简化申报手续，提高申报质量，为纳税人、扣缴义务人履行申报义务提供便利。根据《征管法》和国务院税务主管部门的规定，纳税人、扣缴义务人可以采取直接申报、邮寄申报、电子申报或者其他申报方式办理纳税申报或者代扣代缴、代收代缴税款申报。具体办法主要有以下几种：

（1）在法定的纳税申报期内，由纳税人自行计算、自行填开缴款书并向银行缴纳税款，然后持纳税申报表、缴款书报查联和有关资料，到税务机关办理申报。

（2）在有条件的地方实行银行税务一体化管理，纳税人在银行开设税款预储账户，按期提前储入当期应纳税款，并在法定的申报纳税期内向税务机关报送纳税申报表和有关资料，由税务机关通知银行划款入库。

（3）在法定的申报纳税期内，纳税人持纳税申报表和有关资料以及应付税款等额支票，报送税务机关；税务机关集中报缴数字清单、支票，统一交由国库办理清算。

（4）按照税法规定分期预缴、按期一并申报的纳税人，可以选择上述三种申报办法之一办理纳税申报，结清税款。

（5）对于未在银行开立账户的纳税人，可按现行办法在办理纳税申报时，以现金结算税款，提倡并逐步推行使用信用卡。

（6）凡实行查账征收方式的纳税人，经主管税务机关批准，可以采取邮寄纳税申报办法。邮寄申报的邮件内容包括纳税申报表、财务会计报表以及税务机关要求纳税人报送的其他纳税资料。纳税人应该在法定的纳税申报期内，按税务机关规定的要求填写各类申报表和纳税资料后，使用统一规定的纳税申报特快专递专用信封，可以根据约定的时间由邮政人员上门收寄，也可以到指定的邮政部门办理交寄手续。无论是采取哪种方法，邮政部门都应当向纳税人开具收据，作为邮寄申报的凭据，备以查核。邮寄申报的具体日期以邮电部门收寄日戳日期为准。建立新的申报制度，对明确征纳双方的权利和义务，简化申报程序，方便纳税人、扣缴义务人申报，以及在税收征管中引进现代科学技术，提高工作效率，加大征管力度，确保国家税收及时足额入库，促进税务部门廉政建设具有重要的意义。纳税人、扣缴义务人可以根据需要，经主管税务机关批准，选择适合自己的申报方式办理纳税申报或者报送代扣代缴、代收代缴税款报告表。税务机关应当加强同公安、财政、邮电、银行、工商、海关、技术监督部门的合作，为纳税人、扣缴义务人办理纳税申报或者报送代扣代缴、代收代缴税款报告表，创造安全、快捷、便利的条件。

（四）延期申报

延期申报，是指纳税人、扣缴义务人基于法定原因，不能在法律、行政法规规定或者税务机关依照法律、行政法规的规定确定的申报期限内办理纳税申报或者向税务机关报送代扣代缴、代收代缴税款报告表的，经税务机关核准，允许延长一定的时间，在批准后的期限内办理申报的一项管理制度。

目前在我国的税收征收管理中，纳税人、扣缴义务人不能按期办理纳税申报或者报送代扣代缴、代收代缴税款报告表的情况比较普遍，有主观原因，也有客观原因。其中，有些是由于纳税人、扣缴义务人自身的管理制度不健全、内部纪律松懈、作风拖拉，严重不负责任，甚至基于私利故意拖延造成的。此类情况是可以采取措施避免和防止的。有些则是纳税人的主观努力无法改变的，如遇到不可抗力等。对这两种情况，在法律的适用上应当有所区别。对前者，应当依法予以查处；对后者，应当经核准允许延期申报。按照我国现行法律、行政法规的规定，纳税人、扣缴义务人可以获准延期申报的情况是：

（1）因不可抗力，不能按期办理纳税申报或者报送代扣代缴、代收代缴税款报告表的，可以延期办理。但是，应当在不可抗力情形消除后，立即向税务机关报告。税务机关应当查明事实，予以批准。所谓不可抗力是指人们无法预见、无法避免、无法克服的自然灾害，如水灾、火灾、风灾、地震等。

（2）因财务处理上的特殊原因，账务未处理完毕，不能计算应纳税额，按照规定的期限办理纳税申报或者报送代扣代缴、代收代缴税款报告表确有困难，需要延期的，应当在规定的期限内，向税务机关提出书面延期申请，经税务机关批准，在核准的期限内办理申报。

上述情况如涉及某一地区、某一方面较多的纳税人、扣缴义务人时，税务机关可以公告纳税人、扣缴义务人延期办理纳税申报，待障碍消除后，再行办理申报。

依法经核准允许延期申报，不等于可以延期纳税。除非纳税人因特殊困难，不能按期缴纳税款，并经省、自治区、直辖市国家税务局、地方税务局批准，可以延期纳税的外，其他经税务机关批准，允许延期申报的纳税人应当在纳税期内按照上期实际缴纳的税额或者税务机关核定的税额预缴税款，并在批准的延期内办理税款结算，以保证国家应收税款及时收缴入库。

五、税款征收管理

税款征收是税收征收管理工作中的中心环节，是全部税收征管工作的目的和归宿，在整个税收工作中占据着极其重要的地位。

（一）税款征收的原则

1. 税务机关是征税的唯一行政主体的原则

根据《征管法》第 29 条的规定："除税务机关、税务人员以及经税务机关按照法律、行政法规委托的单位和个人外，任何单位和个人不得进行税款征收活动。" 第 41 条同时规定："采取税收保全措施、强制执行措施的权利，不得由法定的税务机关以外的单位和个人行使。"

2. 税务机关只能按照法律、行政法规的规定征收税款的原则

根据《征管法》第 28 条的规定，税务机关只能依照法律、行政法规的规定征收税款。未经法定机关和法定程序调整，征纳双方均不能随意变动。税务机关代表国家向纳税人征收税税款，不能任意征收、没有标准，想怎么征就怎么征，只能依法征收。

3. 税务机关不得违反法律、行政法规的规定开征、停征、多征、少征、提前征收或者延缓征收税款或者摊派税款的原则

《征管法》第 28 条规定："税务机关依照法律、行政法规的规定征收税款，不得违反法律、行政法规的规定开征、停征、多征、少征、提前征收、延缓征收或者摊派税款。"税务机关是执行税法的专职机构，既不得在税法生效之前先行向纳税人征收税款，也不得在税法尚未失效时，停止征收税款，更不得擅立章法，新开征一种税。

4. 税务机关征收税款必须遵守法定权限和法定程序原则

税务机关执法必须遵守法定权限和法定程序，这也是税款征收的一项基本原则。例如，采取税收保全措施或强制执行措施，办理减税、免税、退税时，核定应纳税额时，进行纳税调整时，针对纳税人的欠税，进行清理，采取各种措施时，税务机关都必须按照法律或行政法规规定的审批权限和程序进行操作，否则就是违法。

5. 税务机关征收税款或扣押、查封商品、货物或其他财产时，必须向纳税人开具完税凭证或开付扣押、查封的收据或清单的原则

《征管法》第 34 条规定："税务机关征收税款时，必须给纳税人开具完税凭证。"

第 47 条规定："税务机关扣押商品、货物或者其他财产时，必须开付收据；查封商品、货物或者其他财产时，必须开付清单。"这是税款征收的又一原则。

6. 税款、滞纳金、罚款统一由税务机关上缴国库的原则

《征管法》第 53 条规定："国家税务局和地方税务局应当按照国家规定的税收征管范围和税款入库预算级次，将征收的税款缴入国库。"这也是税款征收的一个基本原则。

7. 税款优先原则

《征管法》第 45 条的规定，第一次在税收法律上确定了税款优先的地位，确定了税款征收在纳税人支付各种税款和偿还债务时的顺序。税款优先原则不仅增强了税法的刚性，而且增强了税法的可操作性。

（二）税款的征收方式

税款征收方式是指税务机关根据各税种的不同特点、征纳双方的具体条件而确定的计算征收税款的形式和方法。税款征收的方式主要有：

1. 查账征收

查账征收是指税务机关按照纳税人提供的账表所反映的经营情况，依照适用税率计算缴纳税款的方式。这种方式一般适用于财务会计制度比较健全，能够认真履行纳税义务的纳税单位。

2. 查定征收

查定征收是指税务机关根据纳税人的从业人员、生产设备、采用原材料等因素，对其产制的应税产品查实核定产量、销售额并据以征收税款的方式。这种方式一般适用于账册不够健全，但是能够控制原材料或进销货的纳税单位。

3. 查验征收

查验征收是指税务机关对纳税人应税商品，通过查验数量，按市场一般销售单位计算其销售收入并据以征税的方式。这种方式一般适用于经营品种比较单一，经营地点、时间和商品来源不固定的单位。

4. 定期定额征收

定期定额征收是指税务机关通过典型调查，逐户确定营业额和所得额并据以征税的方式。这种方式一般适用于无完整考核依据的小型纳税单位。

5. 委托代征税款

委托代征税款是指税务机关委托代征人以税务机关的名义征收税款，并将税款缴入国库的方式。这种方式一般适用于小额、零散税源的征收。

6. 邮寄纳税

邮寄纳税是一种新的纳税方式。这种方式主要适用于那些有能力按期纳税，但采取其他方式纳税又不太方便的纳税人。

7. 其他方式

如：利用网络申报，用 IC 卡纳税等方式。

（三）税款征收管理

1. 对代扣代缴、代收代缴税款的管理

（1）对法律、行政法规没有规定负有代扣、代缴税款义务的单位和个人，税务机关不得要求其履行代扣、代收税款义务。

（2）法律规定的扣缴义务人必须依法履行代扣、代缴税款义务。如果不履行义务，就要承担法律责任。

（3）扣缴义务人依法履行代扣、代收税款义务时，纳税人不得拒绝。纳税人拒绝的，扣缴义务人应当及时报告税务机关处理。未及时向税务机关报告的，扣缴义务人应承担应扣未扣、应收未收税款的责任。

（4）扣缴义务人代扣、代收税款，只限于法律、行政法规规定的范围，并依照法律、行政法规规定的征收标准执行。对法律、法规没有规定代扣、代收的，扣缴义务人不能超越范围代扣、代收税款，扣缴义务人也不得提高或降低标准代扣、代收税款。

（5）税务机关按照规定付给扣缴义务人代扣、代收手续费。代扣、代收税款手续费只能由县（市）以上税务机关统一办理退库手续，不得在征收税款的过程中坐支。

2. 延期缴纳税款的管理

纳税人和扣缴义务人必须在税法规定的期限内缴纳、解缴税款。但考虑到纳税人在履行纳税义务过程中，可能会遇到特殊困难的客观情况，为了保护纳税人的合法权益，《征管法》第31条第2款规定："纳税人因有特殊困难，不能按期缴纳税款的，经省、自治区、直辖市国家税务局、地方税务局批准，可以延期缴纳税款，但最长不得超过3个月。"

3. 对税收滞纳金征收的管理

《征管法》第32条规定："纳税人未按照规定期限缴纳税款的，扣缴义务人未按照规定期限解缴税款的，税务机关除责令限期缴纳外，从滞纳税款之日起，按日加收滞纳税款万分之五的滞纳金。

4. 对减免税收的管理

根据《征管法》第33条规定，办理减税免税应注意以下事项：

（1）减免税必须有法律、行政法规的明确规定（具体规定将在税收实体法中体现）。地方各级人民政府，各级人民政府主管部门、单位和个人违反法律、行政法规规定，擅自做出的减税、免税决定无效，税务机关不得执行，并向上级税务机关报告。

（2）纳税人申请减免，应向主管税务机关提出书面申请，并按照规定附送有关资料。

（3）免税的申请必须经法律、行政法规规定的减税、免税审查批准机关批准。

（4）纳税人在享受减免税待遇期间，仍应按规定办理纳税申报。

（5）纳税人享受减税、免税的条件发生变化时，应当及时向税务机关报告，经税务机关审核后，停止其减税、免税；对不报告的，税务机关有权追回已减免的税款。

（6）减税、免税期满，纳税人应当自期满次日起恢复征税。

5. 对税款的退还和追征管理

（1）税款的退还的管理

《征管法》第51条规定，纳税人超过应纳税额的税款，税务机关发现后应当立即退还；纳税人自结算缴纳税款之日起3年内发现的，可以向税务机关要求退还多缴的税款并加算银行同期存款利息，税务机关及时查实后应当立即退还；涉及从国库中退库的，依照法律、行政法规有关国库管理的规定退还。

（2）税款的追征

《征管法》第52条规定："因税务机关责任，致使纳税人、扣缴义务人未缴或少缴税款的，税务机关可在三年内可要求纳税人、扣缴义务人补缴税款，但是不得加收滞纳金。

因纳税人、扣缴义务人计算等失误，未缴或少缴税款的，税务机关在3年内可以追征税款、滞纳金；有特殊情况的追征期可延长到5年。

对偷税、抗税、骗税的，税务机关追征其未缴或少缴的数额、滞纳金或者所骗取的税款，不受前款规定期限的限制。

第三节　税务检查

一、税务检查的概述

税务检查也称纳税检查。它是税务机关按照国家有关税收法律、行政法规、规章和财务会计制度的规定，对纳税人、扣缴义务人履行纳税义务、代扣代缴义务情况进行的审查监督的管理活动。是税务机关管理的主要环节，是确保国家财政收入和税收法律、行政法规、规章贯彻落实的重要手段，是纳税监督的重要内容，也是国家经济监督体系不可缺少的组成部分。税务检查在整个税收征收管理的各环节同样具有相当重要的地位。

二、税务检查的形式和方法

（一）税务检查的形式

1. 重点检查

指对公民举报、上级机关交办或有关部门转来的有偷税行为或偷税嫌疑的，纳税申报与实际生产经营情况明显不符的纳税人及有普遍逃税行为的行业的检查。

2. 分类计划检查

指根据纳税人历来纳税情况、纳税人的纳税规模及税务检查间隔时间的长短等综合因素，按事先确定的纳税人分类、计划检查时间及检查频率而进行的检查。

3. 集中性检查

指税务机关在一定时间、一定范围内，统一安排、统一组织的税务检查，这种检查一般规模较大，如以前年度的全国范围内的税收、财务大检查就属于这类检查。

4. 临时性检查

指税务机关根据不同的经济形势、偷逃税趋势、税收任务完成情况等综合因素，在正常的检查计划之外安排的检查。如行业性解剖、典型调查性的检查等。

5. 专项检查

指税务机关根据税收工作实际，对某一税种或税收征收管理某一环节进行的检查。比如增值税一般纳税专项检查、漏征漏管户专项检查等。

（二）税务检查的方法

1. 全检法

全检法是对被检查纳税人一定时期内所有会计凭证、账簿、报表及各种存货进行全面、系统的检查的一种方法。

2. 抽查法

抽查法是对被检查纳税人一定时期内的会计凭证、账簿、报表及各种存货，抽查一部分进行检查的一种方法。

3. 顺查法

顺查法与逆查法对称，是对被检查纳税人按照其会计核算的顺序，依次检查会计、账簿、报表，并将其相互核对的一种检查方法。

4. 逆查法

逆查法与顺查法对称，指逆会计核算的顺序，依次检查会计报表、账簿及凭证，并将其相互核对的一种检查方法。

5. 现场检查法

现场检查法与调账检查法对称，指税务机关派人员到被检查纳税人的机构办公地点对其财务资料进行检查的一种方式。

6. 调账检查法

调账检查法与现场检查法对称，指将被查的纳税人的账务资料调到税务机关进行检查的一种方法。

7. 比较分析法

比较分析法是将被检查纳税人检查期有关财务指标实际完成数进行纵向或横向比较，分析其异常变化情况，从中发现纳税问题线索的一种方法。

8. 控制计算法

控制计算法也称逻辑推算法，指根据被检查纳税人财务数据的相互关系，用可靠或科学方法测定的数据，验证其检查期账面记录或申报资料是否正确的一种检查方法。

9. 审阅法

审阅法是指对被查纳税人的会计账簿、凭证等资料，通过直观的审查审阅，发现在纳税方面存在问题的一种检查方法。

10. 核对法

核对法通过对被查纳税人的各种相关联的会计凭证、账簿、报表及实物进行相互核对，验证其在纳税方面存在问题的一种检查方法。

11. 观察法

观察法指通过被检查纳税人的生产经营场所、仓库、工地等现场，实地观察其生产经营及存货等情况，以发现纳税问题或验证账中可疑问题的一种检查方法。

12. 外调法

外调法指对被检查纳税人有怀疑或已掌握一定线索的经济事项，通过向与其有经济联系的单位或个人进行调查，予以查证核实的一种方法。

13. 盘存法

盘存法指通过对被检查纳税人的货币资金、存货及固定资产等实物进行盘点清查，核实其账实是否相符，进而发现纳税问题的一种方法。

14. 交叉稽核法

交叉稽核法是指国家为加强增值税专用发票管理，应用计算机将开出的增值税专用发票抵扣联与存根联进行交叉稽核，以查出虚开及假开发票的行为，避免国家税款流失。目前这种方法通过"金税工程"体现，对利用增值税专用发票偷逃税款行为起到了极大的遏止作用。

三、税务检查的职责

《税收征管法》规定，税务机关有权进行下列税务检查：

1. 检查纳税人的账簿、记账凭证、报表和有关资料，检查扣缴义务人代扣代缴、代收代缴、税款账簿、记账凭证和有关资料。

2. 到纳税人的生产、经营场所和货物存放地检查纳税人应纳税商品、货物或其他财产，检查扣缴义务人与代扣代缴、代收代缴税款的有关经营情况。

3. 责成纳税人、扣缴义务人提供与纳税或者代扣代缴、代收代缴税款的有关文件、证明材料和有关资料。

4. 询问纳税人、扣缴义务人提供与纳税或者代扣代缴有关的问题和情况。

5. 到车站、码头、机场、邮政企业及其分支机构检查纳税人托运、邮寄应纳税商品、货物或者其他财产的有关单据、凭证和有关资料。

6. 经县以上的税务局（分局）局长的批准，凭全国统一格式检查存款账户许可证明，查询从事生产经营的纳税人、扣缴义务人在银行或其他金融机构的存款账户。税务机关在调查税收违法案件时，经设区的市、自治州以上税务局（分局）局长的批准，可以查询案件涉嫌人的储蓄存款。税务机关查询所获得的资料，不得用于税收以外的用途。

税务检查派出的人员进行税务检查时，应当出示税务检查证和税务检查通知书，并有责任为被检查人保守秘密；未出示税务检查证和税务检查通知书的，被检查人有权拒绝检查。税务机关调查税务违法案件时，对案件有关的情况和资料，可以记录、录章、录像、照相和复制。

税务机关依法进行税务检查时，有权向有关单位和个人调查纳税人、扣缴义务人和其他当事人与纳税人或者代扣代缴、代收代缴税额的有关的情况，有关单位和个人有义务向税务机关如实提供有关资料及证明材料。

纳税人、扣缴义务人必须接受税务机关依法进行的税务检查，如实反映情况，提供有关资料，不得拒绝、隐瞒。

税务机关对从事生产、经营的纳税人以前纳税期的纳税情况依法进行税务检查时，发现纳税人有逃避纳税义务行为，并有明显的转移、隐匿其应纳税商品、货物以及其他财产迹象的，可以依法采取税收保全措施或者强制执行措施。

纳税人、扣缴义务人逃避、拒绝或以其他方式阻挠税务机关检查的，由税务机关责令改正，可处以 1 万元以下的罚款；情节严重的，处 1 万元以上 5 万元以下的罚款。

第四节　税务信息化建设

所谓信息化，是指现代信息技术在各个领域、各个层次上的应用并以此促进社会生产力的发展，它是通过加快信息高科技的发展及其产业化，提高信息技术在政治、经济、科技、文化教育和军事等社会各个领域的推广应用水平并推动经济和社会更快发展的过程。它以信息产业在国民经济中的比重、信息技术在传统产业中的应用程度和国家信息基础设施建设水平为主要标志。信息化包括信息的生产和应用两个方面：信息生产要求发展一系列高新信息技术及其产业，既涉及微电子产品、通信器材和设施、计算机软硬件、网络设备的制造等领域，又涉及信息和数据的采集、处理、存储等领域；从经济领域看，信息技术应用主要表现为用信息技术改造和提升农业、工业、服务业等传统产业。信息化不仅对世界社会、政治、经济格局产生重大而深远的影响，也将成为一个国家在新世纪能否在经济全球化的竞争格局中求得生存和发展的决定因素。

税务部门作为政府的重要组成部门之一，必须融入国民经济信息化的过程中，因此税收信息化工作极为重要。征管质量和效率较高的西方发达国家和部分发展中国家，无一例外地都运用信息技术加强税收征管，税收征管科技含量较高，其成功经验值得我国借鉴。其中最主要的是大力收缩机构，利用信息系统处理征管业务，高度集中地处理征管信息，实现集中征收。如美国的税务信息处理中心只设 4 个。菲律宾作为发展中国家，税务信息处理中心也只设 5 个，新加坡只设 1 个。而我国税务系统目前有几万个征收点，虽然我国的国情不同，但税收征管的质量和效率与世界先进国家的距离较大，尤其是"数字鸿沟"现象较为严重，我国税务系统在网络建设、征管软件推广使用、征管信息共享等方面还相当滞后，征管的科技含量低，已成了制约税收工作发展的瓶颈，到了非解决不可的程度。由于税收征管工作的共性，我们完全可以借鉴国外税务信息化的成功经验，加快信息化建设，发挥后发优势，从而缩短与先进国家的差距，实现税收征管的跨越式发展。

一、我国税务信息化建设的历程和内容

我国的税务信息化起步较晚，但发展很快。我们对信息化的认识也经历了由浅入深的变化。税收信息化基本肇始于 1994 年的税制改革。确切地讲，由于增值税专用发票的管理，客观上需要借助计算机网络的依托。在国务院领导的大力支持和关怀下，税收信息化渐成气候和规模。起初对信息化的理解比较表面化，满足于文字处理，表格设计，数据录入和信息储存等。很多人理解的信息化就是上计算机，机器操作代替手工操作。1996 年之后，税务系统进一步强调计算机网络的依托作用，加速软件的开发，尤其是金税工程二期上马，使网络的作用初现成效，人们对信息化的理解上升到了网络化、系统化的层面，但仍将信息化简单理解为一种技术手段，将其作用主要理解为提高效率。2001 年之后，通过对金税工程二期的经验教训分析，通过 CTAIS 软件的推广应用，以及税收征管改革的进一步深化，逐步认识到金税工程三期建设的必要性，特别是金税工程三期的远景目标所带来的一系列做法和观念的冲击；认识到信息化首先是规范化，它要求税收业务、税收行政、组织机构等的配套改革，要求人、财、物的适应，要求对习惯做法进行调整，要求按规矩办事。信息化必然带来税收原有格局的调整和新格局的形成，是一场深刻的革命。

（一）金税工程概述

1. 金税工程的定义

20 世纪 90 年代以来，计算机技术与通信技术迅猛发展，尤其是因特网的应用，把人类社会带进了一个崭新的信息时代。税务部门作为国家财政收入的主要职能部门面临着新形势的考验，为了配合财税体制改革，推行以增值税为主体的流转税制度，严格税收征管，堵塞税收流失，1994 年 4 月，以国家税务总局为主，开始实施建设全国增值税专用发票的计算机稽核网络系统，即金税工程。金税工程是税收管理信息系统工程的总称。自 1994 年开始，历经金税一期、金税二期、金税三期工程建设，为我国税收工作取得巨大成就和不断进步做出了重要的贡献。

金税工程是一项全国性的信息化工程，从狭义理解，它包括一个网络和四个系统。一个网络是指正在建设中的国家税务总局、省局、市局、县局 4 级计算机广域网；四个系统是指运行在该网络上的增值税防伪税控开票子系统、增值税专用发票防伪税控认证子系统、增值税交叉稽核子系统和增值税发票协查管理信息子系统。这四个系统在加强增值税管理，有效防范偷税、骗税和虚开发票方面发挥了重要作用。

随着税务信息化建设的深入，有时金税工程也被广义地理解为税务系统运用计算

机技术、网络技术、通讯技术为提高征管质量和决策水平，规范税务执法行为，增强为纳税人服务意识而实施的税务管理信息化建设。它包括：（1）税收业务管理信息化，内容涵盖了所有涉税事务处理的电子化和网络化，增值税计算机管理仅是税收业务管理信息化的一部分；（2）税务行政管理信息化，内容包括办公、人事管理、后勤管理、财务管理等方面的信息化建设；（3）外部信息交换管理信息化，包括加强与国库、银行、海关、工商、财政、审计、企业等方面的联网，并实现多种形式的电子缴税和电子结算；（4）为纳税人提供及时、有效和优质的服务。

目前我们讲的金税工程通常是指加强增值税管理的狭义的金税工程。

2. 实施金税工程的意义

金税工程是国家信息化建设的重点工程项目，在国民经济的飞速发展的形势下，对促进税收现代化进程有着十分重要的意义。

（1）税收管理现代化是税务工作的迫切要求。1994 年我国进行了以增值税为主体的税制改革，增值税成了我国目前税收收入中税额最大的税种，增值税法规贯彻执行的好坏直接影响到税制改革的成败。从理论上讲，增值税是比较严谨的，它是一个完整的链条，从生产到销售的每一个环节都连接得非常紧密。但是，在实际运行过程中，由于凭增值税专用发票抵扣税款，对不法分子伪造、倒卖增值税专用发票偷逃税款产生了巨大诱惑，特别是新税制实施初期，由于征管水平的滞后，该类犯罪行为不断增加，国家税收蒙受巨大损失。存在问题的关键在于企业的经营往往是跨地区的，税务机关面对众多的企业增值税专用发票抵扣联，没有能力和销货方的存根联一一核对，给犯罪分子以可乘之机。金税工程的实施从根本上解决了这一问题，首先对购销双方增值税发票进行数字化处理，利用计算机网络的传输实现数据的共享，然后在一定层面上对同一次开出的发票进行比对，存在问题的发票很容易被发现出来，这一工作过程大部分都是应用软件在网络上完成的，如果不利用现代化的管理手段，地域的限制、巨大的工作量将使这一问题无法解决。因此，人们把金税工程比喻为增值税的"生命线"，没有金税工程，增值税就没有了生命力。

从另一个角度讲，金税工程投入了大量的资金使现有的装备水平得到改善，网络的互连实现了信息的共享，减少了大量的重复手工劳动，提高了工作效率。同时，电子网络技术使税务工作流程更加通畅，各项制度更加完善，大大地减少了税务行为的随意性和暗箱操作，有利于依法治税局面的形成。

（2）现代化科学技术的飞速发展和广泛应用对税务工作提出新的挑战。随着科学技术特别是信息技术的飞速发展，人类进入了一个新的时代。越来越多的企业跨入电子商务的行列，物流的主导地位被信息流和资金流所代替，给税收工作提出了一系列问题，要适应这些变化，未来的税收工作一定要以金税工程为基础，税收的征收管理、税务的行政管理都离不开广义的金税工程，要实现税收的"公平、效率、适度和法治"原则，在税收工作中求得主动，必须大力推进金税工程。

经济的发展使全球经济一体化成为必然。随着我国加入 WTO，我国的税收政策将遵循 WTO 的规则，税法的执行要求进一步规范和高效，只有大力推进金税工程，利用现代手段才能保证适应新形势的变化。

1998 年是我国的政府上网年，政府的根本目的在于全面推动现代科学技术在中国的广泛应用，紧紧抓住历史机遇，提高政府办事效率，全面带动经济的飞速发展。金税工程很好地贯彻了国家的大政方针，在现代化领域起到了带头作用。

（二）金税工程二期的主要内容

金税工程二期的主要内容包括防伪税控开票系统、防伪税控认证系统、增值税计算机交叉稽核系统和发票协查系统。

防伪税控开票系统运用数字密码和电子信息存贮技术，通过强化增值税专用发票的防伪功能，真实掌握企业的销项数据，实现税源监控。该系统适用于一般纳税人。其具体做法是：取消企业手工开具发票，改用计算机打印发票；在打印发票的同时，将发票上的主要数据加密，形成一串密码，并自动打印在发票上。在打印发票的同时，"黑匣子"自动记录发票的金额和税额。若企业逾期不报税，系统自动关闭，不能继续开票。

税务机关使用防伪税控认证系统，利用扫描仪将发票图像自动扫描到计算机中，由智能软件识别出发票密码，再由密码系统将密码还原成参与加密的数据并与发票票面信息一一比对，从而判别发票的真伪。纳税人购进货物取得的专用发票，必须经税务机关认证无误后才能作为合法抵扣凭证。

增值税计算机交叉稽核系统利用计算机网络进行增值税专用发票信息稽核，动态监测企业纳税情况。该系统以防伪税控系统为数据采集手段，接收认证、报税系统生成的发票数据，建立失控作废发票库以及进销项专用发票数据库，利用计算机网络将购货方的专用发票抵扣联与失控作废发票比对，再与销货方的存根联比对，发现属于失控、作废以及只有抵扣联而没有存根联、抵扣联与存根联内容不相符等异常发票，移送协查系统进行协查。该系统利用覆盖全国税务机关的广域网站，通过全面数据采集和地市、省税务局及国家税务总局的三级稽核，有效提高了增值税的征管质量。

发票协查系统的作用是，对有疑问的和已证实虚开的增值税专用发票案件信息，认证系统和稽核系统发现涉嫌违规的专用发票，以及协查回复的专用发票信息，通过税务系统内部网络逐级传递，国家税务总局通过该系统对协查工作进行监督和管理，提高增值税专用发票协查速度和回复率，确保查处工作的质量。

金税工程二期取得初步成效。到 2001 年年底止，除防伪税控开票系统正在推行外，其余三个系统基本推行到位，并取得初步成效。

（三）金税工程三期的主要内容

金税工程三期的意义。金税三期工程的实施将带来积极的影响：一是优化纳税服务，通过信息网络为纳税人提供优质、便捷、全方位的税收服务；逐步实现纳税人可以足不出户轻松办税，从而大大减轻纳税人办税负担。二是统一国、地税核心征管应用系统版本，实现业务操作和执法标准统一规范，促进税务部门管理职能变革；实现全国数据大集中，利用及时全面准确的数据信息，提高决策的科学化水平和税收征管水平，有效降低税收成本。三是有力地推动国家电子政务建设，促进政府部门间信息共享和协作，为提高国家宏观经济管理能力和决策水平提供全方位支持，从而对国家的经济建设和社会发展产生积极而重要的作用。

1. 金税工程三期建设的总体目标

金税三期工程确定了"一个平台、两级处理、三个覆盖、四类系统"的工作目标，将建成一个年事务处理量超过 100 亿笔、覆盖税务机关内部用户超过 80 万、管理过亿纳税人的现代化税收管理信息化系统。

"一个平台"：建立一个包含网络硬件和基础软件的统一的技术基础平台。实现覆盖税务总局、国地税各级机关以及与其他政府部门的网络互联；逐步建成基于因特网的纳税服务平台。

"两级处理"：依托统一的技术基础平台，建立税务总局、省局两级数据处理中心和以省局为主、税务总局为辅的数据处理机制，逐步实现税务系统的数据信息在税务总局和省局集中处理，实现涉税电子数据在税务总局、省局两级的集中存储、集中处理和集中管理，使业务流程更加简化，管理和监控更加严密，纳税服务更加简便，系统维护更加便捷，系统运行更加安全。支持数据总体分析，实现宏观分析与微观分析相结合、全局分析与局部透视相结合，全面提升数据综合利用水平，提高决策支持能力。

"三个覆盖"：应用信息系统逐步覆盖所有税种，覆盖税务管理的重要工作环节，覆盖各级国、地税机关，并与有关部门联网。

"四类系统"：通过业务的重组、优化和规范，逐步形成一个以征收管理和外部信息为主，包括行政管理和决策支持等辅助业务在内的四个信息管理应用系统。重点建立以税收业务为主要处理对象的征收管理系统，以外部信息交换和为纳税人服务为主要处理对象的外部信息系统，并配套建设以税务系统内部行政管理事务为处理对象的行政管理系统和面向各级税务机关税收经济分析、监控和预测的决策支持系统。

2. 金税三期优化系统的主要特点

一是实现业务规范统一化、税收管理规范化和制度化。金税三期优化系统通过统一税务标准代码体系，实现税务事项及类型的规范统一；通过统一表单文书标准，实现全国范围内的数据采集和利用；通过统一业务需求规范，统一编写业务工作手册，形成体系相对完整、逻辑相对严谨、覆盖面广的业务需求，并按照业务需求开发金税三期优化系统，税收管理更加规范化和制度化。

二是覆盖全业务。金税三期优化系统业务框架实现了全覆盖：覆盖各层级国、地税机关征管的全部税（费）种，覆盖对纳税人税务管理的各个工作环节。

三是简化涉税事项。金税三期优化系统以简捷高效为目标，优化重组业务，明确受理即办事项，精简处理环节，实现税务事项的多业务处理模式。以流程管理为导向，实现"工作找人"。将执法结果监督转变为过程控制，规范统一执法。以"减轻纳税人不必要的办税负担、减轻基层税务机关额外的工作负担"为原则，简并了涉税事项、流程和表单。

四是加强纳税遵从风险管理。引入风险管理理念，将提高税法遵从度作为税收管理的战略目标；立足于风险防范，着眼预警提醒，聚焦高风险领域和对象。

五是建设信息化纳税服务平台。金税三期优化系统引入以纳税人为中心的业务理念，突出个性化服务，建设能提供多种渠道组合的、协同服务的信息化服务平台。为纳税人提供多样化的服务手段和统一的服务内容，能够提供网上、电话等多种办税服务渠道以及提供涉税事项处理、信息查询、推送与发布、双向交流互动等全方位的服务，从而满足纳税人多方位的纳税服务需求。

六是实现信息共享和外部涉税信息管理。金税三期优化系统通过建设国税、地税统一标准的核心征管应用系统，实现国地税业务交互、信息实时共享，加强共管户的管理，实现联合登记、联合双定户核定、联合信用等级评定、申报信息共享，提高双方信息采集准确率，达到国地税双方强化税源管理、提高税源管理水平的目的。并通过双方信息的共享共用，优化办税程序，减轻纳税人的税收负担，提高纳税服务水平。以外部涉税信息交互为基础，充分利用现代信息技术手段，构建全国统一的外部信息管理系统和信息交换通道，形成以涉税信息的采集、整理、应用为主线的管理体系，为强化税源管理提供外部信息保障。

七是推进全员建档管理模式。金税三期优化系统针对所有办理涉税（费）事项的组织和自然人建立税收档案，确认组织和自然人唯一有效身份证明，并在国地税通用，改变了以往基于税务登记制度的税收建档模式，实现税收全员建档。将全员建档管理模式全面应用于各业务流程的业务处理过程中，为管理决策系统实现一户式电子档案查询奠定基础。此外，把自然人纳入税收建档的范围，强化自然人税收征管，为即将建设的全国统一个人税收管理系统，开展的个人所得税综合税制改革、财产税深化改革等奠定前期基础和提供数据准备。推进自然人税收管理，基于现行税制和对个人税收管理的实践探索，实现对自然人的建档管理和信息共享，增加财产登记与投资管理、纳税信用等级管理、一户式档案查询等自然人税收管理的内容，建设自然人数据库，为个人所得税、财产税管理提供手段支撑。

八是推进财产一体化管理。金税三期优化系统从精细化管理的角度出发，严格按照现行政策，提出了房地产税收一体化管理和车船税收一体化管理的要求，借助信息化手段，实现了跨税种、跨纳税环节的信息共享，深化了税收管理的颗粒度，将以前停留在纳税人层级的管理深入到纳税人所拥有的财产层级。以房地产一体化管理为例，分土地使用权取得环节—房地产开发或建筑环节—房产交易环节—房地产保有环节共四个环节进行管理，不动产项目按照土地受让申报—土地登记—不动产项目登记—建筑业项目登记—开发产品登记—销售房屋的信息采集—房产交易税费申报—土地增值税清算—项目注销等任务流一步步进行，以"税源管理编号"保持不变为抓手，实现全过程控制，使申报纳税、征收管理更严谨规范。

（四）开发并试点运行全国统一征管主体软件（CTAIS）

税收信息化建设是新型税收征管模式的依托，是税收征管改革能否进一步深化的关键，因此，国家税务总局加快开发、运行 CTAIS 的步伐。2001 年在浙江、山东、河南和深圳"三省一市"国税系统开展以省市为单位的试点工作，2002 年年初已经在 60 多个地级市成功运行。

1. CTAIS 的功能

CTAIS 是面向全国各级税务机关税收征收管理，以基层税收征管为核心，以城域网为背景的城市级大型应用系统，立足于国税需求，兼顾地税的可扩充性，内容涵盖税收征管操作、管理和辅助决策。CTAIS 涉及基层事务处理、管理监控和辅助决策等各个税收征管环节的业务，提供了管理服务、征收监控、税务稽查、税收法制及税务执行等五个系列的基层税收征管系统和市税务局一级的管理与监控系统。

市税务局一级的税收征管系统是 CTAIS 从事务操作型向管理型迈进的有力举措。市税务局一级的业务除了完成地市一级税务机关正常的日常事务性业务之外，主要提供对基层税收征管状况全过程的统计查询，运用对比和构成等方法对基层的征管情况进行分析，同时预制了对基层征管质量考核和报表管理等功能，以强化该系统在税收管理中的分析监控及辅助决策等作用。

基层税收征管软件是市税务局级税收征管软件的基础，市税务局级税收征管软件是基层税收征管软件在高一层次的体现，不仅在形式上体现了业务的连续性和可操作性，而且表现了数据内涵的浓缩性，也就是说，市税务局级需求更突出了其管理监控的地位。

2. CTAIS 的特点

CTAIS 与以前各省市税务局分散开发的征管软件相比，具有以下特点：

（1）全面性。一是业务涵盖面广。从大的方面说，税种上包含了现行税制所有的国税税种，管理内容上不仅涵盖了从纳税人办理开业登记履行纳税义务到申请复议赔偿全过程，而且实现了税务机关从基层到市税务局的内部管理；从微观看，支持各种申报方式（上门申报、自核自缴、邮寄申报、电子申报）、各种缴款方式（现金、支票、信用卡等）、各种会计核算单位（上解、入库、双重、混合）。同时，一般综合征管软件较少涉及的内容（证件管理、资料档案管理、计算机选案打分、稽查案卷管理、市局级业务等）在 CTAIS 中能够整体实现。二是数据采集面广、支持多方式采集。CTAIS 除开展税收征管业务采集大量的纳税人信息外，还留有充分的接口，用于与其他各部门的信息交换。同时还支持手工录入、OCR 光电扫描、磁盘传递、IC 卡录入等多种采集方式。

（2）规范性。一是开发依据规范。业务规范是软件开发得以顺利实施的基本条件，业务规程和业务需求集现行税法于一体，并充分征求了各级税务机关的意见，在规范上下了一番苦力。二是开发过程力求规范。无论是封闭开发还是后续测试和试运行，业务人员与开发人员并肩作战，保障业务规范得到准确贯彻和实现。三是开发结果规范。主要体现在：①将政策规定预制到软件中，通过软件应用规范征管行为；②就软件自身建立了重重监控关系，给应用者增加了约束；③通过市税务局级软件的功能，强化对基层监控和管理，无形中增强了基层的规范程度。

（3）实用及操作简便性。一是系统模块动态连接。CTAIS 模块化程度较高，为实现系统的模块动态连接提供了条件。也就是说，相同功能的模块，只要做统一开发即可按业务需求挂接到所需的位置。二是界面友好。界面友好是软件的基本要求，但要真正实现可谓众口难调，就 CTAIS 而言难度就更大，因为该软件应用面广，操作者水平不一，业务复杂程度高，且内部监控形如蜘蛛网。CTAIS 的界面友好性体现在两个方面，即不仅界面和规程与需求中的近千份原始表证单书基本保持一致，而且将相关功能尽可能集在一起，避免过多切换界面带来操作不便。三是解放烦琐的手工劳动。税收征管中大量的烦琐手工劳动通过应用 CTAIS 得到了解脱，以前需要一天乃至几天的工作现在只需要按一键即可完成。四是适用于多种岗责体系下的权限设置。目前全国税务系统尚未有统一的机构模式和岗责体系，CTAIS 充分利用了系统模块化的集成加上岗位和用户组设置的有机连接，支持多种岗责体系下的权限设置，为统一全国税收信息系统奠定了基础，也提高了其实用性。

（4）数据完整可靠和可校验性。一是建立完整的权限管理机制。CTAIS 建立了一套完整的权限管理机制，谁能进入系统、能够操作哪些模块、能够查询哪一级数据、能够修改哪些数据，系统进行了严格的控制，以保证数据的安全性和可靠性。二是数据入口唯一。CTAIS 尽量保证数据入口的唯一性，例如税务登记信息在登记环节录入后，在其他业务环节自动带出，无须也不允许其他操作员重复录入同一信息。三是建立了完整的底层结构体系。数据是否完整不仅取决于数据录入量的大小，更重要的是后台数据库的数据保存量。为保证所有必录信息完整录入系统，CTAIS 在录入界面提供绿色必录标志，如果不录必录项，数据无法存盘并提示操作员补充录入。同时 CTAIS 底层建表1000多个，为数据的完整性奠定了基础。四是数据有效性检查和数据的互验可通过市税务局与基层、基层不同模块指标数据比对，实现数据互验，以保证数据的准确程度。

（5）先进性。一是工具化。市税务局级的统计查询、分析监控、质量考核和报表管理除少量带有特殊性外，大部分有共性可循，为此 CTAIS 尽量通过技术手段建立模板，以相对固化的形式寻求最佳实现途径。二是建立指标体系雏形，为综合数据库的建立奠定了基础。指标体系雏形是由基层的操作型数据，经过滤、净化、综合、整理抽取得到。指标按照其存储的综合程度分为年、月、日不同的综合级别。

（6）监控严密性。具体内容包括：一是各环节间的监控。二是每环节内部各模块与相关环节、模块的监控。

CTAIS 的试点和应用推广，与金税工程二期相配合，为金税工程三期的顺利实施，奠定了坚实的技术和观念基础。

（五）其他配套建设工程

1. 逐步推行税控装置

推广使用税控装置，是许多发达国家普遍采用的成功做法，它可以加强税源监控，提高税收征管能力，规范税收征管行为，堵塞税收漏洞。税控装置主要有税控收款机、税控加油机和税控计价器三种，目前都在进行不同程度的试点和推行，尤其是新税收征管法第 23 条确立了安装税控装置的法律地位后，推行工作取得更快进展。

（1）在部分行业推广税控收款机。近几年来，随着我国市场经济的快速发展和科学技术水平的不断提高，许多商业、服务业、娱乐业等行业运用计算机和收款机等技术手段，加强财务管理和监督，大大提高了企业现代化管理水平，同时也为我国推行使用税控收款机创造了必要条件。为进一步加强税收征管和财务监督，保障国家税收收入，维护正常的社会经济秩序，提高纳税人财务管理水平，1997 年 5 月，国家税务总局、财政部、国内贸易部、电子工业部和国家工商行政管理局联合发出关于在商业、服务业、娱乐业推行使用税控收款机的通知，在部分省市进行推广应用税控收款机的试点，这也是金税工程的一个组成部分。到 2001 年年底止，税控收款机系统主要装备在商业、服务业、娱乐业等行业中适合使用收款机的小规模企业和有一定经营规模及有固定场所的个体工商业户，它可以将全部应纳税商业活动数据记录在不可更改的存储器中，便于税务部门检查、管理和监控税源，以减少和防止税收流失。

（2）在出租汽车行业推广使用税控计价器。税控计价器是具有可靠存储和显示运行数据并可自行打印发票的计价器。近年来，出租汽车行业得到迅速发展，由于出租汽车都是单车运营，给行业管理和税收征管带来很大难度，为规范出租汽车行业管理，加大税收监控力度，保障乘客的合法权益，提高服务水平，1998 年 4 月建设部、国家质量技术监督局和国家税务总局发出关于逐步推广使用出租汽车税控计价器的通知，决定在大中城市出租汽车行业逐步推广使用税控计价器。从推广效果看，推广地区不仅具有遏制黑车的作用，税收收入也大幅度增长。

（3）在加油站推广税控加油机。1999 年年初，国务院办公厅转发国家经贸委等部门关于清理整顿小炼油厂和规范原油成品油流通秩序意见的通知中指出，经清理整顿合格的加油站，必须安装税控装置或具有税控功能的加油机。为此，国家税务总局和国家质检总局联合下发了关于加油机安装税控装置和生产使用税控加油机有关问题的通知，在全国加油站推广安装税控加油机工作。据统计，截至 2001 年年底，全国共有加油站 74495 个，加油机 257605 台，已经实行税控改造的共有 189257 台，占应改造的 73.4%，其中：安装税控装置的加油机 123765 台，更换税控加油机 65492 台。后来，基于税控加油机的控税作用不理想，就停止了推广。

2. 开发建设出口退税信息系统

针对出口骗税行为一度猖獗的问题，税务系统早在 1993 年就已实行出口退税计算机管理，以提高税务机关审核出口退税的准确性，打击出口骗税活动。在海关、外贸、外汇管理等部门配合下，税务机关开始利用来自权威部门的海关报关电子信息和外汇核销电子信息进行出口退税审核工作，大大提高了审核工作质量，使出口骗税猖獗势头得到有效遏制和打击。几年来，各级税务机关每年都要进行数百万条海关报关单信息和数百份出口退税专用税票信息的收集使用，出口退税工作已步入现代化轨道。

3. 开发应用税收行政管理信息系统

为提高税务机关内部管理效率，国家税务总局陆续开发和推行了"公文处理系统""局秘办公系统""税收快报综合查询系统""信息采编系统""税收旬报上报与汇总系统""税收法规检索系统"等应用系统，其中"公文处理系统"和"税收法规检索系统"已在全国范围内进行推广，国家税务总局已实现与全部省级税务机关的远程公文传递，大大提高了各类信息的传递速度。

二、建设金税工程三期，加快中国税务信息化步伐

（一）金税工程三期建设的必要性

以金税工程二期为重点的税务信息化建设，在确保税收收入持续增长，打击偷骗税和加强队伍建设方面已发挥了重要作用。但是，从整个税收工作来说，金税工程建设依然任重道远。

1. 税务信息化覆盖范围还比较小，税收管理工作的潜力有待通过税收信息化建设进一步挖掘

一是增值税内部管理系统及相关系统需要整合。金税工程二期对增值税的管理，覆盖不全，尚留有较大缺口，这对链条式管理要求较高的增值税来讲，其功能的充分发挥受到影响。

二是对国税部门其他税种的管理需要整合。国税系统的其他税种仍未实现信息化管理。

三是国税、地税系统信息化建设需要整合。相对国税系统讲，地税信息化建设滞后，基本没有实现网络化运行，需要尽快纳入统一的金税工程之中。

四是税收行政管理与税收业务管理两大系统需要整合。行政管理系统仍比较零散，税收行政管理系统与税收业务管理系统缺乏内在的沟通和联系，没有形成一个统一体。

五是税务系统内外需要整合。税收管理许多信息源自海关、外汇、银行、工商等各有关部门，必须尽快实现联网，才能真正信息共享，发挥网络的有效作用。

可以说，在新的历史时期，税收管理水平的大幅度提高有赖于网络技术的应用。通过建设金税工程三期，将建立一个在重组税收业务流程和组织机构基础上，基于网络信息技术，覆盖国税和地税所有税种以及税收工作所有环节的功能强大、监控有效、全国联网的中国税务信息管理系统。这一系统的建立，将实现我们多年来梦寐以求的目标：规范业务流程，促进依法治税，减少执法随意性，强化税收监管，防范和打击涉税犯罪，提高工作效率，提高服务水平，加强队伍建设。

2. 金税工程作为我国电子政务的有机组成部分，具有不可替代的作用

经济的全球化和中国向市场经济的转轨以及加入世贸组织，都对中国政府提出严

峻的挑战，要求政府进一步转变职能，充分运用先进的信息技术手段，发展电子政务，用电子网络技术来制约政府行为的随意性和暗箱操作，加快廉洁高效政府的建设。税收管理是国民经济宏观调控的重要内容之一，金税工程也将成为中国电子政务的核心系统之一，是加入世贸组织后，中国政府缩小与发达国家信息鸿沟的有效措施。金税工程三期的实施，将改善对纳税人的服务形式和手段，有利于培养税务人员的规范执法意识，进而改善政府形象。对违法纳税行为的有效防范，将有利于全社会守法意识的养成。而且，由于税收有关信息，直接与广大的纳税人相关，来自第一线，具有真实性和不可替代性，对这些数据信息的掌握和分析，必将为政府实施对经济社会的有效管理提供强大的支持。

（二）金税工程三期的总体思路

面对税务信息化建设存在的上述问题，必须理清思路、确定目标、加快速度、确保质量。首先是理顺思路，金税工程三期的总体思路是：

1. 把握趋势

要有前瞻意识，注重技术开放性和技术先进性，同时要考虑信息技术发展对税收征管以及行政管理的作用和要求，推进税收业务以及行政管理的重组和工作规程的优化。

2. 兼顾现实

虽然信息化建设已初具规模，但多种应用系统单独作战，缺乏统一规划，信息无法共享。因此，税收信息化建设必须兼顾现状。对各个应用系统进行改造和完善，不能片面追求最新技术和产品，要最大限度地利用已有的设备资源和信息资源。

3. 统一规划

税务信息化建设是一个整体性、系统性极强的工作，要科学地进行规划，打破项目壁垒，对系统的软件、硬件平台和应用系统等制定统一的标准规范和安全策略，使税务信息系统形成一个统一协调的整体。

4. 逐步实施

税收信息化是一个庞大、复杂而艰巨的系统工程，不可能一蹴而就，要按照信息系统一体化的思路，区分轻重缓急，区分国税和地税，区分东部和西部，分步实施。

（三）金税工程三期的总体目标

金税工程三期要实现"一个网络、一个平台和四个系统"的总体目标。也就是建立基于包含网络硬件和基础软件的统一规范的技术基础平台，依托税务系统计算机广域网，以国家税务总局为主、省税务局为辅，高度集中处理信息，所有工作环节、国地税局与有关部门联网，功能覆盖各级税务机关税收业务、行政管理、决策支持、外部信息应用等所有职能的功能齐全、协调高效、信息共享、监控严密和安全稳定、保障有力的税收信息系统。

（四）金税工程三期的工作内容

金税工程三期由4个系统组成，一是以税收业务为主要处理对象的税收业务管理应用系统，包括税收征管主体软件、出口退税电子化管理系统和税源监控管理系统等；二是税收行政管理应用系统，包括公文处理、税收法规查询、人事管理、财务管理、后勤管理等系统；三是税收决策支持应用系统，包括建立在综合数据交换处理系统之上的税收预测、分析等辅助决策应用系统；四是外部信息应用管理系统，包括对互联网、各级政府和有关部门以及纳税人信息的采集和使用等。为完成上述任务，要做好以下工作：

1. 构建一体化应用系统平台和公用组件

要构建一个统一协调的应用系统平台，既能满足税收信息化目标的要求，又能满足现有税收业务和其他应用系统整合的需要。与此同时，加快文书流转、报表生成、统一查询、分析监控等公共应用功能模块的开发。

2. 加快税收行政管理应用系统的建设

要优先满足办公自动化应用的需要，以确保与全国各部委的同步；要加大推广力度，充分利用现有的四级网络，采取自上而下的推行方式，将经过优化的行政管理应用软件在全国税务系统推行，逐步实现全国税务系统行政管理应用系统的全面整合和统一。

3. 建立统一的数据交换平台，加快数据中心的建设，实现高度集中处理信息的目标

首先，要搭建国家税务总局、省税务局和地市局统一数据交换平台；其次，要充分利用现有网络、设备和应用软件等条件，按照统一的数据结构和标准，将税收业务和行政管理等信息全部集中存储于地市局级，并利用统一规范的数据交换平台逐级向省税务局和国家税务总局数据中心传递当前所需信息；第三，在完善地市数据中心建设，提高数据采集、处理质量的同时，省税务局数据中心基本完成所有税收信息的集中存储及基本业务集中处理的建设，国家税务总局数据处理中心完成全国税收信息的集中存储及重要信息集中处理的建设；最后，全国完成以国家税务总局为主省税务局为辅高度集中处理信息，全面实现税收住处共享、强化自上而下的管理和监督、促进依法治税的建设目标。

4. 加快决策支持管理应用系统建设

要通过税收数据模型和综合数据库的建立，全面分析税收工作的基本数据元素和运行规律，自上而下搭建面向税务部门各级领导进行综合查询及辅助决策的决策支持管理应用系统。与此同时，要在一体化建设的总体规划下，加快国家税务总局数据库的建设，从统计报表、重点税源、一般纳税人和增值税专用发票等重点税收信息的提取和分析入手，实现数据整合和共享，尽快满足国家税务总局重点决策分析的需要。

5. 巩固、完善、拓展金税工程功能，促进税收业务应用系统的完善和统一

一是采取组件化、搭积木的方式完成对防伪税控开票系统、认证系统、交叉稽核系统、发票协查系统进行升级和对一般纳税人认定系统、防伪税控发票系统、发票发

售系统进行拓展，对增值税评估系统的业务需求、技术需求进行研究设计，使升级和拓展后的金税工程软件都在统一规范的应用系统平台上运行，既能满足金税工程需要，又能作为税务信息系统一体化的组件。二是按照以省为单位统一推广征管主体软件的策略，要在选择有代表示范作用的部分省、市进行推广的同时，优先考虑在尚无全省统一征管软件或仅有低平台征管软件的省份进行推广，既可以解决这些省没有税收征管软件的燃眉之急，又可以省为单位覆盖各个单项应用软件，实现税收业务应用软件的统一，还利于充分利用四级网络，加快税务信息的纵向贯通与共享。三是在对统一征管软件进行全面升级优化时，要按照一体化建设的要求，充分考虑与行政应用系统衔接，国税、地税业务需求等情况，充分利用已构建的一体化应用系统平台和共用组件进行升级优化和移植。

6. 在以上几项工作的基础上，进行总体开发建设

金税工程是涵盖所有税种，贯穿征管各个环节和全过程的税收信息化，金税工程二期只是金税工程的一个组成部分。金税工程三期就是在对金税工程二期四个系统进行功能整合、技术升级和业务与数据优化的基础上，实现对增值税专用发票和税款的全面监控，并通过各个税种、各个环节、各个方面的业务整合和全面网络化，全面覆盖基层国税、地税系统的税收征管业务处理，同时满足市税务局、省税务局和国家税务总局各级管理层的监控、分析、查询和辅助决策需求，从而实现对纳税人的综合管理和全面监控，实现上级对下级机关征管业务的全面监控，实现国、地税信息共享以及与外部门的信息共享。

总之，要按照一体化建设的总体设计，完成税收业务、行政管理、决策支持、外部信息管理应用系统的整合与建设后，实现一个网络、一个平台、一套数据标准基础上的统一税收信息系统。所有操作人员仅需进入一个应用系统即可完成各自负责的所有工作，所有数据仅需录入一次就能实现信息共享，所有工作都能在统一风格的界面进行展示，所有工作业绩的考核都能通过系统自上而下地进行，所有领导者可以最大程度地利用计算机提供的各种信息进行科学决策。

关键术语

税收征收管理　税收法律体系　纳税申报　查账征收　查定征收　查验征收
定期定额征收　代扣代缴征收　委托代征　税务稽查　金税工程　信息化 CTAIS
防伪税控开票系统　增值税计算机交叉稽核系统　税控装置　金税工程三期

思考题

1. 我国的《税收基本法》应包括哪些内容？

2. 我国现行税务管理机构如何设置？各自的征管范围如何划定？

3. 为什么说国、地税机构的合并是必然趋势？你认为多久会实施？在这之前，我国的税收征管体制阶段性的改革方案应怎样制定？

4. 我国先后采取过哪些税收征管模式？这些税收征管模式分别有哪些优点与缺陷？

5. 什么是金税工程？实施金税工程有何重要意义？

6.《税收征管法》对工商行政管理机关和金融机构分别规定了哪些护税协税义务？

7. 金税工程三期的主要内容是什么？

8. 纳税人违反税务征管法应承担什么样的法律责任？

第十六章
税务代理

从世界范围来看，一般认为，日本是最先实行税务代理制度的国家。进入 20 世纪以后，许多国家和地区都先后建立了各自的税务代理制度，不同国家和地区的国情有别，其税务代理制度也各不相同。我国的税务代理制度始建于 20 世纪 80 年代中期。1992 年 9 月由全国人大常委会通过的《中华人民共和国税收征收管理法》，明确规定"纳税人、扣缴义务人可以委托税务代理人代为办理税务事宜"，这为我国税务代理的发展提供了法律依据。1994 年国家税务总局颁发了《税务代理试行办法》，税务代理开始启动。1996 年人事部和国家税务总局联合下发了《注册税务师资格制度暂行规定》，在税务代理行业实行执业准入制度。这标志着注册税务师执业资格制度在我国正式确立。2005 年，《注册税务师管理暂行办法》的出台标志着税务代理行业进入了一个规范发展时期。当然，税务代理行业的发展也不是一帆风顺的。2013 年 11 月，十八届三中全会通过了《中共中央关于全面深化改革若干重大问题的决定》，我国开始进行新一轮改革，简政放权、放管结合、优化服务，成为政府治理方式改革的热点。简政放权系列举措稳步推出，其中行政审批制度改革措施中涉及大量税务管理内容，对税务代理行业产生巨大、深远的影响，再一次进入行业转型期。但税务代理行业依然保持着存续、发展的基本条件，行业有专长，市场有需求，客户有需要，这决定了税务代理行业依然有着广泛的发展前景。经过三十年的发展，税务代理已形成了一定的规模和日渐清晰的行业特色。截至 2015 年，全国税务师事务所有 5600 多家，税务师 13 万多人，从业人员突破 10 万人，年服务纳税人超过 230 万户，营业收入总额 149.98 亿元。2016 年 11 月 12 日，2016 年度全国税务师职业资格考试在全国开考，全国共设有 37 个考区（含香港地区）、217 个考点和 2097 个考场。报名人数达 17.6 万人，比 2015 年度增加 4%。本章重点介绍税务代理、税务代理人、税务代理机构的概念，以及税务代理的原则、代理范围、法律关系和责任。通过本章学习，使学生对税务代理的行业、职业的基本内容、相关法规有一个概括的认识。

第一节　税务代理概述

一、基本概念

（一）税务代理

税务代理，是指税务代理人在法定的代理范围内，接受纳税人、扣缴义务人的委托，代为办理税务事宜的各项行为的总称。税务代理是代理业的一个组成部分，具有代理的一般共性，属于民事代理中委托代理的一种。税务代理根据代理权限范围的不同可分为全面代理、单项代理或临时代理。

（二）税务代理人和税务代理机构

1. 税务代理人

税务代理人是指具有丰富的税收实务工作经验和较高的税收、会计专业理论知识以及法律基础知识，经国家税务总局及其省、自治区、直辖市国家税务局批准，从事税务代理的专门人员及其工作机构。税务师是在中华人民共和国境内依法取得税务师执业资格证书，从事涉税服务和鉴证业务的专业人员。税务师的工作机构是按规定设立的承办税务代理业务的机构。税务师执业，应当加入税务师事务所。

（1）税务师资格的取得。税务师执业资格考试实行全国统一大纲、统一命题、统一组织的考试制度。原则上每年举行 1 次考试。

（2）税务师的登记。凡经考试合格取得《中华人民共和国税务师执业资格证书》（以下简称资格证书）的人员，应当持资格证书到所在地的省局管理中心办理备案手续。省局管理中心审核后，对在税务师事务所执业满二年的，给予执业备案，在证书备注栏加盖"执业备案"章；对在税务师事务所执业不满二年或者暂不执业的，给予非执业备案，在证书备注栏加盖"非执业备案"章。

2. 税务代理机构

我国的税务代理机构应该是税务师事务所和经有关主管部门批准可以从事税务代理业务的其他机构，如会计师事务所、律师事务所、审计师事务所、税务咨询机构等。一个税务师只能加入一个税务代理机构从事税务代理业务。

（1）税务师事务所。税务师事务所由税务师出资设立。税务师事务所的组织形式为有限责任制税务师事务所和合伙制税务师事务所，以及国家税务总局规定的其他形式。设立税务师事务所应具备一定数量的专职从业人员，其中至少应该有 5 名以上税务师。设立税务师事务所应向主管审批部门提出申请，并提交以下资料：事务所的名称、组织机构、业务场所，事务所主要负责人、从业人员、税务师的有关情况及证明材料，事务所的有关规章制度、合同、协议书，主管审批部门要求提供的其他证明材料。经批准设立的税务师事务所，应当严格遵守国家财经纪律，独立核算、自负盈亏、依法纳税。

（2）其他机构。经有关主管部门批准可以从事税务代理业务的会计师事务所、律师事务所、审计师事务所、税务咨询机构，必须在本机构内部设立专门的税务代理部门、配备 5 名以上专职的税务师，方可从事代理业务。同时应向审批机关提出书面申请，并报送有关资料。

二、税务代理的基本特征和原则

（一）税务代理的基本特征

1. 主体资格的特定性

在税务代理法律关系中，代理行为发生的主体资格是特定的，作为代理人一方必须是经批准具有税务代理执业资格的税务师和税务师事务所。不符合上述条件的单位和个人均不能从事税务代理业务。作为被代理人一方必须是负有纳税义务或扣缴税款义务的纳税人或扣缴义务人。

2. 法律约束性

税务代理不是一般意义上的事务委托或劳务提供，而是负有法律责任的契约行为。税务师与被代理人之间的关系是通过代理协议而建立起来的，代理人在从事税务代理活动过程中，必须站在客观、公正的立场上行使代理权限，且其行为受税法及有关法律的约束。

3. 内容确定性

税务师的税务代理业务范围，由国家以法律、行政法规和行政规章的形式确定。税务师不得超越规定的内容从事代理活动。除税务机关按照法律、行政法规规定委托其代理外，税务师不得代理应由税务机关行使的行政职权。

4. 税收法律责任的非转嫁性

税务代理是一项民事活动，税务代理关系的建立并不改变纳税人、扣缴义务人应承担的、其本身固有的税收法律责任。在代理活动中产生的税收法律责任，无论出自纳税人、扣缴义务人的原因，还是由于代理人的原因，其承担者均为纳税人或扣缴义务人，而不能因建立了代理关系而转移征纳关系，即转移纳税人、扣缴义务人的法律责任。但是法律责任的不转嫁性并不意味着税务师在代理过程中可以对纳税人、扣缴义务人的权益不负责任，不承担任何代理过错。若因代理人工作过失而导致纳税人、扣缴义务人不必要的损失，纳税人、扣缴义务人可以通过民事诉讼程序向代理人提出赔偿要求。

5. 有偿服务性

税务代理是我国社会主义市场经济服务体系的一个重要组成部分。税务代理业是智能型的科技与劳动相结合的中介服务行业。它以服务为宗旨，以社会效益为目的，在获取一定的报酬的前提下，既服务于纳税人、扣缴义务人，又间接地服务于税务机关。

（二）税务代理的基本原则

税务代理是一项社会性的中介服务，涉及纳税人、扣缴义务人及国家的利益关系，比较复杂。为了使税务代理事业健康发展，《税务代理试行办法》明文规定："税务代理人实施税务代理行为，应当以纳税人、扣缴义务人自愿委托和自愿选择为前提，以国家税收法律、行政法规为依据，独立、公正执行业务，维护国家利益，保护委托人的合法权益。"据此，税务代理必须遵守以下基本原则：

1. 依法代理原则

法律、法规是任何活动都要遵守的行为准则，税务代理人承担一切业务都要以法律、法规为指针，严格按照法律、法规的有关规定全面履行职责，不能超越代理范围和代理权限。只有这样才能既保证国家的税收利益，维护税收法律、法规的严肃性，又有效地保护纳税人的合法权益，同时使其代理成果被税务机关所认可。因此，依法代理是税务代理行业生存和发展的基本前提。

2. 自愿有偿原则

税务代理属于委托代理，税务代理关系的产生必须以委托与受托双方自愿为前提。纳税人、扣缴义务人有委托和不委托的选择权，也有选择委托人的自主权。如果纳税人、扣缴义务人没有自愿委托他人代理税务事宜，任何单位和个人都不能强令代理。代理人作为受托方，也有选择纳税人、扣缴义务人的权利。可见，税务代理当事人双方之间是一种双向选择形成的合同关系，理应遵守合同中的自愿、平等、诚实信用等原则。税务代理不仅是一种社会中介服务，而且是一种专业知识服务，税务代理人以自己的专业知识和技能为征纳双方服务，理应得到相应的报酬，这种报酬应依照国家规定的中介服务收费标准确定。

3. 客观公正原则

税务代理人在实施代理过程中，必须站在客观公正的立场上，既要维护纳税人、扣缴义务人的合法权益，又要维护国家的税收利益。因此，税务代理必须坚持客观公正原则，以服务为宗旨，正确处理征纳矛盾，协调征纳关系。在税务代理过程中，既要对被代理人负责，又要对国家负责，代理行为既要符合国家法律、法规的规定，又要符合被代理人的意愿，而不能偏向任何一方。

4. 严格管理原则

税务代理人既然是独立行使代理权限，其服务又是有偿的。为了保证它的客观公正性，其代理行为必须有国家的严格管理和监督，包括明确代理人的业务范围、代理资格的认定、代理权限以及代理责任等。

三、税务代理的作用

税务代理是税务机关和纳税人之间的桥梁和纽带，通过具体的代理活动，不仅有利于纳税人正确履行纳税义务，而且对国家税收政策的顺利贯彻落实具有积极作用。

（一）税务代理有利于促进依法治税

依法治税，是税收工作的基本原则。依法治税的基本要求是税务机关依法行政，纳税人、扣缴义务人依法纳税。推行税务代理制度，选用熟悉财税业务的专家作为沟通征纳双方的桥梁，以客观公正的立场协调征纳双方的行为，帮助纳税人准确及时地缴纳税款，并监督纠正征纳双方可能的背离税法规定的行为，将有利于推进我国依法治税的进程。

（二）税务代理有利于完善税收征管的监督制约机制

加强税收征管工作的一个重要环节，是建立一个科学、严密的监督制约体系，确保税收任务的完成。实行税务代理制，可在税收征纳双方之间通过税务师这个中介体，形成纳税人、税务师、税务机关三方制约关系。纳税人作为履行纳税义务的主体，一方面要自觉纳税，同时，受到税务机关与税务师的依法监督制约；税务机关作为征收的主体，一方面要严格执法，同时又受到纳税人与税务师的监督制约；税务师在开展代理活动中，也要受到纳税人与税务机关的监督制约。这就形成了一个全方位的相互制约体系，必将促进税收征管制度的进一步无善。

（三）税务代理有利于增强纳税人自觉纳税的意识

我国宪法规定，每个公民都有依法纳税的义务。但是几十年来，由于税收管理体制所致，纳税人的纳税事务，基本是被动听从管理部门要求，纳税人自觉纳税意识极为淡薄。我国现行的税收征管法规要求纳税人自行申报纳税，但由于税种多，税制复杂，纳税人要做到准确、及时申报是有一定难度的。实行税务代理制，正是适应了纳税人准确履行纳税义务的需要，纳税人可以选择自己信赖的税务师和事务所，代理申报或进行申报前的审核，以保证申报的准确。税务代理制的实施，有利于提高纳税人主动申报纳税的自觉性，增强纳税意识，有利于形成纳税人自觉依法纳税的良好局面。

（四）税务代理有利于保护纳税人的合法权益

实行税务代理制，纳税人可以在税务师的帮助下减少纳税错误；用足用好税收优惠政策，做好税收筹划。税务师还可协调税收征纳双方的分歧和矛盾，依法提出意见进行调解，如有需要，税务师可以接受纳税人委托向上级税务机关申请行政复议。这些，都切实有效地维护了纳税人的合法权益。

第二节　税务代理的范围与形式

一、税务代理的范围

税务代理的范围是指按照国家有关法律的规定，允许税务师所从事的业务内容。尽管世界各国所规定的业务不尽相同，但其基本原则是大致一样的，即税务代理的业务范围主要是纳税人所委托的各项涉税事宜。由于我国税务代理尚处于发展阶段，委托方和受托方还都缺乏经验，认识还有待深化，因此，《注册税务师资格制度暂行规定》中采用正列举的办法，把可以接受的代理项目一一列举，以利于贯彻执行。

《注册税务师资格制度暂行规定》和《注册税务师管理暂行办法》规定，税务师可以接受纳税人、扣缴义务人的委托从事下列范围内的业务代理：

（一）办理税务登记、变更税务登记和注销税务登记；

（二）办理除增值税专用发票外的发票领购手续；

（三）办理纳税申报或扣缴税款报告；

（四）办理缴纳税款和申请退税；

（五）制作涉税文书；

（六）审查纳税情况；

（七）建账建制，办理账务；

（八）开展税务咨询、受聘税务顾问；

（九）税务行政复议；

（十）国家税务总局规定的其他业务。

税务师可承办下列涉税鉴证业务：

（一）企业所得税汇算清缴纳税申报的鉴证；

（二）企业税前弥补亏损和财产损失的鉴证；

（三）国家税务总局和省税务局规定的其他涉税鉴证业务。

2007年，国家税务总局印发《土地增值税清算鉴证业务准则》，要求各级税务部门依此监督指导税务师事务所和税务师开展土地增值税清算鉴证业务。该准则自2008年1月1日起施行。

根据现行有关法律的规定，注册税务师不能违反法律、行政法规的规定行使税务机关的行政职能。同时，对税务机关规定必须由纳税人、扣缴义务人自行办理的税务事宜，税务师不得代理。例如，《注册税务师资格制度暂行规定》明确规定，增值税专用发票的领购事宜必须由纳税人自行办理，税务师不得代理。另外，纳税人、扣缴义务人违反税收法律、法规的事宜，税务师不准代理。例如《注册税务师资格制度暂行规定》第二十六条、第三十条都明确规定了税务师不得接受纳税人、扣缴义务人违反税收法律、行政法规事项的委托，并有义务对其行为加以制止及报告有关税务机关。《注册税务师管理暂行办法》规定，税务师执业时，遇有下列情形之一的，应当拒绝出具有关报告：

（一）委托人示意其作不实报告或者不当证明的；

（二）委托人故意不提供有关资料和文件的；

（三）因委托人有其他不合理要求，致使注册税务师出具的报告不能对涉税的重要事项作出正确表述的。

二、税务代理的形式

《注册税务师资格制度暂行规定》第二十条规定的十项代理业务范围，是就全部税务代理业务的总体而言的。具体到某一个代理人的委托代理项目，有可能多也可能少，这取决于被代理人意愿。据此《注册税务师资格制度暂行规定》第二十一条规定，税务师可以接受纳税人、扣缴义务人的委托进行全面代理、单项代理或常年代理、临时代理。这说明税务代理形式是多种多样的。

（一）根据税务代理关系产生的环节，税务代理可分为直接税务代理和复税务代理

直接税务代理是指税务代理人直接接受被代理人委托而发生的代理，代理权也是直接来自被代理人的授予。复税务代理又称再税务代理或转委托税务代理，是指被代理人直接委托的代理人由于某些原因而转托他人的代理。但委托代理人转托他人代理时，应事先征得被代理人的同意，或于事后及时告知被代理人以获得追认，委托代理人对自己转托他人的行为应负法律责任。这主要是防止因不当转托而给被代理人造成损害。

（二）根据税务代理事项的性质，税务代理可分为一般税务代理、会计业务代理、税务诉讼代理和税务咨询

一般税务代理是指税务代理人接受委托为纳税人、扣缴义务人代办日常税务工作的代理。这些日常税务工作主要指纳税人的税务登记、纳税申报、减免税申请等一般性涉税事项。会计业务代理指税务代理人接受委托为纳税人、扣缴义务人办理会计事务的代理。这些会计事务包括会计账簿的设计、会计制度的建立、代理记账等。税务诉讼代理指税务代理人接受委托为纳税人、扣缴义务人进行税务诉讼的活动。税务咨询指税务代理人接受委托，为纳税人、扣缴义务人提供税收、财会等方面的法规、政策咨询和进行税收筹划等的服务活动。

（三）根据税务代理范围大小，税务代理可分为单项税务代理和多项税务代理

单项税务代理是指纳税人、扣缴义务人只将某一项涉税事宜委托税务代理人代办的代理。在这种情况下，代理人只对该项事务行使代理权，不得扩大代理范围。代理人的代理行为越过了被代理人的委托事项而发生的法律责任，没有被委托人承认的，由代理人承担。多项税务代理是指被代理人将多项税务事项或全部税务事项委托给税务代理人代办的代理。如果是多项税务代理，税务代理人应对被代理人委托的全部事项全权负责，其代理活动产生的法律后果由被代理人承担。

（四）根据税务代理关系持续的时间，税务代理可分为临时税务代理和常年税务代理

临时税务代理是指代理人和被代理人之间没有建立稳定、长期的代理关系，而是被代理人根据自己的临时需要而委托代理人进行某一项或几项税务事宜的代理。这种代理关系，随着该项或该几项税务事项的完成而解除。常年税务代理是指代理人与被代理人之间就某一项或几项税务事项有长期而固定的代理关系。这种代理关系随着委托合同规定期限的到期才自然解除。所以常年税务代理又叫作固定税务代理。

第三节　税务代理的法律关系与法律责任

税务代理的法律关系是指纳税人、扣缴义务人委托税务师办理纳税事宜而产生的委托方与受托方之间的权利、义务和责任关系。税务师以委托方的名义进行代理工作，其代理过程中所产生的法律后果直接归属委托方，税务代理法律关系的确定以委托代理协议书的签订为标志。同时，委托代理项目、委托期限等的变化，将直接影响双方的权利、义务关系，税务代理法律关系将随之发生变更。

一、税务代理法律关系

（一）税务代理关系的确立

1. 税务代理关系确立的前提

税务代理不同于一般民事代理，税务代理关系确定要受代理人资格、代理范围的限制。因此，税务代理关系的确立有其特定的条件：

（1）委托项目必须符合法律规定。《注册税务师资格制度暂行规定》第二十条明确规定，注册税务师可以接受纳税人、扣缴义务人的委托从事规定范围内的业务代理，税务师不得超越法律规定范围进行代理，并严禁代理偷税、骗税行为。

（2）受托代理机构及专业人员必须具有一定资格。税务代理是一项政策性较强、法律约束较高的工作，因此受托代理机构及从业人员必须取得一定资格，未经国家税务局及其授权部门确认批准，所有机构不得从事税务代理业务。同时，税务代理专业人员必须经严格考试取得中华人民共和国税务师执业资格证书并经省、自治区、直辖市及计划单列市税务师管理机构登记方可从事代理业务。

（3）税务师承办业务必须由所在的税务师事务所统一受理。

（4）签订委托代理协议书。税务代理关系确立必须书面签订委托代理协议书，而不得以口头或其他形式。未经签订委托代理协议书而擅自开展代理业务的不受法律保护。

2. 税务代理关系确立程序及形式

税务代理关系确立大致有两个阶段，第一阶段是签约前准备阶段，主要就委托内容与权利义务进行洽谈；第二阶段是签约阶段，即委托代理关系确立阶段。

（1）税务代理关系确立的准备阶段。税务代理关系确立前代理双方应就委托项目及服务标准协商一致，并对双方权利义务进行商定，特别是应由纳税人、扣缴义务人提供的与委托税务事宜有关的情况、数据、证件、资料等必须如期、完整、准确地提供，以保证代理事宜的顺利进行。同时，双方应就代理费收取等事宜协商一致。这一阶段，税务师处于税务代理关系确立前主导地位，必须向委托人阐明税务代理业务范围、税务代理责任、双方权利义务以及税务代理收费等，取得委托人认同。

（2）委托代理协议书签订阶段。在委托方、受托方就协议约定内容取得一致意见后，委托方、受托方应就约定内容签订委托代理协议书。委托代理协议书应当载明委托方、受托方名称、代理事项、代理权限、代理期限以及其他应明确的事项，并由税务师及其所在的税务代理机构和委托方签名盖章。协议书经委托方、受托方签章后，正式生效。

（二）税务代理关系的变更

委托代理协议书签订后，税务师及其助理人员应按协议约定的税务代理事项进行工作，但遇有下列问题之一的应由协议双方协商对原订协议书进行修改和补充。

1. 委托代理项目发生变化的

这里有两种情况，第一种是原委托代理项目有了新发展，代理内容超越了原约定范围，经双方同意增加或减少代理内容的。如原来签订的是单项代理，后改为综合代理。第二种是由于客观原因，委托代理内容发生变化需要相应修改或补充原协议内容的。

2. 税务师发生变化的

3. 由于客观原因，需要延长完成协议时间的

上述内容的变化都将使税务代理关系发生变化，因此，必须先修订委托代理协议书，并经过委托方和受托方以及税务师共同签章后才能生效，修订后协议书具有同等法律效力。

（三）税务代理关系的终止

税务代理关系终止有两种情况：

1. 自然终止

按照法律规定，税务代理期限届满，委托代理协议书届时失效，税务代理关系自然终止。

2. 人为终止

有下列情况之一的，被代理人在代理期限内可以单方终止代理行为：

（1）税务师已死亡；

（2）税务师被注销资格的；

（3）税务代理机构已破产、解体或被解散的。

有下列情况之一的，税务师及共代理机构在委托期限内也可单方面终止代理行为：

（1）委托方死亡或解体；

（2）委托方授意税务师实施违反国家法律、行政法规的行为，经劝告仍不停止其违法活动的；

（3）委托方提供虚假的生产、经营情况和财务会计报表，造成代理错误或税务师自己实施违反国家法律、行政法规的行为。

委托方或税务师按规定单方终止委托代理关系的，终止方应及时通知另一方，并向当地税务机关报告，同时公布终止决定。

二、税务代理的法律责任

为了维护税务代理双方的合法权益，保证税务代理活动顺利进行，使税务代理事业能够在法律的轨道上健康发展，必须明确税务代理的法律责任。

规范税务代理法律责任的法律是我国民法通则、经济合同法、税收征收管理法及其实施细则和其他的有关法律、行政法规，承担的法律责任既包括民事法律责任，也包括刑事法律责任。

（一）委托方的法律责任

根据《中华人民共和国合同法》第107条规定，当事人一方不履行合同义务或者履行合同义务不符合约定的，应当承担继续履行、采取补救措施或者赔偿损失等违约责任。因此，如果委托方违反代理协议的规定，致使税务师不能履行或不能完全履行代理协议，由此而产生法律后果的法律责任应全部由委托方承担，其中，纳税人除了应按规定承担本身承担的税收法律责任以外，还应按规定向受托方支付违约金和赔偿金。

（二）受托方的法律责任

1. 《民法通则》第66条规定：代理人不履行职责而给被代理人造成损害的应当承担民事责任。根据这项规定，税务代理如因工作失误或未按期过错成税务代理事务等未履行税务代理职责，给委托方造成不应有的损失的，应由受托方负责。

2. 《税收征管法实施细则》第66条规定：税务师超越代理权限、违反税收法律、行政法规，造成纳税人未缴或者少缴税款的，除由纳税人缴纳或者补缴应纳税款、滞纳金外，对税务师处以二千元以下的罚款。

3. 《注册税务师资格制度暂行规定》第五章规定，对税务师及其所在机构违反该规定的行为，分别按下列规定进行处理：

（1）税务师未按照委托代理协议书的规定进行代理或违反税收法律、行政法规的规定进行代理的，由县及县以上税务行政相关处以罚款，并追究相应的责任。

（2）税务师在一个会计年度内违反规定从事代理活动二次以上的，由省、自治区、直辖市及计划单列市税务师管理机构停止其从事税务代理业务一年以上。

（3）税务师知道被委托代理的事项违法仍进行代理或知道自身的代理行为违法的，除按第（1）条规定处理外，由省、自治区、直辖市、计划单列市税务师管理机构注销税务师登记，收回执业资格证书，禁止其从事税务代理业务。

（4）税务师触犯刑律，构成犯罪的，由司法机关依法惩处。

（5）税务师事务所违反税收法律和有关行政规章的规定进行代理活动的，由县及县以上税务行政机关视情节轻重，给予警告，或根据有关法律、行政法规处以罚款，或请有关部门给予停业整顿，责令解散等处理。

《注册税务师管理暂行办法》也专列"第七章罚则"，列举了税务师、税务师事务所违反该办法的具体行为及其处罚规定。

（三）对属于共同法律责任的处理

《民法通则》第67条规定：代理人知道被委托代理的事项违法，仍进行代理活动的，或者被代理人知道代理人的代理行为违法，不表示反对的，由被代理人和代理人负连带责任。根据这项规定，税务师与被代理人如果互相勾结、偷税抗税、共同违法，应按共同违法论处，双方都要承担法律责任。涉及刑事犯罪的，还要移送司法部门依法处理。

关键术语

税务代理　税务代理人　税务师　税务师事务所　法律关系

思考题

1. 简述税务代理的特征和原则。
2. 简述税务代理的范围。
3. 分析税务代理关系确立的前提。
4. 税务师执业的条件有哪些？
5. 税务代理法律关系中受托方的法律责任是什么？

第十七章
税收行政司法

2001 年颁布的《中华人民共和国税收征收管理法》及 2002 年颁布的《中华人民共和国税收征收管理法实施细则》（以下简称《征管法》及《实施细则》）是征纳双方共同遵守的行为准则。税收行政司法就是税务行政机关或司法机关，对征纳双方中的违法行为、争议按照《征管法》《实施细则》及其他相关的涉税法律，遵循一定的程序和要求进行处理，其中主要包括税务违章处理，税务行政复议，税务行政诉讼。

第一节　税务违章处理

一、欠税

（一）什么是欠税
欠税是指纳税人拖欠缴纳税款的行为。一般指超过税法核定的纳税期限，没有按时纳税的行为。

欠税既影响了国家税款的及时入库，又占用了国家税款，破坏了税法的严肃性和刚性，因此应承担相应的法律责任，使其欠税成本远远大于依法纳税的成本。

（二）欠税是如何形成的
1. 企业财务资金短缺造成的资金运用不良，或财务管理不善，使本应到期支付的税款无资金保障；未设置应缴税费账户等。

2. 企业三角债务关系形成的欠税，使税款无法保证入库。私人、企业之间不好欠，只有欠国家的不会有人指责，反正也不是不交税款，这是许多纳税人欠税的思想根源。

3. 恶意欠税。本该纳税，但为了达到企业或个人的某种目的而欠税，如相比较而言，贷款要付息欠税则可以不付利息等。

税务机关要重视欠税这种情况，最后有可能演变为抗税。

（三）欠税应负的法律责任
1. 对一般性欠税，追缴税款即可，并不作处罚，只要按规定的期限缴纳就可以。

2. 逃避追缴税款的行为，指采取隐匿手段妨碍税务机关追缴税款的行为，税务机关要按照《征管法》第 32 条之规定处追缴欠款、滞纳金在内的处罚。处欠税 50% 以上，5 倍以下的罚款；并按日加罚万分之五的滞纳金。

3.《刑法》第 203 条规定：纳税人欠缴应纳税款，采取转移或者隐匿财产的手段致使税务机关无法追缴的，且欠税在 1 万元以上的就构成犯罪行为。

（1）数额 1 万元以上至不满 10 万元的可处 3 年以下有期徒刑或拘役，并处所欠税款 5 倍以下罚金。

（2）数额在 10 万元以上的处 3 年以上 7 年以下有期徒刑，并处所欠税款 5 倍以下罚金。

（3）对数额不足 1 万元的，追缴税款即可。

二、逃税行为及法律责任

（一）关于逃税行为

1. 什么是逃税

逃税，是指纳税人故意或无意采用非法手段减轻税负的行为，包括隐匿收入、少开或不开相关发票、虚增可扣除的成本费用等方式逃避税收。

逃税不仅严重损坏国家的财政利益，还有悖于税收公平原则。

2. 逃税的分类

（1）避税。避税是一种合法逃避纳税行为，是指纳税义务人利用税法上的漏洞、不完善，通过对经营及财务活动的人为安排，以达到规避或减轻纳税的目的的行为。

（2）逃税。逃税是一种非法逃避纳税行为，是指从事生产、经营活动的纳税人，纳税到期前，有转移、隐匿其应纳税的商品、货物、其他财产及收入的行为，达到逃避纳税的义务。一般情况下构成偷税罪，手段情节突出的可构成抗税罪。

（二）逃税行为的立案标准

1. 纳税人采取欺骗、隐瞒手段进行虚假纳税申报或者不申报，逃避缴纳税款，数额在 5 万元以上并且占各税种应纳税总额 10% 以上，经税务机关依法下达追缴通知后，不补缴应纳税款、不缴纳滞纳金或者不接受行政处罚的；

2. 纳税人 5 年内因逃避缴纳税款受过刑事处罚或者被税务机关给予 2 次以上行政处罚，又逃避缴纳税款，数额在 5 万元以上并且占各税种应纳税总额 10% 以上的；

3. 扣缴义务人采取欺骗、隐瞒手段，不缴或者少缴已扣、已收税款，数额在 5 万元以上的。

（三）逃税行为的法律责任

《刑法》第 201 条规定：纳税人采取欺骗、隐瞒手段进行虚假纳税申报或者不申报，逃避缴纳税款数额较大，达到刑事立案标准的，依法追究刑事责任。

（1）逃避税额在 5 万元以上，并占应纳税额的 10% 以上且不满 30%，或者因逃税被税务机关给予 2 次行政处罚又逃税的，处 3 年以下有期徒刑或拘役，同时处逃避税额 1—5 倍罚金。

（2）逃避税额巨大，并占应纳税额 30% 以上的，处 3 年以上 7 年以下有期徒刑，同时处逃避税额 1—5 倍罚金。

（3）扣缴义务人采取前款所列手段，不缴或者少缴已扣、已收税款，数额较大的，依照前款的规定处罚。

（4）对多次实施前两款行为，未经处理的，按照累计数额计算。

三、抗税及法律责任

（一）抗税概述

1. 概念

《征管法》第 67 条中指明：以暴力、威胁方法拒不缴纳税款的是抗税。

抗税是所有不按照规定缴纳税款行为中手段最恶劣、情节最严重、影响最坏的行为，是一种名目张胆地对抗国家法律的行为，它严重地影响了国家公务人员执行公务，也扰乱了正常的税收秩序。

2. 抗税的行为特征

（1）当事人明知侵害对象是执法的税务人员，仍采取暴力威胁手段拒不缴税；

（2）采取阻碍的方式，通常以暴力、威胁方式使税务执法人员放弃执行公务权；

（3）实施这种行为的主体可以是纳税人、扣缴义务人，也可以是其他人员。

抗税的行为不论数额大小，只要是暴力、威胁拒不缴税均称抗税。

（二）抗税的行为说明

1. 拒不缴纳税款，是指纳税人或扣缴义务人应缴而拒缴的行为。

2. 以暴力方法拒缴税款，是指纳税人采用暴力方法殴打、伤害、强行禁闭及阻碍征税，砸毁税务人员使用的交通工具，聚众冲击打砸税务机关，直接侵害人身安全的行为。

3. 以威胁方法拒不纳税，如扬言以拼命的威胁方法拒缴税款或以对税务人员及其亲属的人身财产和安全采取伤害，以破坏相要挟，使其放弃执行自己的征税职权，达到拒不纳税的目的。

（三）抗税的法律责任

《刑法》第 202 条规定：

1. 对情节轻的，处 3 年以下有期徒刑或者拘役，并处拒缴税款 1—5 倍的罚金；

2. 情节严重的移送司法机关，处以 3 年以上 7 年以下的有期徒刑，并处拒缴税款 1—5 倍的罚金。情节严重是指：①聚众抗税的首要分子；②抗税数额在 10 万元以上的；③多次抗税的；④故意伤害致人轻伤的；⑤具有其他严重情节。

3. 实施抗税行为致人重伤、死亡，构成故意伤害罪、故意杀人罪的，分别依照刑法第 232 条、第 234 条第二款的规定定罪处罚。

若抗税数额未达到上述规定标准，但有下列情形之一的，仍属严重抗税。

（1）以暴力或者以暴力威胁抗税的；

（2）抗缴税款滞纳金三次以上的；

（3）抗拒税务机关检查的；

（4）以各种借口拖延不缴或抵制缴纳税款，时间超过 6 个月的；

（5）打砸税务机关、侮辱、殴打、报复税务机关工作人员或采取其他手段干扰税务机关工作秩序的。

四、骗税的法律责任

（一）骗税

1. 什么是骗税

《征管法》第 66 条指出，骗税是指企业、事业单位采取对生产或经营的商品假报出口等手段，从而骗取国家退税款的行为。

从 1985 年起我国按照国际惯例，逐步实行出口退税制度，即企业商品出口后，根据增值税专用发票、出口货物报关单和出口收汇单证等，将其所缴纳的税款再退还给企业，这是一种鼓励企业出口创汇，参与国际竞争，拓宽国际市场的有效政策，但一些不法企业和个人利用该项税收政策，骗取出口退税，不仅导致国家税款大量流失，还扰乱了市场经济秩序，影响了公平竞争的税收环境的形成。

骗取出口退税的行为是故意的，具有非法牟利的目的，因此，必须严厉打击，从重从快惩处。

2. 骗税的形式

（1）虚报出口商品的事实；

（2）虚报出口货物计税依据；

（3）以低退税率商品虚报高退税率商品；

（4）采取伪造、涂改等手段，提供虚假出口货物退（免）税凭证；

（5）骗取出口货物退（免）税资格；

（6）其他假报出口的手段，如目前流行的"四自三不见"，"四自"即自带外商、自带汇票、自带生产企业、自己报关。"三不见"即不见外商、不见供货企业、不见货物。

另外还有的法人单位为纳税人、扣缴义务人非法提供账户、发票、证明或其他方便的骗取出口退税也属于这一类。

（二）法律责任

1. 骗取税款的，由税务机关追缴骗取的退税款，并处骗税款 1 倍以上，5 倍以下罚金，构成犯罪的，要追究刑事责任。

2.《刑法》第 204 条规定：

（1）第一档：数额较大，处 5 年以下有期徒刑或拘役、并处骗税款 1—5 倍以内罚金。

（2）第二档：数额巨大，或有其他严重情节的，处 5 年以上，10 年以下有期徒刑，并处 1—5 倍罚金。

（3）第三档：数额特别巨大或有特别严重情节的处 10 年以上有期徒刑或无期徒

刑，并处 1—5 倍罚金或没收财产。

3. 《刑法》还规定：纳税人缴纳税款后，采取假报出口等手段，骗取已缴纳税款的，按偷税罪论处，骗取超过已缴纳税款的依骗取出口退税罪论处。

4. 骗取出口退税的纳税人，税务机关可以在规定期限内停止为其办理出口退税，这是新增的处罚。

5. 单位犯骗取出口退税罪的，对单位判处罚金，并对其直接负责的主管人员和其他直接责任人员依照自然人犯骗取出口退税罪处罚。

五、其他违章行为的处理

（一）违反税务登记、账簿凭证制度

1. 未按照规定期限申报办理税务登记，变更或者注销登记的可处 2000 元以下罚款，情节严重的，处 2000 元以上 10000 元以下的罚款。

2. 对超过税务机关规定期限仍未改正的，经税务机关提请工商机关吊销其营业执照。

3. 纳税人未按规定使用税务登记证件或者涂改、损毁、买卖、伪造税务登记证件的，处 2000 元以上 10000 元以下罚款，情节严重者处 10000 元以上，50000 元以下罚金。

4. 应设置账簿而不设置的，或者未按照规定保管账簿凭证和有关资料的，或者在规定的保存期以前擅自损毁账簿凭证和有关资料的处 2000 元以下罚款，情节严重者处 2000 以上 10000 元以下罚款。

（二）未按照规定将财务、会计制度或财务、会计处理办法和会计软件报送税务机关备查

由税务机关发出限期整改通知书，并可以处 2000 元以下罚金，情节严重的处 2000 元以上 10000 元以下罚金。

（三）未将全部银行账号向税务机关报告的三种行为

1. 未将全部账号报告税务机关；

2. 部分账号或已变账号未报告税务机关；

3. 报告的账号不正确或不真实。

上述行为处 2000 元以下，或 2000 元以上 10000 元以下罚款，对银行和其他金融机构违反此法的责令其限期整改，处 2000 元以上 20000 元以下，情节严重处 20000 元以上 50000 元以下罚款。（《细则》92 条）。

（四）未按照规定安装，使用税控装置的行为

1. 税控装置有三类：税控收款机；税控加油机；税控出租车计价器。

2. 违反安装使用税控装置的行为有：拒绝安装；不使用税控装置；擅自改动税控装置；损毁税控装置。

因为安装税控装置要有一定的投入，另一方面安装税控装置后纳税人就要纳入税

务机关管理范围，往往就要多交一部分钱，纳税人作为经济人，不安装程控装置是他们的理性选择。因此税务机关应加大这一方面的宣传和投入力度。

上述 4 条在限期改正同时，可以行政处罚，也可以不处罚。

（五）非法印制、转借、倒卖、变造和伪造完税凭证的行为

该行为一般由税务机关责令限期改正，处 2000 元以上 10000 元以下罚金，情节严重的处 10000 元以上 50000 元以下罚款。

（六）扣缴义务人未按照规定、设置、保管代扣代缴、代收代缴税款账簿或者保管代扣代缴、代收代缴记账凭证及有关资料的行为

该行为由税务机关限期改正，并可处 2000 元以下罚款，情节严重的处 2000 元以上50000 元以下罚款。

（七）纳税人未按照规定限期办理纳税申报和报送纳税资料的或者扣缴义务人未按照规定向税务机关报送代扣代缴、代收代缴报告和有关资料的行为

该行为处 2000 元以下罚金，情节严重的处 2000 元以上 10000 元以下罚金。

六、税务人员违章处理

1. 税务人员与纳税人、扣缴义务人勾结，唆使或者协助纳税人、扣缴义务人骗取税款造成税款未缴或少缴行为的，若构成犯罪依法追究刑事责任；尚不构成犯罪的依法给予行政处分。

2. 税务人员利用职务之便，收贿索贿或牟取其他利益构成犯罪的，依法追究其刑事责任；尚不构成犯罪的，依法给予行政处分。

3. 税务人员徇私舞弊或玩忽职守；不征或少征税款致使国家税收遭受重大损失，构成犯罪的依法追究刑事责任；尚不构成犯罪的给予行政处分。

4. 违反法律、行政法规的规定提前征收，延缓征收或者摊派税款的，由其上级税务机关或者行政监察机关责令改正，对直接负责的主管人员和其他责任人员依法给予行政处分。

5. 擅自做出开征，停征或者减税、免税、退税、补税以及其他与国家税收法律和行政法规相抵触决定的，除撤消其决定外，由上级税务机关追究直接负责人的行政责任；构成犯罪的移送司法机关。

6. 税务人员在查处违法案件中、未进行回避的可给予行政处分。

7. 若违反税收法律、行政法规应当给予行政处罚的行为，若在 5 年内未被发现的不再给予行政处罚。

8. 未按照规定为纳税人保密的，对直接责任人、由所在单位给予行政处分。

9. 税务人员应追究刑事责任的行为是指：

（1）勾结、唆使或者协助纳税人偷税，且偷税数额占应纳税额 10% 以上，并且偷税数额在 1 万元以上的；

（2）勾结、唆使或者协助欠税纳税人转移或者隐匿财产，致使税务机关无法追缴

税款数额在 1 万以上的;

（3）勾结、唆使或者协助企事业单位、个人骗取国家出口退税款，数额在 1 万元以上的。

10. 对税务人员的行政处分是指：

（1）警告；（2）记过；（3）记大过；（4）降级；（5）降职；（6）开除。

第二节　税务行政复议

一、税务行政复议的概念

税务行政复议是指纳税人、扣缴义务人或税收担保人认为税务机关作出的某一行政行为，侵犯了其合法权益，而向作出具体行政行为税务机关的上一级税务机关提出申请，要求重新处理的活动。该项活动是维护纳税人合法利益的重要保障，是减少税务机关执法失误的一个有效手段，也是保障税务机关严格执法的重要条件，通过税务行政复议，增加了税务机关执法的透明度，使征纳关系向一个理性化、更具人情味的方向发展。

二、税务行政复议的特点

第一，税务行政复议以当事人不服税务机关及其工作人员作出的税务具体行政行为为前提。这是由行政复议对当事人进行行政救济的目的所决定的。如果当事人认为税务机关的处理合法、适当，或税务机关还没有作出处理，当事人的合法权益没有受到侵害，就不存在税务行政复议。

第二，税务行政复议因当事人的申请而产生。当事人提出申请是引起税务行政复议的重要条件之一。当事人不申请，就不可能通过行政复议这种形式获得救济。

第三，税务行政复议案件的审理一般由原处理税务机关的上一级税务机关进行。

第四，税务行政复议与行政诉讼相衔接。根据《中华人民共和国行政诉讼法》（以下简称《行政诉讼法》）和《行政复议法》的规定，对于大多数行政案件来说，当事人都可以选择行政复议或者行政诉讼程序解决，当事人对行政复议决定不服的，还可以向法院提起行政诉讼。在此基础上，两个程序的衔接方面，税务行政案件的适用还有其特殊性。根据《征管法》第八十八条的规定，对于因纳税问题引起的争议，税务行政复议是税务行政诉讼的必经前置程序，未经复议不能向法院起诉，经复议仍不服的，才能起诉；对于因处罚、保全措施及强制执行引起的争议，当事人可以选择适用复议或诉讼程序，如选择复议程序，对复议决定仍不服的，可以向法院起诉。

三、税务行政复议的受案范围

根据《征管法》《行政复议法》和《税务行政复议规则（试行）》的规定，税务行政复议的受案范围仅限于税务机关作出的税务具体行政行为。税务具体行政行为是指税务机关及其工作人员在税务行政管理活动中行使行政职权，针对特定的公民、法人或者其他组织，就特定的具体事项，作出的有关该公民、法人或者其他组织权利、义务的单方行为。主要包括：

1. 征税行为。包括确认纳税主体、征税对象、征税范围、减税、免税、退税、抵扣税款、适用税率、计税依据、纳税环节、纳税期限、纳税地点和税款征收方式等具体行政行为，征收税款、加收滞纳金，扣缴义务人、受税务机关委托的单位和个人作出的代扣代缴、代收代缴、代征行为等。

2. 行政许可、行政审批行为。

3. 发票管理行为，包括发售、收缴、代开发票等。

4. 税收保全措施、强制执行措施。

5. 行政处罚行为。包括罚款、没收财物和违法所得、停止出口退税权。

6. 不依法履行下列职责的行为。包括颁发税务登记、开具、出具完税凭证、外出经营活动税收管理证明、行政赔偿、行政奖励、其他不依法履行职责的行为。

7. 资格认定行为。

8. 不依法确认纳税担保行为。

9. 政府信息公开工作中的具体行政行为。

10. 纳税信用等级评定行为。

11. 通知出入境管理机关阻止出境行为。

12. 其他具体行政行为。

四、税务行政复议的管辖

根据《行政复议法》和《税务行政复议规则（试行）》的规定，我国税务行政复议管辖的基本制度原则上是实行由上一级税务机关管辖的一级复议制度。具体内容如下：

对省级以下各级国家税务局作出的税务具体行政行为不服的，向其上一级机关申请行政复议；对省级国家税务局作出的具体行政行为不服的，向国家税务总局申请行政复议。

对省级以下各级地方税务局作出的税务具体行政行为不服的，向其上一级机关申请复议；对省级地方税务局作出的具体行政行为不服的，向国家税务总局或省级人民政府申请复议。

对国家税务总局作出的具体行政行为不服的，向国家税务总局申请行政复议。对行政复议决定不服的，申请人可以向人民法院提出行政诉讼；也可以向国务院申请裁决，国务院的裁决为终局裁决。

其他机关、组织等作出的税务具体行政行为不服的，按照下列规定申请行政复议：

1. 对税务机关依法设立的派出机构，依照法律、法规或者规章的规定，以自己名义作出的税务具体行政行为不服的，向设立该派出机构的税务机关申请行政复议。

2. 对扣缴义务人作出的扣缴税款行为不服的，向主管该扣缴义务人的税务机关的上一级税务机关申请复议；对受税务机关委托的单位作出的代征税款行为不服的，向委托税务机关的上一级税务机关申请复议。

3. 对国家税务局和地方税务局共同作出的具体行政行为不服的，向国家税务总局申请复议；对税务机关与其他机关共同作出的具体行政行为不服的，向其上一级行政机关申请复议。

4. 对被撤销的税务机关在撤销前所作出的具体行政行为不服的，向继续行使其职权的税务机关的上一级税务机关申请行政复议。

有上述情况之一的，复议申请人也可以向具体行政行为发生地的县级地方人民政府提出行政复议申请，由接受申请的县级地方人民政府依法进行转送。

五、税务行政复议的机构与参与人

（一）税务行政复议机构

税务行政复议机构是指在县以上税务机关内部设立的专门负责有关税务行政复议事宜的机构。税务行政复议机构也称税务行政委员会，其下设复议办公室，由专职复议工作的人员组成。行政复议委员会由主任委员、副主任委员以及委员 5 人或 5 人以上组成，负责复议案件的审理、裁决、执行等工作。税务行政复议机构在复议机关领导下开展工作，并以复议机关的名义对案件进行审查、审理并作出复议决定。

（二）税务行政复议的参与人

税务行政复议的参与人是依照法律法规参加税务行政复议的申请人、被申请人、第三人及复议代理人。申请人是指对税务机关的具体行为不服而提出申请要求的纳税人、扣缴义务人、纳税担保人和其他税务争议当事人。被申请人是指作出具体行政行为的并引起申请人不服的税务机关。第三人是指与申请复议的具体行政行为有利害关系的，并经复议机关批准参加税务行政复议的人或组织。复议代理人是指以被代理人的名义，根据当事人的要求代理实施复议行为的人。其中当事人是指申请人和被申请人。

有权申请行政复议的公民死亡的，其近亲属可以申请行政复议；有权申请行政复议的法人或者其他组织发生合并、分立或终止的，承受其权利的法人或其他组织可以申请行政复议。作出具体行政行为的机关被撤销、合并的，继续行使其职权的行政机关是被申请人。

六、税务行政复议申请与受理

纳税人及其他税务当事人对税务机关作出的征税行为不服，应当先向复议机关申请行政复议，对复议决定不服，事后可以在收到复议决定书之日起 15 日内再向人民法院起诉；未经复议的，法院不予受理。

（一）税务行政复议申请

税务行政复议申请符合下列规定的，应予以受理。

①有明确的申请人和符合规定的被申请人；

②申请人与具体行政行为有利害关系；

③有具体的行政复议请求和理由；

④在法定申请期限内提出；

⑤属于行政复议法规定的行政复议范围；

⑥属于收到行政复议申请的行政复议机构的职责范围；

⑦其他行政复议机关尚未受理同一行政复议申请，人民法院尚未受理同一主体就同一事实提起的行政诉讼。

（二）税务行政复议的受理

复议机关收到行政复议申请书之日起5日内，对复议申请分别作出以下处理：

1. 复议申请符合条件的，应予以受理，应书面告知申请人自收到申请书之日起受理。

2. 复议申请不符合条件的，裁决不予受理并告知理由和可以在收到不予受理裁决之日起或行政复议期满之日起15日内向法院起诉的权利；

3. 复议申请书未载明规定内容之一的，应当把复议申请书发还给申请人，期限补正。过期不补正的，视为未申请。

七、税务行政复议的审理与决定

（一）审理

税务行政复议实行书面复议制度，但复议机关认为有必要时，可以采取其他方式审理复议案件。复议机关应当自受理行政复议申请之日起7日内，将复议申请书副本发送被申请人。被申请人应当自收到复议申请副本或者申请笔录复印件之日起10日内，向复议机关提交作出具体行政行为的相关证据，并作出答辩，逾期不答辩的，不影响复议。

复议机关对原具体行政行为的合法性和适当性进行审理。复议机关审理复议案件，以法律、行政法规、地方性法规、规章，以及上级行政机关依法制定和发布的具有普遍约束力的决定、命令为依据。复议机关审理民族自治地方的复议案件，并以该民族自治地方的自治条例、单行条例为依据。

（二）决定

税务复议机关应当自受理申请之日起60日内作出行政复议决定，内容包括以下几点：

（1）具体行政行为适用，法律、法规、规章和具有普遍约束力的决定、命令正确，符合法定权限和程序的，决定维持；

（2）具体行政行为仅有程序上不足的，决定被申请人予以补正；

（3）被申请人不履行法律、法规和规章规定职责的，决定其在一定期限内履行；

（4）具体行政行为主要事实不清，适用法律、法规、规章和具有普遍约束力的决定、命令错误，违反法定程序影响申请人合法权益，超越、滥用职权，明显不当的，决定撤销、变更，并可以责令被申请人重新作出具体行政行为。税务行政复议机关作出复议决定后，应当制作复议决定书，书面通知复议参加人。

复议决定书的内容要符合要求，主要载明下列事项：

（1）申请人的姓名、性别、年龄、职业、住址（法人或者其他组织的名称、地址、法定代表人的姓名）；

（2）被申请人的名称、地址、法定代表人的姓名、职务；

（3）申请复议的主要请求和理由；

（4）复议机关认定的事实、理由、适用的法律、法规、规章和具有普遍约束力的决定、命令；

（5）复议结论；

（6）不服复议决定向人民法院起诉的期限；

（7）作出复议决定的年、月、日。

复议决定书由复议机关的法定代表人署名，加盖复议机关的印章，然后送达执行。复议决定一经送达，即发生法律效力。

八、税务行政复议的执行

行政复议决定书一经送达，即发生法律效力，申请人应当履行，但申请人如对复议决定不服的，可以在接到复议决定书之日起 15 日内向法院起诉。对申请人逾期不起诉又不履行复议决定的，分别情况处理。

第一，维持原具体行政行为的复议决定，由最初作出具体行政行为的行政机关申请人民法院强制执行，或者依法强制执行；

第二，改变原具体行政行为的复议决定，由复议机关申请人民法院强制执行，或者依法强制执行。

第三节　税务行政诉讼

一、税务行政诉讼的概念

税务行政诉讼是指公民、法人和其他组织认为税务机关及其工作人员的具体税务行政行为违法或者不当，侵犯了其合法权益，依法向人民法院提起行政诉讼，由人民法院对具体税务行政行为的合法性进行审查并作出裁决的司法活动。其目的是保证人民法院正确、及时审理税务行政案件，保护纳税人、扣缴义务等当事人的合法权益，维护和监督税务机关依法行使行政职权。

二、税务行政诉讼的特点

税务行政诉讼是由人民法院进行审理并作出裁决的一种诉讼活动。这是税务行政诉讼与税务行政复议的根本区别。税务行政复议和税务行政诉讼是解决税务行政争议的两条重要途径。由于税务行政争议范围广、数量多、专业性强，大量税务行政争议由税务机关以税务复议方式解决，只有由人民法院对税务进行审理并作出裁决的活动，才是税务行政诉讼。

税务行政诉讼以解决税务行政争议为前提，这是税务行政诉讼与其他行政诉讼活动的根本区别，具体体现在：

1. 被告必须是税务机关，或经法律、法规授权的行使税务行政管理权的组织，而不是其他行政机关或组织。

2. 税务行政诉讼解决的争议发生在税务行政管理过程中。

3. 因税款征纳问题发生的争议，当事人在向人民法院提起行政诉讼前，必须先经税务行政复议程序，即复议前置。

三、税务行政诉讼的原则

除共有原则外（如人民法院独立行使审判权，实行合议、回避、公开、辩论、两审、终审等），税务行政诉讼还必须和其他行政诉讼一样，遵循以下几个特有原则：

（一）人民法院特定主管原则

人民法院对税务行政案件只有部分管辖权。根据《行政诉讼法》第十一条的规定，人民法院只能受理因具体行政行为引起的税务行政争议案。

（二）合法性审查原则

除审查税务机关是否滥用权力、税务行政处罚是否显失公正外，人民法院只对具体税务行为是否合法予以审查，并不审查具体税务行为的适当性。与此相适应，人民法院原则上不直接判决变更。

（三）不适用调解原则

税收行政管理权是国家权力的重要组成部分，税务机关无权依自己意愿进行处置，因此，人民法院也不能对税务行政诉讼法律关系的双方当事人进行调解。

（四）起诉不停止执行原则

即当事人不能以起诉为理由而停止执行税务所作出的具体行政行为，如税收保全措施和税收强制执行措施。

（五）税务机关负举证责任原则

由于税务行政行为是税务机关单方依一定事实和法律作出的，只有税务机关最了解作出该行为的证据。如果税务机关不提供或不能提供证据，就可能败诉。

（六）由税务机关负责赔偿的原则

依据《中华人民共和国国家赔偿法》（简称《国家赔偿法》）的有关规定，税务机关及其工作人员因执行职务不当，给当事人造成人身及财产损害，应负担赔偿责任。

四、税务行政诉讼的管辖

税务行政诉讼管辖，是指人民法院受理第一审税务案件的职权分工。《行政诉讼法》第13条至第23条详细具体地规定了行政诉讼管辖的各类和内容。这对税务行政诉讼当然也是适用的。

具体来讲，税务行政诉讼的管辖分为级别管辖、地域管辖和裁定管辖。

（一）级别管辖

级别管辖是上下级人民法院之间受理第一审税务案件的分工和权限。根据《行政诉讼法》的规定，基层人民法院管辖一般的税务行政诉讼案件；中高级人民法院管辖本辖区内重大、复杂的税务行政诉讼案件；最高人民法院管辖全国范围内重大、复杂的税务行政诉讼案件。

（二）地域管辖

地域管辖是同级人民法院之间受理第一审行政案件的分工和权限，分一般地域管辖和特殊地域管辖两种。

1. 一般地域管辖

指按照最初作出具体行政行为的机关所在地来确定管辖法院。凡是未经复议直接向人民法院提起诉讼的，或者经过复议，复议裁决维持原具体行政行为，当事人不服向人民法院提起诉讼的，根据《行政诉讼法》第17条的规定，均由最初做出具体行政行为的税务机关所在地人民法院管辖。

2. 特殊地域管辖

指根据特殊行政法律关系或特殊行政法律关系所指的对象来确定管辖法院。税务行政案件的特殊地域管辖主要是指：经过复议的案件，复议机关改变原具体行政行为的，由原告选择最初作出具体行政行为的税务机关所在地的人民法院，或者复议机关所在地人民法院管辖。原告可以向任何一个有管辖权的人民法院起诉，最先收到起诉状的人民法院为第一审法院。

（三）裁定管辖

裁定管辖是指人民法院依法自行裁定的管辖，包括移送管辖、指定管辖及管辖权的转移三种情况。

1. 移送管辖

是指人民法院将已经受理的案件，移送给有管辖权的人民法院审理。根据《行政诉讼法》第二十一条的规定，移送管辖必须具备三个条件：一是移送人民法院已经受理了该案件；二是移送法院发现自己对该案件没有管辖权；三是接受移送的人民法院必须对该案件确有管辖权。

2. 指定管辖

是指上级人民法院以裁定的方式，指定某下一级人民法院管辖某一案件。根据

《行政诉讼法》第二十二条的规定，有管辖权的人民法院因特殊原因不能行使对行政诉讼的管辖权的，由其上级人民法院指定管辖；人民法院对管辖权发生争议又协商不成的，由它们共同的上级人民法院指定管辖。

3. 管辖权的转移

根据《行政诉讼法》第二十三条的规定，上级人民法院有权审理下级人民法院管辖的第一审税务行政案件，也可以将自己管辖的第一审行政案件移交下级人民法院审判；下级人民法院对其管辖的第一审税务行政案件，认为需要由上级人民法院审判的，可以报请上级人民法院决定。

五、税务行政诉讼的受案范围

税务行政诉讼的受案范围，是指人民法院对税务机关的哪些行为拥有司法审查权。换言之，公民、法人或者其他组织对税务机关的哪些行为不服可以向人民法院提起税务行政诉讼。在实际生活中，税务行政争议种类多、涉及面广，不可能也没有必要都诉诸人民法院通过诉讼程序解决。界定税务行政诉讼的受案范围，便于明确人民法院、税务机关及其他国家机关间在解决税务行政争议方面的分工和权限。

税务行政诉讼案件的受案范围除了受《行政诉讼法》有关规定的限制外，也受《征管法》及其他相关法律、法规的调整和制约。具体说来，税务行政诉讼的受案范围与税务行政复议的受案范围基本一致，包括的内容为：

（1）税务机关作出的征税行为：一是征收税款、加收滞纳金；二是扣缴义务人、受税务机关委托的单位作出代扣代缴、代收代缴行为及代征行为。

（2）税务机关作出的责令纳税人提交纳税保证金或者纳税担保行为。

（3）税务机关作出的行政处罚行为：一是罚款；二是没收违法所得；三是停止出口退税权；四是收缴发票和暂停供应发票。

（4）税务机关作出的通知出境管理机关阻止出境行为。

（5）税务机关作出的税收保全措施：一是书面通知银行或者其他金融机构冻结存款；二是扣押、查封商品、货物或者其他财产。

（6）税务机关作出的税收强制执行措施：一是书面通知银行或者其他金融机构扣缴税款；二是拍卖所扣押、查封的商品、货物或者其他财产抵缴税款。

（7）认为符合法定条件申请税务机关颁发税务登记证和发售发票，税务机关拒绝颁发、发售或者不予答复的行为。

（8）税务机关的复议行为：一是复议机关改变了原具体行政行为；二是期限届满，税务机关不予答复。

六、税务行政诉讼的起诉和受理

（一）税务行政诉讼的起诉

税务行政诉讼起诉，是指公民、法人或者其他组织认为自己的合法权益受到税务机关具体行政行为的侵害，而向人民法院提出诉讼请求，要求人民法院行使审判权，依法予以保护的诉讼行为。起诉，是法律赋予税务行政管理相对人、用以保护其合法权益的权利和手段。在税务行政诉讼等行政诉讼中，起诉权是单向性的权利，税务机关不享有起诉权，只有应诉权，即税务机关只能作为被告；与民事诉讼不同，作为被告的税务机关不能反诉。

纳税人、扣缴义务人等税务管理相对人在提起税务行政诉讼时，必须符合下列条件：

1. 原告是认为具体税务行为侵犯其合法权益的公民、法人或者其他组织；
2. 有明确的被告；
3. 有具体的诉讼请求和事实、法律根据；
4. 属于人民法院的受案范围和受诉人民法院管辖。

此外，提起税务行政诉讼，还必须符合法定的期限和必经的程序。根据《征管法》第八十八条及其他相关规定，对税务机关的征税行为提起诉讼，必须先经过复议；对复议决定不服的，可以在接到复议决定书之日起 15 日内向人民法院起诉。对其他具体行政行为不服的，当事人可以在接到通知书或者知道之日起 15 日内直接向人民法院起诉。

税务机关作出具体行政行为时，未告知当事人起诉权和起诉期限，致使当事人逾期未向人民法院起诉的，其起诉期限从当事人实际知道起诉权或者起诉期限时计算。但最长不得超过 2 年。

（二）税务行政诉讼的受理

当事人及其利害关系人对税务机关作出的征税行为、税收保全措施、税收强制执行措施、行政处罚行为、不予依法办理或答复行为、行政复议行为等影响其权利义务，对其具有法律约束力的具体行政行为不服可以依法向人民法院提起行政诉讼。

七、税务行政诉讼的审理和判决

（一）税务行政诉讼的审理

人民法院审理行政案件实行合议、回避、公开审判和两审终审的审判制度。审理的核心是审查被诉具体行政行为是否合法，即作出该行为的税务机关是否依法享有该税务行政管理权；该行为是否依据一定的事实和法律作出；税务机关作出该行为是否遵照必备的程序等。

人民法院应当在立案之日起三个月内作出第一审判决。有特殊情况需要延长的，由高级人民法院批准，高级人民法院审理第一审案件需要延长的，由最高人民法院批准。

当事人不服人民法院第一审判决的，有权在判决书送达之日起 15 日内向上一级人民法院提起上诉。当事人不服人民法院第一审裁定的，有权在裁定书送达之日起 10 日内向上一级人民法院提起上诉。逾期不提起上诉的，人民法院的第一审判决或者裁定发生法律效力。

（二）税务行政诉讼的判决

人民法院经过审理，根据不同情况，分别作出以下判决：

1. 具体行政行为证据确凿，适用法律、法规正确，符合法定程序的，判决维持。

2. 具体行政行为有下列情形之一的，判决撤销或者部分撤销，并可以判决被告重新作出具体行政行为：

（1）主要证据不足的；

（2）适用法律、法规错误的；

（3）违反法定程序的；

（4）超越职权的；

（5）滥用职权的。

3. 被告不履行或者拖延履行法定职责的，判决其在一定期限内履行。

4. 行政处罚显失公正的，可以判决变更。

关键术语

税务行政司法 欠税 偷税 抗税 骗税 税务行政复议 税务行政诉讼

思考题

1. 欠税、偷税、抗税、骗税划分的标准是什么？有何不同？

2. 我国的税务行政司法的内容是什么？

3. 通过国际比较，结合中国实际，如何完善我国现行的税务行政复议制度？

4. 如何完善我国现行的税务行政诉讼制度？

参考文献

[1] 杨斌. 税收学 [M]. 第2版. 北京：科学出版社，2013.

[2] 马国强. 中国税收 [M]. 第3版. 大连：东北财经大学出版社，2014.

[3] 王玮. 税收学原理 [M]. 第2版. 北京：清华大学出版社，2013.

[4] [美] 阿兰·兰德尔. 资源经济学 [M]. 施以正，译. 北京：商务印书馆，1989.

[5] 计金标. 略论我国资源税的定位及其在税制改革中的地位 [J]. 税务研究，2007 (11).

[6] 刘立佳. 基于可持续发展视角的资源税定位研究 [J]. 资源科学，2013 (1).

[7] 陈俊良. 房地产业土地增值税征管难点及对策 [J] 税务研究，2008 (8).

[8] 姜雅净，李艳. 税务代理理论与实务 [M]. 第2版. 上海：上海财经大学出版社，2012.

[9] 熊萧. 国家税收 [M]. 北京：清华大学出版社，2010.

[10] 汤贡亮. 税收理论与政策 [M]. 北京：经济科学出版社，2012.

[11] 黄桦. 税收学 [M]. 北京：中国人民大学出版社，2006.

[12] 李俊生，邰霖. 税收学 [M]. 北京：首都经济贸易大学出版社，2008.

[13] 黄凯平，岑科. 税的真相 [M]. 北京：中信出版社，2012.

[14] 王玮. 税收学原理 [M]. 北京：清华大学出版社，2010.

[15] 陈少克，陆跃祥. 税制结构的性质与中国税制改革研究 [M]. 北京：经济科学出版社，2013.

[16] 黄桦. 税收学 [M]. 北京：中国人民大学出版社，2006.

[17] 蒋大鸣. 新编税收学 [M]. 南京：南京大学出版社，2013.

[18] 刘颖. 税法 [M]. 北京：北京大学出版社，2014.

[19] 中华人民共和国主席令第48号. 全国人民代表大会常务委员会关于修改《中华人民共和国个人所得税法》的决定. 2011. 6. 30.

[20] 中华人民共和国国务院令第600号. 国务院关于修改《中华人民共和国个人所得税法实施条例》的决定. 2011. 7. 19.

[21] 中国注册会计师协会. 税法 [M]. 北京：经济科学出版社，2015.

[22] 吴作凤. 中国税收 [M]. 成都：西南财经大学出版社，2012.

[23] 陈文东. 论个人所得税征管模式的转变 [J]. 中央财经大学学报，2010 (8).

［24］ 崔皓旭. 宪政维度下的税收研究［M］. 北京：知识产权出版社，2001.

［25］ 崔志坤. 中国开征物业税（房地产税）的路径选择［J］. 财政研究，2010
　　　（12）.

［26］ 高培勇. 尽快启动直接税改革——由收入分配问题引发的思考［J］. 涉外税务，
　　　2011（1）.

［27］ 郭冠男. 我国环境税制改革研究及建议［J］. 宏观经济管理，2012（7）.

［28］ 国家税务总局税收科学研究所课题组. 国外税制改革发展方向与经验的研究
　　　［J］. 经济社会体制比较，2012（6）.

［29］ 黄璟莉. 国外房产税的征收经验及对我国的启示［J］. 财政研究，2013（2）.

［30］ 李刚，周俊琪. 从法解释的角度看我国《宪法》第五十六条与税收法定主义——
　　　与刘剑文、熊伟二学者商榷［J］. 税务研究，2006（9）.

［31］ 李华，朱洁. 建立综合和分类相结合的个人所得税征管制度研究［J］. 涉外税
　　　务，2011（2）.

［32］ 李林木. 发达国家税制结构的变迁轨迹与未来走向［J］. 涉外税务，2009（7）.

［33］ 刘剑文. 西方税法基本原则及其对我国的借鉴作用［J］. 法学评论，1996（3）.

［34］ 刘怡. 个人所得税制度存在的具体问题与改革方向［C］. 第五届中韩税收研讨
　　　会论文，2009.

［35］ 刘植才，杨文利. 开征社会保障税的理论依据及现实意义［J］. 税务研究，2011
　　　（2）.

［36］ 苏明，许文. 中国环境税改革问题研究［J］. 财政研究，2011（2）.

［37］ 谭志哲. 论我国税收立法权的制约——兼对《宪法》第56条的法理解释［J］.
　　　社会科学家，2012（3）.

［38］ 岳树民，孙磊. 我国环境税体系的构建［J］. 吉林工商学院学报，2012（2）.

［39］ 胡怡建. 税收学［M］. 上海：上海财经大学出版社，2015.

［40］ 马海涛. 中国税制［M］. 北京：中国人民大学出版社，2015.

练习题参考答案

第六章 增值税

1. 该企业应缴增值税、城建税、教育费附加；

应纳增值税 = $[(100+150+20)+100×(1+10\%)]×17\%-[(25-5)×13\%+50×17\%+1×7\%+40×17\%]=46.63$ 万元；

应纳城建税 = $46.63×7\%=3.2641$ 万元；

应纳教育费附加 = $46.63×3\%=1.3989$ 万元。

2. 应纳增值税 = $[2400/(1+3\%)+8600/(1+3\%)+38500/(1+3\%)]×3\%=1451.359223$ 万元。

3. 进口应纳税：

关税 = $140×8×110\%=1232$ 万元；

消费税 = $140×8+1232/(1-5\%)×5\%=123.7894737$ 万元；

增值税 = $140×8+1232/(1-5\%)×17\%=420.8842105$ 万元，

或者增值税 = $(140×8+1232+123.7894737)×17\%=420.8842105$ 万元；

国内零售应缴税：

增值税 = $140×23/1.17×17\%-420.8842105=46.979037$ 万元；

城建税 = $46.979037×7\%=3.28853259$ 万元；

教育费附加 = $46.979037×3\%=1.40937111$ 万元。

4. 三季度：

出口部分不准予抵扣的进项 = $45×6.5×(17\%-9\%)=23.4$ 万元

本期应纳或退税 = $300×17\%-(120-23.4)=-45.6$ 万元

因为 $45×6.5×9\%=26.325<|-45.6|$，所以本期应退税 26.325 万元，未抵扣的 19.275 万元结转下期。

四季度：

出口部分不准予抵扣的进项 = $200×6.5×(17\%-9\%)=104$ 万元

本期应纳或退税 = $400×17\%-(170-104)-19.275=-17.275$ 万元

因为 $200×6.5×9\%=117>|-17.275|$，所以本期应退税 17.275 万元。

5. 该纳税人 2016 年 7 月应纳税额 = $111÷(1+11\%)×11\%-1.7-3.4-5.5=0.4$ 万元。

6. 本期销项税额：$[100+111/(1+11\%)]×11\%=22$ 万元；

本期进项税额：1.7 + 1.7 = 3.4 万元；

本期应纳增值税：22 - 3.4 = 18.6 万元。

7. A. 根据以上各项业务的计算结果，该工业企业该月份销项税额合计为：

销项税额合计 = 20400 - 1700 + 3400 + 1067.95 + 6800 + 5610 = 35577.95（元）

B. 根据以上各项业务，首先应将当月不允许抵扣进项税额的业务项目予以排除，即第（5）、（7）项业务中的进项税额，不在允许抵扣的范围内。其次，计算当月允许抵扣的进项税额，以上各项业务中，第（1）、（2）、（3）、（4）、（8）、（9）项业务中的进项税额，均在允许扣除的范围内。允许抵扣的进项税额合计 = 17000 + 136 + 8160 + 4284 + 2890 + 1950 = 34420（元）

再次，计算虽已计入进项税额并进行了抵扣，但因各种原因应当从当月进项税额中转出的税额，以上各项业务中，第 6、10 两项业务中的进项税额属于这种情况。

应作进项税额转出的税额合计 = 4250 + 2720 = 6970（元）

最后，计算当月可以抵扣的进项税额。

允许抵扣的进项税额净额 = 34420 - 6970 = 27450（元）

设该企业没有上期遗留下来的待抵扣税额，而本月允许抵扣的进项税额净额 27450 元小于当月销项税额合计 35577.95 元（计算过程已述及），因而可全部予以抵扣，当月可以抵扣的进项税额即为 27450 元。

C. 假定该企业以 15 日为一纳税期，当月 19 日预交了 1—15 日的税款 4930 元（根据 1—15 日发生的销项税额 22100 元，进项税额 21420 元，进项税额转出 4250 元计算），期末应纳税款为：当月尚未交纳的税款 = 8127.95 - 4930 = 3197.95（元）

第七章　消费税

1. 当月准许扣除的外购已税实木地板的已纳税额 = 9 × 5% = 0.45（万元）

应纳消费税 = 15 × 5% - 0.45 = 0.3（万元）

2. 计税价格 = 83.2（万元）

应纳税额 = 83.2 × 15% = 12.48（万元）

如果 A 厂没有同类化妆品的售价，则按组成计税价格计算应纳税额为：

组成计税价格 = (62 + 9.36 ÷ 1.17) ÷ (1 - 15%) = 82.35（万元）

应纳税额 = 82.35 × 15% = 12.35（万元）

3. 进口环节应纳关税、增值税和消费税：

关税 = 关税完税价格 × 关税税率 = 82000 × 20% = 16400（元）

组成计税价格 = (关税完税价格 + 关税) ÷ (1 - 消费税税率)

　　　　　　 = (82000 + 82000 × 20%) ÷ (1 - 15%) = 115764.71（元）

应纳消费税 = 115764.71 × 15% = 17364.71（元）

应纳增值税 = 115764.71 × 17% = 19680（元）

国内销售环节应纳增值税：

应纳增值税 = 销项税额 - 进项税额 = 142000 × 17% - 19680 = 4460（元）

4. (1) 12 月份销售卷烟的销项税额 = 3600 × 17% + 2400 × 17% + (21.06 ÷ 1.17) × 17% = 6018 × 17% = 1023.06（万元）

（2）12月份销售雪茄烟的销项税额 = 600×17% + 40×（600÷300）×17% + ［（35.1 + 7.02）÷1.17］×17% = 716×17% = 121.72（万元）

（3）12月份与销售卷烟相关的消费税 = ［3600 + 2400 + 21.06÷（1 + 17%）］×56% + （1200 + 800）×0.015 = 6018×56% + 2000×0.015 = 3400.08（万元）

（4）12月份与销售雪茄烟相关的消费税 = ［600 + （600÷300）×40 + （35.1 + 7.02）÷（1 + 17%）］×36% = 716×36% = 257.76（万元）

（5）12月份应缴纳的消费税 = 3400.08 + 257.76 = 3657.84（万元）

第八章 关 税

1.（1）其计算公式为：

应纳税额 = 应纳货物数量×单位完税价格×适用税率

（2）按普通税率计算：

应纳税额 = 1000×2×70% = 1400（万元）

（3）按特惠税率计算：

应纳税额 = 1000×2×20% = 400（万元）

2.（1）完税价格 = 离岸价格 + 运费及保险费等 = 1000 + 80 = 1080（万元）

（2）应纳关税税额 = 完税价格×适用税率 = 1080×12% = 129.6（万元）

第九章 其他流转税

1. 应纳城建税 = （82 + 60 + 5）×7% = 10.29（万元）

2. 应纳烟叶税 = 300×（1 + 10%）×20% = 66（万元）

第十章 企业所得税

1.（1）利润总额 = 5600 + 800 + 40 + 30 + 100 − 4000 − 660 − 300 − 760 − 200 − 250 = 400（万元）

（2）国债利息收入免征企业所得税，应调减所得额40万元。

（3）技术开发费调减所得额 = 60×50% = 30（万元）

（4）按实际发生业务招待费的60%计算 = 70×60% = 42（万元）

按销售（营业）收入的0.5%计算 = （5600 + 800）×0.5% = 32（万元）

按照规定税前扣除限额应为32万元，实际应调增应纳税所得额 = 70 − 32 = 38（万元）

（5）取得直接投资其他居民企业的权益性收益属于免税收入，应调减应纳税所得额30万元。

（6）捐赠扣除标准 = 400×12% = 48（万元）

实际捐赠额38万元小于扣除标准48万元，可按实捐数扣除，不作纳税调整。

（7）应纳税所得额 = 400 − 40 − 30 + 38 − 30 = 338（万元）

（8）该企业2015年应缴纳企业所得税 = 338×25% = 84.5（万元）

2.（1）该企业按我国税法计算的境内、境外所得的应纳税额

应纳税额 = （200 + 50 + 30）×25% = 70（万元）

（2）A、B 两国的扣除限额

A 国扣除限额 = 70 × 50 ÷（200 + 50 + 30）= 12.5（万元）

B 国扣除限额 = 70 × 30 ÷ 200 + 50 + 30）= 7.5（万元）

在 A 国缴纳的所得税为 10 万元，低于扣除限额 12.5 万元，可全额扣除。在 B 国缴纳的所得税为 9 万元，高于扣除限额 7.5 万元，其超过扣除限额的部分 1.5 万元当年不能扣除。因此，A、B 两国分支机构境外所得可从应纳税额中扣除的税额分别为 10 万元和 7.5 万元。

（3）汇总时在我国应缴纳的企业所得税 = 70 − 10 − 7.5 = 52.5（万元）

第十一章　个人所得税

1.（1）工资应纳税额 =（6000 − 3500）× 10% − 105 = 145（元）

24000 ÷ 12 = 2000（元）

年终奖金应纳税额 = 24000 × 10% − 105 = 2295（元）

（2）劳务报酬应纳税额 = 8000 ×（1 − 20%）× 20% = 1280（元）

（3）稿酬应纳税额 = 30000 ×（1 − 20%）× 20% ×（1 − 30%）= 3360（元）

（4）省级人民政府颁发的科技成果奖 80000 元免税；

（5）转让上市公司股票收益免税；

股息应纳税额 = 2000 × 20% = 400（元）

共应纳个人所得税 = 145 + 2295 + 1280 + 3360 + 400 = 7480（元）

2.（1）2014 年

甲国：扣除限额 = 8000 ×（1 − 20%）× 20% + 15000 ×（1 − 20%）× 20% = 3680（元）

已纳税额 = 900 + 3600 = 4500（元）

因为 3680 < 4500

所以按 3680 抵免，余额为 4500 − 3600 = 820（元）

补缴税额 = 3680 − 3680 = 0

乙国：扣除限额 = 5800 ×（1 − 20%）× 20% = 928（元）

已纳税额 = 720（元）

因为 928 > 720

所以按 720 抵免

补缴税额 = 928 − 720 = 208（元）

（2）2015 年

甲国：扣除限额 = 30000 ×（1 − 20%）× 20% = 4800（元）

已纳税额 = 3800（元）

因为 4800 > 3800

所以按 3800 抵免

补缴税额 = 4800 − 3800 − 820 = 180（元）

3.（1）外资企业代扣代缴的个人所得税为：

扣缴税额 =（9500 − 3500 − 2000）× 10% − 105 = 295（元）

（2）派遣单位代扣代缴的个人所得税为：

扣缴税额 = 4000 × 10% − 105 = 295（元）

（3）小李实际应纳的个人所得税为：

应纳税额 =（9500 + 4000 − 3500 − 2000）× 20% − 555 = 1045（元）

因此，小李到税务机关申报纳税时，还应补缴 455 元（1045 − 295 − 295）。

4.（1）2 月份应纳税额 =（2500 − 300 − 800 − 800）× 10% = 60（元）

（2）3 月份应纳税额 =（2500 − 300 − 200 − 800）× 10% = 120（元）

（3）其他月份应纳税额 =（2500 − 300 − 800）× 10% = 140（元）

全年应纳税额 = 140 × 10 + 60 + 120 = 1580（元）

第十二章　资源课税

1. 当月应纳资源税 = 36 × 5% + 7.6 ÷（1 + 17%）× 92% × 5% = 2.10（万元）

2. 月应纳城镇土地使用税税额 = 1500 × 6/12 = 9000/12 = 750（元）

3. 应纳耕地占用税税额 =（20000 − 5000）× 9 = 135000（元）

第十三章　财产课税与行为课税

1. 应纳房产税 = 5 × 6 × 12% = 3.6（万元）

2. 张某应交契税 = 20 × 5% = 1（万元）

李某应缴契税 = 100 × 5% = 5（万元）

王某不交契税

3. 应交印花税 = 3 × 5 + 10000000 × 0.3‰ + 1000000 × 0.5‰ + 15000000 × 0.05‰ + 30000000 × 0.5‰ + 8 × 5 = 19305（元）